부산지역
노동운동사

부산지역 노동운동사

: 유신 말기부터 IMF 위기 직전까지

이광수 지음

앨피

차례

그 짐승의 시간을 헤쳐나온
부산 지역의 모든 노동자와 노동운동가에게 바칩니다.

　1970년 전태일의 죽음은 그로부터 17년 후인 1987년 전국적으로 수백만 노동자가 외친 '노동자 인간 선언'으로 살아났다. 꿈이 현실이 되던 꿈과 같은 시간이었다. 그 후 30년이 훨씬 지난 지금, 현실이 된 그 꿈은 여전히 현실인가? 아직도 때만 되면 '전태일'을 소환하는 이 현실은 무엇을 말하는가? 아직도 '전태일'을 놔주지 못하고 붙들고 있는 이 현실, 보수든 진보든 좌익이든 우익이든 개나 소나 심지어 윤석열조차 청계천 다리에서 전태일을 들먹이며 '전태일'을 소환하는 이 현실에서 우리는 어떻게 서 있는가?

　현재 한국의 노동운동은 대체로 시민들로부터 무시 받는 상황이라고 해도 무방할 것이다. 노동운동을 정규직 대기업 '귀족' 노동자들의 임금 인상이나 기득권 수호 차원의 이기적 운동으로 보는 경향이 강하다. 민주노총이 총파업을 하든 말든, 경제사회노동위원회에 참여하든 말든, 사람들은 별 신경 쓰지 않는다. 노동 세력이 철저하게 무력화되어 버렸다. 그들이 꿈꾸던 '노동이 아름다운 세상'이 온 것일까? 과연 지금의 노동은 어떤 역사를 거쳐 이리로 왔는가? 언제부터 이렇게 되었고, 어떻게 그리고 왜 이렇게 되었을까? 이 책은 이 노동의 역사를 유신 말기부터 IMF 외환위기 사이, 부산 지역의 노동운동사로 짚어 보고자 한다.

4년 전 부산 지역의 노동운동사를 집필하기로 마음먹고서 예의 선행 연구 검토차 한국 노동운동사를 훑어보기 시작했다. 그러다 새삼스러운 사실 하나를 발견했다. 분명히 노동운동사라는 게 역사학의 한 부문임에도 불구하고 대부분 연구자가 역사학자가 아니고 노동운동을 한 당사자 출신들이라는 것이다. 내 주변 반응도 마찬가지였다. 나는 인도사 전문가라서 부산 지역의 노동운동사를 집필하는 데 적합하지 않다는 시각이 대부분이었다. 그렇지만 역사학자란 사료를 이해하고 검증하고 분석할 능력만 갖추면 어떤 분야든 능히 그 역사를 재구성할 수 있는 사람이다. 인도사 전공자가 중국사나 유럽사를 연구하지 않는 이유는 그 사료를 제대로 다룰 능력을 갖추지 못하기 때문이다. 하지만 한국 현대사의 경우는 다르다. 한국 현대사에 조예가 있고 사료를 다룰 수 있다면 너끈히 감당할 수 있다. 그런데도 주변 사람들은 인도사 전공자인 내가 부산 지역 노동운동사를 집필한다는 것을 여전히 탐탁지 않게 보았다. 그들의 우려와 진심 어린 걱정에도 난, '노동'에 대한 폭넓은 이해와 애정을 갖춘 비非 노동 진영의 역사학자가 충분히 수행할 수 있는 일로 판단했다.

내가 탐색을 끝내고 고민 끝에 이 무지막지한 작업에 매진하기로 마음을 굳힌 것은, 이러한 시각을 불식시켜 보고 싶은 역사학자로서의 어떤 오기 같은 게 작동했다는 이야기다. 그 오기의 중심에는 이 역사를 '노동 밖'에서 봐야 한다는 시각 문제와, 비어 있는 사료를 메꾸고 이어 주는 또 하나의 역사로서의 '구술' 문제가 분명히 있어서다. 그것은 역사학자의 몫이고, 역사학자가 가장 잘 감당할 수 있는 일이라 믿는다. 물론 '노동'과 '역사'를 모두 잘 아는 전문가가 나서는 것이 최고겠지만, 아무도 나서질 않으니 이대로 시간을 묵히느니 그냥 내가 하는 게 낫겠다 싶어 연구에 착수했다. 그만큼 내 마음이 급하기도 했다. 정년퇴임이 7년 정도밖에 남지 않았다. '지방'의 대학에서 근무한 역사학자면 전공 외에 그 지역의 어떤 역사를 연구하여 그 결과물을 그 지역사회에 내놓는 것이 바람직하다고 여겼고, 나도 그렇게 하고 싶었다. 이제 그 결실을 이루게 돼무한 기쁘다.

1979년 재수해서 들어간 그 암울한 후기 대학에서 소위 '언더서클'에서 학습하고, 야학에 다니다가 어느 날 교수가 되고 싶어 유학 가겠노라고 선언한 뒤 그들과 모든 관계를 끊고 도서관으로 들어갔다. 그 후 인도로 유학을 떠났고, 다녀와서 교수로 편안하게 생활한 지 30년이 다 되어 가던 어느 날, 갑자기 주체할 수 없는 부채의식이 밀려들었다. 그동안 부산의 지역사회에서 교수로서 민교협, 교수노조, 민주노동당 등 진보 진영의 사회정치운동을 해 왔지만, 그것은 결국 내가 가장 잘할 수 있는 일도, 나만이 할 수 있는 일도 아니었다. 언필칭 진보 지식인으로서, 역사학자로서 이 지역의 노동운동사를 집필하는 것이 내가 해야 할 최소한의 도리가 아닐까. 이런 생각이 들었다.

부산에서 교수 생활을 하는 동안 이런저런 진보 사회정치운동 하면서 여러 동지를 만났다. 민주노동당 활동을 처음 시작할 때는 자주파 쪽 사람들을 많이 만났다. 그 따뜻하고 소탈한 성격에 반했는데, 뭔가 시대착오적인 그 이념 때문에 그 좋은 동지들과의 관계가 소원해지면서 분당 이후 다시 찾지 않는 사이가 되어 버렸다. 진보신당과 정의당 활동을 하면서는 평등파 쪽 사람들과 '동지'라 부르며 교분을 쌓았으나, 대중에 대해 뾰족한 위치 서기를 즐기는 듯한 그들의 태도에 결국 결별하는 수밖에 없었다. 그러는 과정을 거치면서 내 주변에는 주로 노동운동 쪽 사람들이 많이 모였다. 20년 이상 몸담고 있는 '이주민과함께'가 그렇고, '해고자생계비지원을 위한 부산지역사회연대기금 만원의연대'도 그렇고, 한 달에 한 번씩 함께 산에 가는 벗들의 모임 '선선산악회'도 그렇다. 대부분 노동운동을 했던 사람들이다. 특히 선선산악회 동지들과 산에 가면 몇 시간씩 함께 산행을 하면서 탄식과 웃음과 아쉬움으로 버무려지고 기억으로 편집된 왕년의 노동운동 '무용담'을 자주 들었다. 흥미가 일었으나 그 역사의 현장을 전혀 몰라 답답해하던 차에, 그 철 지난 '무용담'을 엮어 정리해 보고 싶은 마음이 들었다.

5년을 목표로 하고 뛰어들었으나 가는 곳마다 첩첩산중이었다. 그러다 코로나19라는 미증유의 인류 재난을 만났고, 1년 넘게 학교엘 나가지 않고 집 서재에 처박혀 작업에 몰두한 덕에 1년이 줄어 4년이 흘렀다. 완성이라고 하기에는 부끄러운 수준이지만, 미완성이라고는 할 수 없는 수준이다. 여기까지가 나의 한계다. 4년이라는 긴 시간 속에서 여러 갈래의 길을 만났으나, 검증해 줄 사료가 너무나 적어 당사자들의 구술로 확인하고 재구성해야 해야 했다. 그러다 보니 나 혼자 하기에는 일이 너무 많았다. 힘도 부치고, 단순 비용도 많이 들어 어디서 지원이라도 받고 싶은 마음이 굴뚝 같았다.

그러나 두 가지 부분이 마음에 걸렸다. 연구비 지원을 받으면 연구비를 제공해 준 쪽의 의견을 일정 부분 따라야 하고, 그렇게 되면 나 혼자만의 단독 연구를 못 하거나 일정 부분 형식과 절차에 매여 자유로운 연구 흐름과 변화를 담보할 수 없겠다는 생각이 들었다. 또 하나는, 내가 이 분야의 전문가가 아니기 때문에 이 분야의 소장 연구자들과 공동 연구를 해야 하는 일이 발생할 수 있었다. 그렇게 되면 표준화된 연구 혹은 시각이 배제된 시대별 사건 정리에 가까운 결과물이 나올 가능성이 클 것 같았다. 두 경우 모두 마음이 내키지 않았다. 그래서 그 어떤 조력자나 공동 연구자 없이 혼자 수행하기로 했다. 역사학 연구라는 게 혼자만의 고독한 싸움이란 건 30년 넘는 연구 생활로 이미 알고 있다. 부족하면 부족한 대로, 비용이 들면 드는 대로 혼자 하자! 4년이면 죽이 되든 밥이 되든 뭔가 만들어 낼 것 같았다.

사실 애초에 내가 구상한 5년의 연구 기간에는 작고 큰 여러 집담회가 포함되어 있었다. 그러나 여러 가지 이유로 모두 실천하지 못했다. 우선은 코로나19라는 엄청난 재난이 닥쳐 자유롭게 사람들을 모으고, 이야기를 나눌 수가 없었다. 다음으로는 몇몇 주요 당사자들이 이러저러한 이유를 들어 구술을 고사했다. 짐작은 했지만 그들의 상처가 내 짐작보다 훨씬 큰 것 같았고, 내 연구를 위해 그들의 상처를 다시 끄집어내고 싶지 않았다. 연구라는 게 대관절 뭐기에 묻어 두고자 하는 아픔까지 끄집어내야 한단 말인가. 도대체 진실이라고 하는 것이 존재하기나 할까. 그런 자문이 들 때마다 어떤 대답도 할 수 없었다. 박정희와 전두환을 거치며 겪어야 했던 짐승의 시간, 저항의 당위성만 있을 뿐 어느 누구도 어떻게 해야 하는지 몰라 오직 악의 권력에 맞서기만 했던 그 시간들. 오로지 독재와 탄압을 이겨 내고 인간으로서 최소한의 길을 가기 위해 버릴 수밖에 없었던 관계들, 그 과정 속에서 주고받은 상처들, 그 폐쇄된 공간 속에서 서로를 옭아매고, 강압하고, 배신하고, 증오하고, 시기하고, 질투하고, 파벌 짓고 패싸움하고, 그렇게 살아왔다. 모두가 처음 가 본 길이었기 때문이다. 그들 덕분에 민주화가 이루어졌고, 사회가 바뀌었고, 누구든 노조를 만들 수 있고, 노동자라고 위축당하고 빼앗기기만 하지 않아도 되는 세상이 되었다. 그들은 자신들의 삶을 다 내던지면서 세상을 노동자가 어느 정도나마 살 만한 곳으로 만들었다. 이렇게 되기까지 겪어야 했던 그들의 아픔과 상처, 회한과 반성까지 그들의 목소리로 남기고 싶었으나 아직은 때가 되지 않은 것 같다.

노동운동이란 그것이 계급운동이든 시민운동의 일부이든, 정치세력화를 위해 대의제 민주주의 안으로 들어가든 그렇지 않든, 사회 속으로 뛰어들어 전쟁을 벌이지 않고서는 어떤 것도 이뤄 낼 수가 없다. 그 전쟁은 유혈혁명을 하지 않는 이상 일정한 제도적 틀 안에서 수행해야 하고, 그러려면 적절한 전술과 전략을 계발하면서 동시에 지지자를 포섭해 세력을 넓히면서 조직력을 키워 나가야 하는 과정을 피할 수 없다. 절대적으로 대중화와 정치 논리를 따라가지 않으면 안 되는 일이다. 상대가 국가든 자본이든 아니면 자유주의 프티부르주아 시민이든, 그들이 탄압부터 배제까지 그 사이에 존재하는 온갖 유무형의 합법과 탈법 수단을 강구해 노동 세력을 무력화시키고 그 과실을 모조리 차지하려 할 때, 노동운동을 하는 사람들은 거기에 어떻게 대응하고 그 난관을 뚫고 나갔는가? 혹시 운동을 이끌던 지도자들은 어떤 이념의 도그마에 사로잡혀 비현실적인 투쟁에 함몰되지는 않았는지, 자신들의 야망을 위해 노동자를 이용하다가 버리지는 않았는지, 노동자들은 주체적으로 인식하지 못하고 자신이 속한 정파 이익에 사로잡혀 대의를 그르치진 않았는지? 연구를 진행하다가 이런 의문이 들기 시작했다. 나는 가깝게 지내 온 벗이자 동지인 왕년의 투사들에게 묻기 시작했다. '노동' 밖에 속한 한 역사학자가 '노동' 안에서 일어난 역사를 캐묻는 일에 그 누구도 납득할 만한 대답을 주지 않았다. '노동' 밖 사람인 나로서는 그들이 들려준 경험과 해석에 선뜻 이해가 가지 않는 부분이 너무나 많았다. 이 책은 그 의문에 답하기 위해 겁 없이 달려온 4년의 결과물이다.

그 과정에서 많은 사람들에게 빚을 졌다. '노동' 밖에 있는 사람에게 '노동' 안 세상을 구경시켜 준 선선산악회 동지들께 감사와 존경을 전한다. 내가 처음 '노동'에 관심을 갖게 하고 연구 기간 내내 함께 고민해 준 동지 정귀순, '노동' 밖에 있는 사람에게 분야마다 적합한 구술 상대자를 소개해 준 박주미, 작업의 처음부터 끝까지 끝없는 질문을 허락해 준 김창우, 세세한 곳까지 팩트를 체크하고 의견의 균형을 잡아 준 이창우, 그리고 구술로 쉽지 않은 속내를 털어놔 준 박주미, 이원정, 변영철, 정윤식, 양은진, 송영수, 설동일, 문영만, 박성호, 조현호, 강한규, 현정길, 전광언, 안하원, 이숙희, 김영희, 이정식, 황민선, 조근자, 민경서, 정의헌 님과 실명을 밝히지 않은 채 구술에 임해 준 분들께 큰 감사를 드린다. 그리고 소중한 사료를 열람할 기회를 준 부산의 민주공원 관장 김종기, 학술자료실 연구원 김호민, 민주노총 부산 지역본부 김은경, 소중한 소장 자료를 흔쾌히 제공해 준 '노동자의 책', 노동자의 벗 한내, 양은진, 설동일 님께 감사 드린다. 작업을 진행하는 4년 동안 여러 차례 중간중간 몇몇 분들께 글을 보이며 의견을 구했고, 이 글의 초고가 거의 마무리되었을 때에도 그리했다. 2020년에는 부마민주항쟁 41주년 기념학술대회에서 일부를 발표하기도 했다. 그동안 여러 과정에서 원고를 읽어 주고 의견을 제시해 준 김창우, 박주미, 정귀순, 정윤식, 이창우, 현정길, 노재열, 박성호, 김영곤님 께 감사 드린다.

2022년 4월

이광수

머리말

　유신 말기부터 민주노총 건설까지의 20년 가까운 기간 동안 한국의 노동운동은 양적으로나 질적으로 매우 큰 변화를 겪었다. 노동자 정체성을 근간으로 삼는 독자 계급화는 실패했고, 노동자정당 정치도 실패했지만, 합법단체로서 내셔널센터[1] 민주노총이 건설되었고, 비정규직 노동자 확대 등 심화된 고용불안에도 노동자의 사회경제적 지위는 꾸준히 높아졌음은 부인할 수 없다. 공과 과 모두 그동안 숱한 난관을 뚫으면서 싸워온 노동운동의 결과라 하지 않을 수 없다. 무릇 모든 결과에는 밝은 면과 어두운 면, 원인과 과정이 함께 있는 법이다. 그 20년 가까운 과정에서 가장 큰 상수常數는 권위주의 정권의 탄압이고, 그보다 더 큰 영향력을 발휘한 요인은 신자유주의의 도입이었다. 이 두 상수를 축으로 여러 변수가 다양하게 작동한 그 역사 속에서 노동운동 진영은 어떻게 대응했는가? 최선을 다했다는 점에는 의심의 여지가 없다. 하지만 적절하고 유효

---

[1]　한 국가의 노동조합 중앙 조직. 미국에는 미국노동총동맹, 산업별조합회의 등이 있고, 일본에는 전국노동조합연락협의회, 전국노동조합총연합 등이 있다. 한국에는 한국노동조합총연맹(이하 한국노총)과 전국민주노동조합총연맹(이하 민주노총)이 있다.

한 전술과 전략을 세우고, 그 결과 목표한 노동자 조직과 세력화에서 어떤 성과를 거두었는지는 면밀하게 살펴봐야 한다.

유신 말기부터 현재까지 한국의 노동운동은 크게 두 시기로 나눌 수 있다. 앞부분은 노동운동이 일어나서 그 세력이 크게 성장해 가는 시기로 IMF 위기 이전까지고, 뒷부분은 IMF 위기라는 전례 없는 충격이 한국 사회, 특히 노동계에 미친 엄청난 영향으로 노동운동이 약화되는 시기다. 이 글은 노동운동이 일어나기 시작하여 1987년 노동자대투쟁을 거치면서 최고점을 찍고 다시 서서히 약화되기 시작한 전반부의 역사를 재구성한 것이다. 전반부만 다루는 이유는, 후반부는 민주노총이라는 내셔널센터가 건설되면서 노동운동의 중앙집중 현상이 더욱 심화하고 그에 따라 지역성이 약화되면서 부산 지역만의 노동운동이 사라지다시피 했기 때문이다.

이 글이 다루는 전반부 시기도 다시 네 시기로 나눌 수 있다. 첫 번째 시기는 노동운동의 폭발 준비기로 1987년 대투쟁 이전까지고, 두 번째는 노동운동 폭발기, 즉 1987년 7월부터 9월까지의 대투쟁 기간, 세 번째는 노동운동의 성장기로 전국노동조합협의회(이하 전노협) 건설부터 전노협 해산까지의 기간이고, 네 번째는 노동운동의 좌절 시작기로 전국민주노동조합총연맹(이하 민주노총)의 건설과 96~7 노동자대투쟁이 좌절되는 기간이라고 규정할 수 있다.

이 연구가 다루는 20년 가까운 시간의 노동운동사를 관통하는 변화로는 무엇이 있을까? 혁명을 꿈꾸던 그 많던 학출 활동가는[2] 그 시대를 어

---

2 1980년대 노동 현장에 투신한 학생운동 출신자들을 '대학생 출신 노동자' 또는 '지식인 출신 노동

떻게 역류해 갔는가? 1987년 들어 노동운동이 갑자기 대폭발할 수 있었던 요인은 무엇이고, 왜 대폭발은 급락으로 이어질 수밖에 없었을까? 국가의 탄압과 신자유주의 및 자본의 폭거 때문이기만 했을까? 그 시기에 노동운동은 주체·의제·조직 등의 측면에서 어떤 준비를 했고, 어떤 준비를 하지 못했는가? '노동해방'과 사회주의 변혁을 부르짖은 그 혁명가들의 공과 과는 어떻게 평가해야 하는가? 중소 규모의 제조업 공장에서 기계처럼 일만 하다가 인간 대접을 요구했던 노동자들의 욕망은 어떻게 실현되었고, 그들은 어쩌다 '넥타이 부대'와 대기업 노동자들에게 노동운동 자리를 내주었는가? 대기업 노동자들이 대거 참여한 후 노동운동이 임금투쟁으로 변하고, 귀족 노동자라는 조롱을 당하는 사실은 어떻게 해석해야 하는가? 이런 여러 문제 그리고 이와 결부된 여러 역사적 현상을 생각해 보고자 한다. 이것이 이 책의 집필 목적이다.

난, 이 책에서 노동운동은 노동자, 그들의 단체인 노동조합, 그들과 관계를 맺으면서 그들을 지도하거나 지원해 온 활동가 조직과 단체, 그리고 노동자 정치세력화를 추구하는 정당 등이 하는 운동이라고 임의로 규정한다. 그렇다면 노동운동은 뚜렷한 목표를 가진 사람들이 개인 혹은 집단으로 하는 목적지향적 성격이 강한 사회운동이다. 따라서 그 역사를 기술하는 것은 그 당사자들의 내재적 입장으로부터 완전히 탈피할

자라고 부르는 것은 일반 생산직 노동자들과 이들의 성장 배경을 구분짓는 데 의미가 있을 수 있으나, 엄밀한 의미에서 학생운동의 연장에서 노동운동을 목적으로 투신한 것이기 때문에 '학생운동 출신 활동가'(약칭 '학출')라고 규정하는 것이 타당하다고 본다. 유경순, 《1980년대, 변혁의 시간 전환의 기록 1. 학출 활동가와 변혁 운동》(서울: 봄날의 박씨, 2015), 28쪽 참조.

수는 없다. 하지만 그렇다고 해서 그 입장에서, 그들의 시각으로만 역사를 기술할 수는 없다. 역사란 당사자의 의지로만 구성되는 것이 아닐뿐더러 그 의지는 역사적으로 여러 부문과 영향을 주고받으며 변화한 다양한 행위로 결정되기 때문이다. 그런 점에서 노동운동의 역사는 노동자나 활동가의 의지가 당시 국가와 자본의 행위, 사회적·정치적·경제적 상황, '노동' 외 다른 부문 시민들과의 관계 등과 상호작용하여 나온 결과물임을 인식해야 한다. 그래서 노동운동을 비환원적이고 순수한 혹은 단선적인 행위로 보는 시각에 동의하지 않는다. 나는 노동운동의 행위자인 노동자가 국가·자본·정치·경제·사회의 여러 부문과 폭넓게 영향을 주고받으면서 변화하고, 이를 통해 바라는 바를 이루기도 하고 좌절하기도 하는, 그러면서 또 다른 형태의 자체 모순을 내포함으로써 향후 다른 변화를 추동하는 힘을 얻는다고 보는 동태적 입장에서 노동운동사를 파악하고자 한다. 이 책은 부산 지역에서 노동운동이 국가·자본·사회 등을 구성하는 여러 관계 속에서 얼마나 복합적으로 그 성격이 변화하고, 그 성쇠 과정을 결정해 가는지에 대한 기술이다.

노동운동사는 노동자를 중심으로 그들이 바라는 바와 결부된 여러 사회 부면과 그 행위들을 다각도로 살펴봐야 한다. 그 안에는 노동을 둘러싼 문화, 교육, 언론, 문학, 예술 등에 관한 운동사도 당연히 포함된다. 하지만 이 책에서는 이러한 다양한 운동을 포함하지 못했다. 무엇보다 이 분야에 관한 선행 연구가 그다지 활발하지 않은 상황에서 노동 분야 전문가가 아닌 필자가 그쪽 분야 연구까지 섭렵하여 전체를 조망한다는 것은 능력을 벗어난 욕심이다. 그래서 이 책에서 다루는 노동운동은 노동자, 노동조합, 노동단체, 노동자 정치를 표방하는 정당으로 한정짓는다. 그러다 보니 이 책은 결국 정치사의 시각에서 노동운동사를 서술하는 것이 된다. 경제학이나 사회학 혹은 데이터나 통계 연구가 따라붙어야 노동운동 구조까지 총체적으로 파악할 수 있을 텐데, 역량 부족으로 그렇게 하지 못했다. 아쉽지만 여기까지가 필자의 역량이다. 그나마도 여러 선행 연구가 없었다면 불가능했고, 아예 시작조차 하지 못했을 것이다. 또 하나, 전적인 단독 연구이다 보니 한국노총 계열 연구는 개략적으로만 들어간 민주노조운동 중심의 집필이 되었다. 모두 나의 한계이고 능력 부족이다.

이 책이 다룬 시기도 '노동자'의 성격에 따라 크게 두 시기로 나뉜다. 유신 말기부터 80년대 말까지는 (노동자들이 스스로 노동자계급임을 인식했는지와 관계없이) 전통적인 하나의 계급으로서 노동자의 성격이 강했고, 90년대 초반부터는 노동자를 구성하는 계층이 다양해지면서 노동자의 정체성이 이질적이고 복합적으로 변화했다. 두 시기를 좀 더 세분해 보면, 부산 지역은 물론이고 전국 단위로도 한국의 노동운동사 연구는 87년 노동자대투쟁, 그 후 90년의 전노협, 95년의 민주노총, IMF 외환위기라는 네 주요 사건을 기점으로 나누어 수행할 수 있다. 이 시기에 노동자가 스스로 계급 혹은 계급 집단으로 각성하기 시작했고, 그 결과 노동운동이 활발하게 이루어졌으며, 이쪽 분야 연구도 주로 노동의 내재적 시각에서 이루어진 결과이다. 그런데 1989년 소련 해체와 사회주의 몰락은 한국 사회에서 노동운동 주체가 변혁운동에서 멀어지는 계기로 작동했고, 그로 인해 초기의 변혁운동가들이 주체가 된 내재적 시각의 노동운동사 연구도 차츰 동력을 잃었다. 특히 IMF 외환위기가 닥치면서 신자유주의의 광풍에 노동운동이 힘없이 쓰러지면서 연구자들의 관심에서 더 멀어졌다. 이렇듯 노동자계급 정체성이 완전히 달라진 97년 IMF 외환위기와 신자유주의의 질주 이후부터는 노동운동사도 전혀 다른 패러다임 안에서 씌어져야 한다는 인식에 따라 97년 이전까지로 연구 대상 기간을 한정한 것이다. 실제로 1997년 이후로는 부산이라는 지역성이 노동운동에서 어떤 의미 있는 역사성을 만들어 내지 못했다.

이 책이 다루는 시기의 부산 지역 노동운동사 연구는 87년 대투쟁에 관한 몇 편의 논문과 책 몇 권이 있을 뿐, 주요 시기를 전체적으로 개괄한 역사서는 없다. 수도권은 물론이고, 울산이나 마산·창원 지역은 말할 것도 없고, 광주·전북·경북·대전 지역에도 그 형식과 시각 및 분석 수준은 차이가 있더라도 정리된 노동운동사 개괄서가 있다.[3] 그런데 부산 지역에 관한 노동운동사 연구물은 없다. 1987년 이후 부산 지역 노동운동에 관심을 가진 연구자들이 나타나지만, 다른 지역과 비교할 때 그 수가 압도적으로 적다. 왜 부산 지역 노동운동에 관한 연구는 활발하게 이루어지지 않았을까?

---

3 각 지역의 노동운동사 주요 개괄서로 울산노동정책교육협회, 《울산지역 노동운동의 역사. (1988~1995)》(울산: 울산노동정책교육협회, 1995); 김하경, 《내사랑 마창노련》 1권 및 2권(서울: 갈무리, 1999); 남춘호·이성호 엮음, 《전북지역 노동운동 역사 다시 쓰기》(서울: 한울, 2008); 남춘호·이성호 엮음, 《전북지역 민주노조운동과 노동자의 일상》(서울: 한울, 2009); 남춘호·이성호 엮음, 《전북지역 민주노조운동의 전환과 모색》(서울: 한울, 2009); 홍성우·강현아, 《광주지역 노동운동 전개과정》(광주: 전남대학교출판부, 2003); 민주노총 경북지역본부, 《가장 낮은 곳을 택하여 간다: 경북 노동운동 3020 민주노총 경북지역본부》 1권 및 2권(대구: 두엄, 2020), 박노영·민병기·김도균·이정림·이상용, 《대전지역 민주노조운동사》(서울: 한울, 2011) 1권 및 2권.

부산 지역의 노동운동사는 당연히 부산이라는 지역과의 관련성에 큰 의미를 둔다. 여기에서 부산 지역이라 함은 행정구역상 부산에다 사회 문화적으로, 특히 노동운동의 차원에서 하나의 부산 지역권으로 치는 양산·김해를 포함한 지역이다. 실제로 처음 민주노총이 출발할 때 이 지역의 지역본부는 부산양산지역본부였고, 그 안에 김해도 포함되어 있었다. 현대 한국의 역사에서 지역의 역사는 대개 중앙에서 일어나는 거시사 혹은 구조사의 영향 아래 일정하게 진행해 왔다고 해도 과언은 아닐 것이다. 한국은 중앙집중이 너무나 강고하고 대통령 중심의 단일 정부 체제이기 때문에, 게다가 이 시기에는 아직 지방자치가 실행되지 않아 노동이든 자본이든 국가든 모든 행정이 서울 중심이었고, 그 때문에 대부분의 사건도 그 테두리 안에서 이루어졌다. 노동운동도 전적으로 이 영향권 안에서 움직일 수밖에 없었음은 두말할 필요가 없다. 하지만 그렇다고 해서 노동운동사를 중앙의 큰 사건만을 중심으로 기술할 수는 없다. 지역은 중앙과 사회경제 구조가 다를뿐더러 문화의 성격과 사람들의 심성도 달라, 동일한 사건의 경과와 의미가 지역마다 다르게 나타나는 경우가 많기 때문이다.

　물론 다른 부문과 마찬가지로 노동 부문에서도 큰 사건은 중앙에서 벌어진 일과 깊은 관련이 있다. 하지만 그것이 전개되는 과정과 결과는 같지 않았다. 이것이 부산에서 일어난 노동운동사를 기술하면서 우선은 전국 단위 사건과의 관련성을 분석하고, 거기서 한 발 들어가 해당 사건이 부산 지역에서는 어떻게 전개되고 어떤 의미를 갖는지, 그것이 중앙 단위의 의미와 어떻게 다른지 분석하려는 이유이다. 그렇게 하려면 지역에서 확보할 수 있는 1차 자료는 물론이고, 할 수 있는 한 최대한 많은 사람들을 만나 그들의 목소리를 실어야 한다. 지역에서 나오는 목소리는 중앙의 목소리와 다를 수밖에 없고, 그것을 실어야 어떤 역사적 진실에 조금 더 가까이 갈 수 있을 것이다.

유신 말기부터 1997년까지의 기간에 부산 지역 노동운동을 다룬 사료는 크게 두 가지다. 첫째는 신문을 비롯한 공공성이 강한 단체나 언론이 제공하는 자료다. 이는 대부분 국가나 자본의 입장에서 씌어져 사실 자체를 왜곡한 것이 많고, 많은 부분을 아예 다루지 않았거나 누락시켰다. 그래서 반드시 두 번째 종류의 자료로 보충하거나 교차점검을 해야 한다. 두 번째 종류의 자료란, 노동 당사자들의 주장을 담은 노동조합이나 노동단체의 기관지, 노보勞報, 유인물 등이다. 이 자료들은 모두 당사자들의 입장에서 작성된 것이므로 이 또한 조심스럽게 교차점검을 해야 한다. 그러나 두 가지 자료만으로는 지역의 노동운동사를 재구성하기가 어렵다. 기껏해야 팩트fact의 나열 정도이다. 팩트만 나열한다고 해서 역사가 재구성되지는 않는다. 그 사이사이에 해석이 들어가야 제대로 된 역사 재구성이다.

이 기간, 특히 초기에 활동했던 많은 노동운동가들이 다수의 기록을 남겼지만 현재 남은 것은 거의 없다. 독재정권의 가혹한 탄압 속에서 끝없이 거처를 옮겨야 했고, 수시로 자신들의 기록을 파기해야 했기 때문에 많은 자료가 유실되었다. 사료가 남지 않은 역사를 재구성하기 위해 동원한 방법이 구술사이다. 구술을 통해 당시 상황에 대해 유실된 부분을 확인할 수 있고, 말할 수 없었던 상황을 드러낼 수도 있다. 또, 구술에는 그들이 활동한 과거의 내용만이 아니라 그것을 기억해 내면서 드러나는 현재의 시각도 들어가 있다. 그래서 구술은 현대 역사학에서 매우 중요한 '이야기로서의 역사학' 관점에서 빠질 수 없는 역사 재구성 방법이다. 본 연구에서는 열린 질문과 자유로운 대답으로 구술이 진행되었다. 열린 질문은 구술자가 자신의 삶을 서사로 구술할 수 있게 하는 방식이다. 특정한 질문 없이 구술자가 기억의 흐름에 따라 과거의 느낌과 생각을 구술하기 때문에 반드시 현재의 위치에서 이성적으로 사실만을 토로하지 않는다. 30년 전의 과거 사실 확인이나 그를 통한 양적 분석이 연구의 목적이 아니기 때문에, 구술자가 자신의 과거 경험을 어떤 역사적 맥락에 위치시키고 현재의 삶을 어떻게 해석하는지를 파악하고자 택한 방식이다. 1차 사료가 없는 부분의 역사를 재구성하는 데에 구술이 절대적으로 필요한 이유가 여기에 있다.

학술적으로 논하자면, 기억이란 과거를 원형 상태로 보존하는 것이 아니라 자기 나름의 방식으로 그 내용을 만들어 내는 것이다. 그 기억의 내용을 규정하는 것은 구술자에게 현재 작용하는 권력관계이다. 자신이 처한 현재의 권력 위치에 따라 과거를 재단한다. 그래서 지난 경험과 기억은 개별화되고 파편화될 뿐, 하나의 역사적 사실로 모이지 않는다. 따라서 필자는 이 책에 등장하는 모든 구술자의 기억에 절대성이나 객관성을 부여하지 않는다. 구술자들의 목소리에는 기억 특유의 불명확성도 있고, 개인적인 편향과 왜곡도 있고, 그중 일부는 공동체가 집단적으로 만들어 낸 것일 수 있다. 자기 기억을 스스로 검열하거나 왜곡하거나 거부하는 경우도 있다. 그러니 그들이 지금 불러낸 기억이 당시 그들의 생각이나 행위를 그대로 재현한 것이라고 말할 수는 없다. 구술자들의 구술 내용을 바로 역사의 팩트로 삼지 못하는 이유이다. 그렇다고 해서 연구자가 구술자의 기억에 관여할 필요는 없다. 다만, 그 파편화된 기억들 속에서 되새겨 볼 지점을 찾아 그에 대해 소통하고, 가능한 범위 내에서 역사적 자산으로 공유하면 된다.[4] 바로 이 점이 역사를 팩트의 나열이 아닌 하나의 문학 혹은 서사로 간주할 수 있는 지점이 아닌가 싶다. 이 책도 구술자들이 소환한 기억으로 재구성한 하나의 역사일 수밖에 없다. 결국, 구술에 상당히 비중을 둔 이 연구는 부산 지역 노동운동사를 객관적이고 실체적으로 드러내는 역사 연구가 아니다. 객관적인 사실에 주관적인 해석이 추가된 하나의 재구성된 역사이다. 객관적이고 절대적인 역사(The History)가 아닌, 있을 수 있는 여러 '역사들' 가운데 하나(a history)일 뿐이다.

부산 지역 노동운동의 한 역사를 재구성하는 데에 필요한 작업인 구술 채록은 연구 기간 내내 매우 어렵게 진행되었다. 이 작업에서 특히 심혈을 기울인 부분은, 1차 사료가 드러내지 못하는 부분의 역사적 사실이나 해석 혹은 당시에 대한 변화된 생각, 당시 여러 가지 이유로 말하지 못했던 부분을 구술할 수 있는 사람을 찾는 일이었다. 어렵게 연락하여 자초지종을 설명하고 구술을 부탁하면 하나같이 난색을 표했다. 한 마디로, 그 시절의 기억을 소환하고 싶지 않아 했다. 아직도 완전히 해소되지 못한 그 시절의 입장 차이와 갈등, 그로 인해 주고받은 상처들을 다시 끄집

---

4 이러한 구술 방법론과 구체적인 적용은 구은정, 〈구술사회운동 참여자들의 구술생애사를 통해 본 운동정체성의 변화: 변혁지향적 폭력적 민중운동 대 개량적 합리적 시민운동 이분법에 대한 재해석을 중심으로〉, 《경제와 사회》, 2008. 6. 참조.

어내고 싶지 않았으리라. 일부는 설득하여 구술로 남겼으나, 일부는 그 뜻을 존중하여 구술을 포기했다. 특히 87년 이전의 역사를 재구성하는 작업이 어려웠다. 사람들은 좀체 입을 열려 하지 않았고, 입을 열더라도 그때 자기가 했던 말이나 행동과는 전혀 다른 내용을 이야기했다. 기억의 오류이거나 고의적 회피일 수도 있다. 또 하나 어려운 일은, 특정 구술자가 이야기한 특정 입장과 해석을 교차점검해 줄 구술자를 찾아내는 것이었다. 단순한 사실관계 오류는 얼마든지 교정 가능하지만, 구술자의 해석은 다른 사람의 이야기를 듣지 않고서는 문제점을 인식하기 어려워 반드시 다른 입장을 발굴해야 했다.

이와는 전혀 다르지만, 노동운동의 성격상 절대 간과해서는 안 될 또 다른 문제도 있었다. 노동운동 내부에 분명히 존재했으나 특정 권력관계에서 밀려난 사람들을 만날 수 없었다는 것이다. 대체로 학출 활동가의 경우, 부산대 출신이 아닌 학출 활동가를 만날 수가 없었고, 고무 노동자들 중에는 당시 노동운동을 열심히 했거나 사정을 잘 알지만 이후 현장을 떠나 평범하게 살아가는 '가방끈이 짧은' 여성 노동자들은 만날 수가 없었다. 노동운동가도 중요하지만, 노동자로서 살아온 그들의 목소리를 듣고 싶었는데, 그들은 '운동가'가 주인이 된 운동판에서 소외당하고 밀려나 버렸다.

20년간 노동운동 현장이 되었던 부산 지역의 그 많은 공장과 단체들에 대한 방대한 분량의 1차 자료를 수집하고 섭렵하는 것도 1인 연구자에겐 버겁고 어려운 일이었다. 그래서 개별 사건, 특히 87년 이후 각 공장에서 벌어진 파업을 비롯한 여러 사건은 이미 정리된 기록이나 연구물에 상당

부분 의존하지 않을 수 없었다.[5] 대부분 사건 당사자들이 남긴 소식지나 유인물 등을 토대로 작성된 것이라서 이 연구물들에 크게 의존했고, 여기서 빠진 부분은 일일이 1차 사료를 구해 보충했다. 그래서 일종의 통사인 이 책에서는 사건에 대한 1차 사료를 정리한 대목에는 출처를 일일이 밝히지 않았고, 사건이나 현상에 대한 의미 분석 혹은 해석에 관한 부분에는 출처를 밝혔다. 결국, 이 책은 필자의 연구 역량 한계로 부산 지역의 노동운동사와 관련된 여러 연구를 모아서 정리하고 가능한 선에서 역사적인 의미를 분석하는 수준에 머물 뿐, 심화된 역사 연구서라고 말할 수 없다. 바라는 게 있다면, 이것이 부산 지역 노동운동사를 정리한 또 하나의 자료가 되어 이후 뛰어난 후학들의 역사학 연구에 보탬이 되었으면 하는 것이다.

---

[5] 대표적인 자료 모음집으로는 지역사회문제 자료연구실, 《80년대 부산 지역 노동운동》(부산: 도서출판 친구, 1989), 민주헌법쟁취국민운동부산본부 노동문제특별대책위원회, 〈진압 없는 세상에 살고 싶다〉 등이 있다.

I 유신 말기에서 87 노동자대투쟁 전까지

유신 말기 노동운동

박정희의 군사쿠데타 이후 1963년도부터 정부는 본격적인 공업화에 착수했다. 5년 단위의 경제개발계획을 바탕으로 수출전략산업을 체계적으로 육성했다. 정부 주도의 강력한 산업화 정책은 성장 후 분배와 경제 발전 후 정치 민주화를 도식으로 정했고, 그 안에서 독재를 정당화했다. 노동자들은 정부가 강제로 후순위로 미룬 공정 분배와 경제민주화를 줄기차게 요구했으나 철저하게 봉쇄당했다. 독재 권력 때문이었다. 이 시기의 노동운동은 독재에 저항하는 정치투쟁과 결부되지 않을 수 없었고, 그러다 보니 반정부·반체제 행위일 수밖에 없어 가혹한 탄압을 태생적으로 떠안을 수밖에 없었다. 국가는 노동자의 정당한 요구를 불온한 정치 행위로 간주하고, 이를 근거로 노사 문제에 직접 관여하고 통제했다.

일사불란한 작업장 질서가 강제되었고, 노동자의 요구는 체제를 전복시키려는 빨갱이 짓으로 매도되었다. 당시 노동운동은 법적으로 보장된 노동자의 권리 행사가 아닌, 국가 질서와 자유주의 시장 체제를 위배하는 범죄로 취급되었다. 전태일이 몸에 불을 지르며 요구한 것이 고작 근로기준법 준수와 자유로운 노동조합 설립, 단체행동권이 보장된 교섭 등 기본권 정도였는데도, 몸에 불을 질러야 그 요구를 들어줄까 말까 하는 수준의 국가였다. 따라서 노동운동은 조직을 갖추기도, 더욱이 법에 따라, 합리적으로 할 수 없었으며, 지속적이고 체계적으로 하는 것은 불가능에 가까웠다. 1970년대 국가가 노동자가 제기하는 최소한의 권리 요구를 그 어떤 집단보다도 야만적이고 폭력적인 방식으로 제압한 가장 큰 이유는 사회혁명으로 이어질 수 있는 노동운동의 폭발적 잠재력 때문이었다.

실제로 박정희 독재 정부의 몰락은 잇따른 몇몇 노동운동 사건이 직접적인 계기가 되었다. 유신의 폭압적 체제에 억눌려 제 주장을 펴지 못한 채 신음하고 있던 노동계에 변화의 계기가 된 사건들이 연달아 터진 것은 1978년 경부터다. 1978년 2월 동일방직 노동조합 똥물 투척 사건으로 처음 물꼬가 터졌다. 1972년에 세운 민주노조[6]를 깨트리기 위해 남성들을 동원해 여성 노동자들에게 똥물을 퍼부었지만, 여성 노동자들은 굴하지 않고 싸웠다. 이 사건이 전국적으로 널리 알려지면서 한국 노동운동사에 큰 전기가 마련되었다. 그리고 다음 해인 1979년 8월에 가발 수출업체인 YH무역의 노조 조합원들이 당시 제1야당이던 신민당사를 점거농성한 일이 발생했다. 회사가 급속히 성장하여 회장이 미국으로 돈을 빼돌리고 1979년 폐업을 하자, 노조원들이 위장폐업 철회를 주장하며 밀린 임금과 일자리를 달라고 야당 당사를 점거한 것이다. 8월 11일 새벽, 경찰이 전격적으로 신민당사에 진입하여 폭력으로 농성자를 연행하던 중 21세 김경숙이 목숨을 잃었다. 그 후 야당의 저항에 불이 붙어 김영삼 총재가 제명되고, 이어 부마항쟁이 터지고, 급기야 10월 26일 박정희가 암살되고 유신이 무너졌다.

박정희의 죽음은 부산과 관련이 깊다. 1978년 4월 17일 부산대학교에 '부산대 자율화 민주투쟁 선언서'라는 제목의 반정부 유인물이 살포되면

---

6 소위 어용노조에 반대하여 조합원들이 자발적으로 참여했다 하여 '민주노조'라 부를 뿐, 그 노조가 '민주성'을 담보한다는 의미는 아니다. 그 안에는 남성과 여성, 선배와 후배, 학벌 등의 관점에서 비민주성의 문제가 분명히 있었다.

서 민주화운동이 시작되었는데, 교내 시위를 넘어 시내 중심가의 가두시위로까지 발전했다. 선언서는 반민주적 탄압 중지와 긴급조치 해제 등 정치적인 요구가 중심이었으나, 노동자와 농민의 권익 방해 및 인권침해 중지와 같은 노동 관련 요구도 있었다. 1979년 10월 16일부터 20일까지 부산에서 학생과 시민들이 합세하여 대규모의 반정부 민주항쟁, 이른바 부마항쟁이 일어났다. 초기에는 대학생 주도로 터졌으나, 항쟁이 야간 시위로 확산하면서 도시 민중이 적극적으로 가담했다. 시위대는 새벽 2시경까지 파출소, 신문사, 방송사, 경찰차 등에 돌을 던지고 불을 지르는 양상으로 지속되었다. 항쟁에 참여한 다양한 계층 안에는 조직되지 않은 노동자들이 다수 있었다.

부마항쟁은 1970년대의 민주노조운동이나 재야 세력 중심의 민주화운동에 직접 영향을 받은 바 없이 자발적으로 참여한 도시 민중과 대학생 등이 일으킨 도시 봉기다. 그들의 불만은 무엇이었을까? 연구자들은 부마민주항쟁이 일어난 원인으로 부산 지역의 산업이 합판·섬유·신발 등 경공업 중심으로 구성되어 중화학공업화로부터 소외된 탓에 부산 경제의 모순이 가중되었고, 전국 산업에 비해 이윤율이 낮아 저임금 구조가 이 지역의 중소기업뿐 아니라 대기업의 일반적인 현실이었다는 점을 지적한다. 여기에 제2차 오일쇼크와 경공업이 중화학공업으로 이동하는 과정 중 경공업 부문에서 많은 실업자가 발생한 것도 중요 요인이될 수 있는데, 이 시기에 조성된 중화학공업이 87년 노동자대투쟁의 주력이 된 것은 사실이다. 결국, 부마항쟁을 노동자의 정치투쟁으로 해석하는 것은 무리지만, 부마항쟁이 이후 부산의 노동운동 전개와 떼려야 뗄 수 없는 역사적 사건임은 분명하다.

박정희의 죽음으로 유신이 끝나고 1980년 3월이 되면서 노동운동은 전국적으로 폭발했다. 그동안 유신 철권 독재 때문에 숨죽였던 노동자의 불만이 터진 것이다. 1980년 한 해에 2,168건의 쟁의행위가 일어났는데 그 가운데 90퍼센트 이상이 3월부터 5·17 계엄확대조치 사이에 일어났다. 이로써 우리는 전두환 12·12 반란군이 5·17 쿠데타만 자행하지 않았으면 1980년은 노동자대투쟁이 일어났을 것이라고 어렵지 않게 짐작할 수 있다. 이 시기에 일어난 노동쟁의는 주로 임금인상, 체불임금 지급, 근로조건 개선 등에 대한 요구였다. 그 가운데 가장 의미 있는 것은 1980년 4월 21일 강원도 정선의 사북탄광에서 터진 광부 노동자들의 투쟁이었다. 광부들은 임금인상 문제에서 회사 편을 든 어용노조위원장의 사퇴를 촉구하며 투쟁을 시작했는데, 사태가 커지면서 경찰을 물리치고 사북 지역을 일종의 해방구로 삼는 성과를 거두었다. 그러나 '5월 광주' 이후 학생과 시민의 정치 민주화 요구에 밀려 탄광 노동자 투쟁은 수면 아래로 잠복할 수밖에 없었다. 노동운동이 정치 민주화 투쟁에 길을 내준 것이다.

5·18 광주민주화운동 이후 신군부 세력은 이전보다 훨씬 강력하게 노동운동을 탄압했다. 그들은 5·18 유혈 진압 이후 8월 21일 '노동조합 정화지침'이라는 노동청장의 공문을 각 기업에 보내 노동 탄압을 통한 독재를 본격적으로 시작했다. 이 공문에는 부당 치부 및 재산 축적자의 재산 환수, 한국노총 산하 12명의 산업별노조위원장의 임원직 사퇴, 지역 지부 폐지, 운수노조와 항만노조의 통합, 각 노동조합에 정화위원회 구성 등 5대 지침이 포함되었다. 이에 따라 제1차 정화 조치로 전국의 노

동조합 지역 지부 160여 개가 모두 폐쇄되었다. 그리고 9월 20일 노조 간부 191명에게 강제로 사표를 제출하게 했다. 노동계 탄압에 반발하는 사람은 고문을 가하거나 삼청교육대로 보내는 등 악랄하게 탄압했다. 전두환 일당은 국가보위비상입법회의를 통해 1980년 12월 노동관계법을 전면적으로 개악하여 노조의 형태를 산업별에서 기업별로 바꾸고, 노조 설립을 조합원 자격자 30인 이상 또는 5분의 1 이상의 찬성을 얻어야 가능하도록 했으며, 행정관청에서 노조 해산이나 임원 개선을 명할 수 있도록 하여 노조 설립을 사실상 허가제로 바꾸고, 제3자 개입 금지, 국공영업체와 방위산업체 쟁의행위 금지, 행정관청의 긴급조정 등 단체행동권의 행사를 근본적으로 불가능하게 했다.

그러나 독재정권의 가혹한 탄압에도 불구하고, 노동운동은 다시 불이 붙었다. 1980년 4월 8일부터 시작된 서울 청계피복노동조합 노동자의 투쟁이 불씨가 되었다고 할 수 있다. 독재정권은 1977년에 청계피복 노조를 와해시켰다. 그러나 청계피복 노조는 계속된 탄압에 저항하면서 7년 넘게 싸웠다. 특히 1984년 9월 19일, 10월 21일, 1985년 4월 12일 등 세 차례에 걸쳐 '청계피복노조 합법성 쟁취대회'를 열어 1980년대 중반의 노동자가 광주 학살과 군부독재의 공포에서 벗어났음을 보여 주는 사건이 되었고, 그때까지 숨죽이고 있던 많은 노동자들에게 노동운동의 희망을 제시했다. 이후 전두환 정권은 1983년부터 소위 유화 조치를 취했다. 유화 조치는 구속자 석방, 사면, 복권, 제적생 복교, 학원 상주 경찰 철수, 해직 교수 복직, 시위자 구속 유보 등 학원 자율화와 정치인 해금 등을 주요 내용으로 하는 단계적인 조치였다. 민주 세력 입장에서는 이 '유화宥和' 분위기를 타고 광범한 대중 역량의 확대를 꾀할 수 있었지만, 궁극적으로는 공개화를 요구하는 것이었기 때문에 일종의 '함정' 전술의 측면이 상당히 강했다. 실제로 이 유화 국면에서 정권은 '야학연합회' 사건을 발표하면서 이른바 위장취업자 색출에 전력을 다했다. 하지만 이 조치의 본질이 무엇이든 관계없이, 1985년 민주화의 물결이 다시 타오르는 시점부터 노동운동도 좀 더 큰 물결로 다시 일어나기 시작했다.

유신 정권 이후 계속된 독재정권의 탄압 속에 합법적 노동조합운동이 활성화되기는 매우 어려웠다. 이 시대 노동운동에서는 서울노동운동연합, 인천지역노동자연맹 같은 지역 노동조직이 그나마 가능했는데, 이러한 운동은 학출 활동가, 지식인 그리고 노동자가 연대하여 조직한 비공개 단체로만 존재할 수 있었다. 비공개 조직 가운데 가장 큰 규모로는 전국적 민주노조 건설을 지향한 전국민주노동자연맹(이하 전민노련)을 들 수 있다. 전민노련은 이태복, 양승조 등이 중심이 되어 1980년 5월 3일에 결성한 노동자학생 단체로, 1970년대 도시산업선교회 등이 주도한 민주노조운동의 조합주의와 경제주의를 비판하면서 제2 노총 건설을 목표로 변혁적 노동운동을 꾀했다. 그들은 과학적 운동 이념과 조직 건설, 대중투쟁 활성화, 노동자 역량 강화, 진보적 학생운동으로서의 노동운동을 역설했다. 이태복은 교사, 학생 같은 지식인 중심의 조직은 성공할 수 없다고 판단하고, 민주주의 운동 과제를 해결할 주체는 노동자계급과 그 동맹자들이므로 지식인들이 좀 더 큰 규모로 조직적으로 현장에 들어가 노동 현장에 참여해야 한다고 주장했다.

이러한 조류 속에서 70년대 말부터 대학 학내 운동의 주도권을 장악한 각 지역의 야학팀은 노동자와의 교류, 현장 투신 등을 통한 노동운동을 추진해 가기 시작했다. 그렇지만 야학운동 경험의 연장으로서 노동운동을 바라보는 대학생 출신 운동가들은 대체로 준비론적 경향에 빠졌다. 그들은 대중적 투쟁보다 학습을 우선시하고 이를 통해 고도의 정치의식으로 무장된 노동자 소그룹을 형성할 때까지 혁명을 준비해야 한다고 생각했다. 이러한 폐쇄적 소그룹운동론에 따라 설사 소그룹이 실천 활동을 벌인다 해도 전단 살포나 대외 행사 참여라는 비대중적 운동 방식에 한정되었다.[7] 1982년 민주노조의 마지막 보루였던 원풍모방 노조가 와해된 후 원풍모방, 동일방직, 청계피복 등은 비공개로 해고자 모임을 조직했다. 이 모임의 구성원들은 유화 국면 이후 청계피복노조의 합법성 쟁취를 위한 노학연대 가두투쟁을 꾸준히 전개했다.

이 시기 서울에서는 노동운동의 전술 차원에서 선도투쟁을 우선할 것이냐, 현장 조직 준비를 우선할 것이냐의 논쟁이 본격화되었다. 선도투쟁론은 '전위'를 자처하는 집단이 선도적으로 정치투쟁을 벌여 대중의 정치의식을 고양시켜 정치투쟁에 참여시킨다는 투쟁 노선이고, 현장준비론은 대중이 정치투쟁으로 나서도록 소그룹을 조직하여 상황이 무르익을 때까지 준비에 더 치중한다는 투쟁 노선이다. 전자는 대중 정치 역량 강화를 제1의 목표로 삼으면서 전위 조직이 피해를 입더라도 정치투쟁을 감행해야 한다는 주장으로, 전위 없이 대중이 직접 정치투쟁에 참여

---

7   송정남, 〈한국노동운동과 지식인의 역할〉, 김금수 · 박현채 외 지음, 《한국노동운동론 1》(서울: 미래사, 1985), 188쪽.

하는 것은 반대할 정도로 전위를 중시했다. 반면에 현장준비론은 운동이 아직 초기 단계이므로 조직을 더 발전시키기 위해 소그룹운동을 해야 한다는 것으로, 정해진 계획에 맞춰 진행되는 투쟁이 아닌 한 대중을 시위에 가담시키는 것만으로는 노동운동의 역량을 질적 양적으로 발전시킬 수 없다는 주장이다. 대중을 낙후된 존재로 보고 비조직화된 대중을 재조직함으로써 조직의 역량을 확대 발전시켜야 한다는 것이다. 전체적으로 볼 때 후자의 노선이 학출 활동가 사이에서 더 일반적인 경향으로 받아들여졌다.[8] 두 경우 모두 소그룹을 조직하여 노동자들의 계급 역량을 키워 선진노동자를 양성하고, 그들로 하여금 노동자 정치투쟁을 일으키도록 하는 것을 목표로 했다. 이 소그룹운동론은 폭압적인 정권의 탄압을 피해 은밀하게 활동할 수밖에 없었던 당시 상황에서 학출 활동가들 사이에 큰 설득력을 얻어 수도권 지역에 광범위하게 자리 잡았다.

이런 상황에서 1984년과 1985년, 수도권에서 중요한 노동 사건이 발발한다. 1985년 4월 16일 한국 노동운동사에 획기적인 사건이 인천 부평에서 터졌다. 대우자동차 파업이다. 대우자동차 공장노동자들은 기본적인 생계유지가 담보되는 임금인상, 청년 노동자의 기숙사 건축, 식당 식사의 질 담보 등을 요구했는데, 회사 측이 거부했다. 이에 격분한 노조원들이 전면파업에 돌입했고, 최종적으로 8명의 노동자가 구속되었다. 이것

---

8 이종오, 〈80년대 노동운동론 전개 과정의 이해를 위하여〉, 한국기독교산업개발원 편, 《한국노동운동의 이념》(서울: 정암사, 1988), 240쪽

은 한국사 최초로 대기업 공장노동자가 파업을 일으킨 사건이다. 이 사건을 계기로 박정희가 주도한 중화학공업 육성 정책으로 양성된 대기업 사업장의 남성 노동자들이 대거 노동자 집단으로 들어와 사회변화를 추동하는 강력한 노동자의 위치를 차지하게 되고, 이를 기점으로 노동운동의 성격이 차츰 바뀌게 된다. 대우자동차 부평공장 파업이 일어나고 한달여 뒤인 1985년 6월, 한국 노동운동사에서 또 하나의 의미 있는 사건이 서울 구로에서 터졌다. 구로 지역의 10개 노동조합이 동맹하여 파업을 일으켜 '구로동맹파업'이라 부르는 사건이다. 노동자는 '임금동결 정책 포기와 최저생계비 보장', '민주 노동운동을 짓밟는 모든 노동 악법 철폐'와 같은 노동문제부터 구속자 석방, 집회 및 시위법 및 언론 기본법 철폐와 같은 정치제도 개혁까지 요구했다. 구로동맹파업은 이듬해까지 구로 지역의 인근 사업장 노동자의 동맹파업을 끌어낸 연대투쟁의 대표적인 사례지만, 세간에 알려진 바와 달리 이때도 투쟁의 기반은 노동조합에 있었고 소모임 학출 활동가의 역할은 한정적이었다.

두 사건은 전형적인 노학연대투쟁으로 알려져 있는데, 과연 그러했는지 따져 볼 만하다. 두 사건 모두에서 학출 활동가들이 현장 노동자들과 함께 노동하면서 투쟁을 감행했던 것은 사실이다. 하지만 학생운동권이 대거 연대투쟁에 참여하지는 못했다. 파업 발생 후 일시적인 가두시위를 조직하는 정도였는데, 이를 전형적인 노학연대투쟁으로 규정하는 것은 가두시위를 과도하게 평가하는 것이다.[9] 이 두 투쟁은 한국 노동운동사

---

9 이광일, 《좌파는 어떻게 좌파가 됐나》(서울: 메이데이, 2008), 193쪽.

에 몇 가지 중요한 의미를 갖는다. 우선, 대우자동차 파업은 중공업의 남성 노동자가, 구로동맹파업은 경공업의 여성 노동자가 중심이 되어 연대 투쟁을 이루었다. 결과는 각각 다르게 나타났다. 대우자동차 파업에서는 활동가들의 피해가 적지 않았지만 결국 노조 활동 보장, 경제적 요구 관철 등을 성취했다. 반면에 구로동맹파업에서는 파업 참여 활동가들 전원 구속과 2천여 명에 달하는 노조 활동가 해고와 노동조합 해산이라는 초유의 타격을 입었다. 하지만 이 사건을 계기로 더욱 많은 학출 활동가들이 노동 현장으로 들어가고, 이후 한국의 노동운동이 노학연대를 추구하게 되었다는 점을 의심하는 사람은 없다. 두 사건을 계기로 노동운동에 새로운 흐름이 생겼다. 그동안 헤게모니를 행사해 온 자유주의 노동운동에서 벗어나 더 급진적인 운동이 전면에 등장했다. 그러면서 정치운동과 대중운동의 결합을 적극적으로 모색했다. 무엇보다 구로동맹파업은 조직적인 차원에서 기존의 소그룹운동으로는 정치적으로 성장하는 노동 대중의 투쟁을 온전히 담아낼 수 없다는 인식을 심화시켰고, 그 결과 지역노동운동론을 더 적극적으로 모색하는 계기가 되었다.

지역노동운동론은 고립되고 분산될 수밖에 없는 소그룹운동으로는 점차 커지고 있는 노동자들의 투쟁 역량을 지원하고 지도할 수 없다는 논리로 큰 호응을 얻었다. 한 마디로, 대중이 주체가 되는 정치조직을 건설하자는 것이다. 그 결과, 서울노동운동연합(1985년 8월, 이하 서노련), 인천지역노동자연맹(1986년 2월, 이하 인노련) 등과 같은 지역 단위의 대중 정치조직이 결성되었다. 그러나 이런 공개적 대중운동단체의 결성이 반드시 한국 노동운동의 전체적인 발전을 의미하지는 않았다. 87년 노동자

대투쟁의 출발지가 되는 영남 지역의 주요 산업도시는 여전히 노동운동이 활성화되지 못한 상태였다. 이러한 상황에서 지역노동운동론을 주장한 사람들이 조직적으로 지역별 노동 현장 이전移轉을 추진했다. 이로써 학생운동이 노동 현장 및 노동운동과 본격적으로 조직적 연대를 추진하게 되었고, 이 집단적이고 조직적인 노동 현장 이전은 1970년대 개별적인 노동 현장 이전과 질적으로 구분되는 1980년대 노학연대의 가장 두드러진 특징이 되었다.[10] 수도권의 경우 1980년대 초반에는 선배들의 인맥을 통해 개별적 방식으로 노동 현장에 들어갔으나, 1984~5년경부터는 현장에서 형성되기 시작한 노동운동 조직과 연결되어 조직적으로 노동 현장에 들어갔다. 학출 활동가들은 지역 소모임과 사업장 소모임 등 다양한 방식으로 노동자들을 조직하고 학습을 통해 변혁적 사상과 이론으로 무장했다. 당시 초창기에 이전 사업을 맡아 울산·부산으로 내려간 민경서는 다음과 같이 수도권과 지역 연계를 설명했다.

저는 나중에 다산보임[11] 그룹에 속했는데, 조직에서 각 지역으로 본격적으로 이전을 추진하면서 저는 연고는 없었지만 울산으로 내려갔습니다. 1985년 초인 듯해요. 현대중공업과 현대정공 하청업체에 들어가서 조직 사업을 하다 들통이 나서 부산으로 옮겨 동국제강으로 가게 되었습니다.

---

[10] 김원 외 편 《민주노조, 노학연대 그리고 변혁. 1980년대 노동운동의 역사》(서울: 한국학중앙연구원 출판부, 2017), 523~4쪽.
[11] 1986년 '이념 서적'을 일본 등에서 들여와 운동권 학생들과 노동자들에게 의식화 학습을 한 혐의로 출판기획사 다산·보임 관계자들을 구속한 뒤 국가보안법 위반 등을 적용해 실형을 선고한 사건.

당시 서울에 있던 우리 상위 조직에서는 각 운동원에게 지역으로 내려가 지역 사업에 충실하라고 요구했고, 서울에서 어떤 특정한 지시 같은 건 내리지 않았습니다. 팸플릿이 많이 돌았지만, 선진 이론은 이론이었을 뿐, 지역의 자생적 독자 능력을 키우는 데 집중했습니다. 1년에 한두 번씩 서울에서 만나 의견 교환은 있었지만, 특별히 조직의 지시 같은 건 없었고, 각자가 지역에서 어떻게 자생적으로 하는지를 나누는 정도였습니다. 동국제강 한 하청업체에 들어갔다가 한 서너 달 일하고 동국제강에 입사했는데, 부산 지역의 부산대 인맥과 연대 차원에서 연계하는 일은 하지 못했습니다. 하도 상황이 엄중해서 같은 조직 내에서도 총체적인 것이 파악되지 않는데, 다른 조직과 연계한다는 것은 있을 수 없는 일이었지요. 다만 개인적으로 부산대 쪽 활동가들과 몰래 만나곤 했습니다. 가명인데 김수철이라고 부산대 78학번인데, 본명이 생각이 안 나네요. 그분하고 개인적 관계는 돈독히 쌓고 있었습니다만, 어떤 의미를 둘 만한 것은 아닙니다. 구체적인 연대는 87년 노동자대투쟁이 일어난 후, 제 경우 8월에 노조를 결성했는데, 한 달도 못 가서 해고되었고, 이후 김진숙, 노재열 등과 함께 부노련(부산노동자연합)을 세운 게 실질적인 연대지요. 서울에서 이전 해 내려간 학출 활동가와 부산대 팀 그리고 그들이 양성한 선진노동자들, 이렇게 연대를 한 거지요.[12]

12 2021. 07. 09 서울 통의동 푸른역사 출판사 구술.

자유주의 교회의 노동운동

이 시기에 노동운동을 본격적으로 전개하기 시작한 세력은, 전두환 독재정권의 혹독한 탄압에서 상대적으로 핍박을 덜 받았던 자유주의 기독교계이다. 1982년 3월 창립된 한국교회사회선교협의회는 노동과 관련해 많은 일을 했는데, 특히 블랙리스트 철폐 운동이 눈에 띈다. 전두환 정권은 7년간 높은 경제성장률을 기록했음에도 지속적으로 임금을 억제하는 정책을 폈고, 이는 노동자의 강력한 저항을 초래했다. 노동운동이 일어나자, 전두환 정권은 1983년 말부터 노동운동 지도자들을 가차 없이 해고했고, '노동 현장에서 불순분자를 영원히 추방한다'는 목표 아래 이른바 '블랙리스트'를 작성하여 전국에 배포했다. 이 블랙리스트에 오른 사람들은 1980년 신군부의 노동계 정화 조치로 해직된 1970년대 민주노조 운동가들과, 1980년대 초반에 학생운동 경력으로 대학에서 제적된 후 노동 현장에 취업했다가 신분이 노출된 학출 활동가가 주를 이루었다. 블랙리스트 작성은 헌법이 보장하는 노동권과 직업 선택의 자유를 짓밟는, 근로기준법에서도 금지하는 행위였지만, 그만큼 정권이 운동가 및 활동가들의 재취업과 현장 조직 활동을 두려워했다는 의미다.

이와 관련하여 1984년 12월 15일 가톨릭노동청년회(J.O.C 이하 지오세)가 블랙리스트 철폐를 요구하는 단식농성을 벌였다. 1975년 렌츠 국제평의회에서 채택되어 1979년 국내에 번역 소개된 지오세 노동운동은 지역적·국제적 일상 현실 안에서 생활을 영위하고 발전을 추구하는 청년 노동자 운동이다. 청년 노동자가 일하는 작업장, 공장, 상점, 호텔, 농장, 선박, 병원, 병영, 공사장, 사무실, 광산, 동네, 학교 등 실로 모든 분야 모든 종류의 일상 행위를 기독교 '복음'을 전파하는 방편으로 삼아 노동의 신성함과 존엄성을 인식하고 노동의 가치와 노동자의 보람을 일깨우는 것을 목표로 삼았다. 그들은 노동자와 자본가 사이에는 본질적으로 착취가 있을 수밖에 없으며, 거기서 '투사'라 부르는 활동가들이 앞장서서 청년 노동자의 절망적 외침과 함께하는 지오세 투쟁이 유래한다고 보아 매우 종교적이면서 비타협적인 인권 중심 투쟁을 신조로 삼았다.

정부는 산업선교에 용공 혐의를 씌우려 했다. 1978년 4월 지오세 긴급 집행회의는 《산업선교는 무엇을 노리나》(홍지영, 1977)라는 소책자가 지오세 회원들에게 혼란을 가져온 점에 대한 입장을 정리했다. 지오세 활동은 노동조합운동이 아니며, 지오세는 노동문제를 해결하는 단체도 아니고, 임원들의 결정 없이 개인이 하는 활동은 개인으로서 노동자가 하는 것이지 결코 지오세 전체 활동은 아니고, 자신이 처한 곳에서 충실히 생활하는 것이 곧 지오세 활동임을 분명히 밝혔다. 그러면서 다른 회사 문제에 연대하는 것에 부정적인 입장을 취했다. 이후 지오세는 개별 생산 현장에 천착했고, 공단 지역의 지오세 회원들은 소그룹을 조직했다. 이들의 활동 덕에 노동조합 조직화운동은 더 힘을 받았다. 지오세 활동가들은 노동 강좌나 노동자 교실을 통해 한국 노동운동의 당면 과제, 노동조합, 임금, 근로기준법 등에 대한 교육을 실시했다. 동시에 산업화의 결과로 도시 외곽에 흩어져 노동력 저수지를 형성하고 있던 도시빈민 등 주변 계층의 생존 유지와 교화 활동에 주력했다. 넝마주이, 신문 배달부, 구두닦이, 집창촌 여성 등이 이들의 노동운동 대상이었다.

개신교는 도시산업선교 활동을 벌이고 있었다. 산업화와 도시화라는 사회 변동에 대응해 개신교가 고용주와의 협력을 바탕으로 추진한 '산업선교'는, 1970년대부터 개인의 구원을 넘어 사회 구원 차원에서 도시와 빈민 문제를 포함하여 노동문제 해결을 주요 과제로 삼으면서 독재정권 안에서 중요한 위치를 차지하게 되었다. 종교계의 활동에 위협을 느낀 정권과 자본은 주로 이데올로기 차원에서 종교계를 압박했다. 1976년 7월 인천의 동일방직 노동자 투쟁이 그 출발점이었다. 정부는 여러 책자를 통해 산업선교회를 공산당 수법을 사용하는 반국가 단체로 규정했고, 자본과 한국노총은 이에 호응했다. 1980년대 들어 영등포도시산업선교회, 인천도시산업선교회 등에서 소규모 교육 활동이나 노동자 소모임을 조직했다. 1985년 2월 3일 한국기독노동자총연맹이 창립됐으나, 대중적 투쟁 단체나 노조운동 지도 조직으로 발전하지는 못했다. 교회가 노동운동의 안전판 역할을 할 수 있었던 것은, 보수 독점적 정치구조 속에서 교회가 기존의 비민주적 권력과 대결하며 자신을 상대적으로 개혁적·진보적인 세력으로 재구성해 왔기 때문이다. 특히 한국전쟁 이후 교회가 사회주의와 공산주의 등 급진 이념과 대립해 왔기 때문에 권력의 용공 시비로부터 비교적 자유로운 위치에 있었던 것도 사실이다.

교회는 노동자 의식화와 노동문제에 대한 사회적 관심의 확산, 민주노조의 형성과 발전 등에 크게 이바지했으나, 노동운동에 대한 그들의 지원과 참여는 어디까지나 종교적 양심의 산물이었다. 민중교회는 노동운동가와 노동자의 신분을 보호하고, 그들이 자유롭게 활동할 공간과 여건을 제공하는 일을 주로 했다. 그 활동은 노동자 대중과의 직접적 연대가 아니라 소그룹 형태의 제한된 활동으로 소수 노동자를 의식화하는 데에 머물렀으며, 노동운동이 노동자 대중 속에 뿌리내리는 데에 큰 역할을 하지는 못했다. 교회 권력은 분명히 국가와 대립했지만, 교회의 권위는 개별화된 구성원들의 집단화·계급화를 가로막는 장애물이었고, 국가와 자본의 입장에서는 그들 체제를 지켜 주는 보루 구실을 했다는 것도 사실이다. 1980년대 들어 학출 활동가들이 강력하게 등장하고, 노동운동 자체의 이념이 강화되고 조직이 단단해지면서 교회를 매개로 하는 노동운동의 한계가 드러나면서 교회는 공개적인 지원 단체로 활동이 국한되었다.

부산 노동운동의 시작

부산 지역에서도 가톨릭 노동운동이 유신 말기 이후 노동운동의 물꼬를 텄다. 그 가운데서도 지오세와 그들이 지원한 야학이 두드러진 활동을 폈다. 부산 지역에 설립된 야학에는 공통된 특징이 있다. 서울 지역의 영향을 받았고, 시기적으로 비슷한 시기에 설립되었고, 각 야학의 활동이 개별적으로 이루어졌고, 주로 성당이나 교회 공간을 활용했으며, 활동이 오래 이어지지 못했다.[13] 야학은 노동자의 검정고시를 준비하는 검정고시 야학과, 노동자로서 자각하고 이를 실천하고 준비하는 노동야학

---

13 이성홍, 〈70~80년대 부산 지역 노동야학 운동사 개관〉, 《성찰과 전망》 4권, 2009, 109쪽.

이 있었다. 검정고시 야학을 다니던 노동자가 노동야학으로 연계된 예도 있고, 밀알야학처럼 두 가지 성격이 섞여 있는 경우도 있었다. 노동야학은 기독교 운동 차원에서 교회가 적극적으로 지원하는 경우가 많았다. 부산에서는 당감야학, 사상성당야학, 성안교회야학, 촛불야학 등이 주로 노동야학으로 활동했다. 어느 야학이 가장 먼저 활동을 시작했는지에 대해서는 사람마다 기억이 조금씩 달라 확정하기가 어렵고, 그 작은 차이를 굳이 따질 필요가 없을 것이다. 야학은 졸업생 모임과 선배가 강학(야학 교사)으로 다시 돌아와 가르치는 등의 체계를 통해 소통이 비교적 잘 되어 오래 유지되었고, 내부적인 결속력도 좋았다. 하지만 내부 강학의 사회과학적 의식이 부족하여 구성원 간의 친목 모임으로 유지되는 야학의 성격을 좀 더 치밀한 노동야학 방향으로 개편해야 하는 것 아니냐는 외부의 문제 제기가 있었다. 그러나 야학 구성원들은 대체로 노동야학의 이론 중심 태도에 반발했고, 연대하여 뭔가를 도모하겠다는 큰 뜻을 품는 단계까지는 가지 못했다.

공장에서 신분을 드러내고 활동할 수 없는 처지였던 학출 활동가들도 야학을 통해 노동자와 만나고 포섭의 발판을 마련하고픈 소망만 있을 뿐 그리 깊은 단계로 발전하지는 못했다. 생산 현장에 들어간 학출 활동가들로선 현장의 실제를 제대로 파악하기 어려웠고, 이론과 다른 현실 안에서 현장에 유효한 활동 방식과 수단을 계발하기가 어려웠다. 학출 활동가들은 노동자 의식화를 목적으로 야학 일에 투신했지만, 노동자 대부분은 자신이 '전태일의 대학생 친구'가 되거나 학교 진학에 실제 도움을 얻으려는 경우가 많았다. 학생과 노동자 집단의 결합은 그리 쉽지 않았다. 학출 활동가들의 열성적인 노력이 있어도, 노동자들은 자신들이 처한 현실을 타개하기가 쉽지 않았고, 야학이 현장에서 부딪히는 현실적인 문제들을 해결하는 데에는 한계가 있었다. 그러다 보니 노동자와 학출 활동가 간에 갈등이 생기는 경우가 생겨났다. 박주미는 이렇게 말한다.

초등학교 졸업하고 공장에 다니기 시작했습니다. 대학을 가고 싶었는데 가난해서 공부를 배울 수가 없었습니다. 태화고무를 다닐 때 친구가 영어 수학을 가르쳐 주는 대학생들이 있다고 해서 찾아간 곳이 성안교회 야학이었습니다. 그곳에서 영어 수학도 배우고 노동에 대한 것도 배웠는데, 이후 지오세와 연결이 되었습니다. 집안 대대로 가톨릭 신자라서 지오세가 인간의 존엄성 차원에서 노동자의 권익을 위해 싸우는 태도가 좋아 그곳에서 노동자로서의 정체성을 쌓았습니다. 공장에서 노동운동이 아닌 노동자로서 노동자를 핍박하는 회사 측과 싸웠습니다. 그러면서 이후에 학출들과 만나 노동운동을 함께 했지만, 이미 80년 초가 될 때에는 학출들과 관계없이 지오세 점조직이 공장 내에 다수 있었습니다.[14] 그런데 세포와 같은 지오세 조직 노동자는 생계를 책임져야 하는 현실론에 얽매일 수밖에 없었고, 지오세의 풍토가 영성에 바탕을 두고 사람이 바뀌어야

---

14 《한국가톨릭노동청년회 50년의 기록》(서울: 한국가톨릭노동청년회 50년의 기록 출판위원회, 민주화운동기념사업회, 2009), 100~1쪽을 보면 1978년 조영희(세실리아)라는 사람의 구술이 나온다. 당시 그는 지오세 회원이었는데 해고를 당했다. 그러나 내부에는 노동법이나 근로기준법을 아는 사람이 없어서 시민운동가 최준영의 도움을 받게 된다. 이후 대우정밀 노조 설립에 기여한 지오세 회원 조현호의 구술을 보아도, 부산 지역의 지오세는 80년대 초반까지 회사 내에서 자체 모임을 가진 것은 사실이지만 점조직 형태의 활동까지 한 것은 아님을 알 수 있다. 그들은 가톨릭과 노동자 정체성은 있었으나, 회사 내에서 개인이 아닌 조직으로서 뭔가를 도모하는 구체적 활동은 많이 하지 못했다.

세상이 바뀐다는 생각이 강해, 지금도 그렇게 생각합니다만, 시간을 두고 주변의 노동자를 교육시키고, 각성시켜야 한다고 생각하고 있었지만, 학출들은 뭔가 일을 벌이면서 치고 나가야 한다는 생각이 강해 그들과 충돌이 있었습니다.[15]

유신 말기 부산의 노동운동은 지오세 같은 교회 조직을 통해 꾸준히 이어졌으나, 전두환 신군부가 교회의 제3자 개입을 불법으로 법제화하면서 이전에 비해 크게 위축되었다. 그러다 1980년 5·18 민주화운동 이후 노조운동 내부에서 과거에 비해 급진적인 흐름이 태동하기 시작했다. 따라서 기독교 조직의 노동운동을 부산 지역 노동운동의 시작이라고 볼 수도 있지만, 급진변혁 노동운동을 하는 쪽에서는 학출 활동가들이 현장에 들어가 조직사업을 한 것이 노동운동의 시작이라고 주장한다. 이에 대해서는 '노동운동'이 무엇인지부터 규정하고 넘어가야 한다. 노동운동을 노동자가 자신의 처지를 자각하고 노동조건이나 경제적·정치적 지위를 개선하고자 전개하는 조직적 활동이라고 할 때, 여기에 이 활동을 지원하는 단체의 활동까지 포괄한다면, 유신 말기부터 이어진 야학운동이나 기독교 계통의 자유주의운동을 노동운동의 시작으로 보아야 한다. 혁명이라는 목적의식 아래 노동자를 계급 정체성으로 자각시켜 사회변혁을 시도한 것은 급진변혁 노동운동으로 규정하는 것이 더 타당해 보인다. 이 부분에 대해 조현호 전 대우정밀 부위원장은 이렇게 말한다.

---

15   2020. 02. 17. 부산 개금동 사회복지연대 사무실 구술.

저는 돈이 없어서 공고를 갔고, 바로 취직을 했습니다. 85년 즈음이던 가, 부산의 학출 대학생들이 대거 노동 현장에 들어왔는데, 그들에 대해 반발심이 생겼습니다. 그 사람들을 만나 보니, 그건 운동을 하는 게 아니었어요. 노동운동은 노동자가 삶의 현장에서 하는 운동이어야 하는데, 그분들은 그렇지 않았어요. 제가 노동운동을 하는 것은 돈을 벌어서 내 동생 공부도 시키고, 부모님도 모시고, 행복하게 살고자 하는 것이어서, 나쁜 것들, 인간답지 못한 것들을 고쳐서 좀 더 좋은 직장으로 만들고자 한 것인데, 그분들은 그렇지 않았습니다. … 그분들은 결국 소모품이 되어 버리더군요. 유인물 한 번 뿌리고 잘려서 쫓겨나 버리는데, 그걸로 그냥 끝이잖아요. 운동이란 지속적 변화를 만들어 내야 하는 건데, 승리를 맛보고, 패배하더라도 더 조직하고 운동하면서 승리하도록 만들어야 노동운동이 되는 건데, 그 대학생 친구들은 그걸 하는 게 아니었어요.[16]

부마항쟁 전후로 부산의 대학생 지식인 활동가들이 서울과 어떻게 연계되었는지는 정확하게 알 수 없지만, 이후로 상당히 오랫동안 그 관계는 유지되었다고 보는 것이 합당할 것이다. 물론 그 영향력이 어떤 때는 강하게 나타나고 어떤 때는 약하게 나타났을 테지만, 적어도 한국이라는 나라가 서울을 중심으로 한 전국 규모 판으로 작동하는 구조 속에 오랫동안 놓여 있었기 때문에 부산 지역이 서울로부터 완전히 독립적인 판을 구축하지는 못했을 것이고, 다른 시각으로 보면 외딴 섬으로 위치하지도

16　2020. 10. 08. 부산 정관 동운정밀 사무실 구술.

않았을 것은 분명하다. 서울의 급진변혁 세력과 지하조직으로서 연계하면서 계속 논쟁을 벌이던 과정에서 부마항쟁이 터졌다. 이후로도 부산 내 조직과 서울의 연계는 지속되었으니, 부림사건도 마찬가지다. 그 좋은 예가 야학 활동이다. 이성홍의 연구에 의하면, 부산에서 처음 야학을 주도한 이들은 부산이 고향인 서울대 학생들이었다. 이미 학내에서 일정한 수준의 의식화 학습을 받은 이들은 방학이나 휴학 중 고향으로 내려와 부산양서협동조합(이하 양서조합)이나 중부교회를 통해 활동을 모색했다. 신기엽, 박순성 등이 1학년 여름에 휴학하고 내려와 고등학교 친구들과 야학을 만들기로 한다. 이들의 활동이 반드시 노동운동을 목적으로 했다고 볼 수는 없지만, 이들이 학생운동이나 노동자 교육의 중요성을 인식하고 있었던 것은 분명하다.[17] 이러한 서울과의 연계는 정도의 차이는 있어도 중단되지 않고 이어져 87년 대투쟁 이전에 소위 실實-반실反實 논쟁(자세한 내용은 '실-반실 노선 논쟁과 파업투쟁' 참고)으로 이어졌다. 실임을 주장하는 쪽이나 반실을 주장하는 쪽이나 서울 쪽의 특정 그룹과 계속 연계했음은 의심할 나위가 없다. 이후 부산노동자협의회(이하 부노협) 설립 과정에서도 서울에서 내려온 소위 선진노동자[18]의 역할이 상당히 컸음도 사실이다.

---

[17] 이성홍, 앞의 글, 130쪽.
[18] 임영일은 이 용어가 갖는 특징을 다음과 같이 규정한다. 첫째, 학생이나 지식인 출신이 아니라 현장 노동자 출신의 활동가들이라는 점, 둘째 설사 지식인 출신이라 하더라도 더 이상 그것이 중요하지 않을 정도로 현장에서 노동자적 경력이 축적되어 있다는 점, 셋째, 현장 활동과의 일상적 결합을 유지하는 것이 가장 중요시된다는 점이다. 임영일, 《한국의 노동운동과 계급정치: 1987-1995》(부산대학교 박사학위청구논문, 1997), 79쪽.

유신 몰락 후 이어진 전두환 신군부의 탄압에 학생운동권 사이에서는 투쟁 방식에 대한 논쟁이 활발하게 일어났다. 조직을 보전하면서 차후를 대비하느냐, 드러내 놓고 투쟁을 일으켜 대중을 끌고 나가느냐 하는 노선투쟁이 특히 1980년 5월 광주 이후부터 본격화되었다. 서울의 대학생들을 중심으로 일어난 소위 '무학논쟁'(무림-학림)이 그것이다. 당시 가장 영향력이 컸던 서울대 학생운동권의 지도부였던 무림 그룹은 계엄 해제와 정치 민주화를 요구하는 가두시위를 자제할 것을 강조했다. 가두시위는 호시탐탐 기회를 엿보던 쿠데타 세력에게 빌미를 줄 수 있다는 것이었다. 그들은 5·18을 제어되지 못한 군중의 힘이 폭발하여 좌절된 패배로 규정하면서 학습을 통해 대중 기반을 다져야 한다고 주장했다. 이와 달리 학림 그룹은 학생운동의 대중적인 역량 강화는 선도적인 투쟁을 수행하는 가운데 이루어지며 운동가들이 전위가 되어 투쟁에 나서야 한다고 주장했다. 1982년 무림 그룹은 좀 더 치밀하게 노선을 다듬어 펴낸 〈야학비판〉 팸플릿을 통해 학생운동가가 노동 현장으로 들어가 노동대중을 의식화해 조직하고 이를 바탕으로 장기적인 투쟁을 해야 한다고 주장했다. 반면 학림 그룹은 〈학생운동의 전망〉이라는 팸플릿을 통해 학생운동 세력은 혁명으로 나아가는 유일한 전위 세력이며, 학생들이 전면 투쟁을 통해 공간을 확보해야 다른 운동 세력이 활동할 여유를 확보할 수 있다고 주장했다.

수도권에서 시작된 노선 논쟁은 부산 지역에도 영향을 미쳤고, 부산대 세력이 중추 역할을 했다. 이상록, 이호철, 노재열, 송병곤, 송세경, 고호석 등이 그 중추 멤버였는데, 이 학출 활동가들의 활동으로 부산에서 대학생의 노동 현장 진출이 본격화되었다. 이 가운데 부산 학출 노동운동의 지도자 역할을 한 이상록은 1978년 부산대학교에 비공개 학생운동 조직인 '사랑공화국'(일명 도깨비집)을 조직했다. '사랑공화국'은 학년별 재생산 체제를 갖춘, 이 시기 부산 지역 대학 내 첫 비밀결사였다. 이상록은 1979년 부마항쟁에 참여한 후 졸업을 즈음하여 노동 현장에 투신하기로 하고, 1980년 2월 대학을 졸업한 뒤 3월 부산광역시 북구 주례동에 있는 대유산업과 부산링구공업사에 취업했다. 거의 같은 시기에 노재열도 공장에 취업했으니, 이들의 공장 취업은 부산 지역에서 변혁운동을 꿈꾼 학출 주도 노동운동의 시작점이다. 당시 산업 상황상 신발·섬유·식품·전자 계열 공장은 여성 중심이고, 철강·조선·목재 등은 남성 중심이었다. 학출 활동가의 위장취업도 여성은 여성 중심 사업장으로, 남성은 남성 중심 사업장으로 구분되었다. 당연히 여성 사업장의 노동운동은 여성 활동가들이 다수를 이뤘고, 남성 사업장의 노동운동은 남성 활동가들이 다수를 이루었다. 부산의 산업구조상 87년 노동자대투쟁 때에는 전자의 역할이 컸지만 이후 후자의 역할이 훨씬 강해졌고, 그 중심에 한진중공업과 대우정밀이 있었다. 이 시기가 되면서 학출 활동가의 역할은 미미해졌다.

이상록, 노재열을 중심으로 한 구성원의 상당수는 당시 중부교회와 양서조합 등과 관계를 맺고 있었다. 이들이 학내 시위의 중심 세력으로 참여하고 그 시위가 엄청난 규모의 부마항쟁으로 발전하자, 경찰과 정보 당국은 즉시 이들을 체포했다. 이후 10·26이 발발하고 이들은 풀려난 뒤에도 계속 감시를 받다가, 1981~2년 검찰이 정국 전환용으로 조작한 부림사건에 연루되어 이들 중 상당수가 투옥되었다. 출옥 후 이들은 1980년대 부산 운동권의 리더로 성장하여 이후 부산 지역 노동운동에 오랫동안 큰 영향을 끼쳤다. 노재열과 정귀순은 노동운동에 참여했고, 이호철·고호석·윤연희는 부산민주시민협의회(약칭 부민협) 발족에 중요한 역할을 했다. 부민협은 여러 부문의 민주화운동을 지원했는데, 노동운동은 그중 하나였을 뿐 그다지 중점을 두지는 않았다.

1980년대 상반기 수도권에서 활동한 공단 지역 학출 활동가 수는 약 3~4천 명, 많게는 1만 명 정도로 알려져 있다. 하지만 부산 지역에서는 이 수를 정확하게 추산할 근거나 자료가 없다. 수도권에서 시작된 소그룹운동과 자취방 야학운동에 참여한 운동가들의 영향이 부산에까지 미친 것만은 틀림없는데, 부산 지역에서 현장에 들어간 학출 활동가 수가 몇 명인지는 정확히 알 수 없다. 부마항쟁이 일어나기 전 서울의 모 여대에서 부산대학교 총학에 가위를 보냈다는 루머가 돌 정도로 부산에는 소위 운동권 문화가 없었다. 그러나 부마항쟁 이후 "부산이 일어나면 세상이 디비진다"는 자신감이 생겼고, 그런 분위기에서 70년대 말부터 80년대 중반까지 부산대의 여러 조직에서 학출 활동가가 쉴 틈 없이 육성되었다. 그 운동권들 가운데 소위 조직을 담당한 활동가는 대학과 연계하여 현장에서 쉬지 않고 후배들을 받아들이면서 계속 점조직을 꾸려 나갔다. 조직을 담당한 활동가는 아침에 출근하고 6시에 퇴근하고 일요일까지 쉴 새 없이 노동자들을 학습시키고, 조직을 관리하는 일을 했다. 당시 같이 학습하던 노동자들은 《레닌주의의 제 원칙》까지 읽고 토론할 정도로 이념 학습을 많이 했다. 그러한 학습이 과연 어느 정도 적실성이 있었는지는 논란의 여지가 있겠지만, 전두환이 유화책을 사용한 1983년 정도에는 학생운동이 어느 정도 정착되고 대중화되면서 80년 5·18 직후처럼 개인의 계급적 지위로 인한 갈등보다는 더 이념적인 성격을 띠게 되었다.[19]

학생운동권은 학생운동의 전술을 현장에 들어가서 뱅가드vanguard라고 하는 전위를 기르는 것이라고 생각했다. 과연 그렇게 길러진 이들이 명실상부한 뱅가드였는지는 논란이 있을 수 있지만, 그들이 대체로 사회주의 이념에 따라 조직사업을 한 것은 분명하다. 부산 지역의 학출 활동가들이 조직한 점조직의 규모와 세부 사항에 대해서는 제대로 파악하기가 어렵다. 전두환 정권의 독재가 최고조로 달한 시점에 비밀 유지를 최우선으로 꾸린 조직이었으니 어떤 자료도 남길 수가 없었다. 또, 점조직의 특성상 조직의 맨 위에 있는 한두 사람만 전모를 파악했을 뿐, 그 아래에 있는 활동가는 조직에 속해 있어도 자신이 어떤 조직에 속해 있는지, 그 규모가 어느 정도인지는 정확하게 알 수가 없었다.

이 시기 부산에서는 교회를 중심으로 한 노동운동도 중요한 역할을 한다. 부산에서는 70년대 후반부터 기독교도시산업선교회(약칭 도산)가 최성묵 목사와 박상도 총무를 중심으로 노동자의 권익 향상을 위한 의식화와 정치문제 기도회, 대중선전 등의 활동을 벌였지만, 가톨릭의 지오세나 수도권 도산과 같이 조직적인 운동으로까지는 발전시키지 못했다.

---

19 박현귀, 《80년대 변혁운동가들의 정체성 변화과정: 운동권 출신의 여성모임을 중심으로》, 서울대학교 인류학 석사학위 청구논문, 1996, 20쪽.

1978년, 중부교회를 중심으로 양서조합이 결성되면서 지역의 종교계 활동가들과 학생운동 진영 활동가들이 자연스럽게 결합했다. 개신교에 기반을 둔 노동운동은 1968년 '산업전도'를 '산업선교'로 바꿔 부르면서 노동운동에 좀 더 조직적으로 접근하기 시작했다. '전도'라는 용어가 교회의 발전 또는 확장을 우선시하는 사고를 반영한다면, '선교'는 교회가 아닌 세상을 섬긴다는 인식을 반영했다. 산업선교는 노동자와 함께 사는 것을 의미한다. 산업선교운동은 1980년 5·18 민주화운동 이후 본격적으로 시작되었다. 서울의 영등포도시산업선교회가 1983년 성문밖교회를 설립한 것이 본격적인 시작이다. 1980년대 노동운동이 크게 탄압받는 상황에서 산업선교는 노동운동의 보루이자 통로가 되었다. 1987년 이후 절차적 민주주의가 달성되면서 방패막이로서 교회가 지닌 가치가 약해지고 노동자들이 직접 노동운동을 할 수 있는 상황이 되자, 교회에 있던 많은 활동가들이 빠져나가면서 산업선교가 위축되었다. 1988년 11월 부산에서 새날교회를 개척해 산업선교를 시작한 안하원은 이 현상을 약간 다른 각도로 해석한다.

어차피 그들은 교회를 노동운동의 수단으로 삼은 사람들이어서 교회로서는 어차피 큰 틀에서는 동지지만 처음부터 교회 내 사람은 아니었습니다. 교회에서 성장하여 노동운동으로 나간 것이 아니고 노동운동을 하기 위해 교회를 방패로 삼다가 노동운동판으로 돌아간 것이니까요. 그러니 어차피 자기 갈 길로 간 것이라 크게 위축되지는 않았는데, 그와 동시에 목회자들이 교회를 이제 신앙 공동체로 점차 성격을 바꾸어 갔습니다. 그러면서 노동자도 직장에서 집으로 돌아오면 지역 주민이 되니, 교회가 지역 교회로서 발판을 다져야 한다는 의미지요. 87년 이후 변화한 환경에서 노동운동에 전념하기보다는 인권운동, 탁아소 등 지역운동, 환경운동 등 다양한 차원의 진보운동으로 폭을 넓힌 겁니다. 지역 주민들을 대상으로 하는 운동으로 방향을 전환하면서 일상생활로 이어지는 운동, 즉 탁아소, 공부방 등은 물론이고 노숙자, 환경 등에 관한 운동으로 넓혀 간 거지요. 그동안의 노동운동과 같은 거시적인 사회운동보다는 한 지역에 집중하여 지역 주민들의 필요와 욕구에 응답하면서 주민을 주체로 세워 내는 운동이었습니다.[20]

민주화 이후 진보적 개신교 사회운동 세력이 약화된 것과 맞물려, 진보적 개신교계의 사회적·종교적 역할 및 영향력도 약화되었다. 민주화 이전에는 진보적 개신교계가 한국의 전체적인 진보운동을 이끌었다고 할 수 있겠지만, 민주화 이후 특히 전노협 같은 자체 상급 조직이 생긴 이후로는 노동운동 내에서 개신교의 역할이나 영향력은 거의 없었다고 봐도 무방하다. 이에 대해 김영수와 함께 교회의 노동운동을 고민했던 전광언은 이렇게 회고한다.

부산에서의 개신교 노동운동은 조직적으로 이루어진 것이 없었습니다. 가톨릭 지오세 같은 수준은 전혀 도달하지 못했고 중부교회 최성묵 목사

---

[20] 2020. 11. 16. 부산 개금동 새날교회 구술.

님이 독일 NCC의 자금을 지원받아 김영수 목사님과 함께 우리 교회를 열었습니다. 저는 84년도에 양산의 금성알프스 어용노조의 부정선거와 가짜 임금인상 결과에 불복, 사내 집회하다 해고되었고, 이후 노무현·문재인 변호사를 만났는데, 그러다 85년도에 울산에서 막 내려온 김영수 목사님을 만나 보라 해서 제 문제를 상담하면서 함께 노동문제를 고민했습니다. 저는 개인적으로 목사님과 만났고 조직적인 것은 아니었고, 당시 EYC 정도, 고호석 선생 등 청년들이었고, 해고자 돕기 현장 투쟁 지원 차원으로 교회 공간 지원 등이었고, 87년 이후에 탁아소, 공부방 같은 지역운동을 했습니다. 91년 이후 민중당을 통해 정치를 시작하려 할 때 최성묵 목사님은 당시 새정치국민회의 최고위원이어서, 당신 사위인 김 목사님이 지구당 위원장과 담임목사를 겸직하면 아무리 진보적인 기장이라 해도 잡음이 발생할 수 있으니 담임목사 직은 사임하는 게 좋지 않겠냐는 권고에 따라 교회를 떠났고, 그때 교회에 나오던 목사님에 대해 일부에서 양떼를 두고 떠난다는 비판이 있었지요. 이후 정당 활동을 끝내고 무직 상태에 계실 때, 어느 택시 안에서 문재인 변호사가 목사님 근황을 얘기하다 물고기가 물을 떠나서 어쩌겠느냐고 조언하여 다시 믿음교회를 세워서 활동하셨습니다. 그러나 2002년에 소천하셨지요.[21]

1987년 이후 변화한 환경에서 노동운동에 전념하기보다는 인권운동, 탁아소 등 지역운동, 환경운동, 민중당·개혁신당 등 정치운동까지 다양

---

[21] 2020. 11. 15. 부산 남산동 커피숍 구술.

한 차원의 진보운동으로 폭을 넓혔던 김영수 목사에 대해 안하원은 다음과 같이 회고한다.

1988년 '한국민중교회운동연합'(한민연)이 결성된 이후 과거의 민중교회는, 사실 이 개념은 외국에서 부른 거고, 저 같은 경우, '노동교회'라고 불렀습니다, 신앙생활 공동체로서의 역할에 집중했는데, 부산에서는 이런 교회의 세가 너무 약했습니다. 김영수 목사가 기장 쪽에서 제가 예장 쪽에서 활동을 막 시작하는 정도였고, 결국 교회가 노동운동에 역할을 한 건 거의 없었습니다. 교단에서는 아예 관심도 없었고요. 결국, 개별 목회자로서 노동운동을 할 수밖에 없었는데, 물론 그것도 노동자로서도 아니지만, 그때 부산에 와서 김영수 목사님을 만났습니다. 저하고 마찬가지로 지역운동을 하면서 노동운동과는 거리를 둔 상태였는데, 나중에 민중당에 들어가서 정치를 하더라고요. 저는 전혀 그런 생각은 하지 못했는데, 김 목사님은 정치를 통하지 않고서는 세상을 바꿀 수 없다고 생각한 겁니다. 그러나 일종의 전위정당을 시도하다가 실패하고 몇 년이 지난 후에 정치 현실을 깨닫고 난 뒤 저보고 정치는 이제 안 하겠다고, 인권운동이나 함께 하자고 합디다. 그런데 그 약속을 하고 헤어지는 길에 배가 아프다고 해서 병원으로 갔는데, 나중에 암이라 하더라고요. 그 후 큰 역할은 하지 못했지요. 안타깝지요.[22]

---

[22] 2020. 11. 16. 부산 개금동 새날교회 구술.

1980년 1월 1일부터 4월 24일까지 전국의 노동자와 노동조합은 행정관청에 511건의 조정 신청을 냈는데, 그 가운데 부산 지역이 전국에서 가장 많은 151건이었다. 이 사실에서 다음과 같은 의미를 찾을 수 있다. 먼저, 파업이나 농성같이 법을 어기면서 벌이는 투쟁 외에도 법 테두리 안에서 싸우는 경우가 부산에서는 매우 많았다는 것이다. 이는 부산 지역에서 의미 있는 투쟁으로서 노동운동이 아직 본격화하지 않았음을 뜻한다. 이 시기 노동운동은 주로 임금인상 등 경제주의적 노동운동에 국한되어 있었다. 이는 당시 부산의 산업구조와 깊은 관련이 있다. 1980년대 초까지 부산 경제는 지나치게 3차산업의 비중이 크고, 제조업은 노동집약적이어서 부가가치가 매우 낮았고, 신발과 섬유 등 경공업 위주로 산업구조가 이루어져 있어 노동자는 나이 어린 여성이 대다수였고, 그 위에서 자연발생적 쟁의 외에는 노동운동이라고 할 만한 것이 그다지 많이 일어나지 않았다. 특히 부산 지역의 대표 산업이던 신발산업은 1960년대부터 1980년대까지 주문자상표부착생산OEM 방식의 생산을 중심으로 저임금 노동력에 의존하여 성장했다. 노동시간은 전국에서 가장 길었고, 산재 발생률은 전국 1위였으며, 임금수준은 전국 최저여서, 추후 격렬한 노동운동이 발생할 수밖에 없는 상황이었다.

1980년부터 1987년 이전의 부산 지역 평균임금 상승률은 전국에서 가장 낮았다. 이 시기 다른 지역에서는 체불임금 지불보다 더 적극적인 형태인 임금인상 비중이 점차 커졌는데, 부산 지역은 여전히 체불임금 지불을 둘러싼 쟁의가 비중이 높은 상황이었다. 이는 부산 지역 노동자가 전국 최장 평균 노동시간을 기록한 사실과 관련이 있다. 또, 최소한의 식사 시간과 식사의 질 및 휴식 시간 확보에 대한 요구도 많았다. 공단 노동자는 대개가 타他 지역, 특히 호남 지역에서 이주해 온 사람이 많았기 때문에 최소한 명절 때 고향에 돌아갈 수 있는 수준의 상여금에 대한 요구가 곳곳에서 제기되었다. 작업장 내 일상적 인권에 대한 투쟁도 빈발했다. 당시 부산 지역 노동자들 사이에는 중간관리자들이 '안전관리'라는 이름으로 자행하는 욕설, 구타, 폭행, 몸수색 등 인격적 모욕에 대한 반발이 매우 심했다. 현장은 너무나 열악했고, 변혁 노동 세력은 현장에서 별 역할을 하지 못했다. 현장 노동자들은 어떤 노동운동가에게도 지도 받지 못한 상태에서 주로 자연발생적으로 제기되는 임금투쟁 같은 생존 투쟁에 기울어 있을 수밖에 없었다.

이 시기에 일어난 대표적인 파업을 보면, 동명목재·연합철강–동국제강 노동자의 임금인상 투쟁, 북부산택시·연희택시·아세아운수·제일운수 기사의 사납금 인하 투쟁, 칠성여객·동성버스 등 시내버스 기사들의 임금투쟁, 삼화방직 노동자의 어용노조 퇴진 투쟁, 조선비치호텔 농성, 협신산업·대왕사의 부당노동행위 반대 쟁의 등이 있다. 이 가운데 부산 지역에서 가장 영향력이 컸던 투쟁은 동명목재 파업이다. 동명목재는 1979년부터 원목의 수입 가격이 오르면서 목재 가공업의 채산성이 나빠져 회사가 경영 위기에 처했다. 1980년부터 매월 6억 원에 달하는 적자가 발생하면서 동명목재는 3월 31일 조업단축, 5월 7일 15일간의 전면 휴업에 들어갔다. 동명목재 노동자들은 '배고파서 못 살겠다, 밥이 아니면 원목이라도 달라'는 등의 구호를 내걸고 싸움에 돌입했다. 1980년 5월 8일 회사 측은 전면 조업 중단 방침을 내렸으나, 노동자들은 회사 운동장에 3천여 명이 모여 '정부는 기업 가동을 보장하라', '금융기관은 기업을 살리는 데 최선을 다하라' 등 7개 항의 요구 조건을 내걸고 농성에 들어갔다. 이날 노동자들은 '동명목재정상화추진위원회'를 구성하고, 단계 투쟁 방안을 마련한 후 강석진 회장의 재산 공개와 일선 퇴진 및 정상화를 요구하고, 평화적인 방법으로 은행 및 정부 당국에 대책을 요청하기로 했다. 5월 10일 4일째 농성 투쟁을 벌여 온 노동자들은 이날 지급되어야 할 임금이 은행의 융자 거부로 체불되자, 분노하며 공장 앞 도로를 점거하고 경찰과 대치했다. 5월 12일 '동명목재정상화추진위원회'는 회장 소유 재산을 처분하여 회사 운영 자금으로 사용하고 새 경영진에게 회사 운영을 맡긴다는 회사 재건 계획을 발표하면서 관계 당국의 성의 있는 지원을 촉구했다. 3천여 명의 노동자는 5월 17일까지 관계 당국의 대책을 요구하며 끈질기게 농성을 계속했지만, 아무런 성과를 거두지 못하고 5월 17일 전두환 신군부의 전국 비상계엄 조치로 파업이 끝나 버렸다.

다음으로 들 수 있는 것이 연합철강-동국제강 노동자 투쟁이다. 연합철강은 민간기업으로서 1976년까지 한국 철강업계의 냉연강관 생산에서 압도적인 선두 지위를 누렸다. 1977년에 소유권이 국제그룹으로 옮겨졌다가 1985년에 동국제강으로 넘어갔다. 소유권 이전은 국제그룹 해체 차원에서 이루어졌다고 보는 것이 일반적이다. 연합철강은 1984년 종업원지주제를 확립하고, 회사가 전액 부담하는 식당, 하기 휴양소, 새마을금고 융자, 학자금 보조 등 직원들에 대한 복지가 좋았다. 노동조합도 비교적 이른 시기인 1966년에 설립되었다. 반면 동국제강은 흑자 상황에서도 부당해고를 하고, 복리후생제도 수준이 심하게 낮고, 부정한 방법으로 자산을 낮게 평가하고 이를 고발한 노조 측과 직원을 협박한, 무엇보다도 지금까지 수차례에 걸쳐 노조를 결성하지 못하게 한 악덕 기업이었다. 연합철강 노동자들은 이런 기업으로 경영권이 넘어가는 것을 받아들일 수 없었다.

1980년 4월 19일 연합철강 노사협의회에서 연합철강 노동조합은 임금 51.4퍼센트, 퇴직금 누진제 부활 등을 요구했고 교섭은 결렬되었다. 4월 28일 노동자 300여 명이 임금 40퍼센트 추가 인상 등 8개 조항을 요구하며 농성을 시작했다. 그러자 회사는 인수를 반대하는 연합철강 회사 관리자 및 노동자의 보직 박탈, 대기 발령, 부서 이동, 해직 강요 등 갖가지 방법을 동원해 노동자들을 탄압했다. 그뿐만 아니었다. 통근버스를 폐지하고, 연장근로도 부족해서 근로자의 날이나 회사 창립기념일, 일요일까지 근무를 하게 하고, 조사관을 사칭해 노조원들의 집에 전화하거나 여러 방법으로 협박하고 방문하고, 우편물을 차단하는 등 온갖 파렴치한 짓을 마다하지 않았다. 노동자들은 이러한 행위를 강력히 규탄하고 시정을 요구했으나, 회사 측의 만행은 중단되지 않았다. 협상이 제대로 진행되지 않으면서 양쪽은 충돌했고, 결국 노동자들은 사무실을 부수고 불을 지르는 등 과격한 투쟁을 벌였다. 그러자 기동경찰이 출동하여 최루탄을 쏘며 진압에 나섰고, 노동자들은 쇠파이프와 돌 등으로 저항했다. 결국, 주동자 8명이 연행되고 6명이 구속되었다. 그리고 협상이 다시 시작되었다. 연합철강 사장은 근로조건, 퇴직금, 노조 결성 지원, 차별대우 철폐 등에 합의했으나, 임금인상은 받아들이지 않았다. 그러다가 5·17 비상계엄 확대 조치로 18일 파업은 종결되고, 결국 회사 측 의견이 관철되었다.

자연발생적 성격이 강한 파업이 대개 그러하듯 이 투쟁 또한 폭발성이 대단했다. 최종적으로 회사 측의 합의 사항, 즉 노동소건 개선이나 민주노조 결성 등은 이루어지지 않았으나, 당시 연합철강 노조의 투쟁은 적지 않은 의미가 있었다. 쿠데타에 성공한 전두환 정권의 서슬 퍼런 억압 속에서 이루어 낸 노동자의 투쟁은 곧바로 지역의 많은 공장노동자들에게 희망의 메시지를 전달했다. 이후 연합철강 노동자들은 또다시 전면적인 투쟁에 돌입한다. 연합철강을 인수한 동국제강 그룹이 노동조합을 분열시키고 와해시키려 했을 뿐 아니라, 기존의 노동조건들을 개악시키려 했기 때문이다. 1986년 6월 9일부터 8월 14일까지 67일간이나 이어진 '동국 물러가라' 투쟁은 장상태 회장의 연합철강 인수 포기를 요구했다. 이 기간에 하루 평균 1,031명(1986년 조합원 수는 1,402명)이 농성에 참여하여 약 74퍼센트의 높은 참가율을 보였다. 장기간의 준법 농성 끝에 노동조합과 재무부, 노동부, 안기부 등 중앙대책협의회의 위임을 받은 지역 대책협의회 사이에 맺어진 합의의 주된 내용은, 장상태 회장이 회장직에서 물러나고 신뢰가 회복될 때까지 경영에 참여하지 않는다는 것과 동국이 아닌 새로운 경영인 체제를 구축한다는 것이었다. 애초에 노동자들은 회사의 소유권 변화 후 악화된 근로조건의 원상회복을 목표로 싸웠으나, 회사 소유권 이전 과정에서 부정행위의 증거가 나오면서 동국제강 경영진의 부도덕성을 질타하는 '동국 물러가라'로 변했고, 여기서 승리했다는 점이 특기할 만하다. 근로조건이나 복지 문제보다 경영진의 부도덕성이 이슈가 되면서, 노동자들에게는 생존권이 걸린 회사의 존폐 문제로 비화된 것이다. 따라서 노동자들의 생존권 투쟁을 단순히 경제주의적 투쟁으로 평가절하해서는 안 된다는 것을 알 수 있다. 이 투쟁은 향후 부산 지역, 특히 1987년 노동운동에 커다란 영향을 끼쳤다.

연합철강과 동명목재 투쟁은 비슷한 시기에 부산 지역에서 발생한 대표적인 노동쟁의이다. 두 사례를 비교해 보면, 동명목재 노동자 투쟁이 미조직 노동자들이 주도한 상대적으로 자연발생적 성격이 강한 투쟁이었다면, 연합철강은 노동조합이 선두에 서서 이끈 투쟁이었다. 특히 동명목재 노동자 투쟁은 부산 지역 노동자들의 고용불안과 그로 인해 고통받는 노동 현실을 보여 준 상징적인 사례이다. 대외의존적 성격이 강한 한국 경제의 특성상 대외 요인으로 발생한 문제는 개별 기업 차원에서 극복하기 힘들고, 그로 인한 투쟁 역시 개별 기업 차원이나 대정부 청원 투쟁만으로는 해결되지 않는다는 것을 보여 준 좋은 사례다. 동국제강 인수 거부 투쟁을 벌인 연합철강 노동조합은 새로운 전문 경영인 체제를 구축한다는 합의를 이끌어 내는 부분적 성과를 거두었으나, 동국제강의 연합철강 인수 포기라는 노동조합의 요구와는 괴리가 있는 결론이어서 결국 1987년 노동자대투쟁으로 연결될 수밖에 없었다.

1983년, 소위 유화 국면이 지나면서 불붙기 시작한 노동운동은 전두환 정권 후반기인 1985년이 되면서 예전과는 비교할 수 없을 만큼 격화되었다. 주로 법이 허용한 범위 안에서 벌어진 근로기준법 준수 투쟁이었고, 그 방향은 대부분 노동조합 설립에 맞춰졌다. 신규 노조 설립 운동만 봐도, 1983년에는 15건에 불과하던 합법 쟁의가 1984년에는 28건, 1985년에는 32건이 일어났고, 비합법 쟁의는 1984년에 113건이나 일어났다. 그러면서 1985년이 되자 그동안 결성된 신규 노조들이 활발한 임금인상 투쟁을 벌이기 시작했다.

1983년 대우정밀 투쟁은 부산 지역 노동조합 설립 운동의 신호탄이었다. 1983년 12월 10일 동래예식장에서 설립된 대우정밀 노조는 회사의 압력에 못 이겨 2주 만에 해산되었다. 박정희 정권 시절 총을 만드는 조병창이었던 대우정밀은 1982년 1월 1일 대우그룹에 인수되면서 민영 회사가 되었다. 이후 사측이 노동자의 급여를 깎고자 대기 발령을 내는 등 근무 상황이 인수 이전보다 악화되었다. 이에 노동자들이 노조를 설립하자, 회사 측은 군수물자를 생산한다는 명분을 들어 회사 안에 현역 군인들을 끌어들여 실탄을 장전하고 보초 근무를 서게 하는 등 공포 분위기를 조성했다. 뿐만 아니라 대규모 물량 공세로 노조 설립 주도자들을 회유하는 한편으로, 위원장 해고와 조합원 분열 공작 등 노골적인 탄압 행위를 이어 갔다. 당시 노동자 의식화가 아직 미흡했던 노조 설립 준비 위원들로선 회사 측의 공작을 당해 내기가 어려웠다. 여기에다 방위산업체의 특례 보충역 문제 등 회사의 특수한 문제가 겹치면서 12월 27일 노동조합은 해산되고 만다. 2년 후인 1985년에도 노동조합 설립을 시도하지만, 다시 실패로 돌아간다.

당시 대우정밀의 노조 설립을 주도한 세력은 지오세의 회원으로 가톨릭 노동운동 정신에 따라 노조 설립을 준비한 조현호와 독서회 회원들, 정우영을 중심으로 한 야간 대학에 다니던 노동자들, 그리고 회사 측이 관리 차원에서 이들을 견제하려고 모은 일군의 노동자, 이렇게 세 개의 느슨한 집단이었다. 87년 대투쟁이 터지자, 이제 회사 측에서도 노조 결성을 막으려 하지 않아 자연스럽게 노조가 설립되었다. 노조는 1982년 대우그룹에 인수되어 민영화된 후 악화된 기존의 노동조건을 원상회복시키라고 요구했다. 임금은 오른 둥 만 둥 오르고 상여금은 크게 줄고 노동시간은 더 늘어나면서 결국 저임금과 과다한 노동시간이 문제였다. 노동자들은 대우가 국방부 조병창을 인수해 엄청난 이득을 남겼으면서도 그 이익금을 그룹 투자에만 사용하고, 노동자들의 노동조건은 나빠지는 현실에 동의할 수 없었다. 당시 노조 설립을 처음부터 주도했던 사람 가운데 한 사람인 조현호는 이렇게 증언한다.

83년도에 노조를 결성하고, 며칠 지나지도 않았는데 어디서 무슨 압력을 받았는지 저는 잘 모르겠는데, 바로 해산 결의를 하자고 해서 해산해 버렸어요. 85년도에는 노사협의회 쪽에서 사람이 저한테 찾아와서 노조를 만들자고 합디다. 그래서 서울 지오세 쪽에다 전문가 선배 한 사람을 초청해서 노조 설립 공부를 하고 있었습니다. 그때 회사 임원 가운데 한 사람이 찾아와서 이런 거 꼭 해야겠냐고 한마디 하니까 그분들이 바로 안 하겠다고 해서 바로 또 해산되어 버렸습니다. 두 경우 다 노조를 만들려고 해 놓고 왜 금세 해산했는지, 무슨 이유가 있는지 전 잘 모르겠습니다. 85년도 일인데, 퇴근하다가 불심검문에 걸려 소지품을 뒤져 보니 지오세 관련 유인물이 나왔고 회사에서 저보고 회사 그만두라고 합디다. 그런데 그 회사 측 사람 가운데 저와 친구 되는 한 사람이 있었는데, 그가 그만두면 바로 군대 끌려가니까, 제가 그때 특례 받고 있었거든요, 그만두지는 말고 사표를 쓰고, 수리는 안 하고 조용히 지내는 것으로 하자고 해 그러자고 했습니다. 절대로 이기는 싸움이 될 수 없다고 봤고, 양보 안 하고 버티고 싸우면 다 끝나 버리지만, 타협하면 다음에 기회가 다시 오는 걸 알았으니까요. 그리고 87년이 되어서 다시 기회가 와서 노조를 만들었습니다. 노조를 만들자고 몇몇이 모인 게 7월입니다. 6월항쟁이 지나고, 현대자동차에서 엄청난 폭발이 있고 언론에서 대서특필이 되자, 분위기가 크게 바뀌었습니다. 그때는 회사 쪽에서 아무런 방해도 하지 않고 순순하게 받아들입디다. 그 결성 과정에서 부노협(부산노동자협의회)에 자주 갔고, 거기에서 학출 활동가로부터 많은 도움을 받았습니다. 그때 저는 지오세 회원이었고, 저랑 같이 도모하던 사람들은 제가 주도해서 만든 독서회 멤버였을 뿐 지오세 조직은 아니었습니다. 윤명원을 8월 8일에 처음 만났고, 8월 9일에 이성도 형을 처음 만났습니다. 8월 13일 창립총회 후 조합원 가입이 거의 완료되는 10월에 임시총회를 열어 임원진을 다시 선출하고 집행부를 재정비하여 단체협약 체결을 위한 교섭에 들어갔던 걸로 기억납니다. 다들 처음 하는 거라 우여곡절이 많았습니다. 이성도 형이 리더십도 있고 정의감이 있어서 위원장으로 선임되었는데, 선임되고 얼마 되지 않아 회사와 무슨 합의를 해야 할 일이 생겼습니다. 대부분 합의를 했는데, 마무리 절차를 다 밟지 않고 위원장이 합의를 다 하는 것처럼 회사에 말한 게 사달이 났습니다. 나중에 알고 보니 회사 측으로서는 그룹에서 도저히 받아들일 수 없는 부분이라 이면 합의를 하자고 했고 위원장이 그렇게 하자고 했는데, 그 뒤로 절차를 밟아서 자초지종을 털어놓으면 되는데 그 절차를 밟지 않은 겁니다. 그러자 조합원들 사이에 이런저런 불만이 터졌고, 위원장은 나중에 들어 보니, 조합원들이 자기를 총알받이로 올려놓고 흔든다고 강하게 불만을 했고, 그러면서 잠적해 버렸습니다.

조합원들은 이에 반발하고, 저 같은 경우는 위원장을 흔든다는 건 있을 수 없는 일이라고 위원장한테 전하고, 조합원들한테는 어쨌든 간부로서 사죄 단식을 하고, 그러다 결국 위원장이 돌아와 사과하고 정상으로 돌아간 적이 있었습니다. 다들 처음이라 순수하고 민주적 절차를 강조하다 보니 그런 일이 생긴 거지요. 노조 초기 과정에서 이성도 위원장의 역할은 압도적이었습니다.[23]

실-반실 노선 논쟁과 파업투쟁

1980년대 초 학출 활동가들이 부산 지역의 여러 공장에 '위장취업'을 하고, 소그룹을 조직하여 노동자 학습에 열중하면서 신규 노조 결성과 노조 민주화 투쟁이 일어나기 시작했다. 부산 지역 기업의 특성상 이런 움직임은 특히 중소 규모 기업에서 두드러졌다. 삼도물산과 세화상사가 노조 결성 운동의 좋은 사례이다. 삼도물산 노조는 학출 활동가 송향란이 조직사업을 벌여, 1984년 9월 5일 조·반장을 중심으로 노조가 결성되었다. 그러자 회사의 집요한 노조 와해 공작이 시작되었다. 회사 측은 조합원 중 삼도물산 부설 영도남여상 재학생들을 제적시키겠다고 위협했고, 그 와중에 노조위원장이 사측에 포섭되어 어용으로 돌아섰다. 어용이 된 노조위원장은 노조를 해산하려고 했다. 그러나 노조 간부와 일

---

23 2020. 10. 08. 부산 정관 동운정밀 사무실 구술.

반 조합원 80여 명이 '노조정상화 추진위원회'를 발족하고 임시 위원을 선출하여 노조를 지켜 내는 데 성공했다. 노동조합이 설립되고 단체협약이 체결된 뒤에도 사측은 노조 탄압을 멈추지 않았다. 결국, 1985년 2월 강제 잔업에 항의하던 조합원 송향린이 회사 측에 항의하다가 1개월 징계를 받고, 이에 다시 항의하는 간부 3명이 해고 또는 부서 이동을 당했다. 이를 둘러싸고 어용이 된 노조위원장과 조합원 사이에 싸움이 벌어졌고, 그 후 해고자와 강제 사직자가 여러 명 발생했다. 해고자들은 부당노동행위 구제신청과 민사소송을 벌였으나 회사 측의 막대한 자금력에 말려 패소한다. 법적 투쟁의 한계를 절감한 해고자 3명은 같은 시기 세화상사에서 해고당한 7명과 함께 1985년 4월 9일 당시 총선에서 제1야당으로 부상한 신민당 박찬종 사무실을 점거하고 5일간의 단식투쟁을 벌였다. 그러나 뚜렷한 성과를 내지 못한 채 농성을 풀어야 했다.

세화상사는 민주노조 설립 투쟁의 좋은 예이다. 1985년 2월 세화상사 사측이 전년도 12월 월급에서 강제 저금이라면서 일괄적으로 6,580원을 공제했다. 이에 재봉 7조의 이홍련이 104명의 서명을 받아 사장에게 편지를 보내어 그 돈을 환불받았다. 그러자 회사 측은 이 일을 벌인 주동자 색출에 나섰다. 이에 평소 비인격적 대우, 저임금, 부당해고 등에 불만이 있던 세화상사 노동자들은 노조를 결성하기로 했다. 그 과정에 학출 활동가 이재영의 역할이 컸다. 1985년 2월 1일 한국노총 부산시협의회회관에서 화학노련 부산시협의회 간부 10여 명이 참석한 가운데 세화상사 노동자들은 '노동자란 무엇인가', '사용자란 무엇인가', '노동조합이란 무엇인가'라는 교육을 받고 발기인 33명으로 노동조합 설립을 신고했다. 회사 측은 즉각 노조 간부들을 부서 이동시킨 후 감시하기 시작했고, 급기야 폭력을 사용해 탄압하기 시작했다. 2월 5일, 노조 간부 이재영, 장경식, 배영성 등이 점심시간에 노동자 100여 명을 식당에 모아 놓고 노조에 대한 설명과 가입을 권유했다. 이에 회사 간부가 이들을 전무와 사장 앞으로 끌고 가 폭행했다. 이후 회사 측은 노조 설립 총회에 노조 설립 반대파를 대거 참석시켜 노조 설립을 부결시켰다. 2월 14일, 노조 설립 신고서가 반려되었다. 2월 28일, 회사 측은 진성미, 이용자, 김말순 3명을 작업 태만, 생산성 부진, 상사 명령 불복종 등을 이유로 해고했다. 3월 6일, 이용자, 진성미, 장인옥, 이재영, 홍윤선, 이홍련, 김말순 등 7명이 노동위원회에 부당노동행위 구제 신청을 했다. 이들의 투쟁은 신민당 박찬종 사무실 점거농성으로 세상에 알려져, 이후 정치권과 학생운동 및 지역 사회운동 진영이 연대투쟁에 나서는 계기가 되었다. 그러나 이후 벌어지는 실-반실 논쟁에서 실 쪽에 서는 학출 활동가들이 세화상사의 선도투쟁을 주장하면서 상황이 반전되었다. 이들은 노조 결성 후 아직 대중적 기반이 부실한 상태에서 대중조직을 건설할 수 있다고 판단하여 과감하게 치고 나갔고, 그러자 안기부가 개입하여 위장취업자를 적발하고 노조를 와해시켰다. 일순간에 회사의 학출 노동운동 기반이 허물어져 버렸다.

　삼도와 세화의 투쟁은 학출 활동가들이 공장에 들어가 노조를 결성하는 데 큰 역할을 하고, 이를 통해 노동문제를 세상에 알렸다. 그 과정에서 많은 활동가가 해고되는 등 피해가 컸지만, 삼도물산과 세화상사의 초기 노조 결성 투쟁은 뒤이어 발생한 국보직물, 동양고무, 풍영, 대양고무 등 열악한 노동조건 아래 신음하던 지역의 중소기업 노동운동에 많은 자극을 주었다. 이후 여러 신발공장에 조직적으로 침투해 있던 학출 활동가들의 조직사업이 더욱 활발해졌다. 이는 안기부가 학출 활동가 색출 작업을 본격화했다는 말이기도 하다. 이후 선도투쟁을 주장하는 행동론과 조직 건설을 주장하는 준비론의 실-반실 논쟁이 학출들 사이에서 본격화되었다.

1985년 3월부터 4월 초까지 부산 사상공단 내 최대 섬유업체인 국보직물에서 체불임금 확보 투쟁이 일어났다. 국보직물은 1985년 설 전후에 회사가 도산할지도 모른다는 분위기 속에서 두 달치 임금이 체불되었다. 3월 16일 교대를 맡은 주간 근무 노동자가 작업을 거부하고 체불임금 지급을 요구했고, 18일 농성에 돌입했다. 4월이 되면서 또 한 달치 임금이 체불되면서 이제는 회사의 기계까지 반출되는 상황이 벌어졌다. 노동자들은 기계 반출을 저지하면서 점거농성에 들어갔다. 그리고 근로감독관과 경찰의 설득을 거부하고 노동자 대표를 통해 협상을 벌였다. 결국 사측은 사직서를 쓰면 퇴직금과 임금 전액을 주기로 했고, 노동자들은 농성을 풀었다.

1985년 5월 중순이 되면서 고무를 생산하는 풍영에서도 농성이 시작되었다. 30분 초과수당 지급과 충분한 점심시간 확보를 요구하며 투쟁이 시작되었다. 그러나 풍영 사측은 노동자들을 악랄하게 탄압했고, 노동자들의 투쟁도 집요하게 이어졌다. 회사 측은 해고, 강제 사직, 폭행 등 다양한 방법으로 노동자를 탄압했다. 그 결과, 13명이나 구속되는 전무후무한 피해가 일어났다. 그러다 사고가 발생했다. 현장에서 근로기준법 책자를 동료에게 나눠주던 노동자 박현수가 벽돌로 세 번이나 찍혀 일곱

바늘이나 꿰매는 폭행을 당한 것이다. 회사 식당에서 동료들을 상대로 근로기준법을 교육했던 학출 활동가 박현수는, 3월 14일 임금인상을 주장하는 전단을 소지했다는 이유로 북부경찰서에 연행되었다가 결국 해고당했다. 한편, 노동자들의 꾸준한 임금인상 요구에 풍영 노동자들의 임금이 11퍼센트 인상되었다. 인상 결정에 노동자들은 환호했다. 그런데 월급을 받아 보니 액수가 지난달 것과 크게 다르지 않았다. 회사에서 하루 2시간의 잔업을 1시간 30분으로 고쳐 30분간의 잔업에는 임금을 지급하지 않은 것이다. 풍영 노동자들은 5월 14일부터 서명을 받아 416명의 명단을 회사 총무과와 노동부에 제출하고 진정을 넣었다. 5월 28일, 서명에 앞장섰던 김미자가 가명으로 입사했다는 이유로 해고당하고 이어 노득현, 정귀순, 하봉순 등 10명이 해고 또는 강제 사직당했다. 이에 노동자들의 저항이 격화되었다.

또 다른 고무공장인 대양고무의 싸움은 풍영보다 1년 정도 뒤에 일어났다. 대양고무는 1953년 사자표 고무신으로 출발해, 81년 (주)대봉, 84년에는 (주)대흥, 86년 (주)대흥 새마을금고, 87년에는 대양고무공업사 새마을금고 등 사세를 확장하여 총 6개의 회사에 종업원 7,600명이 종사하는 대기업으로 성장했으나 근로 여건이 열악하여 노동자들의 불만이 쌓였다. 대양고무는 노동환경이 매우 열악했다. 1986년부터 학출 활동가 몇 사람이 '더 이상 국수를 먹고는 10시간 작업을 할 수 없다'와 같은 낙서 투쟁을 시작으로 노동자를 규합했다. 그리고 11월 김장 보너스 쟁취 싸움을 벌여 10~20퍼센트의 김장 보너스를 쟁취해 냈다. 86년 임금투쟁에서 작은 승리를 맛본 대양고무 노동자들은, 1987년 1월 현장 노동자들의 불만이 가장 컸던 화장실 문제를 제기했다. 당시 기업주는 화장실 가는 시간을 정해 놓았다. 이에 대해 노동자들은 '우리 오줌보는 시간마다 틀 수 있는 수도꼭지가 아니다'라는 내용의 낙서와 스티커, 유인물 등을 만들어 적극 알리고 저항했다. 마침내 사측이 노동자들의 요구를 수용하자, 이 기세를 몰아 대양 노동자들은 1987년 3월까지 임금인상 투쟁에 들어갔다. 1987년 4월 6일, 노동자들은 임금인상투쟁위원회를 구성하고 임금인상 요구안을 작성하여 노동자 주거지역에 대량 배포하는 한편, 노조에 임금인상 요구안 제시를 압박했다. 1,959원(일당 6,509원) 정액 임금인상과 장기근속자에 대한 근속수당 지급, 가족 부양자에 대한 가족수당 1인당 5천 원 지급, 구정·추석·김장철 보너스 300퍼센트 지급 외에 화장실, 식당, 탈의실 등 노동자 복지시설 개선을 요구했다. 그러자 회사는 이 투쟁을 주도한 재봉1과 윤정희, 가공과 최성환, 재봉2과 박정숙, 김정남 등 4명을 무자비하게 폭행한 후 해고했다. 그리고 수당 지급과 임금인상을 요구했다는 이유로 제조과 정하룡, 장정숙, 김근배, 김상철, 이덕선 등 9명을 해고하고, 8월 11일에는 노임권을 불러 각서를 쓰고 프락치 역할을 강요했다. 노임권이 이 요구를 거절하자 주먹질, 발길질, 몽둥이질 등으로 폭행했다. 그리고 9월에는 농성에 적극적으로 참여했다는 이유로 노임권, 김영자, 하봉순, 김영진 등 4명을 해고했다. 당시 부당해고를 당한 하봉순은 당시 상황을 이렇게 호소한다.

탈의실이 없어서 남자들이 지나다니는 통로에서 옷을 갈아입어야 하는 인격적인 모욕을 없애기 위해 탈의실 만들어 달라고 했던 것이, 먹고살 만큼 임금 좀 올려 달라고 했다고, 찜통 같은 지옥 같은 현장에서 환풍기 한 대 달아 달라고 했던 것이, 이른 새벽 수당도 없이 자행되는 청소를 하기 위해서 아침도 굶고 택시비 날려 가며 조출해야 하는 부당함을 폐지하려고 했던 것이 불법시위 참가고 불순한 일입니까?[24]

이렇게 80년대 초 부산 지역의 공장들에서 노동자들에 대한 폭압적인 탄압이 벌어지는 상황에서, 수도권에서 일어난 소그룹운동에 관한 논쟁이 이 공장들로 들어간 부산의 학출 활동가들 사이에서도 일어난다. 더 큰 싸움을 벌이기 위해 조직을 우선 갖추느냐, 아니면 선도투쟁부터 벌이느냐의 논쟁이 본격적으로 벌어진 것이다. 부산에서 일어난 '실-반실 논쟁'이 바로 그것이다. 수도권에 퍼지고 있던 서노련과 인노련 노선 추종 팸플릿이 1985년 하반기부터 부산 지역 운동권에도 돌기 시작했다. 황민선의 〈실천적 임금투쟁을 위하여〉 팸플릿도 이런 분위기에서 나온 것으로, 1986년 임금투쟁을 앞두고 투쟁에 본격적으로 나서자는 행동론 기반의 팸플릿이다. 부산 지역 활동가들은 이 팸플릿 내용대로 적극적인 선도투쟁을 주장한 '실' 그룹과, 정치투쟁을 위한 이론적·조직적 준비를 해야 한다고 주장한 '반실' 그룹으로 나뉘어 논쟁을 벌였다. 이는 당시 서울 쪽의 운동권 정파들이 변혁론을 각기 달리 해석하여 객관화를 시도하면서 지역으로의 현장 이전을 주장한 흐름과 맞물려 있다. 그들은 기본적으로 레닌의 혁명 방식을 추종했으나 나름대로는 기존의 도식화된 이

---

[24] 부산민주노동자투쟁위원회, 《노동소식》 제8호(1987년 9월 14일).

론에서 벗어나려 한 것이다. 그 좋은 예가 다산보임 그룹이다. 부산에서 벌어진 실-반실 논쟁은 크게 볼 때 다산보임 사례에서 나타난 이러한 탈도식화와 객관화 시도의 지역 버전이라 할 수 있다. 물론 그 노선이 얼마나 정치했고, 그 논쟁이 얼마나 치열했느냐의 문제는 그 다음이다. 학출 활동가 박성인이 고민한 다음에 잘 나타나 있다.

그 당시 변혁론과 관련해서 논의하고 입론하려고 시도했던 것은 '점화론' 하고 '시추론'이었어요. 변혁론을 구상하는 데 시추론은 대중 속으로 구멍을 깊게 뚫고 들어가서 밑에 고여 있는 대중의 혁명적인 잠재력이 솟구쳐 올라오게 한다는 것이었고, 인필드In-Field 노동운동은 그런 입론에 따른 실천 방식이었죠. '점화론'은 전위적인 활동가 집단이 먼저 선도적으로 불을 붙이면 대중의 혁명적 잠재력을 끄집어낼 수 있다는 것이었죠. 당시에는 IF-LM, OF-LM이 소비에트론하고 코민론하고 맞물려져 있다고 판단했어요.[25]

'실' 쪽은 분명한 정체성이 있었지만 조직은 막 갖추는 중이었고, 반면에 '반실'은 선도투를 반대하고 준비를 한다는 것이 정체성이었기 때문에 오랫동안 조직을 갖추고 있었다. 반실은 그 조직을 바탕으로 정치투쟁을 해야 한다는 목표가 있었다면, '실'은 선도투쟁이 대중을 자극하여 투쟁 대열로 이끌어 낼 수 있다고 판단했다. 이에 대해 당시 학출 활동가 김영

---

25 유경순 편저, 《1980년대, 변혁의 시간 전환의 기록 2. 학출 활동가의 삶 이야기》(서울: 봄날의박씨, 2015), 140~1쪽. OF-LM은 Out Field Labor Movement, IF-LM은 In Field Labor Movement. 이에 대한 더 자세한 내용은 3장 전노협과 부산노련 주석 123 참조.

희는 이렇게 말한다.

실과 반실은 두 개의 서로 다른 조직이 따로 있는 것이 아니고, 두 개의 서로 다른 노선이 논쟁을 한 겁니다. 실임 쪽에서는 언제까지 조직만 하고 있을 것이냐는 논리로 선도투를 주장했고, 선배들이 말리는 사이에 거사를 벌인 것인데, 그러다 보니 그쪽 노선을 따르는 학출들은 다 드러났지만, 반실 쪽 활동가는 여전히 변함없이 자리를 지켰습니다. 그리고 실이고 반실이고 상관없이 여전히 대학 후배들과 조직적으로 연결돼 있었고 운동권은 계속 양성되고 있어서 그 일이 있고 난 뒤에도 여전히 조직원들은 꾸준히 공장으로 들어왔습니다. 그래서 선도투로 인해 조직 전체도 아니고 긴 시간 동안 궤멸한 것도 아니었습니다.[26]

이 상황을 당시 '반실'의 주도적 역할을 했던 고故이상록은 〈1970~80년대 운동의 회고〉라는 글을 통해 다음과 같이 밝히고 있다.

1986년 4월 아무런 '조직 이론'도 준비하지 못한 채 후배들의 성화에 못 이겨 부산으로 내려온 후 … 반半공개적인 조직 논의를 즉각 중지할 것을 권했다. 그러한 방식은 민주적인 절차로서는 중요하겠지만, 조직의 전모가 다수에게 노출되어 지하조직을 보위하는 데 심각한 문제가 생길 수 있음을 지적한 것이다. … 우선 부산 지역 노동운동을 바탕으로 전위 조직

---

26 2020. 02. 15. 부산 중앙동 카페 구술.

을 만들고 그것을 바탕으로 부산 지역 전체를 조직하며 나아가 영남 지역을 통일적으로 묶고 거기서 한 걸음 더 나아가 지역연합 형태로 전국 당을 건설한다는 것이 나의 구상이었다. … 그리하여 3인으로 중앙위원회를 구성하고, 그 밑에 레닌의 페테르부르크 노동자계급 해방투쟁동맹 조직을 본떠 여러 개의 기능 팀을 두었다. … 세칭 '반실' 조직은 이렇게 시작되었다. 이미 결성된 '실임' 그룹에 반대하는 노선을 가진 그룹이라는 뜻으로 그렇게 불렸다. 그해 11월 말 조직 개편이 있었고, 그 뒤 토론된 규약 초안에서 '부산노동자연맹'이라는 명칭이 사용되기는 했지만, 이 초안을 의결하기도 전에 조직은 몰락의 길을 걷고 만다. … 우리 조직의 구성원은 평균 50~60명 선을 유지했고, 소위 '실임' 조직은 약간 적었다. 현장 기반 활동가들은 대부분 우리 조직 산하에 있었고, 야학도 우리의 영향권 안에 있었다. … 우리 조직은 부산 노동운동의 정통성은 사실상 확보했지만, 충분한 준비 끝에 만들어진 조직이 아니라 급조한 것이었기에 엄청나게 많은 문제를 안게 되었다. '실임' 그룹의 예상치 못한 등장으로 말미암아 엄격히 말하자면 노동운동 진영의 헤게모니 확보를 위해 급조한 방어 장치와도 같은 것이었다고 말하는 것이 객관적일 것이다. '전위 조직'을 천명하기는 했으나 그것은 이론적인 주장일 뿐, 현실적으로 조직 경쟁에 부딪히자 우리 또한 수준 미달의 활동가들을 일부 끌어안고 말았다. '대중정치조직MPO' 주장을 조롱하고 비판해 온 우리였지만 객관적으로는 우리 또한 MPO를 만들고 만 것이었다.[27]

---

27 故 이상록 선생 추모 모임 엮음, 《사랑공화국에서 미륵공화국으로》(서울: 백산서당, 2009), 53~4쪽.

급진 학출 활동가들이 전국적 전위당을 구축하는 과정에서 투쟁을 통한 조직 건설이라는 논리에 동의한 것은 사실로 보인다. 그들은, 현실성 여부를 차치하고, 노동 현장에서 일하고 조직하면서 단기적으로 경제에 결정적 타격을 줄 수 있는 전술을 모색했고, 그 위에서 정권 타도를 목표로 하는 정치투쟁의 전망을 유지했다. 이는 '경제투쟁과 정치투쟁의 결합'이라는 레닌의 전술론에 충실한 것이다. 당시 그 조직원이 된 사람들은 적어도 몇 차례에 걸쳐 정치적 투쟁 내지는 혁명 노선에 동의하는 과정을 거쳤다. 당시 많은 수의 학출 현장 활동가들은 오히려 이상록이 말한 것처럼 전국적 전위 조직 구축이라는 지하 전위당의 필요성을 공감하고 있었다고 본다. 그리고 그들은 당시 다양한 정파 서클의 전략적 노선 투쟁에 대해서도 깊은 관심을 가지고 토론하고 있었다. 그리고 정파 서클 수준을 넘어서야 한다는 차원에서 서노련, 인민노련과 같은 활동이 전국적으로 꽤 파급력 있게 퍼져 나가는 상황이기도 했다.

이러한 상황에서 전두환 정권은 수도권에서 일어난 두 개의 노동 파업에서 노학연대의 가능성을 읽었고, 그래서 전국적으로 지역의 각 공장에 위장취업한 학출 활동가의 색출과 검거에 총력을 기울였다. 부산에서도 당감동, 주례 등 사상공단 주변 주거지를 샅샅이 색출했는데, 그로 인해 학출 조직이 상당한 타격을 받았다. 그러는 가운데 공장 안에서는 의식화된 노동자가 양성되었고, 그들은 노조를 결성하고자 안간힘을 썼다. 정보기관의 색출 작업이 목전까지 밀고 들어오면서, 부산의 각 공장에서 조직화 활동을 하던 활동가들이 노조 결성 준비 작업을 채 마무리하지 못한 상황에서 어쩔 수 없이 투쟁에 나서게 된 것이 84년의 삼도, 85년의 세화, 풍영 사건이고, 86년의 동양고무 투쟁이다. 이 시기 세화와 풍영을 겪고 동양이 일어나기 전에 좀 더 본격적인 투쟁에 나서자고 주장한 것이 1985년 겨울과 1986년 임금투쟁을 앞두고 작성 배포된 부산대학교 출신 학출 활동가 황민선의 〈실천적 임금투쟁을 위하여〉라는 팸플릿이다. 황민선은 이 팸플릿을 작성한 이유를 이렇게 말한다.

방위로 복무를 하면서 퇴근 후 기술학교에 가서 선반을 배웠습니다. 그 기술로 사상에 있는 대륙공업사에 가서, 일을 하면서 노동자를 만나고 조직을 해 보니 생각이 좀 바뀌었습니다. 학생은 일종의 전위여야 한다는 거지요. 희생을 당하더라도 투쟁을 하면서 조직을 해야지, 기존에 해 오던 선배들이 하던 식의 장기적 관점은 아니라는 생각을 가졌습니다. 노동자가 책을 통해서 의식화를 이룬다는 것보다는 실천적 싸움을 해야 의식화가 될 수 있다는 생각을 굳혔습니다. 곧 있으면 임금투쟁 시기가 다가오는데 아직도 학습만 하고 있으면 어느 세월에 판을 엎을 수 있을까 하는 생각이 들었던 거지요. 실임이라는 조직은 선도투를 통한 조직 구축을 주장하는 분명한 정체성을 가진 노선을 가지고 있는 데 반해, 반실이라 하면 저희들과 다른 노선에 동조하지 않은 사람들을 뭉뚱그려 그렇게 부른 겁니다. 잘은 모르지만, 오랫동안 준비해 오시던 선배들, 장기적 관점에 선 분들인데, 저희들하고는 전혀 대화가 되지 않을 것이라서 서로 구체적으로 만나서 논쟁하고 그렇지는 않았습니다. 저희가 팸플릿을 내고 뿌리면 그에 대해 그쪽에서 반론이 나오는 것이고, 그런 것이 왔다 갔다 하는 것일 뿐입니다. 구체적으로 만날 수도 없는 상황 아닙니까? 그러다 적발되면 다 뿌리 뽑히는 거라서 … 선도투를 하다 보면 당연히 해고당하고 조직의 일부가 드러나겠지요. 그렇지만 조직이 뿌리 뽑힌다는 건 있을 수 없는 일이고, 해고가 되면 출퇴근 투쟁을 하고, 공장 안에서 조직하고 해고당한 사람들은 공장 밖에서 조직하고 서로 연결되면서 더 강한 조직을 만들 수 있기 때문이기도 했습니다. 저와 같은 생각을 한 사람들이 부산에서 최고 100명 가까이 됐는데, 이를 기반으로 나중에 소위 반실 사람들이 주축이 된 부산노동자연합(이하 부노련)과 같은 조직을 만들려고 했습니다. 소위 선도투라는 노선을 함께하는 전국적인 조직을 갖추기 위해 전국의 가장 가운데 위치한 경북 영주에서 모여 회의도 하고 그랬습니다. 86년을 바로 앞두고 저희들은 정국이 이제 터져야 할 때라고 판단해 적극적인 전국 연대 조직을 가동하려 했는데, 수배가 떨어지고 하면서 뿔뿔이 흩어졌지요. 그러면서 전국 조직은 실패하고 난 뒤 87년 6월항쟁과 노동자대투쟁이 왔습니다.[28]

당시 학출 활동가로 실-반실 논쟁을 지켜본 양은진은 그 논쟁 과정에 대해 이렇게 말한다.

실임 쪽은 정체성을 가지고 있어요. 하나의 경향성이죠. 선도투쟁을 하면 노동자가 따라온다는 분명한 의식을 가지고 있었던 것에 반해 반실 쪽은 그렇게 하는 거 아니다라는 의견만 있었지, 어떤 자기들만의 이론이

---

28 2021. 02. 21. 부산 주례동 커피숍 월든 구술.

나 정체성이 세워졌던 것은 아닙니다. 실임 쪽이 당시의 상황에 대해 문제 제기를 하는 쪽이고 반실 쪽은 그 제기를 방어하는 쪽이었지요. 실임 쪽은 당시 학출 활동가들이 현장에 들어갔는데, 너무나 현장에 대해 아는 바도 없고 뭐 하나 제대로 하지 못한 상태라서 맨날 미싱질이나 하고 대기 중에 있는 터라 위기의식을 느껴 이대로는 안 된다, 의식적 선진 분자가 나서면 후진 분자가 각성하고 따라 나서게 된다라며 가투를 하자고 주장을 하는 거지요. 예를 들어 사상역 부근으로 집결해, 너는 이쪽으로 너는 저쪽에서 이런 식으로 위치도 정해 주고 하면서 공동의 목표, 적에게 타격을 가하자라는 겁니다. 한 마디로 공장에 뿌리박지 못하는, 대중들과 결합하지 못하는 부유하는 학출들이 고립되고 갑갑한 상태를 돌파하고자 하는 수단인 셈이지요. 주로 후배 쪽이 실임 쪽이었고, 선배 쪽은 반실 쪽이었는데, 선배들이 하는 말은, 공장에서 대중들과 만나야지, 가투를 해야 되겠냐? 인간이라는 게 어떤 가투 장면을 보고 갑자기 자각을 해 분기탱천해서 따라 나서고 하는 그런 것이 아니다, 의식이라는 게 낡은 것과 새로운 것이 치열하게 충돌하면서 변화하고 그러면서 프락시스해 가면서 바뀌어 가는 것인데, 라는 식으로 설득을 해 봤지만 잘 안 되었습니다. 근데 좀 웃기는 게, 그때 그 후배들의 '반란'을 잠재우는 방법 중 하나가 레닌 저작, 예컨대 《What is to be done》이라든가, 《일보 전진, 이보 후퇴》 등 원전을 구해다가 번역을 해서 그들에게 들이미는 것이었습니다. 다들 레닌주의자라 레닌의 이론이 가장 정통한 교본이 되었던 거지요. 왜 이런 일이 벌어졌는가 하면, 그건 학출 조직이 거의 다져지지 않은 상태에서 오로지 혁명을 해야겠다는 일념 하나만으로 현장으로 들어가서 그렇습니다. 당시는 부림사건으로 일차 학생운동권이 초토화되고, 미문화원 방화 사건으로 또 초토화돼 학생운동 조직이 거의 뿌리 뽑힌 상태에서 남은 사람들이 감옥에 가거나, 사회운동으로 가거나, 노동 현장으로 가고, 그들이 학교에서 후배들을 뽑아 양성해 현장으로 배출 공급하는 체계였는데, 현장에 가서 뭘 어떻게 하라고 하는 조직론 매뉴얼 하나 없었습니다. 그래서 맨날 독서 모임하고 등산 같이 가고 하면서 노동자와 친하게 지내는 것밖에 아무것도 못 했어요. 노조를 결성하는 것까지가 목표거나 어용노조가 있으면 그들의 정체를 가르쳐 주는 정도의 일을 하는 것밖에 못했지요. 그러니 혁명하러 들어간 사람들이 맨날 대기하라고만 하니 이래서는 안 된다, 지금 공장에 일하러 왔냐는 자괴심이 든 겁니다. 한 마디로 아무 준비 안 된 운동권 학출들이 자기들끼리 논쟁 벌이고 선도투 나가다 다 잡혀가고 그 조직마저 다 뿌리 뽑혀 버린 것이었지요. 게다가 저희들 사이에서 그동안의 공장 활동에 대해 한 1년 정도를 점검한다면서 서로 비판하면서 속을 다 뒤집어 놓았습니다. 그러는 과정에서 수를 늘리기 위해 실임 쪽은 새로 들어온 후배들을 자기 쪽으로 끌어오려고 작업했고, 그 과정에서 반실 쪽도 마찬가지고, 서로 비판하면서 싸우는 꼴이 지루하게 벌어졌습니다. 그런데 노동자 내부에서는 이런 일이 학출들 사이에서 벌어졌는지 그 자체도 몰랐습니다.[29]

실 쪽과 반실 쪽은 결국 파업을 통해 정치투쟁을 한다는 점에서 다르

---

[29] 2020. 09. 14. 부산 서면 세무법인 인성 사무실 구술.

지 않았고, 노학연대라는 큰 차원의 입장은 동일했다. 굳이 다른 게 있다면 실임 쪽은 희생이 따르더라도 준비 여부와 관계없이, 기반이 설령 좀 덜 되어 있더라도 선도투를 나서고 그런 것을 통해 노동자를 조직해야 한다는 것이고, 반실은 조직 구성 역량이 될 때까지는 소규모 학습을 통해 조직을 다지다가 준비가 되면 정한 일정에 따라 터트려야 한다는 것이었다. 본질적으로 시기와 방법 혹은 노선의 문제였지만, 사실은 서로 다른 진영의 문제이기도 했다. 학출들이 공장으로 들어갈 때 그를 대학에서 학습시키고 공장으로 연계시키는 과정에서 특정 조직의 선을 따를 수밖에 없었기 때문에, 그 라인에 따라 투쟁 방법의 차이가 더 도드라져 보일 뿐이다. 1985년 겨울에 황민선의 〈실천적 임금투쟁을 위하여〉가 나오기 전에 이미 실임 쪽에서는 세화의 파업을 주도했고, 불과 몇 개월 차이가 나지 않은 시기에 반실 쪽에서도 풍영 파업을 주도했다. 동양고무에서도 반실 주축으로 이미 파업을 준비 중이었다. 결국, 전자는 준비 일정과 관계없이 선도투쟁을, 후자는 준비 일정에 따라 조직적으로 투쟁했을 뿐이다.

황민선의 팸플릿이 유포되면서 실-반실 논쟁이 진행되는 과정에, 1986년 3월 초부터 6월 말까지 당시 부산 지역에서는 최대 규모를 기록한 동양고무 투쟁이 터졌다. 동양고무는 다른 고무공장과 마찬가지로 임금과 근로조건에서 생산직과 사무직의 차이가 컸고, 조기 출근과 연장 근무가 일상화되어 있었고, 연차와 월차 및 생리휴가는 허락되지 않았으며, 회사 관리자의 폭언과 폭행이 비일비재했지만, 주변에 있던 진양과 같은 다른 공장에 비해서는 그나마 근로 여건이 나은 편이었다. 동양고무에 안팎으로 활동가들이 모여 조직을 쌓을 수 있었던 데는 몇 가지 이유가 있었다. 우선 동양그룹은 비교적 재정 상태가 안정된 기업이어서 지속적으로 작업을 할 수 있는 여건이 마련되었고, 주변에 진양이나 태화 같은 대기업과 아폴로, 동해화성 등 동종 계열의 중소기업이 많이 있는 공단에 버금가는 규모가 꽤 큰 지역에 위치했다. 부산 시내의 거의 모든 통근버스가 이 지역으로 들어오는 노동자 밀집 주거지역이어서 운동의 파급력을 기대할 수 있었고, 주변에 당감성당과 당감야학 그리고 영남산업연구원 등이 이 지역을 활동 공간으로 삼고 있어서 이곳 출신들이 동양고무에 취업해 활동하기가 좋았다.

1986년 임금투쟁에 대비해 내부 활동가는 소모임에 주력하고 학습은 외부에서 지원하는 형태로 역할을 분담했다. 1986년 1월과 2월 각각 1박 2일간의 무지개폭포 및 송정 MT를 통해 임금인상 투쟁 결의를 다지고 실질적인 준비에 착수했다. 여기에 지금까지 점조직으로 있던 구성원 중에서 소모임을 이끌던 선진 활동가들과 그들이 추천한 핵심 구성원이 대거 참여하여 서로 얼굴을 익혔다. 이들은 이후 부산 지역 임금인상투쟁위원회를 결성하고, 전반적인 임금투쟁 계획을 수립했다. 2월이 되면서 낮에는 일하고 밤에는 거의 매일 여러 모임을 유지했다.[30] 당시 대부분의 공장에서 조직 관리를 하고 있던 학출들은 그런 논쟁이 벌어지고 있다는 사실은 알았지만, 바깥으로는 수사 당국이 조여 오고 일은 고되고 힘

---

[30] 조근자, 〈동양고무 노동운동 정리〉, (사)부산민주항쟁기념사업회 부설 민주주의사회연구소 편, 《87년, 부산의 6월은 왜 그토록 뜨거웠을까》(서울: 도서출판 선인, 2017), 238쪽.

든 와중에 조직사업까지 하느라 그런 논쟁에 낄 겨를이 없었다. 〈실천적 임금투쟁을 위하여〉 팸플릿을 작성하여 논쟁을 촉발한 황민선은 당시 공장에서 일하면서 조직사업을 한 활동가가 아니라 일종의 이데올로그 역할을 한 활동가였다. 〈실천적 임금투쟁을 위하여〉가 나오기 전에 이미 '실' 쪽에서는 세화의 파업을 주도했고, 불과 몇 개월 차이로 '반실' 쪽에서도 풍영 파업을 주도했다. 물론 '실' 쪽에서 선도투쟁을 하는 바람에, 조직이 다 노출될 위험에 처한 '반실' 쪽에서도 파업을 주도했다는 현실적인 사정을 고려해야 한다.

동양고무 투쟁을 좀 더 상세히 살펴보자. 1986년 3월 15일 일당 5,920원으로 2,080원 인상, 관리직과의 차별 대우 폐지, 위험수당·장기근속수당·기술수당 신설 등을 요구하는 유인물을 배포하면서 시작된 동양고무 시위는 끊임없는 몸싸움의 연속이었다. 그런데 임금인상을 요구하며 시위에 참가한 노동자 이성희가 불온 유인물을 소지했다는 이유로 해고당한 데 이어 김동헌, 이광호가 시위를 선동했다는 이유로 해고당했다. 조근자는 유인물을 숨기는 과정에서 정체가 탄로 나 3월 19일 해고를 당했다. 회사 측은 사내에 깡패 집단을 조직했다. 그들은 여성 노동자를 성추행하는 등 노동자들에게 야만적인 폭력을 휘둘렀고, 사측은 부당해고를 서슴없이 저질렀다. 상당수 노동자가 야간학교에 다니거나 나이 어린 여성이라는 점을 노려 치밀하게 계산하고 저지른 탄압이었다. 현장에서는 살벌한 감시 속에 불순분자 운운하면서 갖은 비방으로 노동자들의 분열을 책동했다. 3월 25일, 노동자들이 출근 시간에 공장 정문으로 들어가면서 파업을 시도했으나 실패했다. 이 1차 파업 시도 실패로 그동안 쌓아 놓은 역량에 큰 손실이 발생했다. 공장 밖 대중들은 파업 시도가 있었는지조차 몰랐다. 선진노동자들의 의욕이 크게 꺾였다. 선진노동자들 대부분이 노출되어 해고 위협을 당했다. 노동자들은 해고될 바에야 더 적극적으로 하자는 생각이 강했다. 4월 18일, 정문 맞은편 상가 건물 옥상과 공장 정문 입구에서 다시 파업을 시도했으나 구사대와 관리자들의 무자비한 폭력으로 10여 분 만에 실패했다.

이후 부산의 인권 단체들이 부산진경찰서에 가서 회사의 폭력에 항의했으나 별다른 성과는 없었다. 4월 23일, 야학에서 동원한 학생들 80여 명이 가두 스트라이크를 했으나 회사 앞에서 구호만 외치고 7분 만에 지나가는 정도였다. 이후 동양고무 해고자들은 학습에 주력하면서 출근투쟁과 유인물 배포, 진정서 제출 같은 근로기준법 준수 투쟁을 벌이며 최대한 동조자를 규합했다. 이때 87년 노동자대투쟁을 이끌게 되는 김윤심이 유인물 배포 투쟁에 영향을 받아 선진노동자로 성장하게 된다. 이후 실임 쪽 활동가들이 사상 시외버스터미널에서 주례 삼거리 방향으로 한 차례의 가두투쟁을 벌여 노동자들에 대한 정치적 선동을 시도했으나 아무런 반응을 얻지 못했다. 장장 4개월간의 장기 투쟁을 벌였으나 노동자들의 적극적 참여를 이끌어 내지는 못했다.[31]

당시 동양고무 투쟁에서 총괄 조직을 담당했던 해고된 학출 노동자 조근자는 이렇게 말한다.

---

31 조근자, 앞의 글, 244쪽.

동양고무는 서면성당이나 당감성당의 야학이나 지오세 등과 연계가 되어 들어온 의식화된 선진노동지가 있는 곳입니다. 이 선진노동자를 조직하는 작업을 한 게 학출들이었습니다. 근로조건은 모든 고무공장이 다 그렇듯, 인격적 대우 같은 건 없지만, 그래도 인근의 진양보다는 훨씬 나아 학출 활동가들이 진양이나 대양을 거쳐 동양으로 몰래몰래 집결하기도 했습니다. 저희는 단순한 노동운동을 하려고 모인 것은 아니고, 정치적 파업을 해서 전두환 정권에 타격을 주는 민주화운동을 하려 했습니다. 그래서 부산 지역에서 노동운동을 하기 위해 학생 출신이 대거 들어가 주력 사업장으로 삼은 곳이지요. 그런데 학출들은 엘리트 의식은 있는데 처음에 공장에 와서 너무나 비인격적인 대우를 받으면서 듣기 힘든 욕을 너무나 많이 듣고, 손도 무뎌 일도 잘 못하는 데다가, 하루하루 일은 너무나 힘들고, 거기다 대학 들어간 지 3,4년 정도밖에 안 되는 사람들이 노동자에 대해 아는 바가 거의 없는 사람들이라, 빨리 뭔가 해내야 한다는 조급한 심리도 개인적으로는 가지고 있었을 겁니다. 이걸 그 세미나에서는[32] 어쩌면 한탕주의에 빠져 있을 수도 있었다고 쓴 겁니다. 결국, 모든 역량 다 투입하고 파업에 가 보지도 못하고, 두 차례 파업 시도 끝에, 심지어는 후속 작업을 위해 대기한 채 안 나타난 조직원까지 대부분 드러나게 돼 버렸습니다. 그렇지만, 그 실패한 시도를 보면서 영향을 받은 사람들이 다시 나타나 그것이 씨앗이 되어 나중에 87년 대투쟁을 끌어냈다고 하는 것은 분

---

32 (사)부산민주항쟁기념사업회 부설 민주주의사회연구소 편, 《87년, 부산의 6월은 왜 그토록 뜨거웠을까》(부산: 선인, 2017), 206쪽.

명한 사실입니다.[33]

동양고무 싸움은 1987년 이전에, 부산에서 활동한 학출 활동가가 중심이 되어 1년이 넘는 비교적 장기간에 걸친 준비 과정을 통해 70여 명의 학출 활동가와 선진노동자가 공장 안과 밖에서 결합한 싸움이었다. 그러나 동양고무의 싸움은 많은 학출 활동가와 선진노동자의 결합에도 불구하고, 파업에 돌입하지도 못했고 개별 사업장 범주 밖으로 연대 확장을 이루지도 못했다. 서울의 구로동맹파업처럼 적어도 같은 지역 동종 업계 사업장들과 연대하여 자본 및 독재정권을 상대로 한 정치투쟁을 벌이려 했으나 결국 실패했다.

많은 준비에도 불구하고 공개적인 투쟁으로 한순간에 모든 것이 다 드러나 버리는 바람에, 오랫동안 공들인 조직이 공안 당국에 뿌리 뽑히는 참담한 결과를 낳았다는 것이 동양고무 투쟁에 대한 일반적인 평가이다. 하지만 이는 절반만 맞는 평가이다. 소위 선도투쟁으로 조직이 타격을 입었지만, 모든 사업장 조직이 그렇게 된 것은 아니기 때문이다. 어떻게 보면 모든 조직이 일사불란하게 묶여 있지 않아서 최악의 결과를 피했는지도 모른다. 중요한 것은, 투쟁이 실패하면서 희생자가 나오고 조직이 크게 와해되었지만 그 과정에서 내부에서 각성한 노동자들이 나타나고, 그들이 은밀히 다음 단계를 준비 중이던 학출 활동가 및 대학 운동권에서 새롭게 공급되는 학출 활동가, 그리고 해고되어 공장 외부에서 노조

---

33 2021. 02. 21 전화 구술.

결성과 파업을 지도하기 위해 조직 작업을 전개하던 선진노동자들과 연계하여 새로운 단계로 나아갔다는 점이다. 동양고무뿐 아니라 부산의 모든 고무공장 사업장에서 일어난 노조 결성과 파업의 실패는 87년 노동자 대투쟁으로 이어졌다.

다만, 87년의 성과가 과연 모든 학출들이 지향한 운동의 결과인지는 생각해 볼 지점이 있다. 학출 활동가들은 대부분 노동자를 조직하고 그 노동자가 전위로 나설 수 있도록 사상 무장 하는 일을 했다. 그들은 바깥으로는 야학과 연계하여 조직원이 될 만한 사람들을 인계받고, 안으로는 여러 그룹의 소모임을 통해 의식화 교육을 수행하여 각 공장에 크든 작든 그 조직원들이 어느 정도 뿌리내리게 했다. 전두환 독재정권 치하에서 부림사건(1981)이라는 공안 당국이 이것저것 섞어 만든 조작 사건이 일어난 이후 각종 소모임은 비밀결사의 성격이 더 강하게 유지되었다. 그러다 보니 동일한 학출 활동가라고 해도 그 뒤에 누가 있는지 다 알 수 없었고, 학출이라는 집단을 이념적으로나 전술적으로 단일화시키기도 어려웠다. 결국 학출들의 실제 조직과 행동은 혁명을 운운하기에는 매우 미흡한 수준에 머물 수밖에 없었다. 게다가 같은 조직에 속해 있더라도 그 조직원들의 이념이나 목표 혹은 전술은 크고 작은 차이가 있었다. 더 큰 규모의 학출은 말할 것도 없고, 심지어 같은 조직에 속한 조직원들조차도 각기 지향하는 변혁의 수준이 다 달랐다. 그 가운데는 사회주의 혁명을 추구하는 조직원도 있었고, 독재 타도와 민주화를 추구하는 조직원, 인민에 대한 사랑이나 불의한 역사에 대한 저항의 감정으로 그 안에 있는 조직원도 있었다. 1980년대 초 YMCA 등 몇몇 야학에서 강학으로 활동하면서 부산화학에 위장취업한 소위 부산대학교 '사랑공화국' 조직 소속의 학출 활동가 이숙희는 이렇게 말한다.

80년에 대학생이 되다 보니 '5월 광주'에 대한 엄청난 압박과 시대를 안고 가야 한다는 책무감을 안고, 이상주의이기도 하고 휴머니즘이기도 한 뭔가 내재화된 어떤 의식을 가지고 처음 야학을 찾았고, 그것이 계기가 되어 대학 내 비밀 결사체인 '사랑공화국'에 들어갔고, 이후 부산화학에 위장취업을 했습니다. 야학에서 열서너 살 먹은 아이들도 가르치기도 했지만, 그 아이들이 공부를 더 하고 싶다고 하니 도움을 주고 싶어서였을 뿐, 무슨 혁명 의식을 가지고 했던 건 아니었고, 그들을 대상화시키려 하지 않았습니다. 야학에서 근로기준법을 가르치는 것도 마찬가지였습니다. 그들이 사회에 나가 인간적인 대접을 받고 주체적으로 살 수 있도록 도와주고 싶어서였지, 그걸 가르쳐 무슨 혁명을 일으키고 그 아이들을 세포로 조직하고자 하는 게 아니었어요. 공장에 들어가서도 마찬가지로 노동자와 특별한 갈등이 있지 않았습니다. 무엇보다도 제가 공장에서 제대로 일을 하지 못하는데, 그들을 지도하고 이끌 수 있는 힘을 갖지 못했는데 … 공장에서는 실력이 제일이거든요, 그런데 실력도 없이 그들과 무슨 갈등을 일으킵니까? 그런 정신없었습니다. 다만, 일상에서 여러 가지 일이 발생하니, 예를 들어 성폭력이라든가 하는 따위의 일, 그런 일이 발생하기를 기다리고 그때까지 조직을 다지고 있어야 한다는 정도로 의식을 가진 준비만 했을 뿐입니다. 그렇지만 그것도 대학교 1,2학년이 알면 뭘 얼마나 알았겠습니까? 나이 어린 동생 같은 아이들을 돕고 좋은 일을 한다는 양심으로, 암울한 그 시대가 그렇게 이끌었을 뿐이지, 특별한 사회주의 이념으로 무장하고 학습하고 혁명을 하려고 준비한 것은 아니었습니다.[34]

이렇게 다양한 목표를 가지고 학출 활동가로서 투쟁했기 때문에 6월 항쟁 거치면서, 특히 92년 대선 이후 학출 활동가들이 현장에 들어가 노동운동에 전념하는 활동력이 크게 떨어지게 되었고, 이는 이후의 노동운동 세력 약화로 연결된다. 공장에 들어갔다가 87년 노동자대투쟁을 맞이한 이숙희는 87년 이후 자신들의 조직을 이렇게 회고한다.

느닷없이 대투쟁이 터지면서 학출들이 합류를 하고 그러면서 모든 것이 다 드러나고, 잡혀가고, 쫓겨나고, 옥상에 올라가 싸우고 하는데 조직에서는 아무 지침도 없고, 아무 대책도 없었습니다. 나중에 회사를 그만둔 후에도 마찬가지였습니다. 내가 무슨 일을 해야 하는지 내가 찾아서 할 뿐 조직에서는 아무런 구속력도 없었습니다. 이런 걸 조직이라고 하기에는 … 나중에 노동자 단체로서 일을 할 때는 고무노련이라든가 하는 어떤 조직의 이름도 있고 정체성도 있었고, 그 후 정귀순 언니하고 노동자교육협회 할 때는 또 그에 맞는 정체성과 의식을 갖추고 그 방향으로 가는 일을 했고, 다 그만두고 난 지금과 같은 경우에는 또 과거 인텔리 노동운동을 했던 사람으로서 제 주체적인 삶을 살아가고 있는데, 당시 그 조직에는 어떤 이름도 없었고 그 이름에 걸맞는 분명한 뭔가를 갖추지 못했어

---

34   2020. 11. 24. 부산 기장 커피숍 구술.

요. 그냥 '반실' 조직이라고 생각은 하지만 그게 우리 정체성은 아니었고, 혁명가 조직이라고 부르자니 너무 허술하고 그래서 그냥 '활동가 조직'이라고 부르는데, 이것도 아닌 것 같고 … 뭔가는 있긴 있었는데, 뭐라고 규정할 만한 것은 없었습니다. 이름도 깃발도 없었지요.[35]

학출들은 사회변혁 이념과 노선 정립에 무게를 두고 활동했기 때문에 실제 생산 현장 대중조직과의 접촉은 한정되어 있었고, 그 위에서 발휘된 지도력이라는 것도 한계가 명백했다. 그들이 현장 대중에 헤게모니를 행사할 수 있었음에도 사상 이론과 조직, 목표 등이 분열되어 있었기 때문에 그렇게 할 수 없었던 것이 아니라, 객관적으로 대중적인 노조 활동을 지도할 역량이 부족했고 기독교 노동운동과 자유주의 정치세력의 대중적 영향력이 여전히 강했기 때문이다.[36] 파쇼 군부 세력이 나라를 통치하는 판에, 대학생들이 이념을 바탕으로 혁명 조직을 갖추겠다고 하는 것은 애초부터 이상주의적 목표일 수밖에 없었다. 전위를 키워 낸다고 하지만 그것은 책으로 배운 지식의 일단이었을 뿐, 이를 현실에서 구체적으로 기획하기란 불가능했다. 결국, 혁명의 의지가 있어도 그것을 현실화시킬 대중운동을 준비하지 못한 것이 가장 큰 문제였지, 사상 이론이나 정책이 없어서가 아니었다. 그러한 이론과 정책을 계획적으로 수행할 부대를 형성할 수 없는 주체의 한계가 그 본질이다.

---

35   2020. 11. 24. 부산 기장 커피숍 구술.
36   이광일, 앞의 책, 201~2쪽. 이광일은 한국 노동운동의 헤게모니는 자유주의 노동운동 가운데의 민중 지향성을 내세운 '비판적 자유주의 정치세력'에 있었다고 한다. 앞의 책, 8쪽.

임영일은 당시의 학출 활동가 조직은 노동자대투쟁 과정에 주도적으로 개입할 수 없었고, 개입하고자 하지도 않았다고 평가한다. 이는 이미 수도권에서부터 진행된 현상이었다. 그에 따르면, 87년 노동자대투쟁 직전인 1987년 6월 26일 창립된 인민노련(인천지역민주노동자연맹)은 소위 NL(민족해방)과 PD(민중민주)가 결합하여 조직한 대표적인 정치적대중조직PMO이었지만, 창립과 동시에 맞은 3개월여의 노동자대투쟁 기간을 조직의 위상과 역할을 두고 벌인 지루하고도 치열한 내부 논쟁으로 소모했다. 인민노련은 대투쟁이 경과한 10월에 이르러서야 첫 대의원대회를 개최했는데, 그 결과는 조직 내 양대 계파의 분열, 그리고 대중정치 조직이 아닌 정치적 '전위 조직'으로서의 조직 위상 재규정과 '민중민주 정부수립'을 목표로 하는 전략 노선의 확정이었다고 규정한다.[37]

그 급진적 변혁주의자들은 노동운동 혹은 노동자가 주체적으로 나서서 하는 노동자 운동 혹은 그 뒤로 나타나는 노동자의 경제적 이익이나 경제 민주화를 위한 노동조합운동을 목표로 추구하지 않았다. 그들은 개신교의 도산이나 가톨릭의 지오세가 노동운동을 통해 하느님의 나라를 꿈꾼 것과 비슷한 차원에서 노동운동을 통한 혁명을 추구했고, 그래서 정치투쟁에 전념했다. 그 차원에서 이미 공장 안에 들어가 있던 기독교 계통의 자유주의 노동운동에 의해 양성된 선진노동자를 규합하고 연결하는 조직 구축에 전념했고, 그것이 1987년 노동자대투쟁과 이후 노동자에 의한 노

---

37 임영일, 앞의 책, 78~9쪽.

동운동 그리고 노동조합운동이 커지는 좋은 토대가 되었다. 그렇지만 그들의 급진 이념과 노선은 대투쟁 이후 대중운동과 결합되기보다는 빠른 속도로 대중운동과 다른 독자적인 정치운동 조직으로의 정향定向을 굳혀 가고 있었다.[38]

1980년대 부산의 학출 활동가는 서울경인 지역에 비해 그 수가 적은 것으로 추정된다. 1981년 부림사건 이후 세가 위축되었다가, 1984년부터 야학 운동가들과 합세하여 영향력을 키워 나가기 시작했다. 당시 부산에서 가장 큰 공단이었던 사상공단 주변이 주거지 밀집 지역이었고, 주변에 야학이나 성당이 있어서 노동자를 쉽게 만날 수 있었다. 풍영이나 동양고무에는 1984년부터 지역의 학출 노동운동가들이 투입되어 현장 노동자에 대한 지도와 지원을 시작했다. 학출 활동가들은 대체로 노동 역량이 취약하고, 탄압이 심한 상황에서는 전국적 조직을 구축하기보다 개별 소그룹 형태로 현장의 주체 역량을 축적하는 것이 더 중요하다고 보았다. 그들은 역량이 확보될 때까지 의식화 투쟁에 집중하고, 그 후 노조 결성이나 노조 민주화를 시도해야 한다고 주장했다. 그러다 보니 소그룹 운동론은 1983년 이후 노동자 투쟁이 격화되는 과정에서 노동자의 요구를 일상 투쟁으로 연결하지 못하고 소그룹에만 매달림으로써 현실과의 괴리를 드러냈다. 더욱이 당시 학출 활동가들은 신분 문제 때문에 은밀히 활동해야 했기 때문에 현장에서 일어나는 일상적인 문제에 대한 문제

---

[38] 임영일, 앞의 책, 80쪽.

제기나 투쟁이 어려웠다. 역량을 축적하는 차원에서라도 소모임 조직에 집중하는 경향이 더 강했다. 이런 활동 방식은 학출 활동가가 신분이 드러나 해고되거나 탄압을 받으면 그간 쌓은 조직 활동을 순식간에 와해시키는 문제점이 있었다. 조직 준비가 덜 된 상태에서 투쟁에 더 적극적으로 나섰어야 했는가 아니면 조직을 보존했어야 했는가 하는 논쟁은 어느 한쪽으로 쉽게 결론 내릴 수 있는 문제가 아니다.

지오세 소속 노동자로서 학출 활동가들과 함께 오랫동안 노동운동을 했던 박주미는 다음과 같이 말한다.

제 경우는 성안교회 야학을 다니면서 대학생 강학들을 만났고, 자연스럽게 노동에 대해 배우게 되었는데, 1기로 들어갔다가 2년 뒤 3기에는 제가 강학이 되어 한문을 가르쳤습니다. 거기에서 노동자 정체성을 깨닫기 시작했습니다. 그때 태화고무에서 일을 열심히 하는 바람에 조장도 되고, 남들보다 좀 더 좋은 조건으로 일을 했는데, 우연히 구미에 있는 공장들의 여공들이 처한 상황에 대해 들어보니 거기가 너무 열악해서 태화고무를 퇴사하고 퇴직금 가지고 그곳으로 가서 노동운동을 하려 했습니다. 그러다 갑자기 집안에 우환이 닥쳐 그 일을 이루지 못하고 80년 1월에 다시 국제상사로 들어갔습니다. 거기는 대표적인 노동 탄압 기업인데, 태화와는 달리 각목을 들고 설치는 등 너무나 환경이 열악했습니다, 저는 노동운동가로서라기보다는 노동자로서 정체성을 가지고 있었기 때문에 거기로 들어가 노동운동을 시작하려 했습니다. 저는 그때 이미 지오세 회원이었고 거기에는 지오세 조직이 나름 있어서 운동이 가능했습니다. 국제를 다니면서 야학과 지오세를 통해 학출들을 많이 만났는데, 너무나 많이 다르더군요. 야학에서 만난 어떤 강학이 국제상사를 피바다로 만들자고 하는 말에 얼마나 섬뜩했는지 모릅니다.[39]

박주미와 같은 선상에서 고故 고호석 전前부마민주항쟁기념재단 상임이사는 이 문제의 원인을, 학생운동 출신 활동가들의 인텔리적 관념성과 조급성과 과격성, 경험주의로 진단했다. 그들의 관념성은 노동대중과의 괴리를 불러왔고, 조급성과 과격성은 1987년 7~8월 노동자대투쟁 과정에서 '인텔리들의 한계'라고 말해질 정도로 여실히 드러났고, '장단기 계획에서 수공업성과 경험주의를 극복하지 못하는 현상을 되풀이'했기 때문에, 입으로는 '노동자 주체' '대중이 주인'이라는 말을 입버릇처럼 되뇌면서도, 현재의 객관적인 상황에서 노동자 대중이 스스로 각성하고 싸워나갈 수 있게끔 활동가들이 어떻게 헌신해야 하는가를 생각하기보다는 대중을 대상화시켜 놓고 그들을 어떤 방식으로 싸우게 할 것인가를 고민함으로써 운동의 주체를 활동가 자신들로 생각하는 잘못된 경향을 불식하지 못했다.[40]

부산에서 학출 활동가라 해서 모두 실-반실 논쟁에 관여한 것은 아니다. 이 논쟁에서 한 발 비켜난 학출 활동가들도 많았다. 우선은 공장에서 하루 종일 일하고 돌아온 후 소모임 조직 하나만 운영하는 것도 육체적

---

39 2020. 02. 17. 부산 개금동 사회복지연대 사무실 구술.
40 (사)부산민주항쟁기념사업회 부설 민주주의사회연구소 편, 《87년, 부산의 6월은 왜 그토록 뜨거웠을까》, 앞의 책, 33쪽.

으로 너무 힘들어서 그런 논쟁에 관심을 가질 여력이 없었고, 그 논쟁은 다분히 부산대 출신들 사이에서 일어난 진영 문제의 성격이 짙었다. 부산 출신이지만, 부산대에 속하지 않은 현정길은 다음과 같이 말한다.

저는 한양대 학생으로 부산 동국제강에 취업했습니다. 86년의 일입니다. 제가 속한 서클 현장지원팀에서 6개월 정도 합숙 교육을 받고 부산으로 왔는데, 집이 여기에 있어서 길게, 오래 하기에는 인천 부평 등지보다는 낫다고 생각해서였습니다. 기술은 배우지 않고 왔는데, 그건 큰 공장은 주로 조립식 가공이라 단순노동을 하는 게 더 유리할 거라고 판단해서 그랬습니다. 공장에서 노동자는 거의 만나지 못했지만, 조바심내지 않았습니다. 실-반실 논쟁에 대해 자세히 알지도 못했고, 알려고도 하지 않았습니다. 그래서 조바심 갖지도 않았고 오로지 현장에 오래 있는 것이 뭔가를 위해 중요한 의미를 가지는 것이고, 밑바닥에 많이 깔려 있어야 때가 되면 준비를 할 수 있다라는 어렴풋한 혁명에 대한 생각만 하고 있던 겁니다. 그러다가 서울에서 후배들이 데모하다 군 도바리(수배) 하는 애들이 이곳으로 오는 바람에 공장 다니는 걸 일시적으로 그만두고 87년 대투쟁을 맞이했습니다. 그때는 일단 공부는 중지하고 데모를 하고 다녔고, 모두 신평장림공단으로 가서 각자 취업하는데, 저는 진양기계라는 곳에 9월 1일날 취업을 했습니다. 동국제강에서는 아무것도 못 했는데, 노조를 조직해야 하는지, 다른 일을 해야 하는지, 조직에서 어떤 오더가 내려올 상황도 되지 못했고, 단지, 할 수 있었던 것은 선배들이 뭔가 알아서 하겠지라는 믿음만 가지고 따라간 거였습니다. 알려 하지도 않았고, 알면

알수록 불안감만 커지고 잡혀가면 불어야 할 게 많아지니 부담감만 커져 그냥 따라가는 것이었지요. 그러다가 아무것도 못 하고 나왔는데, 우연히 87년 대투쟁이 터진 후 이곳에서는 노동자가 노조를 만들어 놓으니 저희 학출들이 할 수 있는 게 훨씬 많아집니다.[41]

부산에서 벌어진 실-반실 논쟁의 성격을 제대로 이해하려면 1986년 인천에서 발발한 소위 5·3 항쟁을 살펴볼 필요가 있다. 인천 5·3 항쟁은 전두환 정권이 철저히 통제하여 다른 지역에서는 소식을 접하기 어려웠고, 소요 난동으로 왜곡되어 부산의 노동 현장에는 영향을 끼치지 못했으나, 이후 노동운동의 흐름을 보여 주는 좋은 사례이다. 5·3 항쟁은 민중민주PD투쟁위원회(민민투)와 자주민족NL투쟁위원회(자민투)가 주도한 대학생 조직, 인노련·서노련 등 학출 활동가들이 주도적으로 조직한 노동운동 조직이 대거 결합된 대규모 투쟁이었다. 그런데 당시 활동가들은 자기가 앞서 싸우면 노동대중이 자연스럽게 동참할 것이라는 '선도투쟁론'에 젖어 있어, 개별 사업장의 조건을 무시한 채 연대 파업으로만 끌고 나가려 했다. 그러다 보니 노동자와 유리되고 결국 고립되는 결과가 발생했다. 결국 이러한 선도투쟁은 실패로 돌아갔고, 많은 곳에서 격렬한 비판을 받았다. 비판의 핵심은 현장 투쟁을 무시한 채 정치투쟁에 함몰되었다는 점이다. 주류가 패권주의에 빠져 조직 내 민주주의를 실천하지 않았다고 비판받은 것도 결국 같은 맥락이다.

---

[41] 2020. 10. 21. 부산 연산동 음식점 연산군 구술.

5·3 항쟁을 계기로 전두환 정권은 그동안의 유화책을 버리고 다시 강공책을 사용하기 시작했다. 그러면서 노동 세력 내부의 논쟁도 커지고 갈등이 격화되었다. 결국, 신규 노조는 거의 다 파괴되거나 무력화되고 노동운동은 다시금 소강상태로 접어들었다. 이즈음 학생운동과 지식인들 사이에서 사회변혁을 둘러싸고 치열한 논쟁이 벌어졌는데, 민족해방민중민주주의 혁명론NLPDR파, 제헌의회CA파 등이 등장했다. 이 논쟁은 노동운동에도 큰 영향을 끼쳤다. 대중과 전위를 어떻게 보고 실천해 나갈 것인가, 사회를 어떻게 변혁시킬 것인가 등이 핵심적인 의제였다. 그러다 보니 실천을 통한 노동운동보다는 관념과 정치적 입장에 따른 갈등과 분열 양상이 두드러졌다. 이런 상황에서 1986년 하반기 들어 노동운동이 서클 중심 활동의 한계를 극복하고 새로운 운동체를 건설해야 한다는 주장이 전개되었다. 이 논쟁 속에서 전위 조직을 먼저 구축해야 한다는 쪽과 대중 조직 건설이 우선이라는 쪽으로 입장이 갈렸다. 표현만 다르지 이전과 동일한 논쟁이었다. 실-반실 논쟁은 바로 이러한 맥락에서 발생한 것이다.

결국, 실-반실 논쟁의 본질은 노선투쟁이었다. 준비론과 행동론으로 나뉘는 노선투쟁은 일제시대 때부터 이어져 온 필연적인 운동 과정으로, 각 주장의 조직이 따로 있는 것도 아니다. 같은 조직 내에서 선도투쟁을 주장하는 쪽이 전술적으로 먼저 행동을 개시하면, 반실 쪽에서 그 전술을 따를 수밖에 없었다. 기본적으로 당시 운동권들은 시기의 문제가 있을 뿐 자신들이 투쟁하고, 잡혀가고, 죽고 하면 조직이 더 완성될 것이라는 가설에 대해 상당한 합의가 있었다. 따라서 두 노선의 갈등에 과다하게 의미를 부여할 필요는 없다. 부산에서 벌어진 '실-반실' 논쟁은 부산 지역 노동운동 진영에서는 초미의 관심사였다. 일부에서는 이 논쟁을 혁명의 산실 내지 노동운동의 전설로 신화화했고, 다른 쪽에서는 철없는 운동권의 터무니없는 행동으로 폄하했다. 실-반실 논쟁은 수도권에서 벌어진 노선이나 이념투쟁에 비하면 노선 간 갈등이 그렇게 첨예하지 않았고, 갈등 기간도 길게 잡아야 1년 정도였다. 무엇보다 동양고무와 세화상사 정도를 제외하면 변변한 파업 시도조차 없었던 상황에서, 그 뒤로 운동권 조직이 와해된다거나 하는 등 노동운동사에 어떤 심대한 결과를 가져오기 어려웠다.

이처럼 1986년까지 고무공장을 중심으로 부산 지역의 여러 사업장에서는 학출 활동가와 선진노동자가 연대하여 파업투쟁을 벌였으나 두드러진 성과를 얻지는 못했다. 파업의 1차 목표였던 노조 결성만 봐도 초기에 노조 설립을 시도한 세화는 실패하고, 삼도는 결국 어용노조로 바뀌었다. 극악한 독재정권 체제에서 투쟁은 일상화되었고, 감시와 탄압을 뚫고 노조를 설립하기란 현실적으로 매우 어려웠다. 근로기준법 안에서 운동을 해야 했기 때문에 학출 활동가 같은 노동운동에 대한 사명감과 지식을 갖춘 선도적 운동가가 나서지 않으면 운동 자체가 불가능했고, 학출 운동가가 나서도 외부적인 어려움 외에 그들 내부의 한계로 인해 운동을 성공적으로 이끌기가 매우 어려웠다. 노학연대로 노조를 설립하거나 설립할 수 있는 환경을 조성하더라도, 그것은 회사 측과 정부의 끈질긴 회유와 협박 그리고 폭력적 탄압에 쉽게 무너질 정도로 취약했다. 게다가 학출 활동가들은 전술 방법론과 진영 차이에 따라 입장이 갈려 운동의 통일성과 대중성을 확보하지 못했다. 그들은 현장 노조 활동가들과 연대를 추진하긴 했으나, 이념의 과잉 혹은 비현실적인 이론에 경도되어 혁명을 추구하는 동아리 정도에 지나지 않는다는 비판을 받았다. 학출 활동가들은 마르크스 이론에 경도되어 역사의 시공간적 맥락의 차이를 인식하지 못했고, 운동의 주체성이나 대중의 주체적 위치 등을 이해하고 설정하는 데 실패했다. 그 결과, 노동운동은 점점 더 대중에게서 멀어져 갔다.

그리하여 그들은 자신들이 추구했던 급진적 정치투쟁으로서의 운동의 영향력은 거의 행사하지 못한 채, 자유주의자들이 추동한 경제주의 · 노조주의에 입각한 노동운동이 87년 대폭발로 이어지는 것을 지켜볼 수밖에 없었다. 특히 중소 규모 사업장의 노동운동에 관여해 왔던 활동가들은 대단위 공장에서 이루어진 노동자들의 자발적인 투쟁에 직면하여 소그룹 활동에 매진했던 자신들의 전술 착오와 무력함을 자각할 수밖에 없었고, 기존의 수공업적 운동 방식을 더는 지속할 수 없음을 확인하게 되었다. 그러나 군부독재체제 하, 운동에 필요한 물적 토대가 전무한 상황에서 맨몸으로 공장에 투신하여 내부적으로 노동자 조직을 구축하고, 외부적으로 지오세나 야학과의 연대를 강화해 나간 학출 활동가들의 역할을 결코 폄하해서는 안 된다. 실임 쪽이든 반실 쪽이든 그들이 노동운동에 기여한 바는 같다. 비록 선도적 활동가들의 활동은 비현실적이라는 비판을 받고 실패했지만, 그 결과가 결국 87년 노동자대투쟁으로 나타났다는 점에서 그 역사적 의미가 적지 않다.

1983년 이후 전두환 정권이 말기로 접어들면서 노동운동은 서서히 기지개를 켜고, 노조 설립에 사활을 걸었다. 전두환 정권은 신군부가 개정한 노동조합법으로 노조 설립을 방해하고 탄압했다. 우선 노동조합 설립 신고 절차 자체가 대단히 까다롭고 관청이 사업주들과 유착하게 되어 있어, 노조 결성식을 해 놓고도 신고필증을 받지 못한 노조가 부지기수였다. 노동조합 결성 정보를 듣자마자 회사 측은 노동조합 결성식장에 난입하여 플래카드를 찢고 카메라와 회의 서류까지 탈취하고는 아예 그 자리에서 노조 탈퇴서를 받거나 관련 조합원들을 해고해 버리는 경우도 많았다. 행정관청에서는 노조 설립 신고서를 반려하거나, 회사 측이 제출한 어용노조에 신고필증을 교부하기도 했다. 노조가 결성된 뒤에는 노조 주동자를 빨갱이로 몰아세우고, 회사 측이 노동자들을 동원해 노조 반대 규탄 집회를 열기도 했다. 1984년 하반기 들어서는 행정관청이 처음부터 노동조합 설립 신고서를 반려해 버리는 신종 수법도 등장했다. 관청이 신고서를 반려하면, 회사 측은 노조를 설립한 노동자를 부서 이동시키거나 해고 조치하여 노조 재결성 시도를 무산시켰다. 그런 뒤 행정관청의 협조 아래 회사 간부를 위원장으로 하는 유령노조를 결성했다.

이런 상황에서 1987년 한국 시민운동사에서 커다란 분기점이 될 6월 항쟁이 터졌다. 이어 대통령직선제가 도입되었다. 그 과정에서 전두환은 4·13 호헌 친위 쿠데타를 일으키려 했으나, 군사정부를 민간 정부로 바꾸려 했던 미국이 전두환의 시도를 용인하지 않았다. 그리고 독재 권력의 기만술 차원이었지만 실제로는 항복문서인 6·29 선언을 시민들이 받아 냈다. 6월항쟁에서 노동자들은 박종철 고문치사 사건을 계기로 개헌 투쟁에 적극적으로 동참함으로써 민주화운동의 중요한 한 축을 담당했다. 비록 전국적 조직체는 없었어도 적극적으로 시위에 참여했고, 참여율 또한 매우 높았다. 6 · 29 선언 이후 곧이어 노동자투쟁이 시작되었다. 대투쟁은 대기업 대공장노동자들에 의해 시작되었지만, 중소 규모의 노동자 대중의 투쟁이 바로 이어졌고, 이어 서비스사무직 노동자들까지 참여하면서 한국 노동계 전체로 번졌다.

부산과 가까운 창원에서는 통일산업의 해고노동자를 중심으로 조직된 소그룹이 6월항쟁에 결합했고, 울산에서는 현대그룹에 소속된 노동자들이 참여했다. 6월이 지나고 7월이 오면서 정치민주화 투쟁은 경제민주화 투쟁, 즉 노동운동으로 성격이 바뀌었다. 7월 6일에 결성된 '민주헌법쟁취노동자공동위원회'는 성명서를 통해 해고노동자 즉각 복직, 노동3권 완전 보장, 8시간 노동제와 실질 생계비 보장하는 최저임금제 실시, 노동운동 탄압하는 국가보안법 즉각 철폐, 노조의 자유로운 정치활동 보장 등이 이루어질 때까지 투쟁할 것을 결의했다. 그리고 8월 23일 전국적으로 결성된 해고자복직투쟁위원회(이하 해복투)는 6 · 29 선언의 허구성을 규탄하고, 노동자의 원직 복직, 노동자의 부당해고 반대, 구속 노동자 전원 석방, 블랙리스트 철폐 등을 주장하면서 '원직 복직 및 해고 반대를 위한 전국노동자대회'를 개최했다. 이 대회를 통해 비로소 전국적으로 노동자 대중의 역량이 결집하기 시작하고, 노동자가 목소리를 내기 시작했다.

II 87
노동자대투쟁

87년 부산 지역 노동자대투쟁의 전개

　6·29 선언이 발표된 직후인 7월부터 10월 초까지 전국적으로 3,255건의 노동쟁의가 발생했고, 참가 노동자는 121만 8천여 명에 육박했다. 이는 전년도인 1986년에 발생한 276건의 12배로, 1977년부터 1986년까지의 10년 동안 발생한 노동쟁의 건수와 참가자 수 1,638건, 22만 8천여 명의 각 2배와 5.3배 수준이었다.[42] 노동자대투쟁의 공간적 범위도 전국을 아울렀다. 울산에서 시작된 쟁의가 곧 부산, 마산, 창원, 거제 등 경남 지역으로 확산했고 이어 대구와 광주를 거쳐 수도권 공단 지역에까지 이르렀다. 사업장 범위도 재벌에서 하청기업과 지역 중소기업으로 확대되었으며, 산업 측면에서는 제조업에서 운수업, 서비스업, 광업 및 기타 산업으로 전이되었다.[43]

　부산 지역의 노동자 투쟁은 6·29 선언 발표 1주일 뒤인 7월 5일부터 시작된 인근 울산 지역의 현대그룹 계열사 대공장노동자들의 투쟁에서 직접적인 영향을 받았다. 7월 5일, 현대엔진 노동자들은 민주노조를 결성하고 파업투쟁을 벌였다. 울산 시내 주리원백화점에서 1백여 명의 현대엔진 노동자들이 그동안 유지된 노사협의회의 한계를 극복하고 노동조합을 결성하는 데 성공한다. 이어 7월 15일에는 현대 미포조선에서도 노동조합이 결성되었는데, 다음 날 노동조합 설립 신고서가 탈취되었다.

42　부산민주운동사 편찬위원회, 《부산민주운동사 1》(부산: 부마민주항쟁기념재단, 2021), 385쪽.

43　노중기, 〈87년 노동자대투쟁의 역사적 의의와 현재적 의미〉, 《경제와 사회》 96집 (2012. 12.), 183~4쪽.

하지만 총파업이 선언되고, 경찰에 공무집행방해로 탈취 행위를 고발하면서 서류를 되돌려 받았다. 마침내 노조 설립이 완결되었다. 현대엔진과 현대미포조선의 노조 설립, 특히 서류 탈취 사건은 뉴스에 보도되었고 여러 시민단체의 기관지와 소식지를 통해 전국적으로 알려졌다. 현대엔진과 현대미포조선의 노조 결성 성공은 거대 자본에 맞서 싸워서 이길 수 있다는 자신감을 심어 줌으로써 1987년 노동자대투쟁의 큰 기폭제가 되었다. 이 투쟁은 바로 울산 전역으로 퍼져 울산은 1987년 한국 노동자대투쟁의 진앙이 되었다. 울산 지역 노동자대투쟁은 지역적으로 가깝고, 동남권 경제 권역으로 서로 영향을 주고받는 부산 지역에 상당한 영향을 끼쳤다.

6월항쟁 이후 부산에서 처음 일어난 노동자 파업은 7월 13일 장림동 동아건설 현장 노동자들이 일으킨 파업이었다. 노동자들은 임금 25퍼센트 인상, 상여금 연 400퍼센트 지급, 휴가비 100퍼센트 지급, 해외 취업 보장 등을 요구하며 파업투쟁에 돌입했다. 이어 7월 17일에는 풍영에서 어용노조위원장 퇴진, 부당근로 연장 취소 등을 요구하며 노동자들이 농성에 들어갔다. 대규모 투쟁의 물꼬는 7월 23일 태광산업에서 터졌다. 그리고 7월 25일 대한조선공사, 7월 27일 세신정밀, 7월 28일 국제상사의 투쟁으로 이어졌다. 부산 노동자대투쟁의 실질적 시작인 태광산업의 투쟁을 좀 더 상세히 살펴보자.

7월 23일, 태광산업 동래공장에서 일부 노동자들이 점심시간 후 2시 반경에 "와, 나가자"라는 함성을 지르면서 순식간에 운동장으로 뛰쳐나왔다. 순식간에 1천여 명이 집결하여 "어용노조 몰아내자" "인간 차별 폐지하라" 등 구호를 외치며 운동장을 돌았고, 이에 기숙사생이 합세하여 순식간에 1,500명으로 인원이 늘어났다. 10대 여성 노동자들이 쏟아지는 장대비 속에서 작업을 완전히 거부한 채 벌인 강경 투쟁이었다. 투쟁은 첫날이 지나고 이튿날부터 본격적으로 진행되었다. 이튿날 노동자들은 협상 대표를 뽑아 8시간의 협상 끝에 상여금 260퍼센트에서 400퍼센트 인상 지급, 특근 폐지, 여름휴가 3일에서 4일로 연장, 휴가 기간 유급 처리, 휴가비 30퍼센트 지급, 탈의실 캐비닛 설치, 샤워장 설치, 개밥 같은 식사 개선, 간식 개선, 일반 학생 노동자 장학금 지급, 수학여행 기간 유급 처리 등 17개 항의 요구 조건을 모두 관철시켰다. 투쟁에 나선 지 단 이틀 만에 이룬 쾌거였다. 하지만 태광 노동자들은 이번 싸움이 모든 문제를 해결해 주지 않는다는 것을 알게 되었다. 노동자들은 문제의 핵심이 어용노조에 있음을 알아차리고, 조합비만 2천 원씩 받아먹는 어용노조를 몰아내고 자주적이고 민주적인 노동조합을 건설해야 할 필요성을 깨달았다. 경제민주화를 이루기 위해서는 사내에서 정치민주화가 이루어져야 함을 깨달은 것이다.

여기서 한 가지, 생각해 볼 지점이 있다. 노동자들의 요구 사항과 관련한 문제다. 1987년 7월 30일 발표된 부산 지역 해고노동자 복직투쟁위원회의 성명서를 보면 눈에 띄는 게 하나 있다. 성명서는 부당해고 노동자를 원직에 복직시키고 노동자의 단결을 이루자고 강하게 호소하면서 그 세부 사항으로 12가지를 요구하는데, 그 가운데 '개밥 식사 개선하여 사람답게 먹어 보자'는 주장이 있다. 대한조선공사 노동자 투쟁 때도 마찬가지였지만, 부산 지역 노동자들이 가장 크게 분노한 것 가운데 하나가 노동자를 인간적으로 대우하지 않은 점이고, 그 가운데 하나가 소위 개밥으로 불린 식사 문제였다. 80년대 이 '개밥'은 부산 이외의 지역에서도 노동자들의 투쟁을 촉발시키는 중요한 원인이 되었다. 결국, 어떤 이념보다 인간적인 분노가 노동자로 주체화되고 조직화하는 중요한 요인이 되었다는 점은 의미심장하다.

　7월 25일, 부산 최대 기업이자 부산 노동자 투쟁의 대표 격인 대한조선공사에서 투쟁이 시작되었다. 대한조선공사는 1937년 7월 10일 기존의 '서조조선철공소'를 기반으로 부산 영도구 봉래동에 설립된 (주)조선중공업에서 시작되어, 1945년 8월 (주)대한조선공사로 회사명이 바뀌었고, 1989년 5월 한진그룹에 인수되어 (주)한진중공업으로 상호가 변경되었다. 대한조선공사는 1956년 해상노조에 가입한 이후 이전의 전투적 노조로 부활하는 징조를 보이기 시작했다. 그 후 박정희 군사정권이 만든 한국노총(한국노동조합총연맹) 체제에서 1963년 5월 25일 전국해상노동조합 대한조선공사지부로 재조직되어 오늘에 이른다. 조선공사 노조는 1969년 대규모 파업을 일으켰다. 노사 갈등이 첨예해지면서, 회사는 직장폐쇄와 70명에 이르는 노조원에 대한 법적 대응 이후 전술을 바꿔 노조를 탐욕스럽고 정치적이며 심지어 반민족적인 단체로 묘사하면서 선전전에 총력을 기울였다. 그 후 부산시장, 부산지방노동위원회, 조선공사 및 조선공사 노조는 중앙노동위원회로부터 조선소를 정상화하라는 지침을 전달받았고, 노조도 긴급조정을 수용하기로 하고 파업을 종결했다. 박정희 대통령의 결정을 존중하자는 것이 다수 의견이었다. 회사 또한 정부의 지시를 수용해 직장폐쇄를 철회했으나, 열두 명의 노조 간부와 네 명의 일반 노조원 해고는 강행했다. 조선공사 노동자들의 투쟁은 정부와 기업이 성공적인 수출 전략의 기반을 다지기 위해 노동자를 길들이는 일이 그렇게 호락호락 진행되지 않음을 보여 주었다. 그러려면 수년간에 걸친 회사의 투쟁과 정부 측의 결정적인 정책 변화가 있어야 했다. 국가와 기업이 힘을 합쳐 마침내 조선공사 조선소 노동자들을 진압했는데, 이는 중요한 이 시기에 전국 곳곳에서 반복된 과정이었다.[44]

1980년대에 조선공사 노조는 김종래 위원장의 전횡과 비리에 대한 조합원의 원성이 자자한 악질적인 어용노조였다. 그런데 당시 여성 용접공 김진숙이 대학에 가고 싶어서 다니기 시작한 야학을 통해 노동운동을 접하고, 이후 뜻을 함께하는 노동자를 규합하기 시작했다. 이정식, 김진숙 등은 어용노조를 물리치고자 1985년도에 '징검다리'라는 소그룹을 결성했다. 그들은 임금인상, 도시락, 두발, 구타 등 작업 현장에서 제기된 여러 불만에 대해 주기적으로 토론하고 대책을 숙의했다. 그리고 노조 대의원들에게 대안을 제시했으나, 노조 상임집행부 회의에서 번번이 무산되었다. 1969년 패배 이후 노조는 열의가 떨어졌고, 대의원 자리는 사측이 독점하다시피 했기 때문이다. 이런 상황에서 용접 공장의 '나이 든 아저씨' 노동자들이 젊은 여성 용접공 김진숙에게 선거에 나가 보라고 권유한다. 이는 작업장의 권력구조에 도전하는 급진적이고 전복적인 행위였다.[45] 돌파구를 찾기 위해 이정식, 김진숙이 노동조합 대의원으로 동시 출마하고

44 남화숙 지음, 남관숙 · 남화숙 옮김, 《배 만들기, 나라 만들기. 박정희 시대의 민주노조운동과 대한 조선공사》(서울: 후마니타스, 2013), 334~62쪽.
45 앞의 책, 414쪽.

당선되었다. 당시 노조위원장은 임기를 마치고 나면 연립주택 하나씩을 챙겼다는 소문이 횡행했다. 대의원대회에 참석한 김진숙은 간부들이 조합비를 사비처럼 썼음을 알게 되었다. 대의원 김진숙은 23년 차 정기 대의원대회에 다녀온 뒤 〈대의원 대회를 다녀와서〉라는 유인물을 배포했다. 대의원으로서 정당한 활동이었다. 이때 처음으로 선전물을 접한 조합원들은 노동조합에 관심을 갖기 시작했다. 이에 회사는 김진숙을 직업훈련소로 인사 명령을 냈다. 이에 김진숙이 반발하자, 회사가 명령 불복종으로 김진숙을 해고했다. 회사는 현장의 동요를 막고자 김진숙을 먼저 해고하고, 이어 대의원 이정식과 조합원 박영제를 해고한다. 해고자들은 매일 아침 출퇴근 투쟁을 벌였다. 매일 유인물을 만들어서 뿌리고, 노동자 신문을 만들어 배포하고, 통근차를 몸으로 막는 등 처절하게 싸웠다. 회사는 경비와 어용노조 간부를 동원해 이를 막았다. 사측 사람들은 폭력까지 행사하며 이들을 저지했고, 출퇴근하는 노동자들은 시간이 가면서 서서히 동요하기 시작했다. 당시 상황에 대해 이정식은 이렇게 말한다.

80학번 대학생 동생에게 세상 돌아가는 것을 배우면서 텔레비전에 나오는 것이 전부가 아니구나를 서서히 생각하고 있던 차에 우연히 회사에서 제 밑으로 새로 들어온 최준식이라는 후배와 알게 되었는데, 이 친구도 저와 비슷한 생각을 갖고 있다는 것을 알게 되어 같이 세상일에 대해 이야기를 나누곤 했습니다. 그러다가 어떤 책을 회사에서 보게 되었는데, 아가씨 용접공 책이라고 하던데, 김진숙이지요. 그 책을 빌려 읽고 같이 셋이서 이야기를 나눴지요. 그래서 작은 공부 모임을 갖기로 하고, 노동법 같은 것을 같이 공부했습니다. 외부에서 학습시켜 주는 사람은 없었는데, 김지도(김진숙 민주노총 부산본부 지도위원)는 그런 연계가 있었는지는 저희들은 몰랐습니다. 저희들이 맨 먼저 하고자 한 것은 단순한 거였습니다. 무슨 거창한 노동운동 그런 건 생각지도 않고, 왜 노조가 있는데 대의원으로 뽑혀 올라간 사람들은 조합원들의 요구 사항을 전달해 주지 않는지, 왜 대의원만 되면 너나 할 것 없이 다 똑같이 돼 버리는지… 그래서 우리가 대의원이 되어 뭐가 잘못되었는지 보고 알려 주고 우리들의 요구 사항을 그쪽으로 올리는 일만 좀 하자고 하는 단순한 생각으로 나가게 된 겁니다. 처음 대의원대회에 가 보니, 회의라고 하는 게 내용도 없고, 특별하게 하는 일도 없고, 참 무성의하게 진행되었는데, 몇 가지 요구 사항을 올렸더니 그나마 들어주지도 않고 해서, 종이 한 장짜리 유인물을 만들어서 회의가 아무 내용도 없더라, 정도의 내용으로 적어 점심시간에 탈의실에서 나눠준 것이 다예요. 그런데 그 정도로도 조합원들의 반응이 폭발적이었습니다. 회사와 조합에서는 대수롭지 않게 생각하는 듯 처음에는 그냥 넘어갔는데, 나중에 알고 보니 우리 유인물을 복사한 복사집에 가서 난리를 쳤던 모양입니다. 나중에 운영위원이 된 김지도가 임금인상안을 만들어 올린 것에 대한 저쪽의 대답을 보고 하도 어이가 없어서 그 답변을 유인물로 만들려고 그 복사집에 갔는데, 관계 기관에서 와서 난리를 쳤다고 복사를 안 해 줍디다. 이것이 다예요. 종이 한 장짜리 별 내용도 없는 유인물 돌리는 거 한 번, 또 한 번은 복사하려다 못한 것 이걸로 대공분실을 세 번 다녀왔고, 결국 부서 이동, 면회실 근무 등을 시키더니 결국 해고시킨

겁니다. 저와 박영제는 20년, 김지도는 오늘까지….[46]

이들 세 해고자의 투쟁은 민주노조 깃발을 세우는 밑거름이 되어 25
년이나 묵은 어용노조를 무너뜨리는 1987년 7·25 투쟁으로 폭발한다.
1987년 4월 회사는 재정난을 이유로 법정관리를 신청하고, 인원을 감축
하고, 작업을 중단시키고, 월급을 늦게 주는 등 노동자들을 핍박하기 시
작한다. 그런데도 노조는 조합원들의 반대에도 불구하고 '구사 결의대
회'를 여는 등 어용의 길을 간다. 노동자들의 불만과 분노가 팽배해 가던
중, 7월 25일 11시 50분경 노동자들이 3생활관 후문 쪽으로 점심을 먹으
러 올라가는 도중 일이 터졌다. 김진숙과 그 동지들이 '우리는 요구한다'
는 제목 아래 요구 조건 20개 항목을 열거한 대자보가 붙은 것이다. 20개
의 요구 조건은 다음과 같았다. 일급 1,500원 인상, 하기 상여금 200퍼센
트 지급, 부당해고자 즉각 복직, 진폐 환자 치료 보상, 가족수당 3만 원 지
급, 퇴직금 누진제 실시, 통근버스 관리비 폐지, 상여금 연 400퍼센트 지
급, 식비 징수 폐지 및 식비 지급, 토요일 오전 근무(이후는 잔업수당), 승
급·승진 연 4회 실시, 장기근속수당 지급, 훈련소 출신 처우 개선(3만 원
이상), 입사 연도에 따라 정기적 승급(3년: 5급, 5년: 4급), "어용노조 타도하
여 사람답게 살아보자!", "민주노조 건설하여 빼앗긴 권리를 되찾자!", "최
저생계비 확보하고 생활임금 쟁취하자!", "조합원의 반역자 김종래를 처
단하자!", "노동자 단결하여 노동3권 쟁취하자!", "살인적 작업환경, 열악

---

46 2021. 02. 17. 부산 봉래동 한진중공업 노조 사무실 구술.

한 근조조건 개선하라!" 여기에 추가로 8시간 근무제 실시, 모든 공휴일 유급제, "작업복은 1년에 4벌씩 지급하라!" 등이다.[47]

20개 요구 사항과 별개로, "도시락을 거부하자"라는 구호가 노동자들을 자극하여 노동자들이 벽보 앞에서 웅성거리기 시작했다. 그러자 기관실 공사부 부장이 그 벽보를 떼어 내면서, 밥 먹으러 가라고 소리를 질렀다. 이때 누군가가 개밥을 먹든지 말든지 당신이 왜 상관하느냐고 항의하며 밥 먹지 말자고 외쳤고, 순식간에 500여 명의 노동자가 대오를 형성하면서 정문 쪽으로 이동했다. 정문으로 이동한 대오 중 일부가 빠져 특수선부로 이동했다. 당시 가장 강력한 조직력을 형성하고 있던 특수선부가 결합하면 이긴다는 여론이 조성되었다고 한다. 특수선부와 조선부는 자연스럽게 대오를 형성하여 정문 쪽으로 열을 맞추어 나갔다. 조합원 2,500여 명 중 약 1천 명이 자발적으로 참여한 대오였다. 노동조합은 한국노총 소속이어서 조합원들이 노동자라는 정체성을 투철하게 가진 상태는 아니었고, 따라서 어떤 의식이나 조직의 힘이 아닌 단순히 인간으로서 대접받지 못한 데 대한 분노가 폭발한 것이다.

노동자들은 정문 앞에서 조합원들의 요구 사항을 수집했다. 그 결과, 어용노조 퇴진, 임금인상 30퍼센트, 상여금 300퍼센트에서 400퍼센트로 100퍼센트 인상, 퇴직금 누진제, 해고자 복직, 직업훈련생 처우 개선, 중식비 폐지, 가족수당 지급 등의 요구 사항이 모였다. 이 내용은 바깥

---

47 대한조선공사노동조합, 〈강철같이 단결하여 뺏긴 권리 다시 찾자〉(1987. 7. 30). 부산민주동사 편찬위원회, 《부산민주동사 1》, 앞의 책, 392~3쪽 재인용.

벽에 자보로 붙여져 공지되었다. 그러자 사측 관리자들이 그 자보를 떼어 내어 찢어 버렸다. 노동자들은 이에 항의하며 곧바로 태종로를 점거하고 연좌농성에 들어갔다. 대표부를 구성하고 스무 개 항의 요구 사항을 들고 협상에 들어갔다. 그러나 협상은 결렬되었고, 다음 날인 7월 26일 새벽 4시경 무장한 전경이 최루탄을 난사하며 농성장에 난입했다. 전경들은 노동자를 마구잡이로 구타하면서 51명을 연행했다. 노동자들은 출근과 함께 다시 대열을 정비하고 이번에는 자위대까지 구성하여 경찰의 탄압에 대비하면서 회사 측과 협상을 시도했다. 그러나 회사 측의 무성의한 자세로 협상에 진전이 없었다. 그러면서 연행된 사람들을 구출해야 한다는 분위기가 들끓었다. 특수선부에서 배관공장으로 가면서 대오가 결합하고 선각공장까지 결합했다. 7월 27일 오후, 노동자들은 정문에 규찰대를 배치하고, 가스통, 볼트, 넛트 등 장비들을 앞세우고 영도경찰서로 진출해 연행자 석방을 요구했다. 충돌할 필요가 없다고 판단한 경찰은 연행자들을 바로 석방했고, 단결의 광장에서는 열렬한 석방자 환영 행사가 열렸다. 7월 29일, 회사 내로 진입하려던 경찰을 투석전으로 물리쳤다. 회사 주변으로 경찰과 안기부의 현장 침투 작업이 준비되자, 2천여 명의 전 조합원이 철야농성을 했다. 8월 1일 최종 교섭 결과, 파업 지도부를 인정하고 김종래 위원장 불신임 절차를 방해하지 않겠다는 사측 입장을 받아내면서 파업이 종결되었다. 2,500명 조합원들의 불신임 서명운동으로 김종래 집행부를 총사퇴시켰다.

이 과정에서 정부의 비호를 받던 회사도 가만 있지는 않았다. 항상 그렇듯이 노동자 투쟁의 수위가 올라가면 회사 탄압의 수위도 올라간다. 사회적 합의 문화나 채널이 마련되지 않은 사회에서는 그렇게 될 수밖에 없다. 최종 교섭 1주일 전인 7월 25일, 회사 측은 온갖 비열한 방법을 동원하여 조직을 와해시키려 했다. 가족을 불러들이고, 동네의 통반장까지 동원한 온갖 악선전을 하고, 유언비어를 유포시켰다. 가족들은 회사 앞을 지키며 투쟁을 지원하기도 했지만, 곧 강제 진압을 한다, 조공은 문을 닫게 될 것이다라는 등의 온갖 협박과 공작에 협상 대표부 내부에 분열이 발생하고, 그로 인해 점차 투쟁 대열에 금이 가기 시작했다. 7월 30일, 회사 측은 휴업을 공고했다. 30일 10시 30분, 노동자들은 구 본관 건물 광장에서 결의대회를 열고 정상 근무, 휴무 반대, 외세 배격 등 3개 항을 결의하며 오히려 투쟁 의지를 확고히 했다. 그 결과 최종적으로 8월 31일, 상여금 300퍼센트, 휴가비 60퍼센트, 노조 민주화를 위한 조합원총회 보장 등의 선에서 일단 협상이 이루어졌고, 이후 민주노조를 건설한 뒤에 다시 임금인상 등을 협의하기로 하면서 농성을 풀었다. 회사 측이 항복을 선언한 것이다. 결국, 87년 7·25 투쟁은 1주일 만에 조합원들의 완전 승리로 끝이 났다. 해고노동자로서 투쟁을 이끌었던 이정식은 당시 상황을 이렇게 말한다.

한진은 조선공사 때부터 워낙 어용의 힘이 세서 노동자의 힘이 약한 상태인 것은 사실이지만, 워낙에 근로조건이 열악하고 저임금에 장시간 노동에 대한 불만이 엄청나게 쌓여 있었습니다. 그래서 25일 큰길을 점거하고 난 후 회사로 들어가 신관 앞에 집결했는데, 너나 할 것 없이 조합원들이 신관 유리창을 돌로 던져 다 깨 버렸습니다. 불만이 엄청나게 큰 거지요. 특히 그 개밥 때문에 더더욱 그랬지요. 공장에 다니는 사람들은 대부분이 군대를 다녀온 남자들이라 무지하게 거칠고, 회사 자체가 쇠를 다루는 곳이라 쇠파이프, 철근, 지게차 이런 것으로 밀어붙이는 걸 전혀 꺼리지 않는 사람들이라 회사나 어용 측이 부산의 다른 고무공장들에서 하는 식의 구사대 폭력 같은 건 택도 없었습니다. 더군다나 공장이 주택가와 가까워서 회사원들 부인, 어머니, 아이들 심지어는 애 업고 나와 도로를 같이 점거하고 한데서 자고 하는 식으로 죽기 살기로 싸우니 회사 측에서는 어떻게 손을 못 썼습니다. 경찰서까지 항복하고 연행자들을 다 풀어 줬으니까요. 이후로는 한진은 민주노조가 섰고, 어용노조는 전혀 힘을 못 썼는데, 집요하게 경찰이든 안기부든 그 기관을 통해 아는 듯 모르는 듯, 하는 사이에 분열 공작은 계속한 것으로 압니다. 저희 해고노동자는 밖에서 유인물 만들고 그것을 안으로 보내는 일을 계속했는데, 그 과정에서 노재열 국장으로부터 많이 배우고 지도받고 했습니다. 노무현–문재인 변호사 도움도 많이 받았고요. 밖에서 저희가 방향을 잡아 주는 일은 했지만, 열심히 싸우는 동안 처음에는 애써 외면하던 조합원들이 서서히 저희 말을 귀담아 들어 주고, 내부에서 서서히 조직을 갖추게 되면서 안에 있는 조합원들이 다 싸운 거지요. 민주노조가 만들어진 후 처음에는 위원장이 강단이 좀 없어서 비리비리하게 갔지만, 그렇다고 어용은 아니고요, 나중에 박창수 열사가 들어온 후부터는 완전히 자리를 잡았습니다. 그때, 저는 손을 떼고 노가다 판으로 갔습니다. 운동은 노조가 중심으로 하는 것이고, 저도 부모님도 계시고, 결혼도 해서 가족도 있었으니까요.[48]

---

[48] 2021. 02. 17. 부산 봉래동 한진중공업 노조 사무실 구술.

8월 27일 대의원 선거에서 어용노조를 민주노조로 개선하겠다는 공약을 내건 대의원 후보 50여 명이 당선되었고, 조선공사 노동자들은 노조 민주화를 위한 조합원총회를 보장받은 후 민주적인 절차를 통해 위원장을 선출하여 노조를 정상화한 후 9월 15일 이태득 집행부를 탄생시켰다. 그리고 9월 21일 임금인상을 위한 단체교섭에 들어가지만, 회사 측의 무성의로 협상은 결렬되었다. 조합원들은 추석 상여금 정시 지급, 유급휴가 등을 요구하는 철야농성을 벌였으나, 노조 집행부는 사측의 입장에 설 뿐이었다. 그 와중에 일부 노조 활동가들은 상록회라는 서클을 만들어 투쟁을 더 치열하게 하고자 했다. 그 회원 중 한 사람이던 박창수가 1988년 4월 동료들과 함께 김진숙 등 세 해고자 복직을 요구하는 단식투쟁을 벌였으나 어용노조는 앞장서서 훼방만 놓을 뿐이었다. 1990년, 한진그룹이 대한조선공사를 인수하여 회사가 한진중공업으로 바뀌었다. 한진중공업도 조선공사와 다르지 않게 어용 집행부를 통해 노조를 탄압했다. 조합원들은 반발하고 쟁의에 돌입하여 대의원을 중심으로 싸웠으나, 파업을 원천적으로 가로막은 노동위원회의 직권중재[49] 때문에 쟁의권이 크게 제약받는 바람에 결국 실패했다. 이태득 위원장이 직권으로 조인한 것이다. 조합원들은 다시 새로운 파업을 시작했다. 그 과정에서 박창수 후보가 조합원 90.85퍼센트의 지지를 얻어 새 위원장에 당선

---

[49] 노동조합은 노동위원회에 조정을 신청하여 소정의 조정 절차를 거쳐 쟁의행위에 돌입할 수 있다. 그러나 필수공익사업은 조정 기간이 만료되기 이전, 당사자의 동의 없이 직권에 의해 중재에 회부되어 쟁의행위를 하지 못한 채 단체협약과 동일한 효력을 갖는 중재재정을 받게 될 수 있다. 이것이 직권중재다.

됐다. 이로써 조선공사–한진중공업의 기나긴 어용노조 시대는 마감되고 드디어 민주노조가 건설되었다.

조선공사 노조가 어용노조를 민주노조로 바꾸는 데에는 많은 시간이 걸렸다. 이는 그만큼 어용노조 문화가 오랫동안 뿌리내리고 있었다는 사실을 방증하는 것이다. 하지만 1960년대 대한조선공사 노조의 투쟁은 한국에서 가장 치열했던 노동조합운동의 하나로서 이후 한진중공업 노조 운동가들에게 큰 자산이 되었다. 박창수는 이를 강하게 자각하고 있었는데, 그 이유는 '기업 규모' 때문만이 아니라 노조의 '투쟁 역사' 때문이라고 했다.[50] 조선공사와 이어진 한진중공업에서 박창수, 김주익, 곽재규, 최강서 등 소위 네 명의 열사와 한 명의 희생자(김금식)가 발생한 것도 이 치열한 투쟁의 역사 때문이다. 박창수는 전노협 파괴 공작, 김주익·곽재규는 구조조정 반대, 최강서는 기업 단위 복수노조제 도입으로 민주파 노조가 약화된 이후 손해배상 가압류 등으로 탄압을 받았다. 따지고 보면, 이 모든 상황의 근본 원인은 뿌리 깊은 어용노조 문화와 회사의 강고한 탄압에 있었다.

어용노조 민주화 과정에서 큰 역할을 한 것은 김진숙, 이정식, 박영제 세 해고자를 중심으로 한 '어용노조 민주화를 위한 노조정상화추진위원회' 결성과 그 활동이었다. 1987년 7월 25일 당일부터 투쟁의 중심에 섰던 해고자들은 무엇보다도 어용노조의 비리를 조합원들에게 알리면서 전열을 새롭게 다듬는 일을 했다. 그들은 매일 출근투쟁을 벌였다. 조선

---

50   남화숙, 앞의 책, 423~4쪽.

공사 정문 앞에서 이 해고자들과 영도경찰서 정보과 형사들, 회사 관리자들 사이에 매일 충돌이 발생했다. 해고자들은 끈질기게 어용노조의 실체를 조합원들에게 알렸고, 현장 조합원들은 서서히 동요하기 시작했다. 해고자들은 회사 바깥에서 회사 안과 연계했고, 그 위에서 꾸준히 문제를 제기했다. 그들이 먼저 꺼낸 문제는 도시락 거부였다. 모든 노동자들의 분노의 원천으로 작용한 도시락 싸움은 조합원들의 완전한 승리로 끝났다. 노동자들은 뭉치면 자신들의 요구를 쟁취할 수 있다는 자신감을 갖게 되었고, 어용 노동조합을 찾아가 자신들의 권리를 요구하기 시작했다. 회사 내에서 지지를 얻자, 해고자들은《조공노동자신문》을 발행하여 현장에 배포하고 열성적으로 조직을 강화해 나갔다. 그런데 이때 조합원들의 분노를 들쑤신 일이 터진다. 바로 어용노조가 멀쩡하게 살아 있는 조합원들의 할머니, 할아버지, 더 나아가 자녀들까지 서류상으로 사망 처리하여 상조비를 갈취해 간 것이다. 분노를 못 이긴 현장 노동자들은 쇠파이프 등을 들고 노동조합 사무실로 올라가 항의했다. '어용노조 몰아내고 민주노조 건설하자!' '배고파서 못 살겠다, 임금인상시켜 주라!' '노동조합 위원장을 우리 손으로 직접 선출하자!' '노동자도 인간이다, 인간답게 대접하라'가 노동자들의 요구였다.

태광산업, 대한조선공사의 투쟁과 함께 1987년 부산 지역에서 일어난 노동자 투쟁에서 빼놓을 수 없는 것이 7월 27일 시작된 세신정밀 투쟁이다. 세신정밀은 세신실업 대표 노성권의 방계회사로, 형식적으로는 독립 채산제를 실시하고 있었으나 실질적인 경영권은 노성권에게 있었다. 사상공단에 자리한 세신정밀은 양산 본사나 창원 공장에 비해 근로조건이 훨씬 열악했다. 노동자 600여 명에 임금수준은 군필 초임 시간당 4,100원, 미필 초임 3,500~4,000원, 보너스 160퍼센트였고, 휴가비는 없었다. 1986년 위장취업자 해고 반대 투쟁과 부서별로 진행된 작은 투쟁이 있었으나 모두 실패하여, 대체로 노동자들의 불만은 커도 패배감에 젖어 있었다. 이러던 분위기가 6·29 선언 이후 반전했다. 노동자들은 어용노조를 불신임하고, 노조위원장을 직접 선거로 선출하겠다고 나섰다. 그들은 임금 및 상여금 인상 등을 내걸고 7월 27일 12시경 식당에 모여 '우리의 요구 및 주장'이라는 제목의 벽보를 부착하고 투쟁에 돌입했다. 농성을 시작한 노동자들은 회사 측과 구사대의 급습에 대비하여 자위대를 구성하는 등 만반의 태세를 갖추고, 주변 지역 주민들과도 상황을 공유하여 호응과 지지를 끌어냈다. 뿐만 아니라 양산 본사 노동자들을 대상으로 한 유인물을 만들어 배포했다. 연대투쟁을 위한 포석이었다.

7월 27일 밤, 회사 측은 전경을 불러 대기시켜 놓고, 창원·양산 등지에서 자본가 측 관리자들까지 대거 동원하여 폭력으로 농성을 저지했다. 그 과정에서 여러 노동자가 실신하거나 부상을 당해 인근 병원으로 실려갔다. 그러나 세신정밀 노동자들은 폭력적인 탄압에도 불구하고 모든 요구가 관철될 때까지 투쟁할 것을 결의한 후 2층 식당에서 철야농성으로 들어갔다. 다음 날인 28일, 회사 측은 정문 앞에 28·29일 양일간 유급휴무를 실시한다고 공고하는 한편, 단전·단수·단식 조치를 취했다. 노동자들은 끝까지 싸울 것을 결의하고 노동조합 임시총회 개최 서명운동을 전개했다. 이에 회사 측은 학출 활동가들이 결국 회사를 도산시키기 위해 선동하는 것이라며 그들에 대한 악선전과 지도부의 이간질을 획책했다. 온갖 협박이 난무하는 가운데, 농성이 장기화하면서 농성 노동자들 사이에서 약간의 동요가 일어나고 지도부 내에 분열의 조짐이 보였으나, 결국 세신정밀 노동자들은 이 난관을 극복하고 8월 1일 회사 측과 6개 사항에 합의함으로써 농성을 승리로 끝냈다. 세신정밀 노동자가 쟁취한 내용을 구체적으로 보면, 상여금 250퍼센트 지급, 공장 가동 평가에 따라 예상 기준보다 초과 발생 시 성과 배분, 하기 휴가비 3만 원 지급, 18세 미만 근로자는 기본 7시간에 잔업 2시간 인정, 근로기준법 위반 시정, 식당 메뉴 1주일 예고 등 7개 항의 복지 증강과 일체의 보복 행위 금지 등이다.

태광산업과 조선공사, 세신정밀 투쟁의 승리 소식은 삽시간에 부산 전역으로 퍼져 나갔다. 일부 야간학교에 다니는 학생 노동자들을 통해 다른 기업체로 소식이 전달되었을 것으로 보인다. 실제로 야간학교에 다니는 여학생 노동자가 많은 회사들에서 소식이 빨랐다. 태광, 조선공사, 세신정밀 노동자의 투쟁 및 울산 현대 노동자의 투쟁 소식이 그 다음에 이어진 국제상사 집회에서 보고되었다는 사실을 보면 이를 알 수 있다.[51] 그런데 노동자들만 이런 소식에 영향을 받은 것은 아니었다. 승리의 소식은 노동자들에게 투쟁에 대한 자신감을 불어넣는 긍정적인 효과를 낳았지만, 사업주 측에게 더 이상 물러나서는 안 된다는 비장한 각오도 심어 주었다. 7월 28일, 구사대救社隊의 무자비한 폭력으로 전국을 경악하게 한 국제상사 투쟁이 시작되었다.

국제상사는 신발 제조업체로 전체 종업원이 가장 많을 때는 2만 5천

---

51 민주헌법쟁취국민운동부산본부 노동문제특별대책위원회, 앞의 책, 21쪽.

명에 달한 대기업이다. 7월 28일 4일간의 휴가비가 겨우 5천~6천 원이라는 회사 측 방침이 전해지자, 그동안 쌓인 노동자들의 불만이 폭발했다. 금형과 소속 노동자 40여 명이 여름휴가비 지급을 요구하며 농성에 돌입했다. 순식간에 2천 명 넘는 노동자들이 농성에 참여하자, 회사 측은 즉각 29일과 30일 휴업 공고를 내걸고 협상 대표를 감금하여 경찰에 인계했다. 30일 아침, 기숙사에서 철야농성을 하던 노동자들이 휴업 공고에도 불구하고 출근하던 동료들과 합류하러 회사 정문으로 대열을 지어 들어가자, 회사 안에서 기다리고 있던 구사대가 노동자들을 무차별 폭행했다. 그들은 일당 3만 원에 고용된 깡패와 회사 관리자들로, 망치와 각목, 쇠파이프를 들고 대기 중이었다. 이것이 전국 최초의 구사대 깡패 동원 진압이다. 구사대는 최루탄을 발사하면서 현장에 진입했지만, 노동자들은 그들을 지지하러 온 대학생 및 시민들과 연대하여 깡패들의 폭력을 물리치고 4일간 기숙사 농성을 벌였다. 그 과정에서 많은 부상자가 발생했다. 회사 측 발표로도 부상자 62명, 입원자 8명이 이른다. 폭력으로 노동자의 투쟁을 진압한 회사는 8월 2일 일부 노동자들을 회유하여 노사 합의를 했다. 상여금 300퍼센트, 퇴직금 누진제 실시, 사후 보복 금지, 4대 국경일 유급 처리 등 15개 항이었다. 그런데 이 합의는 농성 주동 노동자들을 배제한 채 이루어진 것이었다. 이 합의에 따라 사측이 휴가비를 지급하자, 대부분의 노동자들이 휴가에 들어갔다. 일부 남은 농성자들은 구사대의 폭력을 피해 사상성당으로 장소를 옮겨 농성을 벌였다.

이들은 4일간의 휴가 기간에 동료 노동자들과 주민 그리고 학생들의 지지와 호응을 받으며 매일 아침 7시 30분에 성당 앞에서 집회를 개최하여 노동자들의 요구와 투쟁의 정당성, 회사의 폭력성 등을 시민들에게 선전하고, 전국 노동자들의 투쟁 소식을 전하며 부산 지역 노동자들의 투쟁 분위기를 고양시켰다. 그리고 8월 6일 1,300여 명의 노동자들이 다시 총파업에 돌입했다. 투쟁이 꺾이지 않자, 회사 측은 경찰 진압을 요청했다. 기업주는 돈을 주고 고용한 용역 깡패와 500여 명의 관리자를 동원하여 100여 명의 부상자를 내는 폭력적 탄압을 자행했다. 그러면서 애초에 이틀치만 지급했던 휴가비를 갑자기 50퍼센트나 올려 지급하면서 노동자들을 회유하기 시작했다. 투쟁을 주도한 노동자들을 불순분자로 몰고, 동료들 사이를 이간질하는 등 모든 수단을 동원해 투쟁을 무력화시키려 했다. 농성이 장기화하면서 회사 측의 폭력은 갈수록 심해졌다. 8월 6일, 노동자들이 이사가 아닌 사장과의 면담을 요구하자 전투경찰이 출동하여 진압을 시도하는 바람에 노동자 20여 명이 부상당하고 8명이 체포되었다. 8월 13일, 회사 옥상까지 밀린 농성 노동자들은 신발과 화분 등을 던지며 맞섰고, 그 과정에서 경찰을 불러들인 회사 관리자 2명을 구금했다. 그리고 이들과 경찰에 연행된 동료들의 석방을 맞바꾸어 성사시켰다. 국제상사 농성 노동자들이 내건 요구 사항은 여름휴가비 100퍼센트 지급, 보너스 연 400퍼센트 인상 지급, 휴가 기간 유급 산정, 학생 수학여행 기간 유급 산정, 학생 장학금 확대, 국경일 유급휴일, 작업장 내 선풍기·환풍기 증설, 강제연장 폐지, 퇴직금 누진제 지급, 생리·월차연차휴가 실시, 산업연금수당 합법적 계산, 개밥 식사 개선, 오후작업 간식 제공, 장기근속자 호봉제 실시, 어용 노동자 즉각 퇴진, 휴일특근 계산 지급 등 16개 항이었다. 노동자 대표와 사측은 협상 끝에 보너스 300퍼센트 지급 등 일부 조정 후 합의를 하고, 사후 보복을 하지 않겠다는 약속을 한후 투쟁 시작 15일 만인 8월 13일 농성 해제를 결의하고 17일부터 정상출근을 결정했다.

그러나 노동자들의 농성이 끝나자, 사측은 이른바 주동자들을 지목하여 격리하고 협박했다. 사장 심재영은 사후 보복을 하지 않겠다는 약속을 어기고 8월 17일 아침부터 농성 참가자들을 사업부장실, 관리과 등으로 불러 감금한 후 폭행했다. 노동자들은 합의 위반이라고 항의했지만, 사측의 괴롭힘과 보복은 은밀하고 지능적으로 진행되었다. 개별 농성 참가자들을 화장실까지 미행하고 하루 종일 감금하는가 하면, 부모까지 불러 자식이 간첩에게 이용당했다며 집에 가두라고 하고, 심지어 출근을 대놓고 저지하기도 했다. 8월 19일, 사측은 농성자 대표였던 김행란을 '지문 조회를 해도 신원이 밝혀지지 않는다,' '간첩이다', '기강이 문란하다' 등의 악선전 끝에 경찰에 넘겼다. 북부경찰서로 연행된 김행란은 결국 사문서위조 혐의로 8월 21일 구속됐다. 당시 25세의 김행란은 부산대 심리학과 졸업자로 본명이 문순덕이었다. 문순덕이 김행란이란 가명으로 5월 4일 국제상사에 입사하여 7월 28일부터 국제상사 농성을 주도한 것이다. 회사는 김행란 이후 8월 말까지 10명을 해고했다. 그중에는 관리자의 지문 대조 행위를 사기라고 항의했다가 구둣발에 얼굴이 차이는 폭행을 당한 후 '교육 중 상사 모독죄'라는 사유로 해고당한 어처구니없는 경우도 있었다. 이러한 상황에서 노동자들의 저항도 그치지 않았다. 8월 29일에는 해고노동자들이 부당해고에 항의하며 출근투쟁을 했다. 20여 명의 사측 관리자들이 나서서 이들을 가로막고 정문 밖으로 끌어내 심하게 때리고 북부서로 끌고 갔다. 노동자들은 경찰서에서도 형사들에게 구타당했다. 《국제노동자신문》은 이날의 폭력을 다음과 같이 생생하게 전한다.

8월 29일 출근 시간인 7시 40분경. 2사업부 정문 앞에서 '부당해고 철회, 임금 20퍼센트 인상, 민주노조 건설'의 함성이 터져 나왔다. 그것은 농성 참가에 대한 사후 보복 조치로 부당해고된 송후분(3사. 재봉), 이순희(5사. 재봉) 양과 그 외 6명의 여성 동료들이 20여 명의 악질 관리자, 노무과, 경비원 직원들의 욕설, 구타를 뚫고 출근을 시도하며 주장한 것이다. 수많은 동료의 항의와 만류 속에서도 관리 직원들의 폭행은 도를 더하여 머리채를 쥐어뜯고 발로 차면서 똘똘 뭉친 채 쓰러진 8명의 여성 동료들을 짓밟아 정문 밖으로 끌어내렸다. 작업이 시작되자 옥내 방송으로 '불순한 데모 주동자들이 유인물을 뿌리고 다니는데 이를 신고하면 상품을 주겠다'는 악선전을 하면서 동시에 30여 명의 관리 직원들이 험악한 기세로 이 아홉 명의 동료를 포위했다. 현장 동료들이 창문으로 내려다보고 지지의 눈길을 보내자 제 간에도 겁이 났던지, 정문이 내려다보이는 창문 쪽을 향해 작업장 창문 닫으라고 고래고래 악을 써댔다. 그러던 11시경. 통근 버스 한 대가 정문 앞에 와서 멎었다. 이와 동시에 다시 2~30명의 남자 직원들이 슬금슬금 몰려왔다. 그러더니 미친개처럼 달려들어 17, 18세 된 어린 동료들의 사지를 잡아 비틀고 때리면서 버스 안에 쑤셔 박고는 곧장 북부경찰서로 달려갔다. 온몸 구석구석에 피멍이 들고 옷도 찢겨 만신창이가 된 동료들은 버스에서 끌려 나오면서 또다시 북부서 형사들과 전경들의 군홧발에 채이고 멱살을 잡히면서 폭행을 당했다. 지하실로 끌려 내려가면서 우리 동료들은 계단 위에서 굴러떨어지고 뺨을 맞고 밟히고 하며 온갖 더러운 욕을 들어야 했다. 그리고 공포 분위기 속에서 진술서를 써야 했다. 그러나 정당한 권리를 주장한 것 외에는 아무것도 없는 우리 동료들이 형사 놈들의 욕설과 구타에도 끄덕 않고 계속 버티자, 회사 측의 뇌물 공세에 어떻게든 보답하려고 안간힘을 쓰며 결국 우리 동료들을 '도로교통법 위반, 집회 및 시위에 관한 법률 위반'의 죄목을 억지로 끌어다 붙여 동료 6명을 월요일(8월 31일) 즉결재판으로 넘겨 버렸다. (토요일과 일요일, 우리 동료들을 무자비하게 다루었던 형사 놈들은 하나같이 새 프로스펙스 운동화를 신고 나타났으며 회사 관리자들이 얼마나 뻔질나게 드나들었는지 몰라도 사무실엔 돼지고기 요리가 넘쳐났다고 한다.) 그러나 노동자의 땀의 대가인 세금으로 월급 받아먹고 또 뇌물까지 처먹어 두꺼비 같은 배불뚝이 형사들이 끔찍스럽게 수고(?)했음에도 불구하고, 즉심에 넘겨진 우리 동료들은 정당한 주장을 했을 뿐 법을 어긴 사실이 없었기에 오전 9시경 풀려날 수 있었다.[52]

국제상사는 4천 명을 감원한다는 설을 퍼뜨리며 위기를 조장하려 했다. 실제로 몇 개 라인을 폐쇄하여 타 부서로 분산 배치했다. 아울러 현장에서 머리를 빗거나 7시 40분 이후 출근하거나 하는 것을 해고 사유로 포함시켰다. 농성 결과로 합의한 몸수색 중지, 식당 밥 개선 등은 전혀

---

52 《국제노동자신문》 1987년 9월 3일 창간호.

지켜지지 않았다. 기숙사 생활이나 작업장 환경은 오히려 농성 이전보다 훨씬 더 비인간적으로 바뀌었다. 혹시 다시 일어날지 모를 노동자 투쟁을 사전에 막으려는 차원이었다. 결국, 국제상사 노동자들의 투쟁은 대부분의 부산 지역 공장노동자들의 투쟁처럼 장기적으로는 실패로 돌아갔다.

그러나 1987년 부산 지역 노동자 투쟁에서 가장 큰 역할을 한 대한조선공사와 국제상사의 투쟁은 몇 가지 중요한 의미를 남겼다. 우선, 향후 부산 지역 투쟁의 주요 특징이 되는 대기업 남성 노동자 중심의 투쟁이 위력을 발휘하면서 부산 지역 노동운동에 큰 파급력을 행사했다는 점이다. 부산 지역은 나이 어린 여성들로 구성된 소위 고무노동자와 섬유노동자가 주축인 작은 공장들이 많아, 사측과 물리적으로 충돌할 때 사측이 사용하는 폭력을 극복하기 어려워 잦은 파업에도 불구하고 사회에 끼치는 파급력이 그리 크지 못했다. 그런 점에서 대한조선공사와 국제상사의 투쟁이 부산 전역에 끼친 영향은 매우 컸고, 이후 투쟁의 강도가 바뀌는 계기로 작동했다. 둘째, 특히 국제상사의 사례에서 보듯 투쟁이 가열되자 사측이 구사대까지 동원해 무자비하게 폭력을 휘둘렀다는 점이다. 전국 최초로 돈으로 산 깡패 용역 구사대의 본격적인 폭력이 부산에서 시작되었다는 사실은, 부산 지역의 노동운동이 그만큼 심각하게 전개되었다는 것과 그 중심에 나이 어린 여성 노동자들이 있었다는 사실과 관련이 있다. 주축 노동자가 나이 어린 여성들이었기 때문에 남성 깡패로 조직된 구사대와 회사의 (성)폭력 등의 괴롭힘을 이겨 내기가 어려웠다. 그러나 사측의 극악한 폭력에도 국제상사 여성 노동자들은 굽히지 않고 저항했고, 이들의 저항과 비록 단기적이었지만 승리 소식은 비슷한 처지의 부산 지역 노동자들에게 중요한 선례가 되었다.

한편, 국제상사에서 시작된 노동 탄압 조직인 구사대는 삽시간에 부산 전역으로 퍼졌다. 구사대의 구성과 탄압 방식은 회사마다 달랐다. 회사 경비원이나 관리자가 그 역할을 맡은 경우가 흔했고, 납품업체 사장과 직원, 예비군 중대본부 등이 포함되기도 했지만, 가장 많은 경우는 공장 주변의 동네 깡패들을 돈을 주고 채용하는 것이었다. 국제상사는 사상 주변의 깡패들을 모아 '특수경비대'라는 이름으로 구사대를 만들었고, 삼화는 교통부 주먹, 원창은 덕포동 깡패들을 모았고, 풍영은 깡패들을 축구부로 위장시켰고, 아폴로의 경우에는 '신민주노조협의회'라는 이름까지 버젓이 달았다. 구사대가 하는 일은 주로 폭력 행사였지만, 그 구사^{救社} 방식은 실로 다양했다.

그들은 파업이 벌어지면 각목, 돌, 납으로 만든 신발 금형 등으로 농성 노동자들에게 무자비한 폭력을 가했다. 적극 가담 노동자들을 선별하여 지하실이나 창고에 가두고 고춧가루를 먹이면서 고문을 가하는 짓까지 서슴지 않았고, 풍영에서는 축구부로 가장한 구사대 깡패들이 농성이 다 끝난 후에도 현장에 머물러 있었다. 그들은 농성 적극 가담자 30여 명을 지하실에 감금하고 폭력을 가했는데, 혀로 땅바닥을 핥으라고 강요하고 혀를 검사하는 듯 온갖 추행을 다 저질렀다. 나이 어린 여성 노동자에 대한 성추행은 말할 것도 없었으니, 원창에서는 여성 노동자를 엘리베이터로 끌고 가 감금하고 옷을 찢고, 다리 사이에 각목을 끼어 비트는 고문까지 저질렀고, 더 큰 공포심을 주고자 밀폐된 엘리베이터에 붉은 전등을 달아 놓고 흰 장갑을 착용한 채 때리는 등 마치 고문 수사관 같은 짓을 마다하지 않았다. 그 과정에서 온갖 입에 담을 수 없는 욕설과 거짓말은 물론이고, 시도 때도 없이 불순분자와 연계시키고, 멀리 있는 가족에게까지 연락하여 더러운 이야기를 거짓으로 지어내어 협박하기 일쑤였다. 화성에서는 농성 적극 가담자들을 보일러실로 끌고 가 벌겋게 달아오른 보일러에 처넣겠다고 협박하기도 했다. 이러한 폭력을 당한 피해자들은 대부분 해고를 당하는 것이 순서였다.

여성뿐 아니라 연대투쟁을 하러 온 남성 노동자도 심한 폭력을 당하기는 마찬가지였다. 1989년 6월, 삼화 범일공장에서 구사대가 해고노동자들의 출근을 폭력적으로 저지했다. 이에 항의하던 해고노동자 전상련 씨와 대한조선공사 고용대책부장 고현석 씨가 이들에게 맞아 코뼈가 부러지는 중상을 입자, 목사와 노동자, 학생과 시민들이 나서서 이들을 규탄하다 역시 무차별 폭행을 당했다. 이 구사대가 당시 악명이 자자했던 교통부 주먹으로, 다음 날 한진중공업 조합원들이 삼화고무로 몰려가 출입문을 박살 내기도 했다. 아폴로에서는 구사대 깡패들이 6시간 동안 회사 내에서 폭력을 행사하기도 했다. 이런 일이 있을 때마다 노동자들은 진정과 고발, 고소 등으로 법적 처리를 요구했으나, 그 어떤 조치도 내려지지 않았다. 농성이 아니더라도 작업장 자체가 항상 폭력에 노출된 군대 병영과 다르지 않았기에 가능한 일이다. 앞에서 이야기한 대로, 이런 구사대의 만행이 전국에서 가장 심한 곳이 부산이었다. 나이 어린 여성 노동자들이 많은 신발과 섬유공장이 많고, 그만큼 노동자의 투쟁도 끈질겼기 때문이다.

이러한 폭력에도 1987년 부산에서는 크고 작은 현장 투쟁이 끊이질 않았다. 7월 30일, 삼선동에 있는 신발공장 화성에서 집회가 벌어졌다. 당시 화성의 노동자는 1천 명이 넘었다. 저녁 퇴근 때 국제상사 노동자들의 투쟁을 알리는 벽보가 붙었고, 다음 날 화성 노동자들의 요구 사항이 적힌 유인물이 현장에서 배포되고, 점심시간에 재단부에서부터 집회가 시작되었다. 이후 다른 부서 사람들이 합류하면서 집회자 수가 600여 명으로 불었다. 노동자들은 현장에서 어깨를 걸고 돌면서 구호를 외쳤다. 요구 사항은 휴가비 100퍼센트, 상여금 연 400퍼센트, 강제 잔업과 연장 근무 폐지, 관리자 폭행 및 몸수색 금지, 에어컨 설치, 식당 밥 개선 등이었다. 재단·준비·제화·재봉·검사반으로 구성된 노동자 대표가 사측의 부장 및 전무와 교섭하여 대부분의 근로조건 개선 요구 사항을 관철시켰다. 교섭을 앞두고 부장과 전무가 교섭 장소를 정할 때 현장이 너무 더우니 사장실로 하자고 하여 노동자들이 반발하기도 했다. 농성 개시 6시간 만에 이룬 쾌거였다.

7월 31일에는 천일여객 운전기사와 안내양들이 임금인상, 인격적 대우 등 16개 조항을 내걸고 운행 거부 파업에 돌입했다. 다음 날까지 기사와 안내양 200여 명은 사상터미널에서 연좌농성을 계속하여 8월 1일 업주 측의 굴복을 받아 냈다. 8월 6일에는 신평공단에 자리한 나이키 제조업체 삼양통상에서 임금인상, 상여금 400퍼센트 지급, 여학생 노동자의 권리 보장, 인격 대우 등 21개 항을 요구하며 파업을 벌였다. 처음에는 수출과 21명이 21개 항의 요구 관철과 민주노조 결성을 요구하며 시작된 파업은 곧바로 전체 사원 1,800명 대부분의 참여로 확산되었다. 삼양통상은 부산의 많은 신발업체들이 그랬듯이 노동착취로 악명 높은 곳이었다. 급여는 시급 15원, 20원, 30원 등 3~4퍼센트 인상에 머물고, 하기휴가는 무급인 데다, 휴가비는 고향에 다녀올 차비도 되지 않는 일반 공원 1만 6천 원, 학생 공원 4천 원을 주는 정도였다. 농성 중 전체 토론을 거치면서 요구 사항은 34개로 늘어났고, 사측은 식사 제공 중단, 단수 및 단전, 정문 폐쇄 및 폭력, 협박, 회유, 휴업 등으로 문제를 해결하려 했다. 그렇지만 삼양 노동자들은 굴하지 않고 싸워 585명의 서명을 받아 이상훈을 위원장으로 하는 노조를 결성하는 데 성공했다. 노조를 결성한 성과를 토대로 사측과 협상에 임해, 결국 8월 8일 회사로부터 노조를 인정받고 상여금 300퍼센트 지급, 강제 연장 근무 폐지 등 18개 항에 합의하고 농성을 해산했다.

만호제강 노조 투쟁도 특기할 만하다. 만호제강 투쟁은 이 시기 부산에서 유일하게 기존 어용노조를 몰아내고 노조 민주화를 쟁취한 경우다. 만호제강에서 노조가 결성된 것은 1973년이다. 그러나 노동자들에게 아무런 도움이 되지 않는 어용노조였다. 만호 노동자들은 87년 노동자대투쟁의 열기 속에서 노조 민주화 투쟁을 시작했다. 8월 21일 새벽 1시부터 임금인상, 어용노조 퇴진 등을 요구하며 파업에 돌입했고, 이후 또 한 차례의 농성을 거치면서 노조 민주화 투쟁 없이는 아무것도 이룰 수가 없다는 사실을 깨닫게 된다. 그리고 이듬해인 1988년 4월 29일부터 5월 3일까지 닷새 동안 어용노조를 몰아내기 위한 파업에 다시 돌입하여, 5월 4일 김영준을 위원장으로 하는 새로운 집행부를 구성했다. 이후 노동부가 절차상 하자를 문제 삼아 노골적으로 노조 와해 공작을 벌였으나, 6월

15일 임시 대의원대회에서 새 집행부를 구성하기로 합의하고 계획된 선거 일정에 따라 7월 8일 선거를 통해 민주노조를 건설하는 데 성공했다.

1987년 7월 30일 오후 8시, 주례성당에서 4백여 노동자가 참석한 가운데 부산 지역 해고노동자의 복직 투쟁 결의대회가 열렸다. 7월 이후 끊임없이 발생한 해고노동자들의 복직을 결의한 이 대회는, 부산 지역 노동자대투쟁이 진행되는 과정에서 연대운동의 계기가 되었다. 해복투(해고자복직투쟁위원회) 결성 경과 보고와 해고노동자 어머니의 격려사 다음에 민주헌법쟁취국민운동부산본부(이하 부산국본)의 임원 선출식이 열렸다. 민주화운동과 노동운동의 연대가 첫발을 내딛은 것이다. 이어서 이 자리에서는 이날 오전에 있었던 국제상사 노동자에 대한 기업주 측의 폭력 만행에 어떻게 대응할 것인가 하는 토론이 벌어졌다. 지금 당장 국제상사 노동자들이 죽어 가고 있는 마당에 무슨 토론이냐는 주장이 힘을 얻었다. 대회 참석 노동자들은 국제상사로 집결하여 '해고자 복직 없이 진정한 민주화 없다, 부당해고자를 즉각 복직시켜라', '8시간 노동으로 사람답게 살아보자, 생활임금 쟁취하여 사람답게 살아보자', '관리자만 인간이냐, 차별대우 철폐하라', '어용노조 몰아내고, 민주노조 건설하자', '노동자 단결하여 군부독재 타도하자' 등을 결의 사항으로 채택했다.

8월 13일과 14일, 국내 최대의 라면 생산업체인 삼양식품 양산공장 노동자들이 19개 항의 요구 사항을 내걸고 농성에 돌입했다. 이에 회사가 바로 직장을 폐쇄했다. 이것이 부산 지역에서 사측이 쟁의 수단으로 삼은 직장폐쇄의 첫 사례다. 삼양식품의 직장폐쇄는 엄청난 충격을 가져왔다. 비록 합법적인 조치라 할지라도 기업이 노동쟁의 해결을 위해 사용한 첫 극약 처방이기 때문이다. 삼양 측은 그동안 진행된 노동자대투쟁을 보면서 대화나 협상을 통해 해결될 일이 아니라고 인식한 것이다. 직장폐쇄는 휴업과는 전적으로 다르다. 사측은 휴업 기간에도 노동자에게 휴업수당을 지급해야 하지만, 직장폐쇄의 경우에는 그 기간 중 임금을 지급하지 않아도 되기 때문이다. 많은 경우에 쟁의 업체들이 끈질긴 대화를 시도하고 하고 부득이한 경우에 휴업으로 돌파구를 찾는다는 사실을 감안할 때 삼양식품의 조치는 매우 악의적인 횡포였다. 더 충격적인 사실은, 삼양식품은 직장폐쇄 전에 노동자들과 대화 한 번 시도하지 않았다는 점이다. 충격적인 조치에 노동자들이 격렬히 저항하고, 보수 언론마저 비판하며 분위기가 악화되자 회사는 결국 직장폐쇄를 철회했다. 그러나 직장폐쇄라는 악의적인 조치가 행해질 가능성을 열었다는 사실은 매우 의미심장한 결과를 낳았다.

국제상사와 같은 대규모 사업장 중심의 쟁의가 먼저 터져 나온 뒤 부산의 전 산업에 걸쳐 거의 모든 노동자가 투쟁에 나설 때까지, 그 사이 기간에 부산의 특화산업인 항만하역과 버스 등 운수업 등이 파업을 전개했다. 8월 1일, 천일과 고려여객 소속 시외버스 기사와 안내양 300여 명이 임금인상과 상여금 400퍼센트 보장, 인격적 대우 등을 요구하며 파업에 들어갔다가 오후부터 운행을 재개했다. 이 투쟁을 시작으로 8월 9일 부산의 59개 시내버스 회사가 전면 운행 거부를 결의했다. 하지만 최종적으로 9개 회사만 파업에 참여하기로 하고, 그나마도 8개 회사는 오후부터 운행을 재개하여 결국 유성여객 노동자 100여 명만 종일 파업을 했다. 지역 차원에서의 연대에 실패한 것이다. 이후의 투쟁은 단위 회사별

로 진행되었다. 대진버스 운전기사 100여 명은 심야근무수당 지급 등 13
개 항을 요구하며 파업에 들어가 119번 94대가 운행을 정지했으며, 8월
12일 오전 5시부터 부일여객 운전기사 130여 명이 주차장에서 운행 시간
조정, 휴가비 지급 등 8개 항을 요구하며 농성을 벌였다.

  8월 3일에는 한진컨테이너 트레일러 운전사와 정비사 190명이 어용노
조 퇴진, 근로조건 개선, 임금인상 등 13개 요구 조건을 내걸고 파업에 들
어갔다. 이미 7월 29일부터 해운대구 재송동에 있는 삼익선박컨테이너
노동자들이 파업을 벌여 업무가 마비된 상황에서, 한진컨테이너 트레일
러 노동자가 파업에 들어가고, 다시 8월 6일 부산 대한통운 트레일러 운
전사 100여 명이 임금인상, 근로조건 개선, 철야운행 교통비 지급 등을
내걸고 농성을 시작하니 부산항이 거의 마비되어 버렸다. 8월 12일에는
부산항 컨테이너 부두운영공사 소속 노동자 520여 명과 컨테이너 수송
업체 동방의 운수 노동자 60여 명도 처우 개선을 요구하며 농성을 벌였
다. 부두운영공사 파업이 이렇게 커지면서 결국 하루 만인 13일에 타결
되었다.

  8월 5일에는 한진교통 기사들의 투쟁이 시작되었다. 기사들은 어용노
조 대신에 민주적인 조합을 건설하자고 주장하면서, 난폭운전을 조장하
는 3만 6,800원의 사납금 액수를 3만 4천 원으로 낮출 것을 요구했다. 여
기에 인하된 가스대 대당 44만 원의 상여금 지급, 근로기준법 46조에 의
한 야간근로수당(오후 10시부터 새벽 3시 30분까지) 지급, 사고 등을 이유
로 근로자 대표가 승인하지 않은 해고나 승무 중지 등의 부당행위 중지,
노동인권 보호 등의 9개 항의 요구 조건을 내걸었다. 이에 대해 회사 측

대표이사는 농성장에서 기사들의 요구를 100퍼센트 수용하겠다고 발표한 후, 파업 노동자 대표와 대화하는 자리에서 이를 번복하고 어용노조를 통해 파업을 방해하고 나섰다. 8월 8일, 회사 측의 사주를 받은 택시기사들이 어용 택시 20여 대로 농성장을 덮치려 하기까지 했다. 결국 8월 10일, 조합원을 배신하고 회사 측에 빌붙은 노조위원장과 대의원들을 조합원 임시총회에서 불신임했으나 행정기관은 법률적으로 절차를 마무리하지 않고 버티기로 일관했다. 이런 회사 측의 태도로 인해 파업은 더욱 가열되고 장기화했다.

한진교통은 1986년 전국 수범垂範(모범) 심사 1위를 한 업체로, 수범업체가 되면 100퍼센트의 증차가 가능하다. 이 수범 업체 선발의 첫 번째 기준이 기사들의 성실도이고, 둘째가 복지시설이다. 이에 기사들은 바캉스까지 반납하며 한여름에도 열심히 일하여 수범업체를 만들었으나, 이후 근로조건은 더 나빠지고 사측은 기사들의 요구를 무시했다고 불만을 털어놓았다. 이렇게 한진교통 기사들이 농성에 들어가자, 지역의 다른 택시회사의 기사들도 움직이기 시작했다. 사업주들은 한진이 타결되면 그 합의안을 그대로 적용하겠다면서 파업의 불씨를 임시방편적으로 끄려고만 했다. 노동자들은 택시 기사들도 하나가 되어야 승리할 수 있다고 호소했다.

결국, 한진교통 농성 이후 태창운수 소속 택시 기사들이 8월 11일 운행을 거부하며 농성에 들어갔고, 12일에는 해운대 부일여객 소속 기사들이 농성을 벌였다. 8월 들어 부산에서 4개 시내버스 회사 기사들이 농성을 벌였다. 그러나 시市 사업조합은 8월 12일 긴급 이사회를 열고 8월 9일

부산시의 중재로 합의된 3개 항 이외에는 어떠한 요구 조건도 받아들이지 않기로 결의함으로써 기사들이 단위 사업주 측과 이미 타결한 사항까지 백지화시켰다. 운전기사들의 반발은 더 커졌다. 8월 18일 오후 6시 30분, 택시 운전사 200여 명이 노동복지회관 앞에 모여 현 택시노조지부장 퇴진, 임금협정 재협상, 상여금 400퍼센트 지급, 승차주행거리 하한선 시정, 월연차 수당 착취금 회수 등 5개 결의안을 채택하여 농성을 벌였고, 여기에 14일째 농성 중이던 한진교통 운전사들이 합세했다. 농성자가 5백여 명으로 늘어났고, 이 중 30명은 11시경 택시를 몰고 문현로터리를 거쳐 서면로터리로 진출하기도 했다. 결국, 8월 18일 밤 11시 부산의 1백여 개 택시회사 운전기사 500여 명이 서면로터리 등지에 택시를 세워 둔 채 철야농성을 벌이기에 이르렀다. 19일 새벽 1시경 2백여 명의 기사들이 추가로 택시를 몰고 서면로터리와 전포1동 입구에 도착하자, 새벽 4시경 경찰이 최루탄을 쏘면서 강제 해산에 돌입하여 오전 6시경 완전히 해산했다. 이날 21명이 경찰에 연행되었다.

8월 28일부터 9월 5일까지 택시회사 기사들은 9일간의 전면파업에 돌입했다. 기사들은 각 회사 차고에 차량을 입고시키고 조합 간부들은 거리에 나가 파업 미동참 기사들을 설득 독려하고 나섰다. 그러나 파업 4일째부터 이탈 차량이 늘어나고, 8일째에는 사업주 측 노사협의위원 전원이 사퇴하는 등 협상 창구가 봉쇄되면서 파업의 기세가 꺾이기 시작했다. 결국, 109개 파업회사 가운데 29개 회사 소속 택시 700여 대가 9월 5일부터 운행을 재개했다. 합의 사항은 상여금 50퍼센트 추가 지급, 공휴일 유급휴가 실시, 업무상 과실 또는 구속의 경우 기본금 지급, 운전사 중

징계 철폐 대신 불성실할 경우 사규 적용, 부제 조정의 긍정적 검토, 개인택시 및 면허 요건 완화 건의, 자녀 학자금 지원 사업장별 검토 등이었다.

　부산의 특화산업 가운데 하나인 대형선망 노동자들도 투쟁 대열에 참여했다. 대형선망수협에는 대우, 화양, 성신, 금양수산 등 38개 선망 수산회사 선원 4,300여 명이 소속돼 있었다. 노동자들은 어용노조의 임금협상 결과에 불만을 품고 8월 9일 대책위원회를 구성했다. 선원들은 8월 10일 7시경 부산공동어시장 광장에 집결하여 다음과 같은 16가지 요구사항을 내걸고 연좌농성에 들어갔다. 첫째로 임금인상과 관련하여 임금인상 50퍼센트, 월 특별 수당 5만 원, 상여금 300퍼센트, 6월 이상 1년 미만자 퇴직금 월 급여의 50퍼센트 지급, 철망 시 월 급여 전액 지급, 운반선 상자 수당 60원으로 인상, 생산수당 인상(9억 이상 3퍼센트, 15~25억 3.2퍼센트, 35억 이상 4퍼센트), 갑판원 및 기관원 항해수당 지급, 둘째로 후생복지와 관련하여 월차 유급휴급 실시, 학자금, 위생, 작업에 필요한 도구지급, 부식비 50퍼센트 인상, 셋째로 조업 및 기타 사항으로 기상특보 시조업 중지, 산란기 조업 폐지, 100톤 이상 항해사·기관사 채용, 선망노조 결성 등을 요구했다. 선원 노동자들은 플래카드를 들고 충무동 쪽으로 진출했다가 경찰의 저지에 막히자 공동어시장까지 후퇴했다. 경찰에 맞서 격렬하게 저항하던 일부 선원들은 2층에 올라가 경찰에 맞서 싸울 채비를 했다. 경찰이 최루탄을 난사하며 농성장에 진입했고 이 과정에서 다수의 부상자가 발생했는데, 직격탄에 맞아 사망한 사람이 있다는 소문까지 나돌았다. 경찰의 폭력에 분노한 선원들은 격렬한 가두시위를 벌였다. 시위는 충무로, 남포동 일대에서 다음 날 새벽 4시까지 전개되었다.

하지만 대형선망 선원들의 투쟁은 그 강도에 비해 조직을 갖추지 못해 뚜렷한 성과를 거두지 못한 채 끝났다.

부산은 국내 최대의 무역항이다 보니 항만운송사업이 일찍부터 발달했다. 항만운송산업은 그 성격상 국가경제에 단기적으로 결정적 타격을 줄 수 있는 분야이기 때문에 그만큼 파급효과도 크고, 실제로 남성 중심의 거친 일을 하는 노동자가 많은 터라 지역 노동운동에서도 그 역할이 크다. 항만운송업 가운데 가장 중요한 하역업은 하역사업이 불안정하여 노동자를 상시로 고용하지 않고 필요할 때마다 항운노조가 독점 공급해주고, 하역업체에서는 사무직원과 현장 하역 감독 및 하역 장비 운전자만 고용했다. 그래서 비정규직 노동자가 대부분이다. 따라서 항운노조가 극도로 폐쇄적이고 노조가 관료화되어 있으며, 조합 간부가 귀족화되어 있는 등 비민주적이고 위계적인 문화를 개선하기가 어렵다. 특히 전국 항운노조연맹 가입 노조 가운데 가장 큰 세력인 부산항운노조의 위원장은 막대한 이권과 직위가 보장되어 있어 조직 분규가 계속 일어났다. 그런데 조합원 채용 비리가 있어도 조합에서 제명되는 순간 일자리를 잃게되기 때문에 비리를 폭로하기가 쉽지 않아 노조 민주화가 쉽지 않았다. 그래서 87년 대투쟁 때조차도 이곳에서는 별다른 일이 일어나지 않았다. 다만, 1988년 9월 12일 한국노총 자동차노련에서 분리 독립하여 14개 노조 조합원 2,600여 명으로 설립된, 나중에 전노협 참관단체가 된 전국화물운송노동조합연맹의 설립은 87년 부산 지역 노동자대투쟁의 중요한 산물이라고 볼 수 있다.

선망 노동자들이 부산공동어시장에 모인 8월 10일, 1986년 봄 부산 지역을 뒤흔든 투쟁을 벌였던 동양고무에서도 다시 투쟁이 시작되었다. 급여에 대한 불만이 컸다. 8월 19~21일 2박 3일간 약 2천 명의 동양고무 노동자들이 철야농성에 참여했다. 노동자들은 보너스 560퍼센트 지급, 임금 20퍼센트 인상, 가족수당과 장기근속수당 지급, 어용노조 퇴진 등을 요구했다. 노조 집행부를 믿지 못한 노동자들은 독자적인 협상 대표를 선출해 회사 측과 협상에 나섰으나, 합의에 대한 불신이 생기면서 투쟁의 중심에 섰던 노동자를 중심으로 동양고무산업(주) 노동자생존권투쟁위원회가 구성되었다. 이 투쟁은 여느 사업장와 달리 현장 활동가들의 계획에 따라 조직적으로 진행된 투쟁이었다는 데에 큰 의의가 있지만, 투쟁 과정에서 어용노조의 실체가 드러나면서 어용노조 민주화 투쟁의 계기를 마련했다는 점에서도 의의를 찾을 수 있다. 그러나 여기서도 다른 고무공장 투쟁과 마찬가지로 합의 도출 이후 얼마 되지 않아 사측이 보복을 자행하고, 노조가 제대로 저항하지 못한 채 무너져 어용노조로 바뀐다. 회사는 농성에서 큰 역할을 한 김윤심을 10월 31일 자로 해고하고, 다음 날 이나영을 경찰과 짜고 국가보안법 위반으로 구속했다가 48일 만에 풀어 줬다. '빨갱이'로 몰려 크게 당할 수 있다는 협박을 한 것이다. 경찰이 노골적으로 노동자 파업에 개입하면서 국가보안법까지 들고 나왔다는 것은, 당시 전두환 정권이 노동운동을 얼마나 강하게 탄압하려 했는지를 보여 주는 풍향계 역할을 했다. 이어 동양고무 사측은 최경진, 정말순, 최덕성을 해고했는데, 그 과정에서 어용노조가 큰 역할을 했다. 결국 8천 명이나 되는 노조 조합원들의 열기는 점차 식었다.

1987년 12월 1일 창간된 《동양노동자신문》 창간호에 의하면, 그들은 8

월 농성을 이렇게 평가한다.

첫째, 불만이 동양 모든 조합원의 공통된 것임에도 그 문제를 일부의 힘으로 해결하려 하다 보니 대표성이 취약해졌다. 둘째, 농성 주도 세력이 대중을 믿지 못하고 참여자들도 적극적으로 나서지 못하고 조합원들을 유도해 내지도 못했다. 셋째, 협상 대표와 농성 대표가 역할 분담하는 조직이 만들어지지 못했다. 넷째, 요구 사항을 모으는 과정에서 전체의 의견을 듣지 않았다. 다섯째, 회사와의 협상 때 전체 조합원의 요구 사항이 무엇인지를 파악하지 못했다. 여섯째, 회사 측의 장기적 탄압을 미리 준비하지 못했다. 일곱째, 민주노조를 건설하자고 목청만 높였지, 준비가 부족했다. 여덟째, 부산 시내 고무공장 대기업 중에서는 그나마 유일하게 파업을 성공시켜 그나마 몇 가지 요구 사항을 따냈으니, 이는 국제상사 싸움의 결과다.[53]

8월 10일, 삼화고무(금사공장) 노동자들도 파업에 돌입했다. 어용노조 퇴출 민주노조 결성 및 임금인상이 요구 사항이었다. 처음에는 50여 명의 적극적인 노동자와 200여 명의 지지자가 11시부터 파업에 들어갔으나, 1시간 정도가 지난 후에는 전체 4천여 명의 노동자 가운데 3천여 명이 파업에 참여하여 다음 날 새벽 2시에 성공적으로 합의에 도달했다. 그러나 이후 파업 주도 노동자들은 어용노조 간부들과 자본가 측 관리자들

---

53 《동양노동자신문》 1987년 12월 1일 창간호.

에게 심각한 폭행을 당했다. 회사 측은 평소에도 노동자가 지각하거나 불량이 나오면 입에 갑피를 물리고 무릎 꿇리기를 예사로 할 정도로 악랄한 행태를 보였다. 그들은 어용노조를 민주화하려는 노동자를 범어사, 회동 수원지, 진주 진양호 등지로 끌고 가 집단 폭행하는 것을 예사롭게 여겼다. 결국, 폭력에 시달린 노동자가 강제 사직이나 해고를 당하고 이후 투쟁이 일어나는 악순환이 이어졌다.

8월 11일에는 23개 회사가 파업에 돌입했다. 87년 노동자대투쟁 기간에 부산에서 가장 많은 파업이 일어난 날이다. 삼화고무(범일공장) 등 신발업체와 태양사 등 금속업체, 대창운수 등 운수업체, 성일기계공업사 등 기계업체, 삼양식품 등 식품가공업체 등 거의 모든 사업장에서 파업이 일어났다. 그야말로 전 산업 전 업종을 망라한 부산의 모든 사업장에서 노동자 파업이 일어났다고 할 수 있다. 이어 12일에는 동일고무벨트를 비롯한 18개 사업장 노동자가, 13일에는 세신실업 등 14개 사업장의 노동자가 파업을 벌였고, 14일에는 한주통상(만덕 공장) 등 10개 사업장에서 파업이 일어났다. 8월 14일과 15일은 이틀간의 연휴로, 연휴 이후 파업 열기는 17일로 이어졌다. 유진화학 노동자 600여 명이 민주노조 인정과 임금인상을 요구하며 파업에 돌입하는 등 9개 회사가 파업을 일으켰고, 18일에는 6개 회사가 파업을 벌였다. 19일에는 동양고무 등 11개 회사에서 파업이 일어났고, 8천 명의 노동자가 근무하는 ㈜대우와 부산의 또 다른 대규모 사업장인 동국제강에서 노조가 결성되었다. 고려제강 노동자들도 임금 200퍼센트 인상, 상여금 600퍼센트 지급 등을 요구하며 파업에 돌입하여, 양산공장 등에서 노동자 500여 명이 버스를 대절해 부산 수영만으로 집결해 21일까지 연합 농성을 벌인 후 최종적으로 승리했다. 8월 20일에는 삼도물산을 비롯한 6개 회사의 노동자가 파업을 시작했다. 이 시기 집중투쟁은 전국적 산업별 투쟁 지휘부가 성립하지 않은 수준의 조직에서 노동자들이 자생적으로 고안해 낸 투쟁 전술이었다. 87년 7, 8, 9월 노동자대투쟁이 봇물 터지듯 터지면서 자본과 정권이 무방비로 수세에 몰린 조건에서 투쟁에서 승리하고 조직도 지켜 낼 수 있다는 현실 경험에서 나온 것이다. 이후 1990년 설립된 전노협(전국노동조합협의회)도 전국적 투쟁 전선을 특정 시기에 집중하여 그 위력을 최대화하는 전략을 기본으로 삼았다.

작은 규모의 사업장 가운데 가장 치열한 투쟁을 한 곳으로 태양사가 있다. 태양사는 부산 지역에서 자수성가한 대표적 기업인 가운데 한 사람인 송금조가 1974년 스테인리스 주방제품 제조사로 창업한 회사다.1987년 8월 11일, 태양사 노동자들은 임금 30퍼센트 인상, 보너스 400퍼센트 지급 등 16개 항을 내걸고 투쟁에 돌입하고 투쟁 과정에서 노조를 결성했다. 그러자 8월 14일, 사주 송금조는 직장폐쇄라는 강경책을 썼고 파업은 중단되었다. 삼양라면과 함께 부산 최초의 사측 직장폐쇄이다. 송금조의 태양사가 직장폐쇄라는 카드를 꺼내자, 다음 날인 15일에는 경동산업에서 직장폐쇄를 신고했고, 이어 부산을 넘어 전국적으로 직장폐쇄가 줄을 이었다. 전국적으로 노동자의 파업이 연쇄적으로 일어나자, 자본가들도 그에 따라 강경하게 반응한 것인데, 그 물꼬를 송금조라는 자수성가 기업인이 튼 것이다. 자본가들의 강경 대응에 보조를 맞춰 국가권력도 노동자 파업투쟁을 탄압하는 데 힘을 실었다. 부산시경,

안기부, 검찰, 노동부가 합동으로 8월 13일 '노사분규종합상황실'을 설치하고, 현장 파악과 사측 지원책 마련에 나섰다. 그러나 노동자들의 파업 의지는 꺾이지 않았다. 직장폐쇄에 맞서 8월 20일 농성을 재개한 태양사 노동자들은 31일까지 투쟁을 계속하여 임금인상과 보너스 지급을 쟁취했다.[54]

8월 중순을 넘으면서 부산과 전국 곳곳에서 노동자 투쟁은 더 가열차게 불붙었고, 이에 전두환 정권은 드디어 전가의 보도라 할 '좌경용공 세력 척결'이라는 이데올로기를 무기로 노동자를 옥죄려 했다. 8월 21일 전두환이 기자회견을 통해, 그리고 27일 김정렬이 국무총리 기자회견을 통해 좌경용공 세력 척결을 선언하면서 탄압은 더 악랄해졌고 노동자 투쟁은 점차 한계에 봉착하게 되었다. 독재정권이 본격적인 탄압에 나서자, 사

---

54 송금조는 일제 식민지 시기와 전쟁의 참혹함을 뚫고 자수성가한 기업인이다. 박정희가 1960년대 말 양조장, 정미소 사업자들을 모아 놓고 그나마 자금 여력이 있으니 제조업을 해 보라고 하여 기계금속업에 뛰어들었다. 기업을 하면서 큰돈을 벌어 1988년 전국 개인사업자 중 최고액 세금 납부자가 되었고, 2003년엔 부산대에 305억 원을 기부했다. 그런데 그는 부산 최초로 직장폐쇄를 단행할 정도로 노동문제에 인색했다. 그는 2011~3년 평균 매출이 206억 원이던 부산합동양조의 40인 사장 가운데 한 사람으로, 당시 사장들은 월 2천여 만 원씩 가져갔다. 이때 100여 명 노동자들의 월급은 130만~220만 원이었는데, 송금조는 노동자들에게 점심 대신에 막걸리 제조에 쓰는 고구마를 주는 등 노동착취를 일삼아 생탁 장림공장 노동자들이 2014년 4월 29일 파업을 했다. 노동자들은 시간외근무수당 지급과 공휴일 휴무 보장, 주 5일 근무, 계약직의 정규직 전환 등을 요구했는데, 협상에 전혀 진전이 없어 세월호 참사 1주기 날(4월 16일) 송복남 노조 총무부장이 부산시청 앞 고공 광고탑에 올라가 253일간 농성하게 한 당사자가 송금조이다. 그는 자타가 공인할 정도로 근검절약을 몸소 실천했고, 평생 모은 거의 전 재산을 사회에 환원한 귀감이 되는 사람이나, 그 돈이 직장폐쇄라는 노동자 탄압을 마다하지 않으며 모은 돈이고 막걸리 제조 공장에서 노동자를 착취하며 모은 돈이라는 사실을 생각해 보면 노동착취의 화신이라 불릴 만하다. 기업과 이윤 그리고 재산 축적 행위가 정상적 자본주의가 규정하는 경제윤리에 벗어나면 비판받아 마땅한데도, 개인의 삶의 태도와 재산의 사회 환원 행위에 그러한 비판이 가려진 사례이다. 이렇듯 한국 사회의 자본과 노동, 사회 행위는 여전히 봉건적인 테두리 내에서 관계맺고 있다.

업주들도 그에 발맞춰 노조 집행부를 집단 폭행하는 일이 비일비재했다.

8월 22일, 풍영 노동자들의 본격적인 투쟁이 시작되었다. 풍영 투쟁 또한 부산의 대부분 사업장에서 그랬듯이 어용노조 타도를 외치는 것으로 시작되었다. 노동자들은 풍영노조 민주화투쟁위원회를 결성하여 투쟁에 나섰고, 회사 측은 각종 회유와 협박을 벌였으나 전혀 먹혀들지 않았다. 풍영 노동자들은 노조 민주화, 임금 30퍼센트 인상, 사원과 상여금 동일 지급(600퍼센트)이라는 요구를 내걸고 농성에 들어갔다. 8월 27일 노조 민주화 활동 보장, 임금인상 최저선 16퍼센트에서 10.5퍼센트 인상(나머지 5.5퍼센트는 추후 협상), 상여금 600퍼센트 지급, 농성 기간 중 임금 100퍼센트 지급, 사후 보복 금지 등의 약속을 사측에서 받아내고 노동자들은 해산했다. 그러나 대표이사 성하정을 위시한 사측은 약속을 파기하고 농성 노동자에 대한 폭력, 납치 등 인권유린 행위를 자행했다. 한 남성 노동자의 증언에 따르면, 보안과 사무실, 예비군 중대본부 등으로 끌려다니며 무자비한 폭력을 당하고 땅바닥에 꿇어 앉아 혀로 땅바닥을 핥고 혀에 흙이 묻지 않았다며 재차 폭행을 당하고 사무실 바닥을 혀로 핥으며 돌게 했다고 한다. 얼마나 구타를 당했는지 실신했다가 눈을 떠 보니 사직서와 경위서가 있었다고 한다. 어떤 17세 소녀는 농성 중 다른 부서 남자와 성관계가 있었다는 허위 진술서를 작성해 놓고, 서명하면 회사를 다니게 하고 안 하면 퇴사시키겠다고 위협했다고 한다. 경찰을 비롯한 공권력이 뒷배를 봐주지 않으면 불가능한 일이다.

8월의 투쟁 가운데 빼놓을 수 없는 곳이 대우정밀 투쟁이다. 대우정밀 노동자는 7월의 대투쟁이 일어나자, 이를 적극적으로 활용하여 과거 두

차례 노동조합 설립 실패의 경험을 딛고 드디어 8월 13일 노동조합을 설립
했다. 양산군청에서 야간 근무자를 중심으로 이틀간 농성을 벌인 끝에 설
립 신고필증을 발급받아 1,600여 명의 조합원으로 출발했다. 양산군청은
처음에는 상급 단체를 명기하지 않았다고 시비를 걸면서 노조 설립을 방
해했다. 상급 단체란 한국노총밖에 없었다. 대우정밀 노동자들은 상급 단
체가 없는 기업별노조를 하는 것이라고 했지만 양산군청이 막무가내로 듣
지 않자, 노조원들이 다 양산군청으로 몰려가 농성을 벌인 끝에 충돌 없이
신고필증을 발급받았다. 회사 측 태도도 큰 갈등을 일으키지 않았다. 회
사는 단체협약을 하기도 전에 전임자 2명을 인정하는 등 노동조합 설립을
탄압하기는커녕 차라리 협조적인 분위기에 가까웠다. 이러한 분위기는 당
시가 87년 대투쟁이 한창 타오르는 시점이었기 때문에 가능했을 것이다.

　이 즈음 부산과 실질적으로 같은 지역권인 경남 거제에 있는 대우조선
노동자 이석규가 시위 중 사망했다. 8월 22일의 일이다. 이후 투쟁이 격
렬하게 타올라, 그 영향이 거제와 바로 접한 부산에 미쳤다. 8월 28일, 부
산의 108개 택시회사 8,120대의 택시가 오후 4시를 기해 택시를 몰고 거
리로 나와 일제히 총파업에 들어갔다. 그리고 7시 사상역에서 거행하기
로 했던 이석규 장례 집회가 3천여 전경의 원천봉쇄로 불가능해지자, 노
동자 1천여 명이 가두투쟁을 전개했다. 각 사업장에서 투쟁하던 노동자
들이 거리로 나와 투쟁 대열에 합류하여 새벽 4시까지 사상, 개금, 가야,
서면 거리에서 시위가 계속되었다. 그러나 가두투쟁은 산발적인 투쟁에
그치고 더 조직적이고 적극적인 투쟁으로 발전하지 못했다.

　9월로 접어들자 파업은 눈에 띄게 소강상태로 들어갔다. 9월 10일, 새한

운수 노동자 140여 명이 노조 간부 석방과 노조 탄압 중지를 요구하며 전면파업에 들어갔다. 새한운수는 5월에 이미 기사 150여 명으로 노동조합을 결성했으나, 회사 측은 인정할 수 없다며 갖은 협박과 공갈로 노동자들을 탄압하고 있었다. 노동자들은 연말 정산금과 연차수당, 미터기 교체 비용 기사 부담 등을 철회하라며 농성을 벌이고, 그 다음 날부터 부산 시내 전 택시 동맹 총파업에 동조하며 회사와 협상을 벌였으나, 회사는 이를 거부했다. 갈등 과정에서 노조원들은 폭행 사실이 없음에도 쟁의부장 정중순 등 3명이 폭행죄로 구속되고, 조합장 장해규 등 3명이 불구속 입건되었다. 이에 기사들이 경찰서에서 단식농성을 했고, 9월 22일 해결을 위해 최선을 다하겠다는 회사 측 확약을 받고 농성을 해제했으나, 그 후 회사 측에서는 어떠한 노력도 하지 않았다. 노조원들은 26일부터 민주당 문정수 의원 당사에서 민주노조운동 탄압에 항의하는 농성을 시작했다.

이즈음 노동자들은 파업의 새로운 돌파구를 점거농성 방식에서 찾기 시작했다. 9월 14일 풍영, 국제상사, 부영, 삼화고무, 화성, 대양고무 등 6개 회사 18명의 노동자가 노동자들에 대한 폭력적 탄압에 항거하여 부산 가톨릭센터를 점거농성했다. 그동안 부산 여러 공장의 농성 과정에서 자행된 기업주와 자본가 측의 욕설과 생명을 위협하는 폭행, 부당해고 등에 문제를 제기했다. 농성자들은 살인적인 폭력을 자행하는 악덕 기업주와 폭력 관리자 처벌과 강제 사직과 부당해고 중지, 그리고 해고자 전원 복직을 요구했다. 특히 국제상사 파업에서 자행된 폭력 탄압과 30여 명의 부당해고, 풍영 파업 때 자행된 50여 명의 강제 해고를 강력히 규탄했다. 풍영 노동자들이 탄압당하는 과정에서 노동자들의 고막이 터지고,

이빨이 부러지는 폭력을 당하고 "네놈들 다 죽어도 개 값, 생선 값 정도 물어 주면 그만이야"라든가, "부천서 성고문 당한 권양처럼 홀라당 벗겨 놓고 두들겨 패라"는 등의 폭언을 들은 것을 강력히 규탄했다. 화성에서는 민주적인 노조 활동을 하려는 노조 간부를 10여 명의 자본가 측 사람들이 붙들어 가둬 놓고 "벌겋게 끓는 보일러실에 처넣겠다"는 등의 협박을 하면서 고막이 터지도록 얼굴을 때리고, 허리를 못 쓰도록 두들겨 팼다. 농성자들은 17세 여성 노동자에게 김일성 마누라라며 가랑이를 찢어 죽인다고 협박했다며, 사측에 대한 강력한 처벌을 요구했다. 이 연대농성으로 사업주의 만행이 널리 알려지자, 부산변호사협회와 대한변호사협회에서 진상 조사에 들어가고 민주당 의원들이 농성장을 방문하여 지지를 약속했다. 9월 18일, 부산국본 공동대표 및 상임집행위원 18명이 지지 단식농성에 돌입하여 20일까지 단식을 이어 갔다. 시민 학생 및 현장 동료들의 발길과 성금도 끊이질 않았다. 이로써 6개 회사 노동자들의 부산 가톨릭센터 점거농성은 부산 노동운동의 새로운 지평을 열었다.

87년 노동자대투쟁은 부산뿐 아니라 전국적으로 제조업 노동자가 중심을 이루었지만, 서비스업과 사무직, 전문기술직 노동자들도 본격적으로 노동운동 대열에 합류했다는 데서 그 의의를 찾을 수 있다. 부산의 경우, 87년 7월 이전에는 부산 지역에 병원 노조가 하나도 없었다. 그러다가 87년 8월 28일 부산 백병원 노조를 필두로, 88년 9월 말 1년 남짓한 기간에 25개의 노조가 새로 결성되어 최종적으로 23개가 활동했다. 87년 12월 12일, 전국적 연대 조직인 병원노조협의회가 결성되어 연대투쟁 역량이 강화되었다.

병원은 오랫동안 관료적이고 권위주의적인 경영을 해 왔기 때문에 노조 탄압에 매우 공격적이었고, 그 결과 노조의 저항도 치열하게 전개되었다. 위원장 구타나 구사대 폭력은 예사로 일어났고, 노조는 단식투쟁 등으로 저항하고 일부 병원은 직장폐쇄까지 불사했다. 환자를 돌보는 업무 특성상 병원 노동자의 투쟁은 "환자를 볼모로 삼는다"는 여론의 지탄을 받기 쉬웠고, 그래서 병원 측은 더 강경하게 밀어붙일 수 있었다. 게다가 병원은 공익사업으로 지정되어 있어 노조 활동이 여러 가지로 제약을 받는다는 점도 노조 탄압의 이유로 작동한다. 무엇보다 병원이라는 곳은 간호사, 의사, 약사, 보건직, 기술직, 사무직 등 이해관계가 크게 다른 직종들이 모여 있는 데다가 의사와 간호사, 간호사와 간호조무사 등의 갈등이 이중 삼중으로 중첩되어 있어 사측의 이간질에 쉽게 분열될 수 있다. 이러한 난관에도 불구하고 87년을 거치면서 부산 지역에서 병원 민주화가 일취월장했다는 평가를 내리는 데에 아무도 이의를 달지 않을 정도로 노동운동이 활발히 일어났다.

10월 들어서도 부산에서 노동자 파업은 끊이지 않고 이어졌으나, 7·8월에 비해서는 그 수나 강도가 많이 약해졌다. 10월 24일 한진컨테이너 소속 운전기사 50여 명이 구사대의 노조 탄압에 항의하며 농성에 돌입했다. 11월 1일에는 해운대의 동부고속 동래지점 운전기사 60여 명이 월급제 실시, 민주노조 인정 등을 요구하며 철야농성에 돌입했다. 특히 동부고속 동래지점 운전기사들은 가족과 함께 끈질긴 싸움을 벌여, 결국 월급 6퍼센트 인상, 노조 분회 인정, 고정급 비율 상향 조정, 농성 기사와 가족에 대한 고소 취하 등을 쟁취했다. 11월 2일에는 대선조선 노동자 3백여 명이 어용노조 퇴진과 지난 노사쟁의 때 합의한 임금인상 등 15개 항의 조기 수락을 요구하며 작업 거부에 들어갔다. 11월 5일에는 신발공장인 하남의 재봉부 노동자 3백여 명이 임금인상, 상여금 추가 지급 등 3개 항을 요구하며 출근을 거부하고 태업을 했다.

대우정밀은 1987년 12월 11일부터 상여금 600퍼센트를 요구하며 투쟁에 돌입하여, 전 조합원이 적극 참여하여 준법투쟁을 벌여 나갔다. 준법투쟁은 대우정밀 노조는 합법적인 쟁의행위를 할 수 없다는 법적 한계 때문에 사용한 전술이다. 크게 봐서 출퇴근 시간을 준수한다거나 잔업을 거부한다거나 점심을 먹지 않는다거나 하는 단계와 태업을 하는 단계로 나뉠 수 있다. 앞 단계에는 출근 시간 30분 전에 나와서 국민체조도 하고 조별로 사전 회의도 하고, 퇴근 시간 후 장비 점검도 하는데, 그런 것들을 하지 않는다는 것이다. 다음 단계인 태업은 생산 목표를 달성하지 않고, 작업은 하되 불량을 최소화하는 방식으로 품질 향상에 매진하여 원래 목표의 70퍼센트 정도를 달성하는 것으로 회사에 압박하는 것이다. 이러한 준법투쟁을 통해 대우정밀 노조는 12월 29일 상여금 550퍼센트, 매달 마지막 토요일 오전 근무라는 승리를 쟁취했다.

이 시기 정부는 대우조선 노동자 이석규 장례식을 전환점으로 본격적인 강경 진압 방식으로 선회했다. 강경한 태도가 전두환 정권의 전면적인 노동 통제 기조였는데, 이로 인해 부산 지역에서도 정부와 자본의 공세에 노동운동이 크게 위축되어 조용한 상태가 유지되었다. 정부와 자본은 이 시기에 이데올로기 공세를 펴면서 경찰 등 여러 통제 기구들을 준비했다. 이러한 경향은 대우조선 파업이 본격화된 5월 말부터 시작되었다. 정부는 관계 장관 대책회의를 열어 불법 노사분규에 대한 강경 대응 방침을 천명했고, 6월 중순에는 '무노동·무임금'의 제도화를 시도했다. 여기에 노조의 인사경영권 참여 배제, 노조 전임자 임금 지급 거부 등 노동조합에게 대대적인 공세를 취했다. 8월 11일에는 전국경제인연합회가 '폭력파괴 불법행동'을 비난하며 공권력 개입을 요청하는 성명서를 내자, 노동부 장관 이헌기가 "불순세력 개입 시 공권력을 투입하겠다"는 특별 담화문을 발표했다. 담화문에서 장관은 점차 확대되고 있는 노사분규로 말미암아 휴폐업 등 생산 활동이 중단되고 그때까지 1천억 원 이상의 생산 감소와 5,500만 불의 수출 감소를 초래하여 국제 신용에도 나쁜 영향을 가져와 수출 전략에도 큰 차질을 빚었다며 모든 책임을 노동자에게 돌렸다. 이 발표 내용은 곧바로 실행에 옮겨졌다. 8월 22일 국제상사에서 농성을 주도한 노동자를 '위장취업자'라는 구실로 구속했고, 신문과 방송은 연일 '불순세력 개입', '좌경용공 척결', '노사분규의 정치적 이용' 등 노동자 매도에 혈안이 되었다. 9월 5일, 정부는 비상 국무회의를 개최하고 전경련이 제안한 보고서를 통해 노동자의 쟁의를 '비윤리적, 패륜적' 행위로 매도하고 노동자의 폭력성을 대대적으로 홍보했다.

이 기조는 이후 계속 이어져 1989년 하반기부터는 본격적으로 경제위기 노동자 책임론, 고통분담론을 중심으로 노동자들이 임금인상을 자제해야 한다는 주장이 대대적으로 홍보되었다. 기업들은 구조조정과 신경영전략으로 새로운 인사노무관리전략을 본격적으로 추진한다. 신경영전략은 80년대 3저 호황기에 한국 기업들이 막대한 부를 축적한 후 설비투자와 기술개발에 재투자하지 않고 더 많은 이윤을 노리고 땅과 증권 등 재테크에 열을 올리다가, 세계경제가 불황기에 접어들어 기업 존폐 위기에 몰리자 이를 극복하고자 자본과 정부가 국민들에 책임을 전가한 경영전략이다. 노동시장에는 능력주의를 도입하고, 자동화를 급속도로 추진하고 일본식 노동조직을 도입하면서, 현장 작업조직의 '유연화 전략'을 중심으로 '기업문화전략'을 도입한 것이다. 소위 '산업구조조정'이라는 이름으로 고부가가치 산업을 중심으로 산업구조를 재편함으로써 독점자본을 유지하려 했다. 구체적으로는 독점자본으로의 자본축적 가속화와 중소기업의 하청 계열화, 독점재벌의 문어발식 확장, 공기업 민영화를 추진했다. 이에 발맞춰 정부는 직접적인 임금 억제 정책 대신에 한국노총과 한국경영자총협회의 임금 합의라는 사회적 합의 방식을 추진했다. 그러나 민주노조 진영은 끈질기게 저항하며 합의하지 않았다.

노동자는 불법적이고 폭력적이고 과격한 행동으로 사회불안을 야기해 국민경제를 파탄으로 이끈 주범이라는 공세를 빠트리지 않았다. 이러한 미증유의 이념 공세에 노동자 측은 마땅한 대항 논리를 펴지 못했다. 심지어 일부 민주 진영에서는 '근로자 자제 촉구 및 정부 개입 반대'라는 기회주의적 입장을 취할 정도로 정부와 기업이 만들어 낸 교묘한 이념 공세에 속수무책이었다. 정부 차원의 공세가 강압적으로 진행된 데 비해, 각 사업장에서는 정부의 암묵적인 지원 아래 노동자들을 분리통치하는 방식이 사용되었다. 분리는 우선 학출 활동가들에게 가해졌다. 그들은 좌경용공이고 노동자를 속이고 나라를 전복시키려는 세력이기 때문에, 그들을 감싸는 행위 역시 범법 행위라는 것이다. 노동자들은 '불순세력'이란 말만 들어도 거부감을 느낀다. 노동자들이 불순세력과 연계된 세력으로 지목되어 좌경용공으로 몰려 당하는 것을 독재정권의 오랜 탄압 과정에서 익히 봐 왔기 때문이다. 불순 좌경용공 외에 직장폐쇄나 해고, 즉 실업에 대한 두려움도 심각한 위협이었다. 조선공사에서는 동료 노동자들이 해고자들에게 "일 좀 하자, 먹고 살아야 안 되겠나? 느그 때문에 회사가 문을 닫아 놓으이 하루 벌어 하루 먹는 우린 우째 살란 말이고. 좀 살리도고"라고 호소하는 경우도 있었다.[55] 노조 집행부는 초기에는 임금인상과 더불어 해고자 복직을 요구했으나, 시간이 흐르면서 해고자 복직 문제는 자연스럽게 도외시되었다. 이런 상황이 지속되면서 노조원들을 더 강하게 조직하는 일은 쉽게 이루어지지 않았다. 이로써 부산의 노동운동은 어용노조와 임금인상 등 생존권 보장 문제로부터 시작하여 이제 사용자 권력의 폭력적 탄압에 저항하는 쪽으로 점차 그 초점이 옮겨 가게 되었다.

이러한 흐름에서 한국노총(한국노동조합총연맹)도 노동자대투쟁을 제어하는 데 큰 역할을 담당했다. 한국노총의 노동 탄압은 전두환 독재 권력이 들어선 직후부터 시작되었다. 그들은 사상 공세로서 정부와 자본가의 노동 탄압에 순종할 것을 강요하는 정신개혁운동에 앞장섰다. 부산 지역의 노총 시협의회가 1981년부터 시작한 소위 심덕心德운동이 그것이다. '근로자 스스로를 구하고 회사를 사랑하며 나라를 사랑하는 마음가짐으로 맡은 소임을 다하자는 근로자 양심 운동'이라고 자체적으로 규정한 운동이다. 이 운동은 대동조선 노조에서 처음 시작되었다. 그리

---

55 지역사회문제 자료연구실, 앞의 책, 158쪽.

고 1981년 한 해에만 부산 지역에서 50여 개의 노조로 확산됐다. 1983년에는 국제상사의 왕자한마음운동, 풍영의 정청운동, 광덕물산의 신심운동 등이 활발하게 진행되었다. 그 대부분이 원가절감, 기술 및 품질 향상, 즉 자본가의 이윤 증대를 위한 생산성 향상 운동이었다. 어용노조 간부들이 앞장선 정신순화 교육에 대한 보답으로 자본가들은 그 운동에 앞장선 어용노조 운동가들을 회사의 상급 간부로 채용해 주기도 했다. 그 결과, 국회부의장이던 장성만이 "노사협조가 어느 곳보다 부산이 잘되고 개발도상국에서 부산이 모델 케이스"라고 평가할 정도로 부산 지역의 노동운동은 활성화하지 못했다.

한국노총은 기존 노동운동의 흐름을 계급투쟁주의와 노동조합주의로 분류하고, 전자를 배제하고 연맹의 이념을 멸공 태세의 군건한 확립을 토대로 하는 자유민주주의로 삼았으며, 노사협조를 통한 복지국가 건설을 명분상 목표로 제시했다. 그러나 실제로는 매카시즘과 국가주의, 성장제일주의로 목표로 사실상 파쇼정부의 노동운동 탄압기구 역할을 했다. 그들에게는 노동자의 요구를 결집하려는 의지가 전혀 없었다. 그래서 87년 대투쟁 때에도 노동자를 조직하지 않고 자본가 편에 서서 어용노조를 지지했다. 그래서 87년 이후 생긴 많은 노조들은 한국노총을 배제했고, 노총을 민주노조로 대체하려는 운동이 노동운동 방향으로 자리잡았다. 한국노총은 국가와 자본의 하수인으로 철저하게 노동운동 탄압에 앞장섰다. 《노동소식》은 한국 자본가 집단의 대표 격인 전경련과 군사독재 정권이 사기와 폭력으로 역할을 분담하면서 노동운동을 탄압한다는 기사를 다음과 같이 전한다.

9월 5일 사상 최초로 국무회의가 공개로 열렸는데, 전경련의 전무 조규하가 노동자가 행한 폭력행사를 보고했는데 그것이 모두 허위 왜곡 보고였다. 조규하는 기아기공의 경우 8월 12일 쇠파이프, 헬멧으로 무장한 구사단에게 농성 노동가가 폭행당하여 3층으로 피신했고, 이 과정에서 농성 노동자 1명이 추락하는 상황이 벌어졌다, 이를 두고 부사장들을 "포크레인 삽에 넣고, 노래를 강요하고, 노래 값을 요구했다"고 보고했다. 영창악기의 경우, 사장이 협상하자고 하여 2층으로 노동자 대표가 올라갔는데 이를 두고 "사장을 드럼통에 넣고 돌렸다"라고 보고했다. 동원전자의 경우 8월 21일 평화롭게 파업이 타결되었는데도 "사장의 갈비뼈가 부러졌다"고 보고했다. 대성탄좌의 경우 노동자가 농성장 주변에 있던 쓰레기통으로 쓰이는 드럼통을 갖다 놓고 홍겹게 두들긴 것을 "사장을 드럼통에 넣어 나무에 매달고 광부들이 돌아가면서 장작으로 구타했다"고 보고했다.[56]

물론, 모두 거짓 보도다. 정부는 국무회의라는 외피를 만들어 주고, 그곳에서 전경련이 거짓을 조작하여 발표하면, 권력의 입맛에 길들여지고 온갖 혜택을 입는 언론은 그대로 받아쓰고, 시민 대부분은 이 거짓 보도에 속아 넘어가는 구조가 작동한 것이다. 유신 체제 이후 자본은 파시스트 권력의 억압적 국가기구와 의사擬似 국가기구로 기능한 한국노총의 지원 아래 손쉽게 노동자를 통제하고 착취해 왔다. 따라서 7~9월 노동자대투쟁에서 나타난 노동자의 전투성은 기업별노조 체제의 바탕 위에서 연

---

56 부산민주노동자투쟁위원회, 《노동소식》 9호(1987. 09. 25).

대를 시도한 것이고, 투쟁의 내용도 '사회적 안전망' 요구가 아니라 임금 인상, 노동 3권 보장 등 최소한의 경제적·법적·제도적 개선 요구에 그쳤다. 그러나 그 전반적인 내용은 여전히 자유주의적 운동의 테두리 안에 있었지만, 투쟁의 방향이 기존의 경제적 요구 차원을 넘어 이념이나 조직적으로 점차 급진적 운동의 성격을 띠는 방향으로 나아갔다.

실제로 당시 노조운동은 급진변혁주의자들의 주장만큼 급진적이지 않았다. 변혁주의자들이 부르짖는 것과 실제로 농성하면서 협상으로 얻어 내는 것 사이에는 엄청난 차이가 있었다. 그럼에도 국가와 자본은 민주노조운동을 변혁주의와 연계시켜 체제를 붕괴시키려는 급진운동으로 매도하고, 때로는 철없는 집단이기주의, 비이성적 폭도 등으로 몰아붙여 노조운동가들을 사회 내 불순세력으로 만들었다. 정부는 이런 선동을 통해 6월항쟁에서 87년 노동자대투쟁을 떼어 내려 했고, 6월항쟁의 한 축인 보수 야당 또한 큰 틀에서 그들과 다르지 않아 노동자 투쟁을 불편해했다. 보수 야당의 목표인 정권교체에 노동자 투쟁이 도움이 되지 않는다는 판단에서다. 그 와중에 보수 세력은 일부 급진 노동자 세력의 비非타협성을 '인륜 파괴', '혁명운동' 등으로 부각시키며 그들의 운동을 반공과 경제 안정 이데올로기로 탄압했다. 한 마디로, 급진 노동운동은 현장에서 갖는 영향력은 미미했으나 정부와 자본에 빌미를 주어 운동의 결과에는 심대한 영향을 미친 것이다.

이후 노태우 정권은 1989년 하반기가 시작될 무렵부터 본격적으로 경제위기 노동자 책임론, 고통분담론을 중심으로 노동자의 임금인상 자제를 대대적으로 촉구 홍보했다. 그리고 구조조정과 신경영전략으로서 새로운 인사노무관리전략을 본격 추진한다. 원래 경영혁신운동은 경쟁력 강화를 위한 조직 재편, 생산 규율 강화, 능력주의 인사 등이 주요 수단이나, 이 시기에는 주로 노무관리, 즉 인력 규모 줄이기에 초점이 맞춰졌다. 합리적 경영전략이라기보다는 노조 길들이기 차원으로 추진된 것이다. 그 과정에서 노동자는 불법적이고 폭력적이고 과격한 행동으로 사회 불안을 일으킴으로써 국민경제를 파탄으로 이끈 주범이 되었고, 강력한 노조 조직은 더 어려운 일이 되었다.

87년 노동자대투쟁을 통한 노동조합 결성

87년 6월항쟁에 노동자들은 적극적으로 참여했으나, 노동자로서 하나의 단일 대오를 형성하지는 못했다. 그 이유는 아직 민주화된 노동조합이 충분하지 않아서다. 설사 노조가 있더라도 대부분 어용노조였기 때문에, 노조를 통해 투쟁의 구심체를 형성할 수 없었다. 그러나 6월항쟁에 참여했던 노동자들은 7월 이후 자신감을 가지고 자신들의 불만을 표출하기 시작했다. 그래서 싸움의 초점을 노조 결성에 맞췄다. 노동자대투쟁이 막 시작될 무렵인 87년 7월, 부산 지역의 노동운동 세력은 이미《민주부산》을 통해 민주노조를 결성해야 한다고 주장하고 나섰다. 그들은 다음과 같이 구체적으로 노동자들을 독려하면서 방향을 잡아 갔다.

기업별노조만 인정함으로써 연대투쟁을 불가능하게 만들고 단위 사업장 내에서 기업주의 횡포와 물리력 행사에 의한 노조 탄압을 용이하게 만들었다.

유니언-샵 제도의 폐지와 임원의 자격을 제한함으로써 자율적 노조활동을 방해하고 노조를 약화시키고 있으며 제3자개입금지와 정치활동의 금지로 노동자와 민주 세력을 갈라치기하고 있다.

단체교섭기능을 약화시키기 위한 노사협의회법, 단체협약유효기간 등을 둠으로써 기업주에게 유리하도록 제도적 보장을 해 주고 있다.

단체행동의 제한으로 쟁의행위를 사전 신고하게 하여 쟁의조정기간을 거치게 하는 등 노동문제를 사전에 탄압하게 조치하고 노동자의 열기를 식히는 한편 정부가 깊숙이 문제에 개입하여 기업주에게 유리하게 작용하도록 되어 있다.[57]

당시 부산에서 가장 크고 영향력이 강했던 조직인 부산국본(민주헌법쟁취국민운동부산본부)은 이 네 개의 논리를 주장하면서 노동귀족의 모임인 한국노총은 해체되어야 하며, 진정한 노동자의 대표로서 노동조합이 건설되어야 한다면서 민주노조 건설을 적극 주장한다. 이렇듯 6월항쟁의 분위기 속에서 민주노조 결성을 주장하고 나선 것은 매우 의미 있는 진전이었다. 이 주장은 기존의 1980년 12월 31일 전두환 신군부가 개정한 노동법 비판을 토대로 하여 그 위에서 본격적으로 제기되었다. 이후 노동 진영이 주장을 관철해 나가는 과정에서 5공의 노동 악법은 실질적

---

57 《민주부산》, 1987년 7월 15일.

으로 폐기될 수밖에 없었다. 노동쟁의를 할 때 누구도 이 법의 존재에 신경 쓰지 않았다. 법적으로는 모든 쟁의가 불법이던 당시 상황에서, 불법이라도 농성부터 벌이고 그 다음에 협상을 통해 요구를 관철하는 방식으로 돌파했다. 당시의 법 조항들은 대투쟁이 전개되면서 사실상 사문화되었다. 이렇게 몰고 간 것이 이후 노동법 개정의 발판을 마련했다.

87년 7월부터 9월까지 부산에서는 363건의 노동쟁의가 일어났고, 그 결과 109개의 새 노조가 결성되었다. 섬유 노동자 투쟁 31건, 금속 노동자 투쟁 57건, 고무 및 화학 노동자 투쟁 43건, 택시와 버스·화물 노동자 투쟁 155건, 전기전자 등 56건, 항운과 관광 출판 등 21건 등이었다. 부산 지역의 노동자대투쟁은 전 산업을 망라한 최대 규모의 노동쟁의였다. 사업장 규모가 클수록 쟁의 발생 빈도가 높아 1천 명 이상 사업장의 쟁의 발생 비율은 65.9퍼센트에 이를 정도였다. 대기업이 쟁의를 주도하면 인근 업체나 관련 업종으로 파급되었고, 그것이 작은 사업장의 쟁의 타결에 큰 영향을 주는 양상이었다. 1주일 이상 투쟁을 전개한 업체가 43.7퍼센트로 전국 평균 36.9퍼센트를 웃돈다는 사실은 부산 지역 노동자 투쟁이 일단 발생하면 다른 지역보다 더 오래 계속되었음을 말해 준다. 이는 부산이 다른 지역보다 투쟁이 더 치열했다고 해석할 수도 있지만, 거꾸로 사측의 탄압이 다른 지역보다 완강했다는 것으로 해석할 수도 있다. 즉, 노동자의 노동 여건은 다른 어느 지역보다도 열악한데, 조직 역량은 상대적으로 취약했다는 말이 되기도 한다. 금속 사업장과 남성 노동자가 투쟁을 주도하면서 투쟁은 장기적이고 완강하게 전개됐고, 조직력이 취약한 어린 여성 노동자 중심의 사업장이 많았기 때문에 전체적으로는 저항의 강도가 차츰 약해지는 형국이었다.

1987년 이후 부산 지역의 노동조합 조합원 수는 꾸준히 늘어났다. 부산 지역 노동자의 조직률은 전국의 평균 조직률을 훨씬 웃돌았다. 노동자의 단결 의식 혹은 민주적 저항 의식이 상당히 높아졌음을 알 수 있다. 그전까지는 노조를 금기시했던 재벌 기업과 공기업에서도 대대적으로 노조가 결성되었고, 사무직과 전문기술직 노조도 활발하게 조직되어 생산직 위주의 노동조합운동에서 벗어나 전 업종에 걸친 광범위한 노동조합운동의 기반이 다져졌다. 기존의 어용노조도 민주노조로 변화하는 싸움에 접어들었다. 87년 노동자대투쟁이 일어나면서 이전에 조금이라도 노조 설립을 준비하고 있던 사업장은 대부분 노조를 조직했다. 물론 이 과정에서 회사 측의 대응도 집요했다. 그들은 실로 다양한 방식으로 민주노조 건설을 방해했다. 결국 대투쟁 이후에는 어용노조로 돌아선 경우가 많지만, 투쟁을 통해 노동조합을 세웠다는 것 자체는 매우 중요한 의미가 있다.

부산의 신발공장 20여 개 가운데 87년 대투쟁 이전에 결성된 노조는 10개였다. 규모로 볼 때 대기업에 속하는 국제, 태화, 동양, 진양, 삼화, 풍영, 대양, 우성, 화승, 세화로 모두 유령노조를 만들어 놓은 상태였다. 그만큼 부산 노동운동의 주력 부대인 신발산업 쪽에서 노동운동을 전개하기가 어려웠다는 말이다. 어용노조란 실질적으로 구사대와 같은 말이라 해도 과언이 아니었다. 구사대는 노동자 탄압의 선봉에 선 조직이다. 그들은 학출 활동가를 색출하고, 노조 활동을 하는 노동자를 탄압하기 위해 미행, 급습, 욕설, 납치 등 온갖 불법 폭력을 서슴없이 자행하고, 심지어 가족이나 고향 부모한테까지 가서 협박하고, 특히 여성에게 도저히 견디기 어려운 욕설과 거짓을 퍼붓고 소문을 내면서 결국 퇴사하도록 만들었다. 이런 과정을 겪으면서 대투쟁 이전에 혹은 대투쟁이 전개되는 과정에서 구사대를 어용노조로 전환하는 경우가 허다했다. 복수노조를 허용하지 않는 법을 악용해 민주노조를 건설하지 못하게 하는 취지였다. 물론 대투쟁 기간에 조합원들이 싸워 민주노조를 건설한 예도 있다. 화성의 경우가 좋은 예이다. 화성의 노동자들은 민주적인 대의원 선거를 치러 생산직 노동자가 당선되는 등 상당한 성과를 얻었고, 이것이 발판이 되어 후일을 도모할 수 있게 되었다. 그들은 '노동조합민주화추진위원회'(이하 노민추)를 만들어 운동을 계속 이어 나갔으니, 이전의 화학노련에서 탈퇴하여 고무노조연맹을 결성하여 공동으로 임금인상 등을 추진하기도 했다. 그러나 고무노조연맹은 이후 어용 행각을 벌인다.

87년에 결성된 태양사, 동국제강은 자본가 측의 무자비한 탄압으로 조합 간부는 다 쫓겨나고 결국 어용노조가 되었다. 신발업종도 크게 볼 때 비슷한 상황으로 전개되었다. 규모별로 보면, 5백인 이상의 대기업이 44개로 총 사업체 수의 9퍼센트를 차지한다. 신발산업 노동자의 70퍼센트가 여기에 몰려 있으며, 생산액의 90퍼센트를 차지했다. 특히 국제, 화승 등 6개 독점 기업이 수출액의 70~80퍼센트를 차지했다. 이는 나머지 중소기업의 규모가 얼마나 영세하고 극심한 경쟁 상태에 있는지를 보여 준다. 신발산업은 원자재부터 상품 판매까지 외국에 대한 의존도가 매우 커서 외국 상사에 하청 관계로 묶여 막대한 이윤을 빼앗겼다. 그래서 90년대 들어 원화절상이 발생하면서 중국 및 동남아 지역으로 생산 라인이 이전하면서 산업의 공동화가 발생했다. 신발산업이 주문·하청 생산을 벗어나지 못하고 쇠퇴하는 가운데 많은 노동자들이 실업이라는 희생을 강요당했다. 어찌 됐든 1980년대 이후 노동집약 경공업이라도 신발공장 등 제조업이 다른 지역에 비해 많아서 그나마 노동자계층이 상대적으로 두터웠다. 그렇지만 신발공장은 여전히 전근대적인 노사관계 아래에 놓여 있어서 노동자에 대한 사측이 폭행이 일상화되고, 공장이 거의 강제수용소 버금가는 수준이어서 파업이 일어나지 않을 수 없었고, 이에 대한 반발로 악덕 자본의 탄압도 극심해졌다.

87년 노동자대투쟁에서 부산 지역 노동자의 요구 사항은 크게 두 가지로 분류할 수 있다. 가장 많은 것이 임금인상 문제를 포함한 노동자 권리 문제, 즉 작업장의 민주화, 각종 노동기본권 확보, 최소한의 노동 현장 민주화 요구였고, 그 다음이 노조를 인정하라는 요구였다. 대투쟁의 결과, 노동운동은 임금인상과 노동시간 단축 등 노동조건 개선에 관해서는 상당한 진전이 있었고, 웬만한 규모의 사업장에서는 노조를 만들었다. 아무런 움직임이 없는 회사의 노동자들이 '우리 회사에는 위장취업자가 없나?'라고 할 정도였다. 대투쟁은 국가와 자본의 통제를 깨뜨리고 자율적으로 노동운동의 지평을 넓혔다는 점에서 가장 큰 의의가 있는데, 그 지평의 확대는 단연코 노조 설립을 통해서다. 그 노조를 통해 그동안 권위주의 체제 안에서 관행에 의존해 오던 임금과 근로조건 결정 방식을 획기적으로 바꿔 노사 간 단체교섭 체제를 마련한 데 가장 큰 의의가 있다. 그렇게 되면서 그 이후 상당 기간에 걸쳐 선진노동자들이 노동조합 결성과 투쟁, 활동을 지원하는 단체를 많이 만들었다. 노동상담소, 노동문제연구회 등의 이름으로 90년대 초반까지 노조 결성부터 노동조건 개선,

노동조합 연대 조직 결성까지 많은 지원 활동을 폈다.

당시 신발공장을 비롯해 많은 사업장에 들어선 노조 가운데 민주노조가 들어선 경우는 거의 없었고, 대부분이 민주노조를 추진하는 수준이었다. 그러니 이를 달리 보면 87년 노동자대투쟁은 어용노조 민주화 투쟁이기도 했다. 그 과정을 거치면서 결성된 민주노조는 규약에 집행부 임기를 2년, 심지어 1년 이하로 제한하기까지 했다. 집행부의 부패를 막고, 집행부보다 조합원 권력을 더 강화하려는 의지의 표출이었다. 하지만 짧은 임기 때문에 기업 단위 노조 조직이 잦은 선거 경쟁에 노출되어 안정적이고 장기적인 비전을 지닌 집행부가 자리 잡기 어렵게 하는 부정적 효과도 있었다. 그러다 보니 기업 단위의 노조를 넘어 산업별노조로의 전환을 추동할 비전을 지닌 리더십이 성장하지 못했다. 결국, 집행부는 1~2년짜리 임단협 승리라는 단기 전망에 매몰되는 경우가 많았다. 이 대목에서 김진숙 민주노총 부산 지역본부 지도위원의 말을 새겨 볼 만하다. "당시 민주노조를 세우는 데만 급급해서 노조의 형태가 어때야 할 것인가에 대한 깊은 고민과 전망이 부족했다. 노조를 기업별로 따로따로 만들어서 간부도 따로 뽑고 규약도 따로 만들고 단협도 따로 맺고 할 게 아니라 부산 지역노동조합을 하나만 만들어서 그 노조들을 지부나 분회 형태로 했으면 노조운동이 지금처럼 힘들어지지도 않았고 그야말로 제대로 된 산업별노조가 됐으리라는 아쉬움이 시간이 지날수록 커지기만 한다."[58] 그렇다면 왜 당시 노동운동가들은 김진숙이 후회하는 것처럼 '초

---

58 (사)부산민주항쟁기념사업회 부설 민주주의사회연구소 편, 앞의 책, 188쪽.

^때기업 단위노조' 조직을 시도하지 않았을까? 이런 의문에 대해 이창우는 다음과 같이 고민을 토로한다.

노동운동 이론의 빈곤이었을까? 아니면 기업별노조를 강제하는 노동법 체제의 한계에 묶여 있었던 탓일까? 노동조합운동에 관한 한 당시 현장에 투신한 활동가들 또한 70년대 기업별 민주노조운동의 조직 형태 이상을 상상하지 못했다고 보는 것이 타당할 것인데 … 원풍모방이나 동일방직 등이 산업별 연맹의 지부조직이긴 했지만 사실상 기업별 조직으로 이해하는 수준이었다고 보는 것이 더 타당하지 않을까? 당시 이미 어용노조로 존재하고 있던 부산의 '항운노조'는 기업별노조가 아니라 부산항의 하역 노동자 전체를 조직 대상으로 하고 있었고, '제화공 노조'와 같이 직종별 노조가 설립된 예도 있으니, 기업을 뛰어넘는 초기업 단위 노조 조직이 불가능한 것만은 아니었는데 … 그렇다면 왜 김지도가 하는 그런 고민을 하지 못했을까? 노동운동에 투신한 목적의식적 활동가들이 대중의 자생성에 굴종했다는 비판으로부터 자유로울 수 없는 건 아닐까?[59]

결국, 87년 대투쟁은 학생과 시민이 조성한 정치적 공간 위에서 노동자가 경제민주화를 위해 벌인 판이었다. 그것이 시작된 것은 그동안 신분을 숨기면서 소그룹 조직을 통해 사회변혁을 꾀한 급진적 노동 세력의 노력과는 직접적으로는 관계없는 일이다. 노동자는 우선 임금인상, 노동

---

59 2021. 06. 11. 부산 남산동 커피숍 구술.

조건 향상 그리고 노조 건설을 위해 투쟁했으니 전형적인 노동조합주의 경제주의에 국한된 노동운동이었다. 대부분 생존을 위한 투쟁이었다. 87년 6월항쟁으로 정치적 민주화는 상당히 이루어졌음에도 노동과 경제적 영역에서의 민주화는 이루어지지 않아 이에 대한 현실적 필요성을 쟁취하는 차원에서 투쟁한 것이다. 바로 이 노동과 경제민주화가 이루어지지 않은 상태였기 때문에 87년 이후에도 노동운동은 여전히 70년대부터 87년 대투쟁 때까지의 전체 계급적 요구가 아니라 내부자인 조합원들의 요구에 머무는 조합주의 수준에 머물 수밖에 없었다. 달리 말하면, 부산 지역의 1987년 노동자대투쟁은 개별 사업장에서의 경제적 개선을 요구하는 투쟁의 차원을 크게 넘어서지 못했다고 말할 수 있지만, 당시 노동자들이 일회적인 임금인상이나 근로조건 개선에 그치고 마는 투쟁을 넘어 한 단계 높은 단계인 노동조합을 조직하는 쪽으로 운동의 방향을 잡았던 사실을 더 의미 있게 평가해야 할 것이다. 특히 지역경제가 침체하여 자본의 역외 이전 등이 가중되면서 노동자들의 당면 과제는 고립된 개별 노동자를 조직된 다수로 전환하는 일, 즉 노동조합을 결성하는 일이었다. 따라서 조직된 힘을 키워야만 경제적 약자인 노동자가 자본의 지배와 착취에 대항하면서 자신들의 정당한 권리를 확보할 수 있다는 사실을 그들은 이미 87년 전부터 익히 알고 있었다는 의미가 된다. 70년대 말부터 개신교와 가톨릭을 통한 자유주의 노동운동과 학출들을 통한 급진변혁운동으로 노동자들의 인식이 상당히 전환되었기 때문이다.

87년 노동자대투쟁을 통한 노조의 결성은, 노동자가 과거처럼 사용자 혹은 어용노조에게 매달리고 비굴하게 부탁하고 서로 이간질하는 문화를 깨고 자신들이 세운 노동조합을 통해 당당하게 사측과 교섭할 수 있는 주체로 서게 했다. 대부분의 노조가 민주노조까지는 아니더라도 비로소 한국노총이라는 어용노조 체제를 깨기 시작하고, 새로운 체제를 주체적으로 가져올 수 있는 토대를 마련했다는 사실은 아무리 강조해도 지나치지 않는다. 부산에서 이러한 성과가 가장 두드러진 분야는 금속산업이었고, 그 토대 위에서 다음 단계 노동운동의 중추 세력인 부산노련을 건설할 수 있었다.

87년 부산 지역 노동자대투쟁의 역사적 의의

87년 부산 지역 노동자대투쟁의 역사적 의의를 파악하려면, 먼저 부산 지역의 산업구조부터 이해해야 한다. 부산항은 한국 경제 수출입의 25퍼센트, 전국 컨테이너 취급량의 94퍼센트를 차지하는, 수출 위주의 한국 경제에서 절대적인 위치를 차지하는 항구이다. 이는 정부가 부산을 남동권 임해공업단지의 하나로 육성한 정책과 관련이 있다. 1960년대 초부터 남동 연안의 항구도시를 중심으로 공업단지를 계획적으로 개발하면서 남동임해공업지역은 한국 최대의 중화학공업 지역으로 성장했다. 산업 입지 정책이 경공업 중심에서 대외의존도가 높은 중화학공업 육성으로 전환하면서 원자재 수입과 제품 수출이 용이한 남동 연안의 항구도시를 중점적으로 개발하게 되었고, 포항에서부터 경주와 울산을 지나 양산, 부산, 진해, 마산, 창원, 진주, 광양, 여천에 이르는 남동임해공단이 형성되었다.

남동임해공단이 육성되었지만, 부산경제는 60년대 후반부터 수출전략 사업으로 신발, 섬유 등 단순 임가공 중심의 노동집약형 경공업이 육성되었다. 1970년대 중반부터 한국 경제는 중화학공업 육성에 치중했지만 부산 지역은 중소 제조업 중심이었고, 제조업의 96.7퍼센트 정도가 기계 금속에 포진되었는데 그 가운데 상당수가 영세 기업이었다. 소비재 경공업에 취업하는 노동자 비중이 높은 단순 미숙련 노동시장을 유지하다 보니, 특히 생산직 그중에서도 여성 노동자층이 다른 지역에 비해 높았다. 그래서 장시간 노동과 폭압적인 노동 통제에 노출된 사업장이 유독 많았고, 전국 평균 실업률을 훨씬 웃도는 높은 실업률을 만성적으로 기록했다. 3차산업만 절반이 넘을 정도로 비대했다. 하지만 장시간 저임금 노동에 의한 초과 착취를 이윤의 원천으로 삼는 기업주의 태도는 전혀 변하지 않았다. 따라서 늘어나야 할 취업률은 늘지 않고, 노동자의 노동시간만 늘어나고 노동강도만 세졌다. 그 때문에 임금수준은 전국에서 가장 낮았고, 근로복지수준 또한 마찬가지였다. 궁극적으로 사양화된 자본과 설비는 개도국으로 이동하고, 개도국에서 한국으로 저가 상품이 들어왔다. 특히 1978년 중국 개혁개방 이후 2억 명에 달하는 중국 농민공의 존재는 한국의 사양산업을 중국으로 이전하게 된 주된 요인으로 작용했고, 부산은 이러한 변화의 직격탄을 맞았다. 이미 사양산업으로 전락한 기업에서 노조운동을 전개하기는 매우 어렵다. 그래서 87년 노동자대투쟁 이후 부산 지역 노조운동은 내리막길을 걸을 수밖에 없었다. 이후 노조운동은 수익성이 안정된 중화학공업, 대기업, 공공부문에서 활발하게 전개되었다.

그래서 이 시기 전국적으로는 경제호황이 큰 규모로 전개되었으나, 부산에서는 그 성과가 노동자들에게 정당하게 분배되지 않았다. 당연히 다른 지역보다 부산 지역 노동자들의 불만이 더 쌓일 수밖에 없었고, 결국 그에 대한 저항도 더 컸다. 이러한 상황은 1970년대 중반부터 1980년대 중반까지 불과 10년 사이에 정부의 강력한 추진력으로 형성된 것이라서 그만큼 노동력 착취와 노동환경의 비민주성이 폭발 직전의 상태였다. 그동안의 자본축적과 1986년부터 지속된 이른바 3저 호황으로 기업들은 유사 이래 최대의 순이익을 올렸으나, 그 이익을 노동자들과 나누지 않았다. 결국 1987년 봄 평균 7.5퍼센트의 임금인상 이후 평균 20~5퍼센트의 임금인상을 추가로 요구하는 투쟁이 광범위하게 일어났다. 임금이 낮다는 것은 노동자 수가 많다는 것을 의미하기도 하지만, 노동시간이 상대적으로 길고 노동운동의 힘이 상대적으로 약하다는 것을 의미하기도 한다. 그러니 결국 부산 지역의 산업재해 발생율도 전국 최고였다. 86년 말 기준 노동조합 조직률은 전국 평균 조직률보다 높지만, 그 노조들은 대개 어용노조로 오히려 노동운동을 탄압하는 역할을 했으니, 노동자 상황은 다른 지역보다 훨씬 불리했다. 결국, 부산은 임금은 적고, 노동강도는 높고, 노동운동 탄압은 강한 상황에서 87년을 맞이한 것이다.

여러 요인 가운데 특히 임금의 경우, 대기업에 비해 중소기업이 매우 낮아서 대투쟁 때 중소기업 노동자의 임금과 상여금 인상을 요구하는 투쟁이 많이 일어났다. 특히 섬유와 신발업종의 임금이 터무니없이 낮아, 미숙련 여성 노동자로부터 자본가의 초과이윤이 발생했다. 그렇다고 부산 지역의 주종 산업인 신발, 섬유업종에서 노동쟁의가 많이 일어난 편은 아니다. 해당 업종의 노사관계가 안정되어서가 아니라, 노동자의 주체적 역량이 성숙하지 못했기 때문이다. 신발이나 섬유업종의 노동자 투쟁을 보면, 미숙련 여성 노동자는 사측의 폭력에 쉽게 노출되고, 수용소 체제 같은 기숙사 생활로 거의 사육되다시피 한 상태라, 투쟁도 쉽게 할 수 없고 그 폭발력도 크지 않아 요구 사항을 관철하기가 어려웠다. 다른 주요 공업도시에서는 3~5일간의 쟁의가 많았지만, 부산 지역에서는 6~10일간의 쟁의가 주를 이루었다. 휴업과 직장폐쇄도 32건에 달할 정도로 사측의 탄압이 다른 지역에 비해 완강했다. 그만큼 사용자의 탄압이 심했고, 노동자의 저항도 끈질겼다는 의미다. 그 와중에 정부의 태도는 변함이 없었다. 노동자의 생존권 요구를 외부 세력의 선동이나 노동자들의 과격성으로 규정하고 오로지 경찰력을 동원한 탄압만을 고수하여 노동자들의 분노가 분출하는 데에 큰 역할을 했다. 87년 노동자 투쟁의 규모가 커진 것은 태광산업, 대한조선공사, 국제상사와 같은 대기업 공장노동자들이 투쟁을 이끌었기 때문이라는 점도 중요하다. 태광산업, 조선공사, 국제상사 등 남성 노동자가 상대적으로 많이 포진한 대기업 노동자들이 큰 규모로 격렬하고 완강하게 투쟁을 끌고 나갔고, 대부분이 승리를 거두어 그 파급효과가 컸다.

산업구조 다음으로 생각해야 할 부산만의 특이점은, 부산 지역이 갖는 정치사적 차원이다. 부산이 1979년 부마항쟁의 발원지였다는 사실은 이 시기 노동운동사와 떼려야 뗄 수 없는 중요한 의미가 있다. 즉, 부산은 유신정권을 무너뜨린 곳으로 부마항쟁을 거치면서 높은 정치의식을 갖춘 노동자와 시민이 다수 존재했다. 그래서 전국에서 가장 뜨거운 6월항쟁을 벌인 격전지가 되었고, 대중의 적극적인 정치투쟁이 7월 이후 노동운동으로 연결되었다. 시민운동과 노동운동 사이의 융통성이 잘 발휘되었다고 할 수 있는데, 6월항쟁 당시 노동자들의 조직적인 참여가 부족했음에도 부산 지역 학출 활동가들이 일정한 역할을 한 덕이다. 부산 지역 학출 활동가들의 규모나 활약이 다른 지역에 비해 더 두드러졌다고 할 수는 없지만, 다른 지역보다 더 빠르고 조직적으로 국민운동부산본부를 조직하고 그 안에 '부산노동자투쟁위원회'를 설치한 것은 노동운동과 시민운동의 연결 고리를 만든 것으로 해석할 수 있다. 이는 부마항쟁의 발원지로서 소위 운동권 조직이 여전히 남아 있었다는 사실과 연결된다.

1987년 노동자대투쟁이 6월항쟁의 결과물로 등장했다거나 6월항쟁이 없었다면 노동자대투쟁도 없었을 것이라고 해석하기보다는, 그전부터 억눌린 상황이 계속되었기 때문에 그에 대한 돌파구를 찾으려는 노력이 이어졌고, 6월항쟁이 노동자대투쟁의 촉발에 힘을 실어 주었다고 해석하는 게 더 맞을 것이다. 상황이 악화된다고 해서 노동쟁의가 폭발하는 것은 아니다. 쟁의가 일어나려면 노동자가 주체적으로 투쟁에 나설 수 있는 의식화가 선행되어야 한다. 그 역할을 부마항쟁 이후 세를 넓힌 학출 활동가들과 선진노동자들이 담당했다. 87년 이전부터 부산 지역에서는 수도권처럼 많지는 않아도 부산대를 중심으로 하는 학출 활동가들과 교회를 중심으로 하는 자유주의 활동가들이 현장에서 꾸준히 조직운동을 하고 있었다. 비록 그들의 활동이 폭발의 직접적 원인은 아니었더라도, 그들이 없었다면 이후 전개되는 농성 조직이나 노조 설립 등은 불가능했으리라는 점은 분명하다. 이에 대해 당시 학출 활동가로 활동한 양은진은 이렇게 말한다.

나중에 87년에 노동자대투쟁이 일어나는데 가만히 보니 우리들이 논쟁했던 실-반실 그런 것과는 전혀 판이하게 다른 상황이 벌어진 거예요. 그걸 보고 우리는 굉장히 많이 당황하게 되지요. 그때 보니 노동자를 움직일 수 있었던 것은 소그룹 조직이 아니고 중공업 노동자의 힘이었던 거예요. 현대엔진의 권용목 위원장이 지게차하고 중장비를 앞세우고 행진을 하더란 말입니다. 그걸 어느 누구도 말리지 못하는 광경을 보고, 저 힘이라는 걸 보고, 바로 저거다, 라는 걸 알게 된 거지요. 노동자의 투쟁이라는 게 학출들이 말하는 실-반실 그런 차원에서 나오는 게 아니고, 6월항쟁을 거치면서 사회적 분위기가 만들어지면서 노동자가 계급적인 각성을 하게 됨으로써 일어나게 된 겁니다. 그러는 속에서 왜 우리가 열심히 작업하고 있는 고무공장에서는 저런 일이 안 일어날까 의아해하고 있었는데, 조금 지나 8월이나 9월 초쯤 되니까 고무, 섬유 등 뒤쳐진 공장들에서 사회적 분위기를 타고 각성이 일어나게 된 겁니다. 그 일을 겪은 뒤 한국 노동의 충격이란 건 결국 중공업, 밀집되어 있는 공단 지역에서 남성 노동자가 노동운동의 중심이 될 수밖에 없다는 사실을 깨닫게 된 겁니다. 그러나 각성은 순식간에 머물렀고, 몰락이 빨리 다가왔습니다.[60]

87년 노동자대투쟁에서 학출 활동가들이 구체적으로 어떤 역할을 했는지 생각해 보자. 학출들이 '실-반실' 논쟁을 벌이는 동안, 현장에서는 그들과 별다른 관계없이 노동자의 불만이 쌓였고 그것이 자연스럽게 점

---

60   2020. 09. 14. 부산 서면 세무법인 인성 사무실 구술.

화하여 대폭발한 것은 분명한 사실이다.[61] 전국적 차원에서 학출 활동가의 역할을 연구한 임영일은 당시의 학출 활동가 조직들은 노동자대투쟁 과정에 주도적으로 개입할 수도 없었고, 개입하려 하지도 않은 것으로 평가한다. 그에 따르면, 노동자대투쟁 직전인 1987년 6월 26일 창립한 인노련(인천지역노동자연맹)은 소위 NL과 PD가 함께 결합하여 조직한 대표적인 정치적 대중조직PMO이었지만, 창립과 동시에 맞은 3개월여의 노동자대투쟁 기간을 이 조직의 위상과 역할을 두고 벌인 지루하고도 치열한 내부 논쟁으로 소모했다.[62] 하지만 수도권에서와 달리 부산에서는 그러한 학출 내부 노선 갈등이 그렇게 심하지 않았다. 내부 논쟁에만 빠져 있었다고 볼 수도 없다는 것이다. 물론 의식화 작업이 크게 성공한 것도 아니다. 중요한 것은, 비록 폭발 시점이 그들의 의도대로 결정된 것은 아니지만 첫 폭발 이후 투쟁의 대오를 조직하고, 전술을 짜고, 노동자들을 상대로 선전선동 작업을 하여 투쟁을 길게 지속시킨 것은 학출 활동가들의 조직사업 없이는 가능하지 않았다는 점이다. 비록 부산 지역의 대투쟁은 급진변혁 세력이 추구한 방향과 달리 전개되었지만, 그 과정에서 변혁세력은 노동자들의 모습에서 그들이 추구하는 사회변혁의 가능성을 읽기도 하고 투쟁 방향과 노동대중의 괴리를 깨닫기도 했다.

87년 대투쟁 이후 학출 활동가나 야학 활동가 같은 외부의 영향력이 크게 줄어들면서 노동운동의 주도권이 노동자에게 넘어가고, '노동운동'

---

61   지역사회문제 자료연구실, 앞의 책, 116쪽.

62   임영일, 앞의 책, 78~9쪽.

이 '노동자운동'의 성격을 띠게 되었다. 그러나 기업별노조라는 체계의 한계가 노동자들을 가로막았다. 기본적으로 기업별노조는 어용노조로 가기 쉽다. 산업별노조도 건설하지 못한 상태여서 노동자의 세력이 약했고, 주로 단일 기업 내에서의 임금인상이나 노동조건 개선 등에만 매달리면서 노동운동은 정치운동으로 발전하지 못했다. 독재정권의 몰락과 정치적 민주화가 갑자기 찾아오면서 노동자들이 정치적 훈련을 받을 기회가 부족했던 탓도 있다.

이러한 맥락에서 87년 노동자대투쟁이 촉발된 근인近因과 전개 과정을 살펴보자. 부산의 87년 노동자대투쟁은 전 산업과 업종을 망라한 역사상 유례가 없는 규모의 투쟁이었다. 그것은 이전 시기에 나타난 노동자 투쟁과도 성격이 사뭇 달랐다. 우선 지난 시기의 투쟁이 빈곤과 실업에 저항하는 차원에서 특별한 조직 없이 폭발한 것과 달리, 이 시기의 투쟁은 임금인상이나 노동조건 개선이 가장 큰 이슈이긴 했지만 어용노조 퇴진과 민주노조 건설을 전면에 내세우는 경우도 상당수 있었다. 비록 폭발은 국가와 자본의 탄압에 대한 노동자의 자발적 저항 차원에서 일어났지만, 이후의 투쟁은 노동자들이 쟁취한 노조를 중심으로 전개되었고, 이를 통해 임금인상과 근로기준법 준수, 인권과 복지수준 향상 등이 이루어졌다. 하지만 거기서 한 발 더 나아가, 민주노조 구축이라든가 노조 중심 운동의 조직 같은 장기적인 과업에 집중할 힘은 없었다. 당시 동양고무 등에서 노동자로 일했던 정윤식은 이렇게 말한다.

당시 투쟁을 이끌었던 사람은 대부분이 그 후로는 운동을 하지 않았습니다. 당시 대부분이 노동운동으로 학습이나 훈련을 받은 사람이 아니고, 폭발하는 중에 대표로 뽑힌 사람들이고. 당시 폭발했을 때 운동을 이끈 사람들이 노조를 만들거나 고치기는 했는데, 그 사업을 조직적으로 할 역량이 되지 못해, 대부분이 88년, 89년을 거치면서 다 나가 버리지요. 그 뒤로 투쟁을 거치고 오면서 키워진 노동자 운동가들이 노동 학습을 하면서 조직을 다지는 일을 하지요. 87년 대투쟁은 학출들이 말하는 바대로 의식화되거나 조직된 게 아니고 자연발생적으로 터졌다고 보는 게 더 맞다고 봅니다. 사실은 (금정) 산성에서 한 이십 명이 모여 어떻게 터뜨릴까 워크샵도 하고 그러기는 했습니다. 동양고무 같은 경우도 운동장에 사람들이 2천 명 정도가 모이고 난 후에서야 그때 회사에 들어와 있던 학출들이 합류했습니다. 그 활동가들이 앞으로 나와 구호도 가르쳐 주고, 노동가요도 가르쳐 주고 해서 집회가 추동력이 생겼던 거지요. 그때 혜성같이 등장한 이가 김윤심인데, 김윤심이 집회를 이끌어 갔지요. 김윤심은 기존의 활동 간데 학출은 아닙니다. 야학을 통해 의식화가 되었는지 학출들에 의해 혹은 다른 어떤 경로로 의식화가 되었는지는 잘 모르겠습니다. 아무튼 당시 대투쟁은 학출들이 조직한 건 아니고 영향력도 거의 없었습니다. 그래서 길게 가지 못한 것도 있습니다.[63]

그들이 이념의 과잉, 즉 비현실적인 이론과 정통 마르크스주의에 경

---

63 2020. 09. 08. 부산 초량동 음식점 구술.

도되어 '혁명적 서클' 이상의 위상을 갖지 못했던 것은 분명하다.[64] 부산 지역에서 팸플릿 〈실천적 임금투쟁을 위하여〉을 유포하여 '실-반실' 논쟁을 촉발시킨 황민선도 당시 공장에서 일하면서 조직사업을 한 활동가가 아니었다. 전적으로 전술 논쟁을 일으킨 일종의 이데올로그였다. 학출 활동가들은 현장을 장악하지 못한 채 '실' 쪽은 선도투쟁 전술로, '반실' 쪽은 준비 전술로 나아가며 담론 논쟁에 과하게 몰두하고 있었다. 그 가장 주된 원인은 소모임을 지도한 학출 활동가들이 학습을 통해 실천에 접근한 자신들의 방식을 노동자들에게도 그대로 적용하여 학습을 우선시했다는 데 있다.[65] 그 학습을 통해 찾은 접근 방식이 각각 다르다 보니 그들의 전술도 통일되지 않았다. 이렇듯 변혁을 목표로 하는 운동가로서는 능력이 부족했던 것이 사실이다. 당시 학출 활동가들에 대한 평가는 대체로 이러하지만, 그렇다고 이것이 역사적 진실이라고 할 수는 없다. 학출 노동자들 내부에서는 이런 평가에 동의하지 않는 경우가 많다.

이러한 평가는 현상적인 것일 뿐, 당시 학출 활동가 조직의 본질을 이해해야만 더 깊은 이해가 가능하다는 주장도 있다. 노동자들의 노조 설립과 이후 전개된 투쟁이 학출 활동가들의 어떤 프로그램에 따라 계획적으로 이루어지지 않은 것은 분명하지만, 그 과정에서 학출 활동가들의 소그룹운동이 의식 있는 노동자를 양성했고, 그렇게 양성된 선진노동자들이 이후 노동운동에 상당한 영향을 끼쳤다는 주장이다. 학출 활동가들

---

64 이광일, 앞의 책, 215쪽.
65 유경순, 《1980년대, 변혁의 시간 전환의 기록 1. 학출활동가와 변혁운동》, 앞의 책, 291쪽.

의 가장 우선적인 목표는 노조 설립이었고, 이를 위해 소그룹 조직 활동을 했다. 그러던 중 1987년 노동자대투쟁이 일어나 이후 많은 사업장에서 노조가 우후죽순처럼 조직되는데, 이를 우연이나 자연발생적인 현상으로만 볼 수 있을까?

당시가 전두환 정권 시기였다는 점과 활동가들이 비밀스러운 소그룹 점조직으로 활동했다는 사실 때문에 객관적인 증거를 찾기 어렵지만, 그러한 노조 조직의 확산에 학출 활동가들의 역할이 컸다는 것은 부인할수 없다. 선도투를 주장한 활동가들이 뿌린 씨앗이 시대 분위기라는 거름을 흡수해 싹을 틔웠다고 봐야 한다. 학출 활동가들은 현장에서 쫓겨난 후 일부는 운동을 그만두기도 했지만, 일부는 다른 공장으로 옮겨 계속 운동을 했다. 당시 상황에서는 수배를 당하더라도 위장취업을 할 수 있었기 때문이다. 그래서 현장에 들어가 계속 조직사업을 하는 경우도 있었고, 외부에서 노동자들과 소그룹 학습을 진행하면서 반실이 조직하는 공장 내부와 조직을 연계하면서 투쟁을 준비하기도 했다. 결국, 학출 활동가들의 조직 활동에는 비판받을 지점이 있을 수 있지만, 그들의 활동 없이 87년 대투쟁이 일어났다고 하는 주장은 받아들이기 어렵다.

다만, 송영수가 지적한 대로, 학출 활동가들이 영향을 남길 만한 대중투쟁을 조직하지 못했고, 끈질기게 남아서 87년 노동자대투쟁을 맞이한 것도 아니기 때문에, 이후 부산 지역 노동운동에 큰 영향을 끼치지 못한 것은 분명한 사실이다.[66] 무엇보다 학출이라 불린 급진변혁 노동운동 세

---

66 (사)부산민주항쟁기념사업회 부설 민주주의사회연구소 편, 앞의 책, 203쪽.

력은 그들이 추구하는 정치투쟁을 이끌어 갈 만한 능력을 갖추지 못했다. 그들은 사회주의 혁명론을 위시한 변혁 이념으로 원대하게 무장했으나 그에 걸맞은 역할을 하지 못했다. 임영일도 80년대 초 노동운동을 주도한 학생운동 조직이 87년 대중조직과의 결합에 실패했고, 그로 인해 대중에 대한 영향력을 상실하게 되었다고 지적한다. 활동가 조직들이 대중조직과의 지속적인 결합을 모색하기보다 독자 정당운동 등 정치사회 진입로 진입할 길을 찾으며 운동의 발전을 꾀했지만, 대중 기반의 부재로 인해 단기적 정치세력화의 실패로 입은 타격을 극복하지 못한 채 소멸해 갔다고 보고, 이로써 활동가 운동이 쇠퇴하고 현장 노조 지도부 중심의 운동이 시작되었다고 분석한다.[67]

87년의 노동자대투쟁은 근본적으로 자본과 노동에 부여된 기회가 동등하지 못한 차별적인 장場에서 벌어진 것이었다. 노동 세력의 조직된 영향력이 거의 없이 진행되다 보니 강력한 지도력 아래 통일된 운동이 전개되지 못하고, 주로 개별 사업장 중심의 운동이 전개되었다. 개별 사업장의 투쟁이다 보니 정치투쟁과 같은 더 큰 차원의 요구를 위해 싸우지 못하고 임금인상, 노동3권 보장, 민주노조 설립 등 최소한의 경제적·법적·제도적 개선을 요구하는 데 그쳤다. 하지만 그 수준과 한계가 명확하더라도 87년 이전에 제기된 자유주의 노동의 수준은 훨씬 넘어섰고, 이념과 조직 문제에서도 자립적인 수준까지 성장했다는 점은 부인할 수 없다. 노동자들은 투쟁이 막히고 한계에 부닥치면서 연대 조직체의 필요

---

67 임영일, 앞의 책, 46쪽.

성을 인식하기 시작했다. 이제 막 움트기 시작한 노동의 힘을 어떻게 연대하고 조직하여 정치세력으로 키울 것인가가 가장 시급히 해결해야 할 과제로 떠올랐다.

그동안 작업장 내외부에서 벌어진 싸움의 양상은 그 요구 수준 및 내용과 관계없이 매우 전투적이었다. 자본이 구사대 동원, 내부 이간질 및 갈등 조장, 직장폐쇄 등의 전술로 노동자를 자극했고, 노동자는 이에 격렬하게 저항했다. 그러나 그 전투적 방식이 빌미가 되어 국가와 자본의 탄압을 더 많이 받게 되었고, 다른 편으로는 자유주의 시민 세력과의 연대가 더 어려워졌다. 김대중, 김영삼 등 자유주의 제도권 야당 세력은 민주주의 회복과 집권을 위해 노동 세력의 요구를 뭉개기로 일관했고, 이에 노동자들은 노동자의 정치세력화에 더 매진하게 되었다. 이런 전국적 상황 아래 부산에서는 진보적 노동 세력과 자유주의 제도권 야당 세력이 혼재되어 있었다. 소위 재야 원로의 주도 아래 특별한 갈등이나 노선 충돌 없이 양자가 조용히 섞여 지내는 편이었다. 노선 갈등은 아직 첨예하게 나타나지 않았고, 시간이 지나면서 서울·인천 등 수도권 노동운동의 영향권 안에 들어가게 되었다.

1987년 노동자대투쟁은 노동자에게 정치 공간을 열어 주었으나, 노동자를 독자 계급으로 조직하여 정치세력화하는 데까지는 이르지 못했다. 무엇보다도 그러한 계급정치를 추구한 급진적 노동운동이 노동자대투쟁 안으로 조직적으로 스며들지 못했다. 소수의 소위 선진노동자도 결국 현장에서 쫓겨나 대중에 대한 영향력을 잃었다. 그들은 노동대중과 격리되어 대투쟁을 끌고 나갈 역량을 키우지 못한 채 여전히 이념에 경도되어 있었다. 그들은 노동대중과 괴리된 채 계속해서 급진변혁을 위한 정치투쟁을 외쳤고, 노동자 대중은 화답하지 않았다. 노동자 대중은 임금 인상이나 노동조건 개선, 노동조합 결성과 활동 보장에 머무렀을 뿐이다. 급진변혁 세력은 고립되어 갔다.

이를 1987년 6월항쟁 이후 자유주의 정치 공간이 커졌다는 사실과 연계하여 생각해 봐야 한다. 민주화로 자유주의 정치세력이 현실 정치에서 큰 영향력을 발휘하게 되었고, 그에 따라 자유주의 노동운동의 헤게모니도 더 강화된 것이다. 당시는 5·18을 겪은 이후라서 시민의 가장 큰 목표는 독재 타도로 기울 수밖에 없었다. 노동문제가 정치적 민주화 이행을 앞지를 쟁점으로 자리 잡기 어렵게 되었으니, 보기에 따라서는 정치 민주화가 노동, 즉 경제민주화의 길을 가로막은 것으로 해석할 수도 있다. 기본적으로 이 시기에 노동운동이 시민들에게 열렬한 지지를 받지 못한 이유가 노동 세력의 시대착오적 급진성 때문도, 노동운동이 경제적 조합주의에 함몰되었기 때문도 아니라는 의미다. 자유주의 시민들의 관점에서 보면 정치적 민주주의 운동이 노동운동을 일정 부분 대중운동에서 후순위로 밀쳐 냈고, 노동 활동가들의 관점에서 보면 노동자 운동의 큰 구도 속에서 운동가들이 대중적 노동운동과 심지어는 노동조합운동에서도 유리되는 과정을 밟았기 때문이라고 할 수 있다. 그러나 노동자 대투쟁이라는 대한민국 건국 이후 유일한 예외적 폭발로 그동안 반反노동의 국가이념에 통제당하던 노동자들이 비로소 노동자로서의 정체성을 공개적으로 인식하고 드러냈다. 실로 사회사적인 전환이라 할 수 있다.

이 과정에서 부산 지역은 1979년 부마항쟁의 역사적 경험이 큰 역할을 했다. 부마항쟁에서 주요 역할을 담당했던 운동권들이 사회운동의 여러 곳에서 왕성하게 활동하고 있던 터라 다른 지역에 비해 1987년도를 더 조직적으로 맞이할 수 있었다. 부마항쟁과 부림사건 주동자들 가운데 노동운동에 참여한 사람은 소수였고, 다수는 민주화 시민운동 쪽으로 갔다. 이 시민운동 쪽으로 간 사람들을 중심으로 부산 지역 운동 진영의 전반적인 분위기가 흘러갔다고 본다. 그들은 민주헌법쟁취국민운동 부산본부에 '부산민주노동자투쟁위원회'라는 외곽 단체로 참여했다. 부산이 1987년 노동자대투쟁 이후 다른 지역에 비해 국본 같은 조직을 비교적 빨리 조직할 수 있었던 것은, 부마항쟁과 부림사건으로 이어지면서 학출 활동가들이 탄압을 받았지만 상대적으로 그 조직이 잘 유지되었기 때문이다. 일부에서는 노동 현장에 들어가 노조를 조직하거나 지도하는 등 상당한 역할을 한 것은 분명하나, 그것보다는 현장 외부에서 상담 지원을 통해 민주노조 조직에 의미 있는 역할을 담당했다. 대투쟁이 그 어느 지역보다 더 많은 규모로 터진 부산 지역에는 상근 상담자가 있는 공개 조직이 거의 없어서 범내골 부산국본 사무실이 그 역할을 주로 맡았고, 그 안에서 송영수와 같은 해고노동자가 밤늦게까지 노동조합의 설립이나 노조 민주화 상담을 진행하기도 했다. 대규모 쟁의 현장에는 부산국본 대표단이 직접 방문하여 투쟁을 함께 하기도 했다.

6월항쟁 이후 7월 노동자대투쟁이 일어난 것은 6·29 선언이라는 민주화 투쟁의 결과가 경제민주화를 완전히 무시했기 때문이기도 하다. 6·29 선언문만 봐도 여덟 개 조항이 모두 정치 민주화만 이야기할 뿐 노동은 아예 언급조차 없다. 심지어는 국제수지가 개선되고 기업 채산성이 좋아진 3저 호황기에도 노태우는 노동자들에게 임금인상 요구를 자제하라는 말만 했다. 또, 6·29 선언 이후 교수와 교사, 학생의 복직은 거론되었으나 노동자 문제는 전혀 거론되지 않았다. 그만큼 노동자의 힘이 없었고, 국가와 자본이 노동을 천대하고 소외시켰다. 전국적으로 비슷한 분위기였는데, 부산에서는 분위기가 약간 다르게 나타났다. 부산에서는 1986년 말부터 노동, 학생, 재야(공개기구)의 대표들이 비공개적인 경로를 통해 부산 지역의 민주화 투쟁을 조직적으로 이끌었는데,[68] 이것이 다른 지역에 비해 부산에서 국민운동본부를 상대적으로 빠르게 결성한 계기가 되었다. 그 과정에서 부마항쟁과 부림사건을 거치고, 그 후 공장으로 들어가거나 지하에서 조직 활동을 하다가 쫓겨난 학출 활동가들의 역할이 컸다. 이에 대해 당시 부산국본에서 선전홍보 업무를 맡았던 양은진은 다음과 같이 말한다.

6·29 선언에 대해 나온 전국의 여러 논평 가운데 국본(=민주헌법쟁취국민운동부산본부)에서 나온 것이 가장 괜찮았다고들 합니다. 그건 부산 국본만 유일하게 이 선언이 절반의 승리일 뿐이라고, 그 이유는 해고노동자에 대한 언급이 없었기 때문이라고 논평을 했기 때문인데요. 이 힘으로 '누가 노동자의 항쟁에 침을 뱉는가?'라는 사설까지 내게 됩니다. 부산에서는 특히 거국내각 구성을 크게 주장하는데, 바로 이 노동문제를 당시 정

---

68 김석준, 〈6월항쟁 주체의 계급적 성격〉, 《부산 지역 현실과 지역운동》(부산: 부산대학교출판부, 1999), 98쪽.

부가 해결할 수 없다고 판단했기 때문입니다. 부산이 이렇게 된 것은 부마항쟁 이후 부림사건과 부산 미문화원 방화 사건으로 많이 위축되긴 했지만, 그래도 축적된 학생운동권의 힘이 있었고, 학출 노동자로서 노동 현장에 들어갔다가 해고되어 나온 후 그 사람들이 사회운동 노동 진영에서 상당한 힘을 발휘했기 때문일 것입니다. 저만 해도 혁명 차원에서 환경운동, EYC(한국기독청년협의회) 등 사회운동을 일종의 전위대로서 조직하고자 그쪽으로 들어가 활동했습니다. 그때는 선배들이 필요에 따라 이리 가라 하면 이리 가고, 저리 가라 하면 저리 갔지요. 저는 선배들의 지시에 따라 국본으로 가서 활동했는데, 국본 안에 노동특위를 만들어서 노동 현장을 상담하고 지지하는 운동을 열심히 했습니다. 당시 저희는 급진 노동운동을 추구했으나, 시민 세력과 손을 잡는 것이 전위로서 해야 할 일이라고 봤습니다. 저희는 시민 세력을 자유주의자라고 배척하지 않았습니다.[69]

이러한 과정을 거치면서 1987년 6월항쟁의 부분적 성공으로 절차적 민주주의가 일정 부분 성취된 후 민중운동과는 다른 새로운 이슈, 가치와 목표, 활동 양식, 지향성 등을 표방하며 본격적인 시민운동이 등장했다. 1980년대 변혁운동 차원에서 부각된 반독재 정치투쟁 이슈는 비록 형식적인 민주화라 할지라도 민주화 국면이 시작되면서 더는 유효한 운동 목표가 될 수 없었다. 노동조합이 합법화되고 이와 동시에 시민운동이 활성화되면서 양자 사이에 의도치 않은 경쟁이 생겼다. 그 가운데 더

---

69 2020. 09. 14. 부산 서면 세무법인 인성 사무실 구술.

많은 시민이 전통적으로 진보 진영의 고유 의제인 계급 문제보다는 인권이나 환경과 같은 공공 가치, 사회적 정의나 도덕, 합리성, 다원성 등에 관심을 보이면서 연대와 합의를 통한 운동이라는 새로운 모습에 더 기울었다. 그러면서 진보 진영의 운동가 상당수가 이전의 변혁운동에서 벗어나 이러한 사회적 이슈를 꺼내 들고 사회운동을 전개했다. 시민운동은 광범위한 공적인 의제를 제기하는 데 반해, 노동운동은 주로 임금과 노동조건 문제와 관련된 자신들만의 의제를 제기하는 운동으로 인식되는 경향이 대중에게 널리 퍼졌다. 특히 1989년 소련과 동구권의 몰락 이후 노동운동에 기반한 변혁운동은 시민운동과 비교해 구태의연한 이미지로 고착되어 시민들로부터 갈수록 멀어졌다. 이를 다른 시각으로 보면, 노동운동이 대체로 계급운동의 정체성에서 벗어나 시민운동의 일부로 자리매김하게 되었다고 할 수도 있다. 이는 87년 노동자대투쟁의 중요한 사회사적 전환이라 할 수 있다.

87년 노동자대투쟁의 역사적 의의 가운데 가장 중요한 것은, 노동운동의 연대 필요성이 높아진 것이다. 비록 대투쟁은 조직적 차원에서 촉발되지 않았지만, 대투쟁 기간 동안 단위 사업장의 범위를 넘어서 지역 차원의 노동자 간 연대가 시도되었다. 10만여 노동자들이 직접 투쟁을 경험하면서 그 개체적 경험이 한계를 가질 수밖에 없음을 깨달았다는 것이 중요하다. 먼저 일어난 공장의 파업이 다른 공장으로 알려지면서 학습효과가 생겨났고, 그로 인해 나중에 파업이 일어난 공장에서 더 나은 동원과 조직이 이루어졌다. 그 과정에는 몇 년간 이어 온 소그룹 활동과 학출 활동가의 역할이 분명히 있었다. 다만, 그들이 조직하고 양성한 노동자들을 통해 더 큰 지도 조직을 만들지 못했고, 그 결과 애초에 추구했던 변혁운동으로서의 정치투쟁에는 이르지 못했다. 투쟁의 강도는 매우 끈질기고 처절했지만, 조직된 지도력이 발휘되지 않아 각 사업장별로 고립되고 분산되었다. 그러다가 투쟁이 진행되면서 조금씩 각 단위 사업장별로 조직이 갖추어지고 이를 바탕으로 약한 단계의 연대가 이루어졌다. 학출 활동가를 중심으로 그들이 공장에서 확보한 노동자, 그리고 해고된 선진 노동자들이 서서히 연대하기 시작했다.

여기서 말하는 연대는 다른 사업장 노조나 노동자들끼리 설정한 동질적 계급의식을 바탕으로 한 정치적 목표에 따른 전략에 맞춰 나온 것이 아니라, 노동자들이 서로의 경제적 목표와 상황 타개 전술을 자연스럽게 공유하고 그 사이에서 학출 활동가와 선진노동자가 이 관계를 이어 주면서 상호 발전해 간 것이다. 앞서 말했다시피, 부산에서는 수도권 지역처럼 정파 간 논쟁이 첨예하지 않았다. 연대의 중심에는 지식인들의 의식이 아니라 노동자가 처한 부당한 현실이 있었다.

88년과 89년의 부산 지역 노동운동

1987년 12월 7일, 가톨릭 재단에서 운영하는 부산 메리놀병원에 노조가 결성되었다. 부산 메리놀병원은 그동안 병원 선교라는 원래의 뜻과 달리 연간 수십억 원의 진료 수익을 올리고 있었지만, 하루 12~3시간 근무 등 노동자들의 노동조건이 너무 열악하여 노동조합을 설립한 것이다.

메리놀병원은 명색이 가톨릭 재단이 운영하는 병원임에도 노조 자체를 인정하려 하지 않았다. 그들은 레지오 활동과 노조 활동 둘 중 하나를 택하라고 강요했다. 종교를 이용한 전형적인 노조 탄압 방식이다. 병원 측은 노조 가입자에게 이름 적고 도장만 찍으라는 식으로 백지 탈퇴를 강요하고, 조합 활동을 이유로 부서에서 내보내거나 사직을 강요하고, 그 과정에서 온갖 모욕적 발언과 욕설을 퍼붓는 등 일반 기업체를 능가하는 악랄한 태도를 보였다.

처음 단체협상에 들어간 노사는 별 어려움 없이 협약 체결에 합의했다. 그리하여 조합 상근자 보장과 병원 내규 개선 및 그 내용 공개를 합의했다. 그러나 병원 측은 단체협약 체결을 지연시키고, 합의 사항을 번복하는 행태를 보였다. 이에 노조 조합원 129명이 1988년 3월 24일 3일 동안 단식농성을 감행했고, 그 가운데 7명이 탈진했다. 단체협약 과정에서도 노조 측의 협약안 95개 항 가운데 61개 항을 완전 삭제하고, 14개 항을 부분 삭제하는 등 노조를 무시하는 태도로 일관했다. 원장 신부는 교섭에 단 두 차례밖에 나타나지 않은 채 시청과 노동부, 시경 등 정부기관을 찾아다니는 비상식적인 행태를 보였다. 결국, 양측은 합의하지 못한 채 부산시가 요청한 부산지방노동위원회의 직권중재를 받아들이기로 했고, 3월 26일 오후 5시경 노조는 3일간의 농성을 풀고 단식투쟁을 중단했다. 노조 측은 최종적으로 4개 항만 주장했다. '유니언숍union shop 인정', '위해수당 지급', '구내매점 운영권 노조로 이양', '노조원과 관련된 인사 문제 노조와 사전 협의'다. 이에 대해 사측은 유니언숍은 직원의 3분의 2 이상이 노조에 가입할 경우 노조와 협상하고, 위해수당은 방사선과 등 직접 위험에 노출되는 부서만 인정하고, 매점 경영 이익금은 이미 의료복지사업에 투자하고 있으므로 이양할 수 없으며, 노조 인사권은 경영권 침해라고 주장하며 팽팽히 맞섰다. 결국 사측 주장을 기준으로 합의에 이르렀다.

그러나 비슷한 일이 1989년에 또 반복되었다. 병원 측은 지난 10년간 지급해 오던 하계 휴가비를 일방적으로 지급하지 않기로 하고, 단체교섭에도 불성실하게 응했다. 8월 30일 노조가 단체행동에 돌입하자, 병원장 윤경철 신부는 공권력 투입을 요청하여 조합원 30여 명이 백골단에게 강제 연행되었다. 그리고 돈이 없어서 휴가비를 못 주겠다고 해 놓고, 노동청에서 지급을 명령하자 즉시 지급하는 파렴치한 모습을 보였다. 메리놀병원의 행태와 노동자들의 투쟁은 부산 지역을 넘어 전국에 널리 알려졌고, 노동계와 가톨릭계는 큰 충격을 받았다. 여러 곳에서 원만한 사태 해결에 힘을 보탰으나, 메리놀병원은 노조와 협상하지 않았다. 비슷한 쟁의가 1995년에도 일어나는 등 메리놀병원은 부산 지역 노동운동사에서 빠질 수 없는 장기투쟁 사업장이자 악덕 기업이 되었다.

1988년 7월, 대류레미콘에서 사측의 노조 탄압과 직장폐쇄에 맞선 노조의 처절한 싸움이 시작됐다. 대류레미콘은 처음 일곱 대의 레미콘 차량으로 출발했으나, 싸움이 시작될 당시에는 35대의 레미콘 차량과 5개의 방계회사를 거느릴 정도로 성장한 상태였다. 그런데 1988년 2월분 임금이 오히려 인하될 정도로 노동자 대우가 형편없었다. 임금 인하에 분노한 노동자들이 4월 6일 월급 수령을 거부하고 잔업 거부 행동에 들어갔다가, 4월 16일 쟁의 발생 신고를 했다. 노동자들이 잠시 파업을 보류

하고 있을 때, 5월 12일 사측은 레미콘 차량 22대를 대륙중기 사장 박성식 등에게 위장 매각하고, 경영 상태가 악화되었다며 레미콘 기사 21명을 해고했다. 그리고 7월 24일에는 신원 미상의 사람들과 방계회사 직원 및 차주들을 동원하여 노조원을 폭행하고 회사 출입 금지 가처분신청을 했다. 위장 매각한 차량을 매수한 차주는 해고자를 상대로 차량 인도 방해로 인한 손해배상 청구권을 제기했고, 이를 근거로 해당 해고자의 집안 가재도구까지 압류했다. 이에 부산·양산 지역 노동자들이 나서서 대륙레미콘 노동자와 연대투쟁을 벌였다.

이와 유사한 사례가 부산시 북구 덕천동에 있는 강남병원에서도 일어났다. 강남병원 노동자는 하루 평균 10~4시간의 장시간 노동과 12~5만 원의 저임금에 시달려 왔는데, 그나마도 3~4개월씩 체불하기 일쑤였다. 여기에 걸핏하면 원장 신강연과 그 부인 진능자가 노동자에게 심하게 욕설을 퍼붓고 폭행을 행사했다. 이에 더는 참지 못한 노동자들이 88년 4월 18일 병원 경영 합리화, 체불임금 변제, 근로조건 개선 등의 기치 아래 노동조합을 설립했다(위원장 이근우, 조합원 34명). 노조는 5월 9일 단체협약을 요구했으나, 회사는 노조를 인정하지 않았다. 이에 노동자들은 만성적 임금 체불 및 원장과 원장 부인의 노조 업무 간섭을 규탄하며 농성에 들어갔다. 그러자 6월 20일, 병원장 신강연이 회사를 부도내고 잠적했다. 채권단은 거의 대부분 병원장 친구들이거나 불법 사채업자였는데, 그들은 병원을 분할해 회사를 다시 신강연에게 주는 것을 대책으로 논의했다. 졸지에 직장을 잃은 노동자는 철야농성에 들어갔고, 이에 부산병원노련도 대책위를 구성하여 연대투쟁에 나섰다.

이 시기 부산의 여러 병원 노조들은 단체협상 과정에서 병원 측의 불성실한 태도로 큰 어려움을 겪었다. 성분도병원은 노조를 인정하지 않고 직장폐쇄를 단행하여 파업이 장기화되었고, 대동병원에서는 사측이 조합원을 이간질하는 유인물을 뿌리는 등 온갖 방해를 서슴지 않았으며, 이보다 앞선 남천병원도 유사한 어려움을 겪었다. 그러나 병원 노조들의 힘겨운 투쟁은 도리어 연대의 필요성을 절감하게 했고, 그 결과로 8월 12일 '강남병원 생존권쟁취 및 병원노조탄압 분쇄결의대회'라는 연대투쟁을 이루어 내었다.

위장폐업이나 위장분할 등 새로운 형태의 노동 탄압 사례가 1989년에도 계속되었다. 사하구 신평동에 있는 사출(플라스틱) 완구 생산업체인 동신화학은 1989년 3월 19일 8명이 발기하여 노동조합이 결성되었다. 단체협약을 위한 교섭을 진행하던 중 사장이 해외로 나가 버리고, 구사대가 조직되었다. 온갖 탄압에 조합원 수가 80명에서 42명으로 줄어들었으나 조합은 파업에 들어갔고, 사흘 만에 임금인상을 쟁취했다. 그러나 투쟁이 끝난 뒤 사장은 회사를 생산관리 효율화를 내세워 무려 여덟 개로 분할했다. 이어 노조위원장이 구속되고, 노조는 힘을 잃었다. 이후 대부분의 노동자가 퇴사하고, 7개 업체가 기계 설비 중심 사업으로 전환되었다. 용당동 소재 신우인터내셔널의 경우도 유사하다. 1989년 1월 7일 양산공장에 노동조합이 결성되고 24일부터 노사 교섭에 들어갔으나, 4·5차 교섭이 실패하자 사장이 폐업을 선언하고 하도급을 제안했다. 노조는 해고비를 받고 폐업에 따른 전원 해고에 동의했다. 그런데 며칠 후 회사는 폐업하지 않고 노조원들만 해고만 된 것을 알게 된 노동자들은 폐업 철회 및 원직 복직 투쟁에 돌입했다. 노조는 천막 농성을 했고, 회사는 구사대를 동원해 충돌했다. 그러다 법적 소송이 사측에 불리하게 나오자 6월 1일 다시 폐업 신고를 냈고, 이에 노조는 여러 민주노조와 연대하여 투쟁의 수위를 높였다. 결국, 7월 6일 노조는 사장을 굴복시켜 원직에 복직했다.

87년 노동자대투쟁을 겪은 후 사용자들도 교훈을 얻었을 것이다. 그래서 노동자들이 새로운 투쟁 방식을 개발하듯, 새로운 수법으로 노조를 탄압하기 시작했다. 그 좋은 예가 1988년 10월 24일 섬유회사인 벽림상사에서 발생했다. 사측이 원화절상을 이유로 경영이 어렵다며 위장폐업을 하자, 이에 맞서 노동조합이 회사를 자체적으로 운영하겠다고 제안했다. 이를 사측이 받아들여 노조가 회사를 인수하여 임대 운영하는 일이 벌어졌다. 매우 보기 드문 사례. 노조가 회사를 운영한다는 뜻은 좋았으나, 준비가 부족한 상태에서 사업은 성공하지 못했다. 이는 결국 회사가 노조운동을 무력화하는 새로운 수법이었다. 1990년 4월 부산 학장동에 있는 코파트 사업장에서도 유사한 노조 탄압이 일어났다. 단체협상 중에 새로 부임한 강완준 사장은 몇몇 부서의 기계를 몰래 외부로 빼돌려 하청을 주는 등 노조의 힘을 약화시키려 했다. 코파트는 부산노련에 가입하지 않은 상태였으나, 단협과 해고 그리고 파업과 시위를 통해 인근 공단 사업장들의 투쟁 열기를 고취시켰다.

1988년 들어 부산 지역에서는 노동자의 투쟁에 맞서 기업주의 직장폐쇄와 위장폐업이 부쩍 늘어났다. 87년 노동자대투쟁에 위기의식을 느낀 기업주들이 반격한 것으로, 이후 노동 탄압의 새로운 양상으로 자리 잡았다. 위장폐업과 분할은 대체로 노동자를 착취하여 이윤을 챙겨 온 중소 자본가가 노조 결성으로 더는 이전과 같은 방법으로 이윤을 얻을 수 없을 때 발생한다. 특히 사장이 회사를 철저하게 개인 소유물로 여기고, 노동자들이 자신에게 은혜를 입고 있다고 생각할 때 벌어진다. 노조를 절대로 인정할 수 없다고 하는 봉건적이고 권위주의적인 의식이 크게 작용한 경우가 대부분이다. 여기에 결정적인 요인이 하나 더 있다. 당시 한국 사회는 노동자의 해고나 실업에 대한 사회적 보장이 없는 사회이다 보니 노동자 세력이 크게 약했고, 노조도 기업별노조 체제라 제대로 힘을 쓰지 못했다. 부당노동행위에 대한 규제처럼 개별적인 해고 규제는 있어도, 기업 경영의 논리에 따라 생겨나는 집단적 대량 해고에 대한 규제가 없었다. 그래서 주로 저임금과 수출에 의존하는 중소 영세 기업이면서 시설 투자가 적은 노동집약산업에서 위장폐업과 분할이 많이 일어났다. 부산에는 유독 이런 기업체가 많았기 때문에 위장폐업도 많이 일어났다. 하지만 그럴수록 노동자들의 연대투쟁은 더욱 활발해졌고, 노동자들은 기업별노조 체계에서 조직을 다진 뒤 그 위에서 연대하는 것이 필수적임을 절감했다.

1987년 대투쟁이 끝나고 1988년 상반기에 제조업 부문 노동자 투쟁이 활발하게 일어난 데 이어, 사무직·판매직·서비스직·언론 등에도 잇달아 노조가 결성되었다. 그 가운데 가장 관심을 받은 곳은 부산일보 노조의 투쟁이다. 부산일보사 노조는 1988년 1월 22일 편집국 소속 기자 6명이 내밀하게 기초 작업을 한 뒤 비밀리에 동조자를 모아 노조 설립을 감행했다. 처음 59명이 조합원으로 가입했고, 초대 위원장은 조영동 기자가 맡았다. 6월 30일, 부산일보 노조는 부산지방노동위원회와 부산시 동구청에 쟁의 발생을 신고하고 다음 날 파업에 들어갔다. 정상 출근을 하면서 투쟁 분위기를 만든 후, 7월 5일에는 출근 시간보다 30분 일찍 출근하여 회사 건물을 한 바퀴 돌면서 하는 침묵시위, 7월 6일에는 운영위원 철야 투쟁, 7월 7일 퇴근 거부 등으로 점차 투쟁의 강도를 높였다. 7월 11일, 전면파업에 들어가면서 '편집국장추천제' 관철을 다시 결의하고 쟁의특보 호외를 발행·배포했다. 7월 15일, 사측에서 윤임술 사장을 해임했으나, 노조는 애초의 목적이 사장 퇴진이 아니라 편집권 독립에 있다며 편집국장 추천제를 계속 요구했다. 7월 16일, 부산일보 노조의 파업투쟁을 지원하는 시민운동협의회 100만 인 서명이 시작되었다. 밤늦게까지 이어진 10차 단체교섭에서 편집국장 추천제에 노사가 극적으로 합의하면서 16일간의 투쟁을 승리로 마쳤다.

부산일보 노조 투쟁은 몇 가지 중요한 의미가 있다. 첫째, 신문사 최초로 신문 발행용 윤전기를 멈추고, 그 윤전기로 쟁의 상황을 알리는 특보를 인쇄해 부산 전역에 배포했다. 파업이 실패하면 절도죄로 몰릴 위험을 무릅쓰고 감행한 결과 얻은 값진 승리였다. 둘째, 편집권 독립은 그 후 30년 넘는 기간 동안 우여곡절은 있었어도 편집권 독립이라는 큰 틀을 지키면서 한국 신문사에서 편집권을 독립시키는 체계를 만드는 결정적 계기로 작동했다. 이후 편집과 경영의 분리가 모든 언론사의 기본 체계가 되었다. 셋째, 6일간의 전면파업 기간 동안 시민들의 격려 전화와 지지 방문, 성금 등이 쏟아졌고, 부산 지역 30여 개 사회단체가 '부일노조지지 및 민주언론추진 시민협의회'를 결성함으로써 시민과 함께하는 노동운동이 비로소 전개되었다. 여기에 전국언론노조협의회가 지지를 표명하면서 전국 언론사의 연대투쟁으로 발전할 가능성도 남겼다. 사태가 심상치 않게 전개되자, 부산일보의 소유주인 정수재단 측은 합의를 서둘렀다. 비록 정수재단 문제는 해결하지 못했지만, 윤임술 사장 퇴진, 편집국장 추천제 등 노조의 요구를 관철시키는 성과를 거두었다. 부산일보 노조의 쾌거는 한국 언론 노동운동사에 획기적인 족적을 남긴 중요한 투쟁이었다.

부산의 지역 방송 노조는 89년까지는 이렇다 할 움직임이 없다가 1990년 KBS, MBC 사태와 방송법 개정 반대 투쟁에서 정부의 방송 장악 음모에 맞서면서 투쟁에 나섰다. 90년 5월 1일 KBS 공권력 투입 및 방송 장악 음모 규탄대회를 열어 제작 거부에 들어갔고, 5월 6일까지 부산 지역 방송 3사 연대집회를 열었다. 이어 7월 들어 방송법 개정 반대 투쟁이 다시 일어났다. 7월 14일, 부산 지역 방송 3사 공대위(공동대책위원회)를 결성하고 투쟁을 진행했으나 뚜렷한 성과를 거두지 못했다. 하지만 전체 방송사 노조가 생긴 지 3년 만에 연대투쟁을 끌어냈고, 제작 거부 투쟁이 방송 노조 내부 민주화 투쟁에서 방송악법 반대라는 정치투쟁으로 발전했다는 점은 상당한 성과라고 할 만하다.

1989년 7월 26일, 해방 이후 최초로 철도가 총파업했다. 철도 기관사들은 가혹한 노동조건에 근로기준법 준수, 인사제도 개선, 철도청장 퇴진, 어용노조 퇴진 등을 요구했으나 정부가 들을 기미도 보이지 않자 노조 차원에서 26일 전면파업에 들어갔다. 부산에서도 부산역사 앞 노조 지부 사무실에서 기관사들이 농성을 벌이다가 214명이 연행되었다. 이 투쟁은 공무원의 파업은 불법이라는 악법을 정면으로 깨트린 큰 성과를 거두었다는 의미가 있다. 그리고 1988년 부산 지역 노동운동사에서 매우 의미 있는 노조가 결성된다. 2월 16일, 이용성 위원장을 비롯한 발기인 60명이 창립총회를 개최한 부산지하철노동조합이다. 부산지하철 노조는 같은 해 7월 1일 부산교통공단 발족과 더불어 단체교섭을 진행하여, 9월 6일 전문 105개조, 부칙 4개조의 단체협약을 체결했다. 이후 부산지하철 노조는 부산 지역에서 가장 큰 규모의 공기업 노동조합으로 자리매김했다. 부산지하철은 노조 결성 후 1994년까지는 노사 합의가 순조롭게 진행되어 파업이 일어나지 않았다.

1989년에는 한국 노동운동사에서 또 하나의 의미 있는 사건이 일어난다. 바로 전국교직원노동조합(이하 전교조)의 결성이다. 다른 노동운동과 마찬가지로 1987년의 민주화운동 대중화에 큰 영향을 받아 결성된 전교조는 현재 가장 실질적인 산업별 노동조합 체계를 갖추고 있는 노조로 자리매김했다. '노동조합'으로 가기 전 단계로 '전국교사협의회'(이하 전교협)가 결성되었다. 1988년까지 전국적으로 121개 시·군·구에 '교사협의회'가 결성되는데, 이 시기에 사립학교들에서 정부와 재단에 휘둘렸던 학교의 정상화를 촉구하는 투쟁이 불붙듯 일어났고, 750여 개 학교에서 '평교사협의회(이하 평교협)'를 결성한다. 평교협은 전교협의 전국적 조직 확대와 더불어 전교조 결성까지 밀접하게 관계를 맺으며 활동했다. 그러면서 자연스럽게 전교조 결성과 합법화 논쟁으로 이어진다. 일부에서는 '전교협 법제화 후 노조 건설' 노선을 주장했으나, 결국 선先교원노조 건설로 의견이 모였다. 정부의 엄청난 탄압이 예견되었음에도 학교 현장의 교사운동가들에게는 교원노조 건설론이 더 선명하게 받아들여진 것이다. 1989년 5월 28일, 마침내 전교조가 결성되었다. 곧이어 전국적으로 지부가 결성되기 시작했다.

부산에서는 1989년 6월 10일 전교조 부산지부 결성대회가 부산대 운동장에서 열렸다. 위원장으로 권경복 교사(46·성도고)가 선출되었다. 이어 23일에 부산지부 산하 공사립중등지회와 초등지회가 계속해서 결성되어, 22일까지 13개교(조합원 3백여 명)로 늘어났고 이후로도 계속 늘어났다. 이 과정에서 일부 학교의 교장과 교감 등이 교사들에게 폭언에 폭력까지 행사했으며, 일부 교사는 출근길에 경찰에 연행되어 구속되기도 했다. 동삼초등학교에서는 분회장이자 초등 지회장으로 나선 이성림 교사의 부친 이상효 씨가 딸에 대한 교장의 폭행에 항의하던 중 '당신 딸은 좌경용공 빨갱이'란 교장의 말에 격분하여 집으로 돌아와 스스로 목숨을 끊는 비극적인 사건까지 발생했다.[70] 정부 측의 대응도 강경했다. 권경복 지부장이 6월 29일 전국사립학교 소속 교사로서는 처음으로 파면됐다. 이후 문교부는 7월 17일 중징계 대상 4,900명(공립 1,500명, 사립 3,400명)을 발표했고, 전교조 탈퇴를 거부한 교사들에 대한 징계를 단행했다. 약 1,500여 명의 교사가 7월 26일부터 전교조 결성과 조합 탈퇴 거부를 이유로 파면 또는 해임되었다. 사립대 재단이 징계에 앞장섰다. 이에 교사들의 저항도 시작되었다. 부산해운대고 교사 30여 명은 28일 재단 측이 이 학교 교사 박종기(34·전교조부산지부 조직부장)에게 1차 징계위원회 출석을 통보하자, 이날 하오 1시 30분부터 6시 30분까지 교무실에서 침묵시위를

---

[70] 부산민주운동사 편찬위원회, 《부산민주운동사 2》, 앞의 책, 112쪽.

벌였다. 교원노조 주동 교사에 대한 징계와 관련해, 동료 교사들이 징계 철회를 요구하는 시위를 벌인 것은 부산에서 해운대고가 처음이다.

정부의 강경 탄압 방침이 수그러들지 않자, 교사를 보호하기 위한 연대투쟁으로 교수들의 전교조 가입이 줄을 이었다. 부산에서는 민주화를 위한부산경남교수협의회 소속 교수 64명이 6월 29일 부산여대 교수협의회 사무실에서 교직원 노조 결성 지지 성명을 발표하고, 전국교직원노조 부산지부에 가입 신청서를 냈다. 고등학교 학생들의 저항도 일어났다. 9월 말까지 구덕고·부산진고 등 6개 고교 학생 1만 9,580명이 전교조 교사의 징계 철회를 요구하며 30차례에 걸쳐 집단시위를 벌였다. 5개교 학생들이 7월부터 9월까지 7차례 집단행동을 했다. 전교조 관련 고교생 집단행동으로 징계를 받은 학생이 20여 명에 이르렀다. 부산 지역 학부모회도 움직였으니, 8월 17일 하오 8시 동구 초량동 부산YMCA 강당에서 발기인대회를 열고 참교육 실현을 위해 노력하는 전교조를 적극적으로 지원할 것을 결의했다. 1992년 전교조 부산지부는 참교육실천위원회를 두었고, 1993년 12월 처음으로 참교육실천 보고대회를 가진 후 매년 대회를 개최하여 참교육의 연구 실천 사례들을 학교 현장에 널리 알렸다.

전교조 부산지부는 '청소년을 위한 푸른 교실', '토요 교실' 등을 개설하여 학교 밖에서도 노동의 가치, 민주주의, 평화 통일 등에 대한 청년 의식 교육을 실천했다. 1994년 3월 1일 해직교사 일괄 복직 때까지 전교조 부산지부는 진보 시민단체의 일원으로 교육 문제뿐 아니라 정치, 사회, 특히 노동운동에까지 깊숙이 관여하는 사회운동으로서 중요한 역할을 했다. 1994년 3월 1일부로 전국 1,294명, 부산 67명의 전교조 해직교사가 부산 시내 55개 초중고교에 신규 임용 형식으로 일괄 복직했다. 비록 원상회복이 아닌 조건부 특별채용 형식이었으나, 복직 자체가 전교조가 표방해 온 소위 참교육을 국가가 받아들인 노동운동의 승리하고 말할 수 있다. 그동안 전교조가 주장해 온 학교운영위원회가 '5·31 교육개혁안'에 따라 설치되자, 전교조 부산지부와 부산 참교육학부모회는 학교운영위원회가 본래 취지에 맞게 운용되도록 적극적으로 관여했다. 1996년 6월 부산에서는 전국 최초로 '학교운영위원회 학부모 위원 협의회'가 발족했다. 1998년 기준 교원위원으로 학교운영위원회에 진출한 부산 전교조 조합원은 121명으로, 이들은 학교운영위원회를 유명무실한 거수기로 만들려는 상당수 교장과 번번이 충돌했다.[71]

　김영삼 정부 동안 전교조는 합법 노조가 되지 못했다. 1996년 12월 신한국당이 노동법을 날치기하면서 전교조는 일단 합법화에 실패했다. 1997년 2월 12일 부산YMCA 강당에서 부산지부 교사 조합원들은 대명여고 교사 박영관을 전교조 합법화 부산추진본부장으로 추대하고, 자신이 전교조 조합원임을 공개하는 '교원 노동기본권 확보' 리본 달기, 노동법 공동수업 등을 결의하는 등 전교조 합법화 투쟁의 수위를 높여 갔다. 1999년 1월 6일, 교원의 노동조합 설립 및 운영 등에 관한 법률이 국회를 통과하면서 전교조는 합법화되었다. 전교조는 어떤 노동운동단체보다도 탄압을 많이 받았고, 교육 환경 개선에도 크게 기여했다. 전교조가 남긴 유산으로는 촌지 거부, 폭력 추방, 일제고사 폐지, 자율적이고 창의적

71　부산민주운동사 편찬위원회, 《부산민주운동사 2》, 앞의 책, 118쪽.

인 수업 등을 들 수 있다.

1988년과 1989년 부산 지역에서 벌어진 노동운동 투쟁은 87년 대투쟁과 비교해 몇 가지 양상이 달랐다. 우선, 노동운동의 대중성이 두드러지면서 다양한 합법투쟁 방식이 등장했다. 그 다양한 방식으로는 조회 거부, 잔업 거부, 리본 달기, 특근 거부, 집단 월차와 휴가 내기 등이 있다. 이는 노태우 정권의 노동에 대한 이중적 기만술과 긴밀하게 연결되어 있다. 87년 노동자대투쟁 이후 노동자의 요구를 마냥 탄압하는 것으로는 문제를 해결할 수 없다고 판단한 정부와 자본은 일단 유화책을 쓰는 것으로 방향을 잡았다. 물론 그 유화책이란 회유와 폭력을 교묘하게 섞어 사용하는 것으로, 전적인 평화책이 아니라 강경책을 바탕으로 한 이중 플레이였다. 1988년이 시작되면서 정부는 노동에 대한 기조를 바꾸어 본격적으로 노조 간부들을 구속하고 해고자들을 탄압했다. 현대엔진 노조 투쟁에서는 심지어 카빈 소총까지 동원했다. 이에 맞서 울산 노동자들은 매일 가두투쟁을 벌였으나 결국 폭력 탄압의 벽을 넘지 못했다. 이와 동시에 노태우 정부는 그해 임금 교섭이나 주요 노사분규에 정부가 직접 개입하거나 관여하는 것을 가능한 한 자제했고, 5공 정권에서 중요하게 사용한 블랙리스트나 관계기관 대책회의를 이용한 통제 등도 폐지했다. 이는 사용자의 부당노동행위도 엄중히 대처하겠다는 의미다.

이러한 변화가 생긴 가장 결정적인 이유는, 두말할 것도 없이 1987년 노동자대투쟁의 위력 때문이다. 이때 정권은 계급정치 지형의 변화를 감지하고, 그에 대한 두려움으로 노동에 대한 유화 제스처를 쓰게 된 것이다. 또 이 시기 산업계에 상당한 규모의 자본축적이 이루어져, 자본이 노동자에게 양보할 여력이 생기기도 했다. 물론 정치적으로 노태우 정권이 민주화로 이행하려 했고, 국회가 여소야대로 구성된 이유도 있을 것이다. 이에 노동운동 측은 여러 가지 다양한 방식의 투쟁으로 대중과의 밀접도를 높이고자 했다. 이 시기에 다양한 운동 방식이 나타난 것은 결국, 시민들의 지지와 호응을 어느 쪽이 더 가져가느냐가 노사의 싸움에서 중요해졌기 때문이다. 그러면서 이 시기 노동운동에서 급진적인 혁명과 변혁의 목소리는 크게 약화되었다.

1988년 3월 말이 되면서 대우정밀 노조가 다시 파업에 돌입했다. 이 투쟁은 1989년 그리고 전노협이 결성되는 1990년 이후까지 계속 이어진다. 노조는 3월 23일부터 4월 11일까지 13차에 걸쳐 단체교섭을 시도했다. 노조는 임금인상 요구안을 작성하기 위해 시장조사, 설문지 조사, 공개 자료 조사, 그룹 내 다른 사업장과 지역 내 동종 업종의 임금 실태 및 근로조건 등 직접 조사, 조합원 가족과의 간담회, 전 조합원과 조합 간부 교육 등을 폭넓게 실시했다. 이러한 준비를 통해 3월 23일부터 기본급 35퍼센트 인상과 직급 호봉 개선 등을 내걸고 '리본 달기'부터 '철야농성'까지 갖가지 방법으로 투쟁하면서 13차례나 단체협상을 벌였다. 그러나 회사의 태도는 요지부동이었다. 4월 11일, 회사 측은 14차 협상에 나서지 않은 채 이성도 노조위원장을 노동쟁의조정법 위반으로 고소했다. 이 과정에서 노조는 대우정밀 양산공장 사장 유기범이 그룹 본부의 지시만 받는 허수아비일 뿐 독자적 결정을 할 수 없는 사람임을 알아차리고, 4월 14일 김우중 회장과 직접 담판을 지으러 상경투쟁을 감행했다. 대우정밀 노동자들은 서울역에서 내려 바로 역사 건너편 대우빌딩에 들어가려 했으나,

대우그룹은 경찰에 진입을 막아 달라고 요청했다. 경찰은 노동자들의 평화적인 회사 신입을 폭력적으로 막고, 노동자들을 연행하여 강제 해산 및 귀가시켰다. 이에 노동자들은 잔류 인원의 신변 보호를 위해 명동성당에 들어가 180여 명이 철야농성에 들어갔다. 이와 동시에 양산 본사에서도 노동자 1천여 명이 철야농성에 들어갔다.

그러나 대우 정밀 양산(본사) 공장 노동자들은 상경하여 대우그룹 김우중 회장을 만나려 했으나, 만나지 못한 채 4월 17일 양산 공장으로 철수하여 파업을 준비했다. 5월 4일, 11일간 명동성당에서 농성한 노동자들도 농성을 끝내고 양산으로 돌아왔다. 명동성당 농성 해제 당시 사측은 노동자와 '고소 취하', '쟁의 신고 철회', '상경 책임을 묻지 않는다,' '내려가는 즉시 교섭에 임한다'는 4개 항에 합의했으나, 유기범 사장은 4월 23일 이후 교섭장에 나타나지 않았다. 이에 조합원들은 다시 25일간의 철야농성에 들어갔다. 그러자 5월 12일부터 사측은 통근버스 운행 중지, 단전 단수, 식당 운영 중지 등 사실상의 직장폐쇄를 감행했다. 노동자들은 단식농성, 위원장과 부위원장의 삭발 등으로 맞섰으나, 김우중과의 협상은 이루어지지 않았다. 5월 14일, 노동운동가 장명국의 중재로 김우중 회장이 부산 해운대 조선비치호텔 교섭장에 나타났다. 우여곡절 끝에 타결의 실마리를 마련하고, 5월 19일 합의서에 서명했다. 결국, 제20차 교섭에서 기본급 4만 1,400원 인상(18.7퍼센트), 생산장려수당 1만 5천 원 신설, 근속수당 5천 원 인상, 1호봉 승격, 쟁의 기간 중 기본급의 60퍼센트 지급에 합의했다. 그러나 합의서 문안에 대한 해석이 다시 한 번 사측과 노측의 갈등을 불러왔다. 파업 기간 중 임금 지급과 관련하여 노동조합은 파업 기간의 60퍼센트를 지급해야 한다고 주장한 반면, 회사 측은 30일 분의 60퍼센트를 지급하여 문제가 발생한 것이다. 노조 집행부는 자신들의 잘못된 합의로 동료들에게 손해를 입힐 수 없다며 단식농성에 들어갔다. 사측은 노조위원장인 이성도와 정우영의 사직을 요구했다. 이에 이성도 위원장과 정우영 조직부장은 사직서를 제출하는 조건으로 나머지 20일분의 60퍼센트를 받기로 합의하여, 6월 17일 회사와의 합의에 따라 사직서를 제출했다. 그러나 다음 날 이 사실을 알게 된 조합원들이 "돈과 사람을 바꿀 수 없다"며 반발하고 사표 철회를 요구했다. 여의치 않자 6월 20일부터 작업 거부를 예고했다. 이에 두 사람은 6월 27일 개최된 노조 임시총회에서 전 조합원의 결의에 따라 사표 철회를 수락하고, 노동자들은 사표가 반려될 때까지 계속 조합원 총회를 개최하는 방식의 작업 거부 파업에 돌입했다. 그러자 회사는 노동자들의 요구 조건과 다른 합의서 안대로 일방적인 임금 지급 후 이성도와 정우영을 형사 고소하여 1988년 7월 7일 정우영이 구속되었다. 수배를 받게 된 이성도는 대표이사와의 긍정적인 협상을 끝내고 노조 간부 및 대의원들에게 정상 조업을 촉구하여 7월 13일부터 정상 조업이 시작되었다. 그러나 이성도 위원장은 제3자개입금지, 업무방해, 폭력행위 등 처벌에 관한 법률 위반 및 노동쟁의조정법 위반 혐의로 구속되었다. 그러나 조합원들의 끈질긴 투쟁으로 두 사람은 결국 원직 복직되었다.

대우정밀은 1988년 11월 14일 '단체협약 쟁취 결의대회'부터 단체협약 체결 투쟁을 다시 시작한다. 주요 쟁점 사항은 민영화 이전 국방부 조병창 시절에 인정되던 주 44시간 근무, 조병창 시절의 근속연수 인정, 인사

위원회 노사 동수 구성, 상여금 600퍼센트 지급 등이었다. 제9차 교섭 결렬 이후 노동조합이 회사 앞 국도를 점거농성하는 등 여러 차례의 가두투쟁을 벌이자 회사는 대화를 단절했다. 이에 노동조합은 다시 상경투쟁을 계획하고, 12월 12일 부산역에서 출정식을 하고 서울 평민당사와 민주당사에서 130여 명이 농성을 벌였다. 이 과정에서 회사 측은 노동조합 사무실과 사원아파트를 도청하고, 노동조합 도장을 위조하고, 조합원 관리자 리스트를 작성하는 등 비열한 방법으로 노조를 압박했다. 결국 이성도 위원장, 조현호 부위원장 등 4명이 해고 및 구속되고, 89년 3월경 병역특례병을 포함한 조합원 8명도 해고되기에 이른다. 이에 노동조합은 장기투쟁으로 조합원들이 지쳐 있는 상태에서 더 이상의 투쟁은 무리라고 판단하고 병역특례병 조합원 8명만 원직 복직시키고, 이성도 위원장 등 네 명의 해고는 철회시키지 못한 채로 협상을 접고 타결했다. 당시 대우정밀 조합원 가운데 200~300명 정도가 병역특례병이었는데, 이들은 해고되면 바로 입대해야 하기 때문에 그동안의 고생을 고려할 때 그들을 해고해서는 안 된다고 결의한 것이다. 파업 시작 후 129일 만의 타결이었다.

사실 대우정밀 투쟁은 그 어떤 회사의 투쟁보다도 결연했다. 당시 상황을 문영만은 이렇게 회고한다.

당시 대우정밀 노조에는 노동 3권 중에서 단체행동권이 주어지지 않았습니다. 방위산업체라 그런 거죠. 그래서 파업은 물론이고 낮은 차원의 쟁의행위도 무조건 불법이었고, 결국 노조 간부들은 해고 및 구속이 될 수밖에 없었습니다. 정상적인 절차를 밟아 단체행동을 하고 싶어도 지방노동위원회에서 쟁의 발생 신고를 받아 주지를 않았습니다. 그래서 합법적 단체행동이란 할 수가 없었습니다. 그렇지만 쟁의행위를 할 경우에는 법에 나와 있는 절차를 똑같이 다 거쳐서 했습니다. 대의원 회의에서 쟁의 발생 결의를 하고, 조합원 총회에서 파업 찬반투표도 진행했습니다. 그러나 절차를 다 거친 후 신고를 해야 하는데, 할 데가 없으니 회사 앞에 있는 저수지에 접수를 하고 파업에 들어갔습니다. 정당한 절차와 비장한 결의를 다진 거지요. 그렇지만 결국 불법파업이니 해고자가 많이 발생해서 그만큼 조직이 위축되고, 간부 기피 현상 같은 것이 발생한 것도 사실입니다. 그렇지만 합법적인 파업이 봉쇄되어 있었기 때문에 역으로 그만큼 조직력이 강해진 것도 사실입니다. 그 조직력이 강해서 대기업임에도 불구하고 전노협에 자연스럽게 가입한 거지요.[72]

1990년 3월 13일 방위산업에 관한 특별조치법 제4조에 의거하여 상공부 장관으로부터 방위산업체로 지정된 대우정밀은 쟁의행위를 할 수 없다. 방위산업체 근로자는 쟁의가 금지되어 있기 때문이다. 그래서 대우정밀 노동자들은 준법투쟁의 범위 내에서 파업에 준하는 효력을 내고자 치열하게 싸웠다. 그 좋은 예가 1990년 12월 1일 전 노조위원장 이성도의 형사 공판일에 맞춰 약 1,250명의 노동자가 집단 조퇴한 일이다. 그날 오전에 노동자들이 공판을 방청하러 갔다가 경찰에 제지당한 것에 항의하고자 집단 조퇴를 해서 부산지방법원 울산지원에서 항의한 것이라고 노조 측은 항변

---

72 2020. 09. 25. 부산 반여동 음식점 구술.

했으나, 검찰은 계획적으로 지시하여 회사의 정상 업무를 방해했다고 노조위원장 윤명원을 고발했고, 법원은 업무방해로 유죄를 선고했다.[73]

이렇게 쟁의 자체가 원천 금지된 방위산업체 노조가 적극적인 쟁의를 하게 되면서 내부에서도 상당한 갈등이 생겼다. 파업을 하면 주동자가 무조건 구속 또는 해고를 당하기 때문에 노동자들은 힘든 싸움을 할 수밖에 없고, 그러다 보니 지도부의 구속은 물론이고 긴 싸움으로 조합원들이 지치게 되고, 결국 노조 자체를 보전하기가 어려운 상황에 온 것이다. 이런 상태에서 노조를 어떻게 끌고 가느냐의 문제를 두고 간부들 사이에서 논쟁이 일어나는 것은 자연스러운 일이다. 당시의 분위기를 조현호는 이렇게 증언한다.

어차피 방위산업체여서 노조를 한다는 것은 현행법을 지키지 않고 어겨서 이겨 내는 수밖에 없었습니다. 구속은 어차피 각오하고 싸웠으니 그건 두렵지 않았는데, 다만 한 가지 어려웠던 게 노조 조직 자체가 크게 흔들린다는 걸 알게 되었습니다. 노조를 만든 후 1년 넘도록 끝도 없이 싸우다 보니 우리가 맨 꼭대기에 서 있습디다. 그래서 명동성당 농성을 할 때 이성도 위원장님께 제가 말씀드렸습니다. 다시 좀 내려가자고, 조합원들한테 내려가자고요. 조합원들이 너무 힘들어한다고요. 천천히 가자, 한 번 싸우고 구속되는 것보다 길게 가야 하는 것 아니냐, 싸움 자제하고 좀 추스르자고 했더니, 이성도 위원장이 그런 말을 조합원들에게 이제 와서 어떻게 말하느

73   서울형사지방법원 제6부 판결 사건 91고단 1477.

냐, 차마 못 하겠다고 하십디다. 그래서 제가 말하겠다고 설득했습니다.[74]

전체적으로 볼 때 1988년과 1989년은 87년 노동자대투쟁의 성과 위에서 노동운동의 전술이 질적으로 강화·발전해 나간 시기였다. 임금투쟁, 민주노조 투쟁, 어용노조 민주화 투쟁, 위장폐업 철회 투쟁 등을 각각의 단위노조 차원에서 독자적으로 전개하기도 했지만, 다양한 방식의 연대투쟁을 하는 방향으로 발전한 시기였다. 그러한 다양한 전술 속에서 1988년부터 노동자 투쟁은 크게 두 가지 방향으로 길을 잡았다. 하나는 노동법 개정 투쟁이고, 또 하나는 연대체 결성 차원에서의 투쟁이다. 우선, 확대된 조직력과 민주화 분위기 속에서 노동운동 진영은 노동법 개정 운동을 전개하기 시작했다. 변화된 노동정치 지형에서 볼 때, 1980년에 만들어진 구시대의 집단적 노사관계법은 노동기본권을 심각하게 제약했다. 특히 민주노조 진영의 활동을 저지하는 내용이 대부분이었다. 이를 구체적으로 보자. 우선, 노동조합법 관련하여 복수노조 제한, 노조 설립 요건 규제, 노조 해산 명령권, 규약 취소 명령권, 결의 취소 명령권, 노조 임원 자격 제한 등은 노조의 활동을 규제할 수 있는 조항들이다. 특히 복수노조 제한 조항은 민주노조 진영의 노조 설립을 방해하는 가장 큰 걸림돌로 작용했다.

1988년과 1989년에도 87년 노동자대투쟁의 여세를 이어 노동조합 수가 계속 늘어났고, 그 위에서 노사쟁의도 꾸준히 증가했다. 부산 지역의 경우 1987년의 363건에 비해서는 많지 않았지만 1988년 105건, 1989년

---

[74] 2020. 10. 08. 부산 정관 동운정밀 사무실 구술.

134건의 노사쟁의가 일어났다. 심지어 탄압이 본격화된 1990년에도 노사쟁의가 67건 일어나 1987년 이전과는 비교되지 않을 정도다. 이를 좀 더 세밀히 보면, 1987년 가장 많은 노사쟁의가 발생한 자동차노조, 특히 택시노조 노사쟁의는 1988년 이후 급격히 줄어들었고, 금속노조와 연합노조의 경우에는 1987년 이후에도 노사쟁의 발생 건수는 줄어들지만 전체 노사쟁의 중에서 차지하는 비중은 계속 늘어났다. 부산의 주종 산업인 신발이나 섬유업에서는 노사쟁의가 절대적으로나 상대적으로 적게 일어났다. 이 가운데서 주산업인 신발산업 노사쟁의가 절대적으로나 상대적으로 줄어든 것을 두고 김석준은 긍정적인 결과, 즉 노사관계가 안정화되고 노사협조가 잘 이루어져서가 아니고 그 반대 현상이 일어났다고 설명한다.[75] 이 분야의 노동환경은 다른 어떤 업종보다도 열악한 상태였지만, 대다수를 차지하는 여성 노동자에 대한 원시적인 폭력에 주로 의존하는 자본의 병영적 노동 통제가 공권력의 묵인과 비호 아래 공공연하게 자행되었고, 신발사업장의 노조 연합체인 고무노련이 노동자의 권익을 보호하기보다는 노동자를 자본의 지배 기구 속으로 강제 편입시키는 노무관리 기구로 전락했기 때문이라는 것이다.

1988년 5월 1일, 한국노총 산하의 전국화학노동조합연맹에서 분리되어 고무노련(전국고무산업노동조합연맹)이라는 어용 상급 단체가 설립되었다. 이 단체가 모든 신발업체의 교섭을 독점했는데, 철저하게 사용자 측 입장에서 노동자를 탄압했다. 그 체제를 깨고 개별 기업 노조가 단독

---

75 김석준, 《부산지역 계급구조와 변동》(서울: 한울아카데미, 1993), 255~6쪽.

으로 교섭을 벌여 성공을 거둔 예가 1990년 5월 신발업체 화성의 투쟁이다. 화성은 고무노련이 책정한 11퍼센트 임금인상 가이드라인을 뚫고 최종적으로 13퍼센트를 쟁취하는 데 성공함으로써 그동안 고무노련이 독점한 임금교섭에 타격을 주었다. 화성 노조는 87년 대투쟁 이후 부산에서는 처음으로 고무사업장에서 파업을 통해 단체협약을 쟁취한 경험이 이미 있었다. 그 경험 위에서 다시 한 번 개별 교섭을 통한 임금투쟁에 성공한 것이다. 교섭 과정 중 고무노련은 화성 노조에게 사측이 제시한 11퍼센트를 넘지 못하도록 노골적으로 압력을 가했다. 사측과 고무노련은 다른 사업장들도 이 공동교섭 결과를 받아들이기 때문에 화성만 더 줄 수 없다면서 거부했지만, 화성 노조는 이 안을 거부하고 파업에 들어갔다. 그리고 13퍼센트를 쟁취함으로써 아무런 법적 구속력도 없으면서 사실상 기업주와의 합작으로 이루어지는 공동교섭 결과에 '위임'이라는 말 한마디로 굴복하는 체계에 균열이 생기기 시작했다.

이 대목에서 우리가 중요하게 생각해야 할 것은, 여러 신발공장의 노조 조합원들이 고무노련의 정체를 제대로 인식하지 못했다는 점이다. 김해 장유면에 있는 (주)동풍의 노동조합에서 1990년 공동 임금교섭에 들어갈 시점에 조합원을 대상으로 실시한 설문조사에 의하면, 고무노련이 '우리의 요구를 관철시킬 단체'라고 응답한 사람이 548명(65.9퍼센트), '어용이다'라고 응답한 사람이 160명(19퍼센트), '잘 모르겠다'고 응답한 사람이 116명(13.9퍼센트)인 걸 보면 당시 부산 지역 노동자들 다수가 고무노련을 신뢰했음을 알 수 있다. 화성 노조와 달리 같은 업종이면서 5천 명 정도가 일하는 대공장이었던 대양고무에서는 고무노련의 11퍼센트 인상안에 침묵시위로 불만을 표했으나 더 이상 진전을 보지 못했다. 역시 고무노련의 실체를 제대로 파악하지 못한 결과이다. 이러한 잘못된 구조를 깨뜨리려면 노조원들에 대한 의식화 교육과 함께 의식화된 조합원의 대의원 출마가 병행되어야 하는데, 이런 노동자를 양성하는 역할을 담당해야 하는 부노련(부산노동자연합) 같은 노동자 및 노조 지도 단체의 힘이 아직 미약했다.

제일교통도 화성 투쟁과 비슷하게 어용 지부를 거부하고 독자적으로 투쟁하여 성공한 예이다. 1988년 10월, 제일교통 노동자들의 파업이 일어나자 사측은 노동자를 탄압하고 회유하고 이간질했다. 그러나 노조는 무능한 지부의 단체협약안에 갇히지 않고 독자적으로 안을 만들어 밀어붙였다. 결국, 제일교통 노조는 파업 25일 만에 승리를 거두었다. 어용 지부의 영향력에서 벗어나 독자적인 노동자의 목소리를 중심으로 파업을 성공시킨 것이다. 이는 부산 지역뿐 아니라 전국의 택시 노동자들에게 큰 활력을 불어넣는 계기가 되었다.

1988년부터 부산 지역 사업장을 전체적으로 볼 때, 신발과 섬유 사업장에서 노사쟁의가 줄어들었다. 그러다 보니 부산 지역의 노사쟁의 발생 빈도는 1987년을 제외하고는 전체적으로 전국 평균보다 낮았다. 이러한 상황에서 부산 지역 노동운동이 우선 착수해야 할 과제는 노동조합 결성이었다. 그러나 부산 지역의 노동조합 결성은 그리 쉽지 않았다. 무엇보다도 부산의 지역경제가 침체한 탓이었다. 여기에 국가와 자본의 노동운동 탄압이 본격화하면서 1989년부터는 노동조합의 신규 결성이 크게 저조했다. 결국 대부분의 사업장 노동자들은 자본의 헤게모니에 거의 포섭되고, 노사쟁의는 상대적으로 적게 일어나는 상태, 즉 '산업평화' 상태가 유지되고 있었다. 이러한 조건에서 자본은 노동착취를 통한 자본축적 패턴을 유지했고, 노동자의 조직적 대응이 부재한 상황은 이를 부채질했다. 그렇지만 부산 지역 노동자들이 처한 노동조건이 열악한 만큼, 일단 쟁의가 발생하면 다른 지역보다 더 길게 지속하는 격렬함을 보여 주었다.[76]

연대 조직의 결성

1988년과 1989년의 노동자 투쟁은 대부분 87년 대투쟁의 성과를 이어받아 그 연장선 위에서 이루어진 것이다. 이때의 투쟁은 우선, 임금인상과 단위노조의 강화라는 현실적인 문제를 계승했다는 점과 그 투쟁의 한계를 절감하고 향후 새로운 연대운동의 방향을 보여 주었다는 점에서 의의를 찾을 수 있다. 노동자들은 노조 결성 과정에서 정부와 자본가의 직장폐쇄와 구사대 폭력 등 모진 탄압을 경험했다. 특히 신발, 섬유공장들은 깡패들을 구사대로 고용해 쟁의의 기미만 보여도 나이 어린 여성 노동자에게 과도할 정도의 폭력을 행사했다. 그들에게 최대한 겁을 주어야 그들의 저항을 잠재울 수 있다고 생각해서다. 그러다 보니 구사대 폭력을 전문적으로 사용하는 이른바 기술자까지 생겼다. 유진화학에서 '각목 테러범'으로 명성을 날린 김영기 노무과장 같은 이가 좋은 예다. 구사대 폭력이 난무하자, 노동자들은 노조 간의 연대가 필요하다는 사실을 더

---

[76] 김석준, 앞의 책, 259~60쪽.

절실하게 느낄 수밖에 없었다.

연대는 지역적 수준과 전국적 수준 양쪽에서 추진되었는데, 88년에는 지역적 수준의 연대조직운동이, 89년에는 이를 바탕으로 한 전국적 수준의 연대조직운동이 활발하게 이루어졌다. 88년 노태우 정권은 고양된 노동자 세력을 더는 과거 전두환 정권에서 했던 것처럼 물리적으로 탄압만 하지 않는 쪽으로 방향을 잡았다. 노태우 정부는 강경책으로는 노동문제를 해결하고 사회 안정을 꾀할 수 없겠다고 판단하여 일정 부문 유화적 태도로 선회했다. 그 유화적 태도가 노태우 정부의 전술인 것은 맞다. 그렇지만 더 중요한 사실은, 그 유화책도 노동자가 끈질기게 투쟁해서 쟁취한 결과라는 것이다.

87년 노동자대투쟁을 겪으면서 노동 관련 정세는 이전과 다르게 새로 만들어졌다. 일차적으로 노동 관련법 개정 문제로 연결되었다. 집단적 노사관계법을 전면적으로 바꾸려는 노동계와, 이러한 흐름을 저지하려는 재계, 그리고 민주화의 흐름을 인정하면서 노동정치에서도 새로운 모색을 시도했던 정부가 본격적으로 헌법과 노동법 개정을 둘러싸고 충돌했다. 단결권 자체를 부정했던 5공화국 노동 악법은 노동자가 법을 어기면서 법 규정 자체가 사문화되어 정부로서는 뭔가 새로운 조치를 취하지 않으면 안 되었다. 그러나 독재정권의 한계상 노동계의 요구를 받아들일 수는 없었다. 결국, 매우 불완전한 상태로 해결될 수밖에 없었다.

1987년 11월 제8차 개정 헌법이 공포되었다. 구 헌법에서는 단체행동권의 행사에 대해 '법률이 정하는 바에 의한다'고 하여 유보 조항을 두었으나, 새 헌법에서는 이를 삭제하고 단체행동권의 제한 범위를 대폭 축소했다. 개정된 노동관계법에서는 노동조합법에서 노조 설립 요건이 크게 완화되고, 기존에 기업 단위 노조로 강제했던 노조 조직 형태도 자율적으로 결정할 수 있게 했다. 단체교섭권에 대한 위임제도가 새롭게 도입되고, 노조 활동에 대한 행정관청의 규제가 완화되고, 제한적인 형태이지만 유니언숍 제도가 부활했다. 그러나 복수노조 금지, 제3자개입 금지, 정치활동 금지, 공무원 교원의 단결 금지와 같은 이른바 4대 악법 조항이 그대로 존치한 것은 물론이고, 공익사업에 대한 직권중재제도 존속, 사업장 외 쟁의행위 금지, 방위산업체 종사자 쟁의행위 금지 등이 그대로 유지되었다. 노동운동에 대한 강력한 통제에는 변함이 없었다. 그중에서도 복수노조 금지 조항과 제3자개입 금지 조항이 유지됐다는 점이 중요하다. 이는 한국노총에 대항하는 새로운 민주노조연맹을 만들지 못하게 하려는 의도였다. 노동법 개정이 이러한 방향으로 흐르자, 노동운동의 연대체 결성 움직임이 더욱 세게 생겨났다. 1987년에 씨를 뿌리기 시작한 노조들을 기반으로, 노동운동계는 민주노조 건설과 이들을 연대체로 묶는 상급 연맹 건설에 모든 힘을 기울이기 시작했다.

1987년 개정된 노동관계법에 따라 민주진영의 노동자들은 노조 조직 형태의 자율화를 추진했다. 지역별, 업종별, 기업별 노동조합의 연대체를 건설하려는 노력이 시작된 것이다. 사실, 이는 87년 이전부터 시도되었던 거대한 흐름 전환의 일부였다. 전태일의 청계피복노조를 계승하여, 1985년 6월에 심상정, 박노해, 유시민 등이 서울노동운동연합을 건설했고, 1987년 6월에는 노회찬이 주도하여 인천민주노동자연맹을 건설했고, 그해 12월 마산창원노동조합총연합이 건설된 것을 시작으로 13

개 시·도·군에 노동조합연맹이 생겨났다. 그리고 이에 발맞춰 전국사무금융노동조합연맹, 연구전문기술직노동조합협의회 등 업종별 노동조합, 현대차 노조, 풍산금속 노조 등 기업별 노동조합도 생겨났다. 1988년 부산 지역의 노조 결성과 관련하여 특기할 만한 사실은, 단위노조뿐만 아니라 업종별 노조와 지역별 노조도 결성되기 시작했다는 점이다. 1988년에 설립된 단위노조로 태성물산노조, 삼우정밀노조 등이 있고, 업종·지역별 노조로는 부산전기노조, 부산혁공(제화공)노조, 복장사노조, 건축가사무원노조 등이 있다.

　1987년 노동자대투쟁은 초보적이고 추상적이었으나마 '노동해방'이라는 이념적 전망을 제기한 것으로 평가할 수 있는데, 이후 지역노조협의회와 업종노조협의회를 조직하는 민주노조운동의 계급적 연대성을 보여 준 원형이 되었다.[77] 부산에서의 연대체는 87년 11월 15일 부노협의 결성에서부터 시작되었다. 부노협(부산노동자협의회)은 87년 대투쟁을 거치면서 새로 결성된 300개 사업장에서 10만여 명의 노동자 투쟁 후 생긴 70개에 이르는 신규 노동조합들끼리 더 큰 노동조합 연대체를 결성하도록 학출 활동가, 해고노동자 등 이른바 선진노동자가 지도하고 교육·선전·투쟁 등을 지원하기 위해 만든 조직이다. 부노협은 소위 선진노동자라고 불리던 학출 활동가와 해고노동자가 중심이 되어 만든 좀 더 큰 연대 조직이었다. 사실 그 선진노동자란 대투쟁 당시에 힘 한 번 제대로 써 보지 못한 채로 현장에서 쫓겨난 사람들이다. 결국, 그들이 공장 밖에

77　노중기, 〈87년 노동자대투쟁의 역사적 의의와 현재적 의미〉, 《경제와 사회》(2012. 12.), 185쪽.

서 할 수 있는 최적의 일은 현장을 지도하고 함께 조직하는 일이었다. 현장에 들어가서 내부 조직하고 해고당해 나오는 과정에서 현장 상황과 노동자의 의식 수준을 알게 되었고, 그 상황에서 자신들이 얼마나 상황을 오판했고 어떻게 했으면 더 좋은 결과를 낼 수 있었을까 등 자신들의 경험을 토대로 삼아 조직 작업에 들어갔다. 주로 부산의 '반실' 그룹이 주축이 되어 서울에서 내려온 학출 활동가들과 합세하여 결성했다.

이들의 활동은 수도권 지역에서 대우자동차 파업과 구로동맹파업 이후 본격적으로 나타난 정치적 노동운동과 궤를 같이한다. 노동조합을 조직하고, 이를 기반으로 대중 정치투쟁을 벌이고, 그 위에서 노동자 정당을 세움으로써 노동자 정치세력화를 이룬다는 계획이다. 학출운동가 중심의 소그룹 운동론은 독재정권의 반反노동자적 정책이 강화되면서 장벽에 부닥칠 수밖에 없었다. 노동자 대중의 투쟁 열의는 성장하나 이를 조직하기가 어려운 상황에서 활동가 대부분이 분산되고 고립된 채로 수공업적 활동 방식을 벗어나지 못하는 상황에 놓이게 되었다. 이런 상황에서는 드러나지 않고 하는 소그룹 운동이 역량을 보전하는 유일한 방식이 될 수밖에 없었기 때문에 조직운동의 한계가 분명히 드러나고, 그래서 이를 극복하고자 이러한 상황의 기본 토대가 되는 기업별 노동조합 체계를 깨뜨려 실천적인 정치경제 투쟁 속에서 노동조합이 지역별로 성장해야 한다는 주장이 대두되었다. 이것이 각 지역 노동 활동가들의 지역협의회다.[78]

부노협 결성의 직접적 계기는 1987년 10월 15일 서울 기독교회관의 민

---

[78] 이종오, 앞의 글, 242쪽.

주헌법쟁취국민운동본부에서 창원의 (주)통일과 부산의 국제상사, 풍영, 삼화, 대양, 화승, 통일의 해고노동자 23명이 벌인 농성이었다. 이 농성은 6·29 선언으로 민주화를 하겠다면서 노동운동 탄압을 전면화하는 정권의 본질을 폭로하고, 구속 노동자 석방, 해고노동자 원직 복직, 노동운동 탄압 분쇄 투쟁에 전국 노동자의 결집과 연대투쟁을 촉구하기 위해서 벌인 것이었다. 그런데 이 투쟁에 민통련, 민청련, 민가협 등 여러 사회단체들과 학생들의 지원 방문과 모금운동이 이어지고, 1987년 10월 21일 이후 인천과 서울지역 해고노동자가 농성에 합류하고 노동운동단체들과 노동자가 연대한 대규모 집회와 거리 시위가 일어나면서 연대의 힘이 더욱 커졌다. 이어 10월 27일에 '노동운동탄압분쇄 결의대회'가 서울 명동성당에서 열렸다. 이 대회에 전국에서 4천여 명의 노동자가 참가하여 격렬한 가두투쟁을 벌였다. 1988년 2월 26일 현대엔진이 총파업에 돌입하자, 2월 27일 '울산 현대엔진 민주노조 탄압규탄 영남 지역 공동대책협의회'가 결성되었고, 3월 5일에는 부노협을 비롯하여 경남노동자협의회, 대구지역 민주노조공동실천위, 국민운동본부 구미지부, 전주노동자공동대책위, 수도권 노동운동협의회, 민주헌법쟁취국민운동노동자위원회가 모여 '노동조합탄압저지 전국노동자공동대책협의회'를 결성했다. 이것이 87년 노동자대투쟁 이후 구체적으로 드러난 연대체 조직의 시발점이다.

부노협은 단위 기업에서는 하기 힘든 노조 설립에 관한 여러 가지 지식이나 방법, 간부 교육, 법률 상담, 활동 전략 등에 관한 교육을 담당하고, 지역 연대 조직을 모색해 나가는 활동을 전개하면서 실질적으로 지도하는 일을 했다. 부노협은 발기 선언문에서 다음과 같은 여섯 가지를 하겠다고 선언한다. 첫째, 임금인상, 근로조건 개선 등 노동자의 권익 향상을 위해 자본가와 싸우려고 할 때 어떻게 싸워야 할지 그 방법을 가르쳐 주고 이길 수 있도록 지원한다. 둘째, 매스컴의 조작에 대응하여 노동자 신문이나 유인물 등을 만들어 진실을 알린다. 셋째, 노동조합을 만들려고 할 때 노동조합의 운영, 조합원 교육 등 노동조합 활동 전반에 대해 각종 필요한 사업과 지원을 한다. 넷째, 노동3권, 최저임금제, 8시간 노동제 및 언론 출판·집회·결사·시위의 자유와 같은 민주적 제 권리 획득을 위해 싸운다. 다섯째, 부당해고와 투옥 등 자본과 권력의 노동 탄압에 맞서 싸운다. 여섯째, 노동자를 착취하고 억압하는 모든 반反민주 독재 세력과 외국 세력에 대항하여 민중 세력과 연대하여 싸운다. 이를 위해 부노협은 노동자학교를 개설하여 노동관계법, 임금인상 투쟁 방법뿐만 아니라 노동철학, 노동의 역사, 노동운동사, 노동운동의 현황과 과제 등을 교육했다.

선진노동자들은 부노협 창립 후 1년여를 활동하다가 노동법 개정과 노조 탄압 저지 투쟁을 벌이고, 전국민족민주연합(이하 전민련)에서의 노동자의 역할을 더욱 키우고 강화하기 위해 실무자 중심 사무국 체계의 부노협에서 벗어나 더 적극적인 투쟁 주체로서 선진노동자 조직을 세워야 한다는 필요에서 부노협을 해산하고 부노련(부산노동자연합)을 추진하기로 한다. 추진 세력은 89년 2월 〈부산노동자협의회 활동을 마감하면서〉라는 소식지를 내는 것을 마지막으로 활동을 중단하고, 바로 좀 더 치열한 선진노동자 조직으로의 발전적 변화를 모색했다. 그 새로운 방향은, 부노협에 참여한 단체들이 단순하게 지원하는 협의 체계를 넘어 실질적으로 노조를 지도하는 체계로 강화하기 위해 단체와 개인 회원제를 연합하는 것이다. 이러한 방향에 대해 일부가 반대 의사를 표명했다. 그들은 부노협의 사업이 체계화·조직화되지 못한 이유가 부노협이 실무자 중심의 사무국 체계이기 때문이 아니라 지원 활동 자체, 즉 지원이 아닌 지도를 하려 하는 것에 본질적인 문제가 있기 때문이라고 주장했다. 두 입장은 치열한 논쟁을 벌였으나 이견이 좁혀지지 않았다. 양자는 89년 1월 6~7일 1차 회의를 시작하여 1월 24일 7차 회의까지 의견을 나눴으나 끝내 합의를 보지 못한 채 일부는 부노련으로 가고, 일부 특히 부노협 실무자들은 끝까지 부노련 참여를 거부했다. 결국, 부노협에 참여했던 여러 단체와 개인이 회원으로 가입하여 1989년 4월 16일 부노련이 탄생했다. 이에 반해 황민선의 구술을 들어 보면, 소위 '실' 쪽에서도 부노련 비슷한 조직을 따로 만들려고 했으나 당국의 탄압이 강해지면서 결국 실패했다. '실'과 '반실' 양쪽 모두 선진노동자를 중심으로 하는 연대체 결성과 변혁을 위한 정치투쟁 시도에는 이견이 없다. 다만, 파업의 실천을 두고 갈라진 틈의 갈등을 해소하지 못해 하나의 연대 조직을 만들지 못했을 뿐이다.

부노협을 조직한 선진운동가들은 의장을 뽑지 않고 공석으로 남겨 두고, 노재열이 조직을 총괄 관장하는 사무국장직을 맡았다. 처음에는 부노협을 노동자 조직으로 가는 임시 조직으로 생각했기 때문이다. 부노협은 노동자 외에도 노동조합, 노동단체 등이 모두 들어와 있는 순수한 노동자 조직이 아니었다. 사무국을 중심으로 여러 단위들이 느슨하게 조직된 것이었고, 그래서 부노협 설립의 주도 세력은 궁극적으로 노동자 회원제로 단체를 조직하고자 했고 그것이 결국 부노련이 된 것이다. 당시 노동조합은 이미 대중 조직이 되었으니 노동자들끼리 조직을 갖추면 되고, 그들을 지도하는 차원의 조직을 선진노동자들로 회원제로 구성하자는 의미였다. 그런데 일부 정파가 노동자 단일 대오로 가는 것을 부담스러워했다. 거기에는 소위 자주파도 있었고 그 외 여러 단체도 있었다. 부노련은 현장 노조 조직을 지도하여 뱅가드, 즉 전위대를 육성하여 혁명으로 가자는 이상을 가진 조직이다. 그래서 부노련에는 선진노동자와 함께 노조위원장들도 개인 자격으로 들어와 있었고, 그들을 통해 일종의 프락션fraction을 조직하려 한 것이다. 그래서 일부가 그것에 반발한 것이다. 결국, 이러한 갈등은 당시 운동권들이 세계 정세를 어떻게 인식하느냐의 문제로 연결된다. 1989년 동유럽 사회주의권이 붕괴하고 이어 소련이 붕괴하면서, 선진노동자들은 혼돈에 빠졌다. 과거 소련이나 중국 혹은 쿠바 '혁명'을 보면서 사회주의 투쟁이 가능하다고 본 노동자들 가운데 여전히 그 꿈을 버리지 않고 노동자를 지도하여 투쟁으로 변혁을 이끌어 나가야 한다고 하는 쪽은 부노련으로 방향을 잡았지만, 그에 대한 반발이 생기기 시작한 것이다.

부노련은 현장에서 노동자가 노동조합을 결성하고 활동하면서 투쟁하도록 지도한다는 목표 아래 각 단위 노동조합만의 노동운동은 지양한다는 방향성이 분명했다. 단위 노동조합 중심의 운동은 자칫 자기 사업장 내지는 조합에 매몰되어 지역이나 전국 단위 노동운동의 흐름에 소홀해질 수 있기 때문이다. 이와 관련하여, 1990년 4월 20일 발행된 부노련의 기관지 《주간정보》[79] 29호는 부노련의 필요성을 "경제단체협의회에

---

[79] 부노련은 노동자 교육을 위해 《주간정보》를 발행했는데, 이 《주간정보》는 1991년 3월 14일 57호까

서 임금에 대한 지침이 7퍼센트로 내려오고 단체협약에 대한 지침 등이 내려와서 이를 어기고 개별 협상을 하게 되면 금융, 물자 조달, 세금 등의 면에서 제재를 가하겠다고 나오는 판인데 어떻게 자기 조합만 잘할 수 있겠는가?"라고 설명하고 있다. 부노련은 고무공장 노민추(노동조합민주화추진위원회) 조직 및 활동 지원과 민주노조운동 지원이라는 두 가지 축을 주요 사업 기반으로 삼았다. 부산 지역 노동운동에서 가장 핵심적인 사업장인 고무와 금속 부문에 집중하기로 한 것이다. 이 가운데 특히 고무공장 노조의 민주화에 역점을 두었는데, 그 이유는 고무공장이 부산의 주류 사업장이기도 하거니와 이 사업장에는 여성 노동자가 대다수라 사업주의 물리적 탄압을 뚫고 나가기가 어려워 적극적인 지원을 해야 할 필요성이 있었기 때문이다.

부노련은 이 같은 노력의 일환으로 삼화고무 해고노동자의 출근투쟁 연대시위, 조선공사 해고노동자 복직 투쟁 지원을 벌였다. 이를 통해 부산 지역에서 노동자 연대의 틀을 조직하려 한 것이다. 그러나 부노련은 부산 지역에서 노동운동이 자체적으로 새로운 동력을 만들어 내게 하는 수준으로까지 성장하지 못했다. 이미 조직되어 있던 민주노조에 대한 면밀한 조직사업을 부노련이 맡기에는 아직 역량이 부족했고, 정부의 탄압도 극심했다. 부노련은 부산 지역에서 여러 민주노조가 결성되고 그 힘이 모여 부산 지역의 노동조합 연대체인 부산노련(부산지역노동조합총연합)이 조직되는 데 큰 역할을 했다. 부노련의 간부들이 대개 부산노련의

지 발행된 후 58호부터는 '전국노동운동단체협의회'가 전국 단위로 발간했다.

회원이 됨으로써 둘은 유기적으로 연결되었다. 부노련의 상근자로 활동하면서 부산노련을 조직하는 일을 한 학출 활동가 출신 김영희는 당시 부노련이 했던 조직사업을 다음과 같이 말한다.

제가 부노협의 상근자로 일을 하다가 고려피혁으로 파견을 나갔습니다. 저는 거기에서 상근하면서 보통의 노동자를 모아 부노련으로 보내 노동자교실 같은 곳에서 교육을 받게 하고 그들을 다시 모아 조직사업을 하는 일을 했습니다. 저같이 각 노조에 파견 간 사람들이 현장에서 조직한 노조원들은 부노련 노동자 교실을 가서 교육을 받고자 하는 사람들이 많이 생겼습니다. 그들이 나중에 노조의 간부로 성장을 했습니다. 당시 부노련의 기관지는 부산 지역 전역으로 뿌려졌고 부노련의 영향력은 갈수록 커졌습니다. 부노련의 상근자는 다시 부산노련으로 가서 부산 지역의 노조를 조직하는 일을 맡았습니다. 부산에만 있었던 게 아니고 경남 지역에도 있었고 울산 지역에도 있었고 전국적으로 부노련 같은 선진노동자 조직이 많았고 이 조직이 나중에 전노협으로 이어지게 된 겁니다. 그 교육사업을 통해 더 큰 노동운동가로 성장을 하게 되는데, 여영국, 백순환 같은 노동운동가가 그 좋은 예입니다. 부노련이 없었다면 부산 지역의 노동운동은 이루어질 수 없었다고 봅니다.[80]

부노련이 부산 지역 노동운동사에서 절대적으로 중요한 역할을 한 것

---

[80] 2021. 02. 15. 부산 중앙동 카페 구술.

은 아무도 부인할 수 없다. 그러나 부정적인 평가 또한 진지하게 되새겨야 할 것은 분명하다. 그런 점에서 인천・부천 지역에서 선진노동자로서 노동운동에 헌신한 안재환의 평가를 들어 볼 필요가 있다.

(노조운동이 매우 어렵게) 그렇게 된 이유는 활동가들, 정파 조직들이 노동조합운동에 대해서 혁명적 노조운동론을 통해 노조에 대한 요구를 너무 세게 하고, 그 다음 노동자-자본가 간의 대립에 대한 좌편향적인 해석을 통해 사회주의 또는 그 이상의 이념을 실현하는 장으로 봤기 때문에 극단적인 전술들을 많이 사용하게 된 거죠. 자본가들을 한 하늘에서는 도저히 살 수 없는 것으로 보면서 노조가 대중조직으로서의 이해가 아니라 노자간의 계급모순을 보도록 강조해서, 결국 노조 자체가 대기업, 공공노조 이외에 그 많았던 중소기업 노조들이 대부분 폐쇄되게 되는 거죠. 물론 자본가들의 판단에 의해 그리된 것이지만, 결과적으로 많은 노조들이 문을 닫게 되고 조직률이 10퍼센트 이하로 떨어지게 되고, 결국은 투쟁노선이나 이념, 정치노선에서 좌편향이 주원인이 아닌가 생각해요.[81]

부노련은 상근자들에 대한 급여는커녕 활동비 지급조차 엄두도 낼 수 없는 열악한 상황이었다. 더군다나 전노협이 결성된 이후 정부와 자본의 탄압이 더 조직적으로 전개되면서 회원 노조가 탈퇴하는 등 상황은 더욱 악화했다. 게다가 노동조합에서는 조합원들이 간부직을 기피하고 간부를

---

81 유경순 편저, 《1980년대, 변혁의 시간 전환의 기록 2. 학출활동가의 삶 이야기》, 앞의 책, 216쪽.

말더라도 현실적인 이유를 들어 타협적으로 나가는 상황이 오기 때문에, 그러한 노조를 교육하는 선진노동자의 조직이 더 확대될 필요가 강하게 제기되었으나 현실은 반대로 갔다. 부족한 상근자와 조직을 가지고 각 노조 활동가를 조직하고 교육하는 사업을 끈질기게 추진하기는 매우 어려웠다. 부노련은 그러한 막중한 임무를 띠고 일정한 역할을 했음에도 결국 1995년 전노협의 해산과 함께 힘을 거의 잃고, 2000년 부산 지역 민주노총 일반노조가 결성될 때 부노련의 자산이 일반 노조로 이관되면서 역사 속에서 사라졌다. 이로써 부산 지역의 선진노동자 주도의 노동운동은 일단락을 맺게 된다. 학출 활동가로 공장에 들어간 후 해고당하고, 나중에 부산노련에서 상근자로 일하다가 변호사가 돼 이후 부산 지역 노동운동에 상당한 힘이 되는 변영철 변호사가 겪은 당시 상근자의 상황을 들어 보자.

저는 학출로 공장에 들어갔다가, 노조를 조직하고 파업을 하다가 해고되어 쫓겨났습니다. 90년 초의 일입니다. 곧바로 부산노련으로 가서 상근자가 되었습니다. 선진노동자는 대개 부노련으로 가서 활동을 하는데, 저는 해고된 노조위원장 출신이라 부산노련으로 갔습니다. 그런데 부산노련에 가서 활동을 하다 보니 앞길이 막막해집디다. 정말 엄청난 탄압이 들어와 노조는 다 박살 나고, 그 와중에 저는 하는 일이라고는 유인물 만들고, 뿌리고, 집회 준비하고, 집회 끝나고 정리하고 버리고 간 담배꽁초 오물 등 치우고, 온갖 뒤치다꺼리나 하고… 그것까지는 좋아요. 결국, 대공장 노조위원장 아니면 이 바닥에서 아무것도 할 수가 없습니다. 평생 상근자로 대공장 임금인상해 달라는 운동 시다바리 하는 거지요. 그때 제가 조선노협에서 상근자로 70만 원 받았는데, 전국 최고 수준이었어요. 직전의 부산노련에서는 3만 원 받았는데, 그때 대기업 노동자가 95~6년도에 300만 원 받았습니다. 내 삶을 생각해 보니, 이미 사회변혁은 물 건너간 지 오래고, 월급도 적게 주는데, 상근자로 노동운동은 전망도 없고 순전히 시다바리만 하는 것이겠다는 생각이 들어 상근자 때려치우고 취업을 합니다. 대학에서 경제학과는 나왔지만, 나이 36에 어디 취직할 수도 없고, 그러다가 진짜 주물공장에 취업해서 먹고 살려고 발버둥쳐 봤는데, 뭐 뾰족한 수가 안 보입디다. 그때 같이 학출 활동하다 만난 서울대 나온 모모 두 사람이 운동 그만두고 사법고시 공부해서 변호사 되었다는 이야기를 듣고, 저도 그 길로 들어선 거지요. 결혼해서 애도 있고 해서 운 좋게 3년 만에 변호사가 됐습니다. 그래서 저도 지금까지 운동을 그만둔 데 대한 빚진 마음이 있어 동지들에게 많이 미안해서 변호사 된 뒤로도 줄곧 노동 사건 변론을 하는 겁니다. 노동운동 10년 하고 변호사 됐는데, 제가 운동 그만둘 즈음 주변에서 꽤 많은 사람이 운동에 대해 회의를 했고, 결국, 그런 가운데서 저도 진로를 바꿨습니다. 처음 운동 시작할 때에는 레닌이나 중국이나 베트남이나 다 전위대로 혁명에 성공했기 때문에, 혁명에 대해 의심하는 사람은 보지 못했습니다. 특히 87년 7·8·9 대투쟁을 보고, 정말 되겠구나, 하고 기대에 부풀어 올랐던 거지요. 그러다가 결과는 아니게 되어 버렸지만….[82]

---

82 2021. 07. 05. 부산 거제동 법무법인 민심 사무실 구술.

87년 노동자대투쟁 이후 노동 현실을 자각한 노동자들은 노동조합의 설립과 민주적 운영에 대한 많은 정보를 필요로 했고, 이러한 요구에 부응해 부산에서는 10여 개의 노동단체가 결성되었다. 노동자가 퇴근 후 바로 상담이 가능한 위치인 사상공단 인근의 가톨릭노동상담소, 금사공단 인근의 동래노동상담소, 신평장림공단 인근의 노동자복지연구소 등이 주요 노동상담소였다. 그리고 무엇보다도 노동자의 투쟁에 대한 교육이 필요했는데, 이를 수행한 것이 노동단체의 노동자학교였다. 부산 지역에서 Y노동자학교가 1988년에 열렸고, 부산노동자협의회의 노동자학교가 3기까지 개설되었다. 그리고 노동교육을 전문적으로 하는 사랑방 노동자학교가 88년 11월 말 개금의 우리교회에서 설립되어 7기까지 운영했다. 아울러 공단 지역 또는 노동자가 밀집해서 거주하는 지역을 중심으로 노동자와 지역주민들에게 양서와 다양한 문화 활동 기회를 제공하며 노동문제와 사회문제에 대한 교양·문화공간으로 노동도서원이라는 노동 복합 문화공간이 들어섰다. 서면 및 중앙동 지역의 사무직 여성이 주요 회원인 아름도서원(1987), 햇살도서원(1988), 일꾼도서원(1989), 한돌도서원(1990), 들불도서원(1989), 도서원 삶터, 태백도서원(1988), 일사랑도서원, 늘푸른도서원 등이 있었는데, 노동도서원을 이용하는 노동자는 노동조합이나 노동운동에 동참하기도 하고, 때로는 노동조합의 간부가 되기도 하면서 노동운동의 저변을 확산시키는 데 기여했다.

'노동도서원'이라는 것은 다른 지역에서는 찾아볼 수 없는 부산 지역에만 있던 노동자 공부방이었다. 노동자 문화운동 차원에서 전문적인 마당극와 노래극 등 예술 장르에서 노동운동을 지원하고 노동자의 문화패 조직을 지원하던 문화운동단체인 '놀이패 일터'가 있었으며, '신평장림노동자의 집'도 풍물 전수 등을 통해 지역노동자 문화공간으로 활동했다. 아울러 조사 및 연구사업,《동향》지 발간, 자료실 사업, 교육사업 등을 전문으로 하는 지역사회문제자료연구실, 여성 노동자의 권익 향상을 위해 활동하는 '여성노동자의 집' 등의 노동단체들도 있었다. 이러한 실천 활동 과정에서 공개 노동단체들은 노동운동에 필요한 지원사업에 대해 상호 활동 경험을 공유하고 유기적으로 협조하며 지원사업의 중복과 갈등을 피해 나가고자 했다. 이에 따라 시도된 것이 1988년 7월 수련회를 통해 구성된 노동단체 실무자 모임이었다. 이 수련회에는 그전부터 실무자 모임을 가져 온 노동법률상담소, 만남의 집, 근로여성의 집, 우리교회, YMCA, 야학연합회, 노동문제연구소, 부노협 등이 참여했다. 이후 햇살도서원, 노동자복지연구소, 동래노동상담소(전 만남의 집), 지역사회문제자료연구실, 놀이패 일터, 지오세가 참여했다.

이 대목에서 당시 본격적으로 일어나기 시작한 여성 노동운동에 대해 살펴보자. 80년대 공장의 열악한 노동환경은 특히 여성 노동자들에게 더욱 고통스러웠다. 남성 관리자, 여성 노동자로 구성된 현장의 위계는 노동자에 대한 억압에 여성에 대한 억압이 이중으로 배가되면서 관리자들에 의한 성희롱, 성폭력의 횡행은 여성 노동자들의 심신을 힘들게 했다. 뿐만 아니라 대학에서부터 출발한 학출 활동가들 사이에서도 남성은 여성에 대해 월등히 높은 위계를 차지했으니, 현재와 같은 성평등 의식은 전혀 없었다. 학생운동부터가 남성 기준이었다. 돌이나 화염병을 잘 던지는 등 투쟁성이 중요한 것으로 인식되고, 그 운동 조직과 학습 방식이나 문화적 풍토 등은 운동을 하는 사람이라면 당연히 받아들여야 할 조건처럼 간주되었다. 거기에 여학생은 적응하거나 아니면 이탈하는 식이었다. 술자리에서 여성 문제를 이야기해 보자고 했던 후배 여학생에게 '발가벗고 테이블에 올라갈 자신감'을 요구했던 억지스러움이 당시의 남성중심적 운동 풍토에서는 오히려 자연스러운 태도였을 정도로 여성문제에 무관심했다고 할 수 있다.[83]

이러한 상황에서 여성 노동자들은 자기 삶을 개선하기 위해 남성 노동자에게는 없는 요구를 제기해야 했고, 그러한 여성운동의 선상에서 여성 학출 활동가들이 주축이 되고, 지오세 출신의 여성 활동가가 결합하여 '부산근로여성의 집'이 만들어졌다. 파독 간호사들의 주선으로 독일의 어느 재단으로부터 1,500만원을 지원받아 서2동 도로변 2층 주택에 사무실을 꾸렸다가, 88년 12월경 부전시장으로 장소를 옮기고, 1989년 1월 '부산여성노동자의 집'으로 개칭하여 1990년 10월까지 활동했다. '부산근로여성의 집'을 만든 활동가들은 여성 사업장 노동조건, 남녀가 함께 일하는 사업장 노조의 여성이건 미조직 여성 노동자들이건 생리휴가, 건강, 연애, 결혼, 출산 문제를 다뤄야 했다.[84]

노동자가 노조를 설립하고 단체협상을 하고 파업을 하는 데 필요한 여러 가지 지원을 하기 위해 다방면으로 만들어진 노동단체들이 왕성한 활

---

83 주경미, 〈80년대 부산 지역 여성노동운동에 나타난 지식인 활동가의 여성문제인식 및 평가에 관한 연구〉, 《여성연구논집》 5집, 1994, 159쪽.

84 박영미, 〈80년대 후반~90년대 중반 부산 지역 여성노동자운동(부산여성노동자회를 중심으로)〉, 《여성연구논집》 29집, 2018, 76쪽.

동을 하던 와중에 부노협이 발전적으로 해체하여 부노련으로 가고자 했고, 그 과정에서 부산 지역의 노동 관련 단체들 사이에 상당한 갈등이 생긴 것이다. 우여곡절 끝에 노동자 정치투쟁을 근본으로 삼아 변혁운동을 지향하는 부노련이 결성되면서 이 선진노동자 중심의 변혁운동에 동의하지 않는 다른 운동 노선을 가진 조직의 결성이 시도되었다. 87년 대투쟁이 끝나고 막 결성되거나 준비 중이던 노동조합들이 노동에 대한 교육이나 법률 등의 문제에서 많은 도움이 필요한 상황에서, 각 분야에서 전문성을 가진 단체들이 노동자를 지원하는 사업에서 각자의 전문성과 경험을 공유하고 중복되지 않고 갈등을 줄이며 네트워크를 조직해야 할 필요성을 느껴 부노련과는 다른 새로운 연대체를 조직하고자 한 것이다. 그들은 주로 노동조합을 중심으로 대중 속 활동을 중시하는 활동가들로 대중들의 경제적 요구에 부응하는 일상적 노동 활동 지원에 주안점을 두면서 노동자 상담과 교육 및 문화 활동 등을 지원하고자 했다. 그렇게 해서 노동단체 연대체인 부산노동단체협의회(이하 노단협)이 89년 4월 1일 결성되었다. 부노련이 노조 결성을 넘어 변혁적 노동운동으로 지도하는 일을 했다면, 노단협은 노동운동을 지원하는 일을 했다고 할 수 있다. 다만, 노단협은 여러 단체의 협의체이기 때문에 그 성격이 일괄적으로 같지는 않았다. 노단협 소속 단체 중에는 '지원'에 기반하여 '지도'를 추구한 단체도 있었다. 교육 이수생들에 대해 후속 학습을 통해 변혁적 노동운동가 육성을 목표로 한 사랑방노동자학교가 그 좋은 예이다.

현장 노조를 조직하고 노동자의 계급성을 자각시키면서 치열한 투쟁으로 노동운동을 해야 한다는 부노련의 입장과 달리, 노단협은 좀 더 폭넓은 대중의 지지를 획득하고자 민족자주 진영과 연대하고 노동 중심의 급진변혁운동과 거리를 두고자 했다. 해가 가면서 탈퇴한 단체도 생기고 새로 가입된 단체도 여럿 생겼지만, 노단협은 대체로 네 부류로 구분된다. 상담교육 분야에는 가톨릭노동상담소, 사랑방 노동자학교, 동래노동상담소, 노동자복지연구소, 노동법률상담소 등이 있었고, 문화교양 분야에는 일꾼도서원, 햇살도서원, 들불도서원, 일사랑도서원, 놀이패 일터 등이 있었다. 조사연구 분야에는 지역사회문제자료연구실이 있었다. 이외에 신평 장림 노동자의 집, 여성 노동자의 집, 노동자 모임터 등이 있었다. 대표적인 소속 단체 몇 군데를 살펴보자.

노동법률상담소는 노동자의 법적 구제를 주목적으로 각종 소송 절차를 구제하고 상담하는 역할을 했다. 사랑방노동자학교는 노동교실, 임금투쟁교실 등을 열어 문화를 지원하는 활동을 했고, 가톨릭노동상담소는 사상 지역 노동자를 위한 공간으로 노동 제반 사항에 대한 상담과 교육 그리고 사상 지역 조사사업을 주로 했다. 이 가운데 야학을 하다가 87년 노동자대투쟁 이후 시대 변화에 따라 야학을 그만두고 사랑방노동자학교를 연 이창우는 당시 상황을 이렇게 말한다.

저는 87년 이전에 한빛야학을 했습니다. 당감성당에 있었으니 사람들은 당감성당야학이라고도 하지요. 그때는 노동야학이라는 말을 못 써서 생활 야학이라고들 불렀습니다. 우리 야학은 노동자에게 노동에 관한 여러 가지 것을 가르치기도 했지만, 사실은 다른 야학들과 연대해서 검정고시 야학의 여러 강학들을 의식화하는 작업에도 상당히 공을 들였습니다. 그래서 어느 정도 되면 생활 야학을 개척해서 나가기도 하고 그랬습니다. 운동회 같은 연합회를 통해 노동자 수백 명 모아 단합시키는 일도 했고요. 그러다가 87년 대투쟁이 터졌습니다. 그게 터지고 난 뒤에는 숨어서 야학을 할 필요가 없더라고요. 노동자가 다 드러내서 저희에게 노동법이니 뭐니를 가르쳐 달라고 시도 때도 없이 찾아와 부탁을 했으니까요. 그래서 이성화랑 몇 사람이 규합해서 별도의 노동교육 기관을 드러내놓고 만들자고 해서 사랑방노동자학교를 연 거지요. 사무실을 할 만한 데가 없어서 김영수 목사님 교회 한 편을 빌려서 했습니다. 그래서 노동법, 노동쟁의 등은 물론 노동과 역사, 철학 등까지도 집중적으로 가르쳤습니다. 장명국《노동법해설》을 1박 2일 동안 집중적으로 공부하기도 했지요. 그러다가 부산노련에서 노조 조직 스스로가 교육, 상담, 투쟁 지도까지 하는 정도가 되다 보니, 기초교양 교육이나 실무교육을 별도의 노동교육단체로 진행할 필요성이 적어졌고, 노단협 사무국을 중심으로 노동교실을 열어 고문변호사제도 같은 걸 운영하는 데서는 더 전문적인 법률 지원을 하고 있었기 때문에 기존의 노동교육 커리큘럼으로 단체를 운영할 이유가 적어져 사랑방노동자학교는 문을 닫았습니다.[85]

노단협은 연대의 스펙트럼이 매우 넓고, 그 활동도 단체별로, 필요에 따라 사안별로 연대하여 보기에 따라서는 구심성이 그리 크지 않다고 할 수 있다. 노단협은 노동운동 대중화에 상당히 기여한 것으로 평가를 받

85 2021. 03. 01. 부산 연산동 음식점 연산군 구술.

았으나, 부노련과의 관계에서 상당한 갈등을 보인 것도 사실이었다. 이에 대해 노단협 사무국 책임을 맡은 설동일은 이렇게 말한다.

부노협에서 노단협이 갈라져 나온 게 아니고요, 둘 간에 갈등이 생겨 분열된 것도 아닙니다. 부노련과 노단협은 각자 하고자 하는 일의 성격이나 위상이 다른 것입니다. 하나의 틀 안에서 같이 하지 않더라도 필요시 연대해서 같은 일을 하면 되는 것이지요. 전노협 건설이나 노조 탄압 분쇄 등의 공동대응이 그런 것입니다. 물론 부노련에서는 하나의 틀 안에서 같이 가자고 말을 하긴 했었습니다만, 노단협 소속 단체의 생각은 각 단체가 자기가 잘할 수 있는 일을 하면서 필요시 서로 협의해서 하는 것이 좋겠다고 생각했습니다. 그리고 노단협에 대해 오해가 생기는 것은 노단협이라는 단체는 열여섯 개의 단체가 모여 만든 협의체라는 사실을 간과해서 그렇다고 봅니다. 노단협에 소속된 단체의 입장은 서로 다르고 편차가 있을 수 있습니다. 그러니 어떤 사안에 대해 노단협의 입장은 이렇다라고 말하기 어려운 부분이 많습니다. 그게 부노련하고 다른 점입니다. 노동 단체 간 프락션을 하기 위해 온 단체도 있고, 자기들만의 선진노동자를 양성하기 위해 온 단체도 있고, 전노협에 올인해야 한다는 단체도 있고, 이렇게 주장이 다양합니다. 그래서 어떤 회원 단체가 안건을 올려 주장하면 회의에서 결정하게 됩니다. 전노협 지원이나 전교조 탄압 대책 등을 안건으로 올려서 결정하기도 하고, 회의 결정에 따라 서울에서 열린 전국노동자대회에 많은 인원을 모아서 참석하기도 했습니다. 그 사람들이 각성해서 노동조합 간부가 되어 전노협에 가입도 하고 그랬습니다. 전노협 출범에 즈음하여 하나의 상급 단체 또는 전노협 건설 등의 논쟁에 대해서 당시 제 개인적 생각은 그건 노조가 판단하게 맡겨 두고 당장 우리가 할 수 있는 일인 노조 조직률을 높이거나 노조다운 노조가 운영될 수 있게 지원하자는 것이었습니다. 그리고 노조 민주화 사업에 대해서도 노조 조합원이 판단할 일이지 외부에서 민주노조다 어용노조다 규정할 일은 아니라고 생각했습니다. 어느 상급 단체에 소속되었는지를 가리지 않고, 노동조합 고문 변호사 제도를 체결한 노조를 중심으로 100여 곳에 이르는 노조에 교육을 다녔는데, '전노협만이 살 길이다'를 교육하지 않는다고 미움을 받거나 한국노총에서 전노협으로 조직을 빼간다고 오해를 받기도 했지요. 어찌 됐든 부노련과 노단협은 전적으로 하는 일이 달랐기 때문에 두 집단 간의 갈등이 있었다는 평가는 맞지 않습니다.[86]

설동일의 이러한 설명과 달리, 부노련과 노단협 사이에는 분명한 갈등이 있었다고 보는 것이 그 사이에서 활동했던 활동가들의 대체적인 판단이다. 당시 부산의 노동운동 현실은 두 단체의 사이에서 발생한 상당한 갈등의 파장 안에 놓일 수밖에 없었다. 설동일과 오랫동안 노단협을 함께 했던 동국제강 학출 활동가이면서 당시 한돌도서원을 운영했던 현정길은 이렇게 말한다.

일종의 헤게모니 싸움이었지요. 두 단체가 하는 일은 겉으로는 분명히

---

86 2020. 09. 22. 부산 초량동 부마항쟁기념재단 사무실 구술.

달랐지만, 실제로는 거의 비슷한 일을 했고, 결국 현실에서는 아무 차이가 없었습니다. 부노련의 한계는 선진노동자가 노조를 지도한다고 하는 것인데, 현실은 그 노동자가 그들의 지도를 다 듣지 않는다는 것에 있는 것입니다. 그들은 그들 나름대로의 먹고 사는 현실의 문제가 있으니까요. 그래서 노단협같이 지원해 주는 일이 더 필요한 겁니다. 그런데 노단협도 지원만 하는 데에 만족하지 못하고 노조의 방향성에 대해 관여하고 교육하는 데에 집중을 많이 했습니다. 지원만 해 가지고는 영향력이 커지지를 않으니까요. 그래서 두 단체가 서로 부닥친 겁니다. … 부노협 해체에 반대하는 활동가들은 부노협 비상대책위를 꾸려 여전히 노동대중을 투쟁의 주체로 내세우기 위한 지원 사업을 잘하는 것이 더 중요하고 그 일을 부노협이 맡아야 한다고 주장했습니다. 그들은 부노협이 그 일을 제대로 하지 못한 것은 부노협의 조직적 한계라기보다는 실무자들의 문제일 뿐이라면서 부노협의 존속을 주장한 겁니다. 논의는 합의가 되지 않은 상태에 이르렀고, 결국 일부 실무자들은 부노련 창립 방향으로 갔고, 부노협 존속을 주장한 사람들은 부산노동자의 집을 만들어 지원사업을 하다가 이후 노단협으로 합류하는 과정을 거치게 됩니다. 그 과정에서 야학이라든가, 도서원이라든가, 상담소라든가 하는 노동조합 사업을 직접 하는 것보다는 그 일과 관련한 일을 지원하는 단체들이 모여 협의체를 만든 것이 노단협이지요. 얼핏 볼 때 부노련과 노단협은 조직의 위상과 역할이 다른 것으로 보이지만 노단협의 강령을 보면 부노련이 하는 역할과 크게 다르지 않은 점에서 그 둘의 분화를 분열로 볼 수도 있다고 봅니다. … 학출 활동가로 현장에 들어가 노조를 만들든 조직을 더 키우든 뭔가의 일을 할 때 제가 가진 생각은 이제 노동조합이 만들어지고 탄탄해지면 노조가 도서원이나 상담소 같은 여러 분야의 학출 활동가들을 품을 줄 알았습니다. 그런데 실상은 그렇지를 않습니다. 노동자로 조직된 노조는 학출들을 기피하는 경향이 있었습니다. 물론 그 안에는 정파 갈등도 있었지만요. 그러면서 학출들의 영향력이 현장에서는 크게 약화되고 노단협의 영향력이 좀 더 커진 것도 있었다고 봅니다. 이런 상황에서 노동운동을 하는 사람으로 앞으로의 전망이 없는데, 비전을 후배들한테 심어 줄 수 없고, 개인적으로 갖지 못하는데, 더 이상 운동은 불가능하구나라는 걸 처음 느꼈습니다. 이런 상황에서 두 조직 간에 문제를 풀려고 노력을 하지 않았다는 사실이 더 심각한 거지요. 결국, 제가 보기에는 그 구성원들의 이념 문제였는데, 부노련은 PD 계열이었고 노단협은 NL 계열이었지요. 그 두 진영은 이후로 계속해서 부닥치고, 진영 싸움 하다가 결국 민주노동당에서 만나지요. 또다시 깨지지만….[87]

노동운동 지원 단체로서 부노련과 노단협의 관계를 좀 더 구체적으로 살펴보자. 일단 두 단체의 임무 내지 목표를 비교해 보자. 부노련은 다음과 같은 네 가지를 조직의 임무로 설정했고, 노단협은 다음의 네 가지를 강령으로 채택했다.

부노련

- 노동조합운동을 지원하고 강화한다.

---

[87] 2020. 10. 21. 부산 연산동 음식점 연산군 구술.

- 노동자 일반의 요구를 주장하고 투쟁한다.
- 노동자뿐만 아니라 민중 일반의 생존권적, 정치적 요구를 주장하고 투쟁한다.
- 전 민중의 결속과 단결에 기여한다.

노단협

① 우리는 부산 지역 노동단체 간의 통일성을 바탕으로 노동자 투쟁에 대한 체계적인 지원을 확보하기 위해 적극 노력한다.

② 우리는 노동조합과 굳건히 연대하며 노동단체의 지역적 전국적 연대를 위해 적극 노력한다.

③ 우리는 노동자 대중의 정치적 의식 고양과 단결에 기여하며 노동자 대중의 생존권 및 민주적 제 권리를 획득하기 위한 투쟁에 적극 동참한다.

④ 우리는 민족의 자주화와 조국통일, 그리고 한국사회 민주화를 위한 투쟁에 적극 동참한다.

이 둘을 비교해 보면, 노단협이 민족의 자주화와 조국 통일을 주요 강령으로 채택하고, 부노련은 그 부분을 강령에 두지 않았다는 것을 제외하고는 하등 다를 바가 없다. 그럼에도 두 단체는 상당한 갈등을 야기했고, 그 불편한 관계가 지역의 노동 진영에 끼친 영향은 상당했다고 본다. 부노협의 발족에서부터 부노련으로의 발전적 해산, 노단협 결성 등 이러한 일련의 과정을 살펴보면 부산에서 노동운동을 하는 소위 선진노동자들은 조직적 구심체를 건설하지 못한 채 분열된 현실을 애써 눈 감은 채 구두로만 조직사업에 최선을 다한다는 계획만 내세웠을 뿐이다. 그래서 현실과 상당히 괴리되어 있는 상태에서 벗어나지 못했다는 것이 이후 부산 지역 노동운동의 여러 약점 가운데 하나로 작용했다. 이에 관해 당시 실제 존재한 갈등과 알력을 예로 들면서 분화가 아닌 분열로 규정하면서 두 운동단체 간의 통일 단결을 촉구하는 다음의 글을 주목할 필요가 있다.

언뜻 보면 (두 단체는) 상호 역할 분담한 듯이 보이기도 한다. 왜냐면 한쪽은 조직 대오를 묶어 세우는 데 있으며 다른 한쪽은 지원의 임무를 충실히 한다고 할 수 있기 때문이다. 그러나 이러한 생각은 실천에 있어서 많은 혼란을 야기할 수밖에 없었다. (그런데 부노련은 조직의 임무 네 가지와 달리) 노조운동 지원이 단순히 상담, 교육이 아니라 "노동조합과 같은 조직에 올바른 지원은 이제 더 이상 개별 활동가의 상담 지원이나 지원기구의 외곽 지원에 의하여 이루어질 수 없는 것이다."(부산 지역 노동운동의 현황)에서 알 수 있듯이 조직적이며 투쟁적인 지원을 뜻하는 듯하다. 그리고 이것은 흔히 말하는 선진노동자 조직을 통한 '지원'이며 따라서 선진노동자 조직의 사업이다. … 선진노동자 조직을 논리적으로 설명할 수는 있지만, '역사적' 실체를 가진 조직은 아니라는 것이다. … (노단협은 부노련에 의해 자행된) 노동운동의 통일성을 저해하는 경향에 쐐기를 박고자 한다면 지역노동운동의 당면한 과제에 대한 철저한 인식, 통일을 위루기 위한 구체적 방도 등에 대해 설득력 있는 대안을 제출하는 것이지 부노협 해체 또는 부노련 건설에 반대하는 상담소, 도서원 등을 모은다고 해결되는 것은 아닌 것이다. … 아마도 지역에 주어진 공동의 과제를 해결하기 위해 부노련과 노단협은 머리를 맞대고 진지한 고민을 하지 못했다는 것이 솔직한 판단일 것이다. 과제를 해결하고 사업을 공유하기 위한 공식적 창구조차 마련되지 못하고 독자적인 자기 사업에 매몰된 것이 그간의 실천 모습이다. 물론 광주참배단 조직, 9·24 전교조 사수집회, 11·12 민중대회, 아폴로 사건의 공동대처 등 공동으로 사업을 진행시킨 것도 있다. 그러나 이러한 사업은 실무자 파견 정도의 상호 교류 차원이었지 지역 차원의 통일 단결이라는 성과로 모아 내지 못했으며 각 단체로 모아질 수밖에 없는 한계를 가졌다. … 정치적 입장과 관점을 갖고 실천에서 치열한 투쟁을 벌이는 분열이 아니라 불신감에서 나타나는 분열, 자기중심적인 통일을 사고하는 것, 사업 작풍에 있어서의 문제 등 분열의 후진성이 그대로 드러나는 것이 현재의 부산 노동 진영의 현실이다.[88]

노단협 소속단체 중 상담 단체와 도서원 등은 1994년 4월 '노동자를 위한 연대'라는 새로운 조직을 결성하며 해산했다. 이는 변화된 시대적 상황에 맞게 노동단체의 역할을 새로이 설정하고자 한 노력의 하나이다. 노동자를 위한 연대는 법률상담과 의료지원을 축으로 한 2인의 공동대표와 이사회를 구성하고 실무는 노동단체 실무자들이 맡았다. 이는 더 효과적으로 노동자와 노동조합을 지원할 수 있게 전문성과 대중성을 높이고자 한 것이었다. 당시 상황에 대해 실무 책임을 맡았던 설동일은 다

---

88   장현태, 〈부산노동운동의 통일·단결을 촉구한다〉, 《지역과노동》 7호.

음과 같이 말한다.

1992년 선거에서 김영삼이 대통령으로 당선되고 문민 정권을 표방하는 상황에서, 노동운동에 대한 과거와 같은 무자비한 탄압은 없을 것으로 판단했습니다. 그리고 열악한 여건에서 단체 운영에 급급했던 과거의 노동단체 현실도 극복하고, 보다 더 전문성과 대중성을 가진 단체가 필요하다고 생각했습니다. 그 방도의 하나가 의사, 변호사 등 전문성과 명망성이 있는 분들이 단체의 전면에 나서는 것이라고 생각했고, 이러한 주장에 대해 부산 지역의 진보적인 의사, 치과의사, 한의사, 약사 등 의료인과 변호사들이 동의해 줘 '노동자를 위한 연대'를 결성할 수 있었습니다. 그 후 '노동자를 위한 연대'는 변화된 노동 현실을 반영하여 2009년 '노동인권연대'로 이름을 바꾸고 현재까지 활동을 하고 있습니다. 참고로 본인이 '노동자를 위한 연대' 사무처장 시절 전 원풍모방 노조위원장을 하셨던 방용석 선배가 국회의원 비례대표를 신청하고 나서 부산 지역 노동조합의 지지를 부탁한 적이 있었습니다. 저는 우리 노동조합의 권익을 대변할 국회의원을 노조위원장들의 지지로 만들 수 있다면 적극 지지해야 한다는 입장이었고 실제 노동조합 위원장들에게 요청도 했습니다. 그러나 이에 대해서도 DJ 정권과의 투쟁을 주장한 분들에 의해 만만찮은 비판이 제기되었습니다. 저는 시민의 힘으로 시대와 노동 현실이 바뀌고 있다고 본 것이고, 유신 시대나 전두환, 노태우 정권 때와는 다른 조건에 맞게 노동단체를 운영해야 한다고 본 것입니다. 오늘날 노동 현안은 비정규직 노동자와 10퍼센트 남짓의 낮은 노동조합 조직률을 극복하는 것이라고 봅니다. 대기업

정규직 노동조합의 역할도 더 넓어지고 커져야 한다고 봅니다. 최근 부산에서 처음 발족한 '부산형 사회연대기금'이 그 새로운 시도의 하나라고 봅니다. 노동조합이 먼저 사회형 연대기금을 내고 그와 동등한 수준의 기금을 회사가 부담하도록 하는 것입니다. 모아진 기금은 공익적인 판단에 따라 비정규직이나 미조직 노동자들, 취약계층의 권익 향상과 일자리 창출에 쓰는 것입니다. 노조가 기금을 출연하지 않으면 회사 단독으로는 출연할 수 없게 하여 노조의 주도성을 인정하고 있습니다. 저는 이것이 21세기 노동조합 활동의 새로운 시도의 하나일 수 있다고 봅니다. 이미 노조가 있는 조직된 노동자는 상대적으로 혜택을 받은 노동자라고 할 수 있습니다. 그분들이 아직 조직되지 않은 90퍼센트 노동자를 돌아보지 않는다면, 우리 사회의 미래는 밝지 않다고 봅니다. 사회적 대화 기구인 경제사회노동위원회에도 적극 참여해야 한다고 봅니다. 제도권 안과 밖에서 같이 노력해야 하는 것이죠. 단독 집권에 국회의원 180석을 가지고 있어도 상호 협의해야 하는데….[89]

부노련이 결성된 후 부산 지역 노동조합의 연대조직운동이 본격화한다. 1988년 상반기 투쟁의 성과를 조직적으로 수렴해 가면서 연대투쟁의 성과인 민주노조들 사이의 어떤 협의체를 우선 건설하기로 했다. 1988년 5월 31일 동아건설, 부산지하철 노조 등 17개 노조위원장들은 고려피혁 노조 사무실에서 제1차 '부산양산지역노동조합대표회의'를 개최하고

---

[89] 2020. 09. 22. 부산 초량동 부마항쟁기념재단 사무실 구술.

'부산양산지역노동조합공동대책협의회'를 구성하기로 했다. 6월 4일에는 제1차 회의에 따른 구체적 실천으로 고려피혁의 직장폐쇄 철회를 위한 '제1차 부산양산민주노조협의회준비위원회'가 건설되었다. 동아건설, 부산지하철 등 17개 부산 지역 노조위원장과 간부들이 모인 가운데 가진 발족식에서 운영 규약을 채택하고 김덕갑 동아건설 부산지부장을 의장으로 성요사, 만호제강, 고려피혁, 동진, 대류레미컨, 대우정밀 노조위원장을 부위원장으로 선출했다. 이 '부산양산노동조합 공동대책협의회'는 이후 3차에 걸친 노동자대회를 조직하면서 연대투쟁을 더 효과적이고 책임감 있게 추진하기 위해서 노동조합의 모임인 민주노조들 사이의 협의체를 구성하기로 했고, 그 결과 부산 지역노동조합연합회가 1988년 8월 6일에 결성되었다.

부산 지역노동조합연합회는 노동조합 간의 연대 활동을 강화하는 조직으로 발전시키려 했으나, 4개월 정도 활동을 한 끝에 1989년 1월 22일 결성된 '노조 탄압 저지 및 임금인상 완전 쟁취를 위한 부산양산김해지역 공동대책협의회'(이하 부양공대협)가 생기면서 실질적인 투쟁의 주체 자격이 그쪽으로 넘어갔다. 그렇게 된 것은 부산 지역노동조합연합회 활동이 전체 지역의 노동자를 포괄하지 못한 채 민주노조들을 중심으로 진행되다 보니 더 큰 세력으로 규합이 되지 않아 이를 극복하여 더 많은 노동조합을 참여시키기 위해, 나아가 89년 임금투쟁에서 승리하기 위해서였다. 그런 여정 속에서 1989년 9월 30일에 부산지역노동조합총연합(이하 부산노련)이 결성되었다. 부산 지역은 부양공대협 결성 시 24개 노조, 6천여 명의 조합원이 참가했으며 그 뒤 상반기 투쟁 후반부에 들어서는

61개 노조(부산 50개, 양산 10개, 김해 1개) 1만 5천여 명으로 증가했다. 이로써 임금인상 투쟁 등을 매개로 하는 노동조합 간의 연대 활동을 강화하는 조직적인 체계가 부산에서도 처음으로 갖춰졌다. 부산노련 소속 노조들은 무엇보다 우선 조직력 강화를 위해 노력했으니 수련회, 체육대회, 노조 결성 기념식 등 다양한 행사를 추진하여 조직력 배가를 꾀했다. 만호제강이 8월 14, 15일 이틀간 조합원 수련회를 가졌고, 신신기계, 우진기계, 삼무, 대우정밀, 동풍, 백병원, 동신유압기계, 성요사, 동승기업의 노조에서 결성 기념식과 총회를 열었다.

당시 지역과 업종의 협의체 중심 노동조합운동은, 1988년 현대엔진 노동자가 파업에 들어가자 이를 전국 차원에서 지원하기 위해 1988년 3월 5일에 '노동조합탄압저지전국노동자공동대책협의회'를 구성하면서 투쟁이 시작되었다. 이 투쟁은 1988년 초 현대엔진 투쟁에서 정부가 카빈소총까지 동원할 정도로 강경한 탄압을 자행한 데 대한 대응이었다. 이 탄압에 노동운동단체들은 모여서 대책을 숙의했는데, 현대엔진의 문제는 단순히 현대엔진만의 문제가 아니라 전체 노동조합 조직의 문제와 직결된다고 보았다. 그들은 현대엔진의 투쟁을 88년 임금투쟁의 방향과 성과를 결정하는 중요한 고리가 되는 투쟁으로 인식하고 더 적극적으로 연대하기로 했다. 2월 26일 현대엔진 총파업 소식을 듣고 다음 날인 2월 27일 현대엔진민주노조탄압 규탄 영남 지역공동대책협의회를 구성했고, 4월 2일 부산에서 지역 노동자 1천 명이 참가하는 집회를 열었다. 이즈음부터 기업별노조의 한계를 벗어나고자 연대 조직을 구성하는 구체적인 움직임이 본격화되기 시작했다.

그 속에서 급변하는 정세에 신속하게 대처하고 사업의 추진력을 갖추고자 전국적 차원의 또 다른 상설 공동투쟁체를 만들기로 했고, 1988년 6월 7일 '전국노동운동단체협의회'(이하 전국노운협)를 결성했다. 전국노운협은 민주노조운동을 지원·강화하고 민주노조운동보다 앞서가는 자주적인 운동체, 노동운동단체 전국 단일 대오의 과도기적 형태로 성격을 규정하고, 노동운동의 발전을 도모하고, 노동자가 주체가 되어 자주·민주·통일과 노동해방을 실현하는 것을 활동 목표로 삼았다. 전국노운협은 신규 노조 결성, 노조 민주화 사업, 선봉대 조직 등과 같이 노동조합 차원에서 할 수 없는 사업들을 담당했으며, 이러한 활동은 민주노조운동이 지역을 넘어 전국 조직으로 성장하는 데 큰 힘이 되었다. 전국노운협은 각 민주노조에서 일하는 활동가 및 1980년대 학출 활동가 등이 중심이 되어 10개 지역 10개 단체로 결성되었다. 민주노조운동이 계급적 대중운동으로 발전할 수 있도록 지원하고, 선진노동자를 광범위하게 조직하며 노동자계급의 정치적 진출을 확대 강화하는 것을 목표로 했다. 이들은 노동운동을 노동조합운동에 국한하지 않고 사회를 변혁시키는 일을 지향했다.

이즈음 부산노련이 출범한 후 1990년 1월 11일 제1차 정기 대의원대회에서 전노협 파견 대의원 86명을 선출하며 전노협 건설에 적극적으로 참여하기 시작했다. 전국노운협은 지역별노조협의회(이하 지노협)가 대중투쟁의 구심으로 자리 잡는 데 크게 기여했으니, 1987년에 건설된 마창노련을 선두로 87년과 88년을 거치면서 노조운동의 성장이 두드러졌다. 역량이 성장한 노조들은 1989년에 접어들면서 상반기 임금인상 투쟁을 성공적으로 수행하고, 이 과정에서 축적된 조직 역량을 바탕으로 전국적인 노동조합 중앙조직, 즉 전노협의 건설을 적극 추진했다. 부산 지역에서도 이에 보조를 맞추기 시작했다.

1989년 1월 12일 37개 노동조합이 참여한 가운데 '노동조합탄압저지 및 임금인상완전쟁취를 위한 부산양산김해지역공동대책협의회'(이하 부양김공대협)가 출범하여 임금인상 투쟁 등을 매개로 노동조합 간 연대 활동과 대중 역량을 강화하고자 했다. 부양김공대협은 참여의 폭이 넓었고 전국적으로 진행된 노동자 집회에 대규모로 참여하는 등 연대 활동도 활발히 전개했다. 부양김공대협을 바탕으로 부산노련이 창립되었고, 초대 의장직은 대우정밀 노조위원장인 이성도가 맡았다. 창립 당시 부산노련은 부산·양산·김해 지역에 분포하는 21개 노조 6,909명의 조합원으로 출범했다. 당시 가입 노조는 대한조선공사, 태평양화학, 한독병원, 노라노복장학원, 금강전자, 동신유압기계, 만호제강, 동아건설, 대우정밀, 성요사, 남천병원 등이었고, 10월이 되면서 노동법개정운동이 본격화되었어 10월 9일 경남 창녕 화왕산에서 '노동법개정을 위한 전국노동자대회'가 개최되어 부산 지역 노동자 6백여 명이 참가했다. 그 후 1993년이 되면서 부산노련은 이미 활동하고 있던 양산지역노조협의회(준)와 통합해 부산양산노동조합총연합(이하 부양노련)을 발족했고, 의장에는 대우정밀 노조위원장 직무대행 문영만(1991년 대우정밀 해고)이 선출되었다.

부산노련 가입 단체[84]

노동조합	대표자	창립일	조합원 수	업종
태평양화학	김무인	1988. 7. 5.	233	화학
대한조선공사	이태득	1963. 5. 25.	2,300	금속
한독병원	서근애	1988. 2. 22.	80	병원
노라노복장학원	황영희	1989. 4. 9.	19	연합
일동정기	설태현	1987. 8. 17.	112	금속
금강전자	황보무연	1974.12. 1.	51	금속
동양라이너	이국석	1989. 2. 28.	44	금속
동신유압기계	정한수	1987. 9. 12.	199	금속
삼성기업	노창규	1987. 8. 19.	31	금속
만호제강	김영준	1973. 11. 21.	340	금속
동아건설	김덕갑	1987. 11. 8.	230	금속
태성물산	박성용	1988. 3. 20.	110	금속
동신화학	차상호	1989. 3. 21.	50	화학
㈜고려	김준환	1988. 3. 10.	990	화학
대우정밀	이성도	1987. 8. 13.	1,484	금속
우진기계	위계숙	1987. 8. 11.	117	금속
성요사	손인환	1987. 9. 12.	245	금속
신동금속	박점병	1987. 8. 21.	170	금속
한일정공	황해용	1988. 6. 13.	6	금속
유성미공	하영혁	1987. 6. 22.	36	금속
남천병원	이진희	1988. 5. 7.	62	병원
합계			총 21개 노조 6,909명	

87년 이후 국가와 자본의 새로운 전략

1987년부터 3년간 계속된 노동자 투쟁이 소강상태에 접어들 무렵, 1990년대 초부터 노동과 관련하여 큰 충격파가 하나 발생했다. 세계사적 차원에서 발생한 사회변화이지만, 그 어떤 나라보다 한국에서 불러온 충

---

90 전노협백서 01 《1987~1988. 기나긴 어둠을 찢어버리고》(서울: 현실문화, 2003), 442쪽.

격이 컸다. 바로 세계화의 시작과 그로 인한 노동환경의 변화다. 세계화의 여파로 한국 경제는 구조조정, 서비스화, 정보화 등으로 대표되는 노동시장 구조 변화가 급격하게 일어나기 시작했다. 점차 제조업과 생산직 및 사무직 비중이 감소하고, 여성 노동자 비중이 커졌고, 노동자의 나이가 고령화·고학력화되면서 집단 내부가 갈수록 이질적으로 바뀌어 갔다. 이로써 노동자는 사회적으로 단일 계급은커녕 단일한 정체성도 갖지 않은 집단이 되었다. 그러한 변화 속에서 노동자 집단은 예전에는 겪지 못했던 다양하고 복합적인 문제에 봉착하게 되었다.

임금노동자의 노동조건이 개선되고 생활수준이 향상되면서 노동자들 사이에서 노동에 대한 의식 변화가 나타나기 시작했다. 전통적 의미에서 말하는 노동자계층은 줄고, 중산층 노동자, 여성 노동자, 비정규직 노동자계층이 늘면서 나타난 현상이다. 동시에 고용불안이 심하게 가중되었고, 이로 인해 조직노동운동의 기반이 되는 노동조합의 기반이 크게 흔들렸다. 대규모 사업장의 노조 조직도 한계에 이르렀고, 중소 영세사업장의 경우는 휴폐업 및 공장 이전과 같은 물리적 변화가 일어나고, 그 결과 많은 노조가 자연스럽게 해산되었다. 외부 상황이 크게 변화하면서 내부 노동조합 지도부도 크게 흔들렸다. 노동운동 지도부는 미증유의 외부 변화에 적절하게 대응하지 못했고, 그들을 따르는 평노조원들도 마찬가지였다. 노동운동에 위기가 왔다.

여기에 급진변혁 세력의 여전한 탁상공론도 노동운동 쇠퇴에 상당한 역할을 했다. 급진변혁 세력은 80년대 초부터 공산주의·사회주의·레닌주의에 입각하여 제헌의회를 소집해야 한다는 등 이상주의적 변혁운동을 줄기차게 주장했다. 그런데 그러한 변혁론은 현실 사회를 살아가는 노동자에게 거의 영향을 끼치지 못했다. 그럼에도 그들의 주장은 그들의 의도와 관계없이 중요한 결과를 낳았다. 87년 노동자대투쟁 이후 노태우 정권이 그들의 급진적 주장을 이용해 노동운동 전체를 용공 세력으로 몰아 이데올로기 전쟁을 획책하는 빌미를 제공한 것이다. 노태우 정권이 노동운동을 크게 탄압하면서 국민의 지지를 얻을 수 있었던 이유 중 하나가 급진변혁 세력의 사회주의혁명 주장을 역이용한 것이다. 그들의 주장은 대다수 국민들에게 큰 반감을 불러일으켰다. 그들의 주장이 당시 사회 전반 혹은 노동운동에 어느 정도 영향을 미쳤는지는 문제의 본질이 아니다. 현실적으로 더 중요한 것은, 그들의 급진적 주장이 현실에서 공안 정국에 이용되어 노동운동을 국민들로부터 멀어지게 했다는 것이다. 노태우 정부는 급진변혁 세력이 진짜 사회를 전복시킬 만한 힘이 있다고 생각하지 않은 점만은 분명하다. 하지만 시민들의 지지를 얻기 위해 그들의 발언을 빌미 삼아 그들을 용공 세력으로 몰았다. 결국, 별 영향력도 없는 극소수 급진변혁 주장이 노동운동의 세를 위축시키는 데 결정적 역할을 한 셈이다. 정치에서 선의란 언제든지 악의로 이용될 수 있고, 그렇게 이용당한다고 해서 책임이 없어지지 않는다.

87년 노동자대투쟁 시기에는 노동자의 힘이 워낙 막강해서 아무리 전두환 독재정권이라 할지라도 마냥 폭력적으로 억압할 수만은 없었다. 어쩔 수 없이 87년 이후부터는 노동조합의 자율성을 상당히 인정하는 쪽으로 기조를 바꾸었다. 하지만 그렇다고 해서 노동조합에 전적인 자율성을 부여하는 쪽으로 선회한 것은 아니었다. 그들은 노동운동을 경제적 조합주의 범주 밖으로는 나가지 못하도록 막으면서, 동시에 기업주에게도 노동자에 대한 태도 수정을 요구했다. 자본에게 상당한 책임을 물은 것이다. 그래서 정부는 88년부터 진행된 노사분규에 직접 개입 및 관여를 자제하고, 이전 정부가 앞장서서 자행한 블랙리스트 통제와 같은 강압 방식도 더는 하지 않았다. 기업주의 부당노동행위에도 엄벌을 경고하고 나섰다. 그렇다고 해서 노조의 불법적 파업, 즉 경제적 조합주의를 넘어서는 일이나 제3자와 연대한 노동운동, 그리고 정치적 요구를 내건 노동운동까지 허용한 것은 아니다. 이러한 유화적이면서 경제주의와 조합주의를 인정하는 선 안에서 세운 통제 전략은 노태우 정권 초반에 상당히 유효하게 작동했다.

이러한 노태우 정권의 교묘한 노동 탄압은 정권 자체가 갖는 권위주의와 민주주의의 양면성 위에서 이루어진 것이다. 노태우 정권은 한편으로는 민주화를 이행해야 했고, 다른 한편으로는 군부를 비롯한 기득권의 권위주의 특권을 지속시켜야 했던 정권이다. 그래서 한편으로는 자유주의에 입각한 개혁을 상당히 진척시켰지만, 그 개혁의 범주 안에서 노동과 관련된 것은 철저히 배제했다. 이전 시대와 달리 노태우 정권은 적어도 명목상으로는 '정치적 중립' 및 '민주적 노사관계'를 앞세워 노사관계에 전적으로 직접 개입하지 않았다. 그 대신에 기업이 더 교묘하고 악랄한 방식으로 문제를 해결하도록 유도했다. 이는 정치 민주화를 이행하는 정권이라는 차원에서 정치적 부담을 피하려는 목적도 있었고, 동시에 이전 시대의 소위 3저 호황으로 축적된 경제성장의 이득을 일정 부분 노동 진영에 분배함으로써 자본주의 질서를 더 안정적으로 지키기 위해서이

기도 했다. 그러면서 노동운동 세력에게는 전가의 보도 격인 '빨갱이' '좌경 용공' 등의 색깔론을 고수하면서, 새로운 방식의 노동 통제 전략 계발 과제를 자본에 떠넘겼다. 정부가 과거와 같이 노동 탄압에 직접 개입하지 않는다는 것은 기업으로서는 정부라는 보호막이 약화되어 자본 스스로 새로운 전술을 계발해야 한다는 것을 의미했다. 이에 따라 자본이 만들어 낸 전술이 '무노동·무임금' 원칙이나 '직장폐쇄'라는 강경 대응이다. 그 와중에 대기업의 하청업체인 중소기업이 대기업의 협조 아래 신규 노조 결성을 노골적으로 방해하거나 노조 파괴를 목적으로 하는 위장폐업을 감행하는 일이 숱하게 발생했다. 이 시기 이후 부산 지역에서는 기업이 구사대 폭력, 위장폐업, 직장폐쇄 등의 방식으로 노조를 탄압하는 일이 본격적으로 전개되었다. 정부의 방침을 철저히 따른 것이다.

그리고 자본가들도 노동자들처럼 연대체를 만들기 시작했다. 1989년 12월 전경련·대한상의·무역협회·중소기업중앙회·은행연합회·경총 등 자본가 단체들이 노동의 공세에 효과적으로 대응하기 위해 경제단체협의회(이하 경단협)을 결성했다. 경단협은 노동자의 요구에 대처하고 자본가들의 결속을 강화하고 이탈을 방지하는 다양한 전술을 개발하고 실행했다. 바로 여기에서 '무노동·무임금' 원칙을 관철하기로 했고, 노조의 경영 인사권 개입을 배제하기로 했으며, 노조 전임자에 대한 임금을 지급하지 않고 한 자릿수 임금인상 전략 등을 제시했다. 그러면서 이를 어긴 기업들에 대해 동종 업계의 사업자 단체를 동원하여 자재 공급을 중단하고, 어음 유통을 거부하고, 제품 불매 등의 제재를 가하기로 하고, 동시에 자본의 이해관계를 법제화할 다양한 로비 활동 및 홍보 활동을 전개하기 시작했다. 노동 세력이 연대하자, 자본가도 적극적으로 연대하기 시작한 것이다.

정부는 1988년 말 '민생치안에 관한 특별조치'를 취한 후 1989년 초부터 노동쟁의에 공권력을 투입하여 강제 진압하고, 그와 동시에 공장마다 위장취업 '불순세력' 색출을 위해 심한 압박을 가했다. 부산에서도 이러한 공안 정국이 1년 동안 계속되어 노동운동이 크게 위축되었다. 이러한 분위기에서 1989년 말, 전노협 출범을 불과 몇 개월 앞두고 노골화된 국가권력과 자본의 노동 탄압은 노동위원회와 법원마저 유신 시대처럼 철저히 법을 무시하고 국가와 자본의 편에 서게 했다. 그 결과, 노동관계 판결이 대거 우경화되었다. 그 좋은 예가 1989년 12월 9일 부산지방노동위원회가 내린 부산 남천병원 노동조합이 낸 부당노동행위 구제 신청에 대한 기각이다. 노동조합은 "병원장이 병원 일부의 영업을 계속하다가 별도의 병원을 설립한 후 위장폐업하고 노조 활동을 이유로 해고 등 불이익 처분을 내리는 것은 부당노동행위로서 노동조합법 제39조를 위배한 것"이라며 구제를 요청했지만, 노동위는 "노조 와해를 목적으로 폐업을 단행했더라도 경영주의 의사에 반한 병원 재개 명령을 내리는 것은 불가하다"며 노동자의 파업권에 대항한 기업주의 폐업권을 공식 인정했다. 노동위가 기업주에게 폐업권을 인정함으로써 노동자는 새로운 신자유주의 하의 노동환경 속에서 벼랑 끝으로 몰릴 수밖에 없었다.

III 전노협과
부산노련

전노협 건설 과정

1988년부터 노동운동은 서서히 위축되기 시작했다. 기본적으로 소위 3저 호황이 끝나면서 경제가 침체기로 접어들어 노동운동이 대중으로부터 지지를 받기 어렵게 상황이 전개되었다. 하지만 그보다는 정치적 이유가 더 컸다. 1987년 대통령선거를 통해 문민정부가 출범하고 이후 정치적 민주화가 상당 부분 이루어지면서 많은 자유주의 시민들이 정치 민주화에 만족하기 시작한 것이다. 이런 상황에서 노동운동에 대한 시민들의 관심은 멀어졌고, 이에 위축된 노동 진영은 연대체를 조직하려고 안간힘을 썼다. 1989년경부터 본격화된 연대체 결성 움직임은 1990년 마침내 전노협(전국노동조합협의회) 건설로 이어졌다.

사실, 노동운동의 내셔널센터 건설 논의는 87년 노동자대투쟁 당시의 노동운동 성격과 관련이 있다. 87년부터 89년까지 일어난 투쟁은 누가 봐도 물리적 폭력을 동반하는 성격이 강했다. 그리고 그 폭력은 노조가 독자성과 자주성을 유지하는 차원에서 택한 전술의 성격이 강했다. 그래서 흔히 이런 경향의 노동운동을 '전투적 노동운동'이라고 불렀다. 하지만 그 전투성이라는 것은 급진변혁 세력이 주장하듯 체제 변혁을 지향하는 계급투쟁과는 거리가 멀었다. 체제 변혁이 아닌 주로 임금인상과 노동조합의 인정을 둘러싼 투쟁으로, 그 싸움에서 물러서지 않고 격렬하게 싸운다는 의미가 크다. 노동법 개정 투쟁, 단결권 및 단체행동권 투쟁이 기본이었고, 그것을 정부가 가로막다 보니 대정부 투쟁으로 발전할 수밖에 없었다.

노조의 전투적 행동은 기본적으로 체제 변혁을 추구하는 것이 아님에도, 정부는 이를 급진 세력이 주장하는 체제 변혁과 연계시켰다. 그러자 '정부'와 '체제'를 혼동하는 많은 시민이 노동자들의 노동 투쟁 혹은 기껏해야 반정부 투쟁을 반체제 투쟁으로 오해하기 시작했다. 경제 상황이 달라져 불황에 접어든 상태에서 노동운동에 대한 자유주의 시민들의 부정적인 인식이 쌓이기 시작했고, 그 결과 노동 세력은 갈수록 위축되기에 이르렀다. 사실 노동운동 진영은 산업별 조직도 없는 데다 국가와 자본의 탄압이 너무나 강했기 때문에 이에 대응하는 차원에서 강력한 운동 전술을 취할 수밖에 없었다. 그런데 대부분의 시민은 노동운동 상황을 이해해 주는 쪽보다는 정부의 이데올로기 공세에 더 쉽게 넘어갔다. 오랫동안 반공 이데올로기를 기반으로 하는 독재 사회가 지속한 결과라 할 수 있다. 민주노동 진영이 연대체 조직을 적극 추진하여 전노협을 건설한 것은 이렇게 세가 크게 위축된 상황을 타개하기 위해서다. 애초에 유럽 근대사에서 등장하는 산업별노조였다면 굳이 그런 연대체를 인위적으로 구축할 필요가 없었겠지만, 한국의 현실은 비록 산업별노조를 법적으로 설립할 수는 있어도 오랫동안 기업별노조가 유지되어 온 전통[91]에

---

91 한국의 기업별노조는 사내 복지를 기반으로 하는 일본의 기업별노조를 답습한 것이다. 일본의 노사관계는 기업 차원의 타협에 제한받는 미시적 코포라티즘corporatism(협동조합주의) 성격이 강해 작업 과정과 지배구조에 대한 노동자의 실질적 참여가 배제되었다. 이는 사회적 계급타협(거시적 코포라티즘)과 도제제도를 통한 숙련 형성을 바탕으로 일정 범위 안에서 노동자가 지배구조에 참여할 수 있는 독일의 제도와 다르다. 일본 기업은 정부를 대신해 기업 차원에서 주택과 의료서비스 제공, 연금 지불 등 사회적 복지를 제공했다. 그러나 이는 전체 노동자의 30퍼센트 정도를 포괄하는 대기업에만 해당되었다. 일본의 이원적 경제구조 속에서 하위 기업들은 열악한 급료를 받는 여성들과 부분시간 피고용자들을 고용해 경제적 구조조정과 매출액 동요에 따른 위험을 모두 노동자들에게 부담시키고 있다. 결과적으로 일본만큼 남성과 여성의 급료가 차이나는 나라도 없

서 실질적으로 산업별노조가 의미를 갖지 못해 노동운동의 연대를 인위적으로 구축하는 일이 급선무였다.

　민주노조 진영이 기업별 노동조합을 좀 더 큰 규모로 조직할 수 있는 전국 규모의 연대체를 모색하면서 부닥친 첫 번째 난관은 당시의 노동관계법이었다. 1953년 제정 이래 계속 개악되어 온 노동법의 악법 조항들을 시급히 철폐해야 했다. 사실, 악법을 기준으로 볼 때 87년 대투쟁 당시 벌어진 모든 파업은 불법이었다. 따라서 법적으로만 보면, 언제든지 탄압받을 수밖에 없었다. 이러한 취지에서 1988년 6월 3일 마창노련(마산·창원노동조합총연합) 의장 이홍석을 위원장으로 한 '노동법개정 전국노동조합 특별위원회'가 결성되었다. 노동법개정 전국노동조합 특별위원회는 1988년 4월 총선에서 노동운동에 그래도 우호적인 자세를 취하는 야당이 승리하여 여소야대 국회가 만들어진 정치적 환경의 변화가 만들어 준 것임을 부인할 수 없다. 5월이 되자 현대엔진노조 탄압 저지 투쟁을 위해 모였던 '노조탄압저지 전국노동자공동대책협의회'가 노동법개정 투쟁을 시작했고, 마침내 전국의 노동자를 노동법 개정으로 묶어내어 11월 13일 연세대에서 5만여 명의 노동자가 참여한 가운데 '전태일 열사정신계승 및 노동악법개정 전국노동자대회'를 열었다. 노동자들은 피로 쓴 '노동해방' 현수막을 앞세우고 "악법철폐!", "노동해방!"을 외치며

다. 노동과정의 측면에서 볼 때 도요타 생산방식은 본질적으로 단순노동자를 많은 작업 할당량과 장시간 노동으로 속박했다. 일본의 기업지배구조는 종신고용, 연공서열, 기업별노조라는 회사주의 시스템과 일본식 생산방식의 전근대성과 맞물려 일본 기업 경영의 안정성과 효율성의 기초가 되었다. 그러나 세계화와 더불어 이 시스템도 붕괴하기 시작했다. 김영곤, 《한국노동사와 미래 I》(서울: 선인, 2005), 64쪽 참조.

여의도 국회의사당으로 행진했다. 이후 선봉대가 민주당 점거농성을 벌여 결국 12월 정기국회에서 노동법을 개정하겠다는 민주당의 약속을 받아 냈다.

1988년 노동법 개정 투쟁은 두 가지 점에서 의미가 크다. 우선 조직적 측면에서 전국의 노동자가 한곳에 모여 한목소리를 냈고, 나아가 전국 노동자대회가 끝난 후 '지역업종별노동조합전국회의'를 결성하는 계기가 되었다. 그리고 비록 노태우의 거부권 행사로 최종 무산되고 말았지만, 야당을 노동자의 힘으로 강제해 1989년 3월 임시국회에서 노동법 개정에 대한 안을 통과시켰다. 노동법 개정을 정당 간 협상이나 국회 논의에 맡겨 두지 않고 대중투쟁으로 강제했다는 것은 한국 노동운동 진영이 이루어낸 의미 있는 진전이었다. 이후 노동법 개정이라는 공동의 목표를 두고 함께 투쟁해 온 민주노동 진영은 본격적으로 전노협 건설에 매진했다. 전노협 건설을 위한 권역별 등반대회가 1989년 10월 8일 열렸다. 수도권·영남권·중부 호남권의 세 권역으로 나누어 진행된 이 등반대회에서 부산 지역 노동자는 울산, 대구, 마산, 창원, 구미, 거제, 진주, 포항 등의 조합원들과 함께 동래산성 북문에서 집결하여 결의대회를 하고, 하산하여 범어사에서 부산대까지 행진한 후 부산대에서 마무리 집회를 하고 해산했다. 이후 전노협 건설을 저지하려는 정부와 대립하는 투쟁이 곳곳에서 일어났는데, 특히 지역적으로 마산·창원에서 강했다. 이 지역에 남성 청년 노동자가 많은 금속 계열 기업들의 노동조합이 밀집해 있어 그만큼 연대 의식도 높았기 때문이다.

처음에 울산 지역 노동운동의 양대 중추 세력인 현대자동차 노조와 현대중공업 노조는 연대하여 울산지역노동조합협의회를 건설하려 했지만, 자본과 정권이 총력으로 이를 저지하여 실패했다. 그러다가 우여곡절 끝에 1989년 11월에야 건설되었다. 그 과정 중 1989년 말부터 준비 중이던 현대그룹 계열사 노조들 간의 연대체인 현총련(현대그룹노조총연합)이 결성되었다. 울산은 현대 계열 회사가 대부분이어서 마산·창원 지역과 같은 지역 연대체를 조직해야 할 필요성이 제기되지 않았고 자연스럽게 현대그룹 계열사 연대체 조직으로 나아간 것이다. 그러니 현총련은 사실상 지역노동조합협의회(이하 지노협)의 성격이 있었다고 봐야 한다. 현총련 건설은 연대를 위한 대기업 노동조합 협의회(이하 대기업연대회의)로 이어졌다. 현총련이 결성되면서 막대한 힘과 협상력을 가진 대기업 노조의 역할이 크게 강화되었고, 상대적으로 소규모 사업장 중심인 전노협으로 가는 힘이 약화하는 현상이 발생했다. 결국, 이러한 힘의 불균형이라는 현실 문제가 발생하면서 전노협의 중심인 지역 연대체인 지노협과 사무직 노동조합 연대체인 전국업종노동조합회의(이하 업종회의), 대기업 조직체인 대기업연대회의라는 세 가지의 조직이 따로 가는 상황이 전개되었다. 현대그룹에 속한 대기업 노동자와 다른 중소기업의 노동자를 하나의 범주로 인식하면서 생겨나는 모순이 서서히 커졌고, 노동운동의 전투력 차원에서 대기업 노조의 힘은 중소기업의 그것과는 비교도 안 될 정도로 강력했다. 그러한 상황에서 대기업 노조와 중소기업 노조가 같이 가기는 현실적으로 어려워졌다. 마침내 1990년 1월 22일, 부산 지역에서는 한진중공업과 대우정밀 같은 일부 예외를 제외하고 중소기업 중심의 전노협이 일단 따로 발족하게 된다. 전노협은 제조업을 중심으로 14개 지역 협의체와 2개 업종별 조직의 600여 개 노동조합, 20여만 명의 조합원을 포괄하는 조직으로 설립했고, 이후 5월에 사무전문직 업종의 14개 연맹, 586개 노동조합, 20만 197명 조합원을 포괄하는 전국 업종노동조합회의가 결성되었다. 이후 11월 사무금융노련을 시작으로 사무금융노련, 언론노련, 병원노련, 전문기술노련, 외국기관노련, 민주출판노련, 대학노련, 시설관리노련 등이 여기에 합류했다.

　노동 세력은 서로 접근이 쉽다는 점을 묶어 '지역', 제조업이 아니면서 동종 의식이 강하다는 점을 묶어 '업종', 규모와 힘 면에서 앞의 둘과 차원이 다르다는 점을 묶어 '대기업'이라는 세 가지 범주를 하나의 연대 조직으로 건설하고자 했다. 그러나 출발할 때부터 전교조와 같은 일부 예외적인 경우도 있지만, 자본과 정권의 탄압에 두려움이 있거나 대체로 노사 간의 타협을 찾는 대기업이나 사무 전문직 노조들이 하나의 조직 안에 참여하지 않고, 그렇다고 서로 간의 연대를 포기할 수도 없는 구조적 모순을 안고 시작할 수밖에 없었다. 다시 말하면, 처음부터 하나의 내셔널센터를 갖추지 못하고 각기 다른 세 개의 범주로 느슨한 연대체를 이룬 것은 한국적 상황 때문이었다. 전노협은 어용 한국노총을 대체하는 내셔널센터를 지향했으나 처음부터 국가의 폭압적 탄압에 직면해야 하는 상황에서 현실적으로 민주노동 진영이 택할 수 있는 길은, 하나의 센터를 구성하기 전에 조직과 힘의 차이 그리고 지향하는 바가 분명하게 다른 세 범주를 인정하고 이들을 느슨한 형태의 연대체로 유지하는 것이었다. 결국 이것이 향후 전노협이 내셔널센터의 임무를 수행할 수 없게 되는 가장 주요한 원인이 되었다. 결국, 세 가지 다른 층위의 조직을 느순하게 연대체로 엮어 가면서 내셔널센터를 건설하는 방식은 그 출발부터 대기업과 공공 사무직 노동자의 막강한 힘에 중소기업 중심의 전노협이 갈수록 영향력을 잃는 방향으로 흐를 수밖에 없었다. 그런 상황에서 노동자 대중의 계급성 강화와 이를 통한 대기업의 독점적 위치가 제어되지 않는다면, 대기업 노조를 포함한 산업별 연맹체로 가는 것이 오히려 민주노조운동에 치명타가 되리라는 예측도 있었다.[92]

1987년 12월 '지역'으로 제조업 중심의 지역별 연대체인 지노협이 조직되었다. 지노협에는 마창노련을 필두로 서노협, 인노협, 성노협, 경기남부노련, 대구경북노련, 부산노련, 전북노련, 진주민주노련, 광주노협 등이 있었다. 이들 단체로 전노협 건설 직전까지 17개 지노협과 13개의 업종협이 조직되었다. '대기업'으로는 87년 8월 현대그룹노조협의회가 출범하며 그 시작을 알렸다. 이듬해 이를 발판으로 현대그룹노동조합총연합(현총련)이라는 이름으로 판을 새로 짰다. 이 현총련을 기반으로 현대그룹 노조들은 1988년 임금과 단체협약 체결 투쟁에 임했고, 그 결과 전례 없는 산업별 지역별 공동 임금투쟁이라는 새로운 투쟁 형태를 만들어 냈다. 그러나 산업별·지역별 연대에는 분명한 한계가 있었다. 연대 안에 속한 노조들이 당시 현행법 안에서 공통 목표를 세워 함께 투쟁하기가 어려웠기 때문이다. 그래서 우선 노동법 개정을 비롯한 전체 노동자의 공통 과제를 해결하기 위해 전국적 조직을 갖추기로 했다. 1988년 11월 13일 연세대 노천강당에서 열린 '전태일열사 정신계승 및 노동악법

---

92 전노협백서 03. 《전노협 깃발 아래 총진군》(서울: 현실문화, 2003), 466쪽.

개정 전국노동자대회'가 열려 그 가능성이 구체적으로 확인되었다. 1988년 12월 22~3일 금속노련 부천지역본부(준), 대구경북노련(준), 마창노련, 서노협, 인노협, 전북노련(전라북도노동조합연합회), 전국전문기술노동조합연맹(전문노련), 민주출판언론노동조합협의회(민출노련), 건설노협(전국건설노동조합협의회), 외기노협(외국기업노조협의회), 전국노운협 등의 대표 40여 명이 참가한 가운데 '전국노조대표자회의'가 열렸다. 이 회의에서 전국적인 노동자조직 건설이 논의되었다. 그리고 이 대표자 회의의 명칭을 '지역·업종별 노동조합 전국회의'로 결정했다.

이 회의에 부산 지역 노동자 대표는 참석하지 못했다. 부산노련 창립일이 1989년 9월 30일이니, 이 모임이 만들어질 무렵 부산에서는 아직 준비위원회조차 만들어지지 않은 상태였다. 부산은 그만큼 87년 노동자대투쟁 이후 노동운동이 큰 진전을 보지 못하고 있었다. 부산 지역의 노동운동은 다른 지역에 비해 더 강하고 규모 있는 투쟁 단위가 적었기 때문이다. 부산의 노동운동이라는 것은 87년 대투쟁 때부터 만들어진 노조가 대부분 고무나 섬유 등 작은 규모의 중소기업이나 병원 노조 등이 대부분이고, 큰 사업장이라고 해 봤자 대우정밀과 한진중공업밖에 없었다. 나중에 부산 노동운동의 중추를 이룬 부산지하철 노조는 아직 두각을 나타내지 않은 상태였다. 여기에 한진중공업은 오랫동안 어용노조의 힘이 강했고, 민주노조 세력은 부산 지역 전체를 투쟁으로 이끌 정도의 힘을 아직 비축하지 못했다.

애초 전노협 건설을 반대하거나 비판하는 입장은 크게 두 가지였다. 첫째, 한국노총 민주화론이다. 이 주장은 노조운동의 전국적 조직을 새로 건설하지 말고 이미 존재하는 한국노총에 민주노조 운동가들이 들어가서 민주노조운동 세력을 양적으로 확대하여 한국노총을 접수하자는 주장이다. 이 주장을 가장 적극적으로 제기한 장명국은 노동자는 모두 하나로 단결해야 하는데 그 단결이란 다른 단체와 연대하는 정도가 아니라며, 한국노총을 와해시키고 민주노총을 건설하자는 주장은 비현실적이어서 노동자 총단결을 이룰 수 없다고 주장했다. 현실적으로 민주노조운동 구성원은 180만 조합원을 가진 한국노총의 10퍼센트인 20만에 불과하니, 한국노총에 들어가 그 노조들을 민주화해야 한다고 주장한 것이다. 그래서 각 지노협을 해체하여 한국노총 시협의회와 통합하고 그 속에서 민주파 블록을 형성하여 중간 노조를 견인하면서 한국노총을 민주화하고자 했다. 이 주장은 그 타당성 여부를 따지기 전에 이미 건설되어 있던 지노협을 해체해야 한다는, 전국 각지에서 현장 중심의 노동운동을 주장하는 사람들로서는 도저히 받아들일 수 없는 주장을 담고 있었다. 부산 지역에서는 부산노련에 속한 고려피혁이 이 노선을 택했다.

둘째는, 전노협 건설이 시기상조라는 주장을 펴는 사람들도 있었다. 이들은 새로운 전국적 조직의 필요성은 부인하지 않았다는 점에서 전노협 건설론과 궤를 같이하고, 민주노조운동의 양적 확대를 강조했다는 점에서는 한국노총 민주화론과 비슷하다. 이들은 노조운동이 노동조합주의 또는 노사협조주의에 빠져들 가능성이 크기 때문에 그렇게 되지 않으려면 산업별노조를 발전시켜야 하는데, 각 노조에 계급의식으로 무장한 활동가가 적고 그들이 대기업 사업장 어용노조 민주화 투쟁을 적극적으로 지도 지원하기에는 현재 역량이 매우 취약하다고 했다. 운동에서 항상 나타나는 소위 준비론의 일종이었다.

전노협 건설과 탄압의 시작

노동진보 진영이 속속 연대하면서 전노협 건설 투쟁에 매진해 갈수록 정부와 자본의 탄압도 심해졌다. 이는 1988년 12월부터 1989년 3월 30일까지 무려 128일간에 걸친 울산 현대중공업 파업투쟁에 대한 탄압에서 잘 드러난다. 국가와 자본은 백색테러, 식칼 테러, 탈북자로 구성된 구사대 테러 등으로 노조를 탄압했다. 하지만 현대중공업 노조도 매일 수천 명씩 가두시위를 전개하는 등 물러서지 않았다. 양측이 팽팽히 대립하면서 탄압의 수위는 높아져 갔다. 정부가 기업을 압박하면, 기업이 노동자를 압박하는 식이었다. 정부로부터 강한 압력을 받던 사측은 노조에 전노협만 가입하지 않으면 모든 것을 다 들어주겠다는 식으로 회유했고, 그리하여 상당수 노조가 전노협 가입을 유보하는 일이 발생했다.

정부는 전노협 결성을 막으려 모든 수단과 방법을 동원했으니, 한국 정치사에서 큰 분기점으로 기록되는 3당합당 거사 날마저도 전노협 결성일인 1990년 1월 22일로 잡았을 정도다. 노동자 세력이 단일대오를 갖추기 시작하는 날, 차기 대통령직을 두고 보수정치 진영이 강력한 대오를 갖추었다는 것은 그만큼 전노협의 위상이 막중했다는 것을 보여 준다. 이로써 진보와 보수의 대결 구조가 짜였고, 이는 이후 국가와 자본의 엄청난 대공세를 예고했다.

국가와 자본의 탄압에도 전노협은 노동자 조직의 전폭적 지지를 얻었지만, 문제는 많은 노동자 조직들이 함께하지 못했다는 사실이다. 사무전문직은 물론이고, 현대그룹과 대우그룹으로 대표되는 재벌 대기업 노조 대다수가 전노협에 가입하지 않았다. 그들은 전노협을 노동조직의 상징적 대표로 인정했으나, 전노협에 참여하는 것은 부담스러워했다. 출범 당시 전노협은 서울지하철노조, 서울대병원, 경희대병원(서울), 한진중공업(부산), 대우정밀(부산), 고려피혁(부산), 통일중공업(마창), 기아기공(마창), 대동중공업(진주) 등 병원·대학·출판 등 업종과 규모를 불문하고 가장 투쟁적이고 중심적인 노조들의 단결체이자 민주노조운동의 중심으로 중소영세 사업장 노조들만의 단결체가 아니었다. 그러나 3당합당으로 출범한 노태우 정권의 신경영전략에 맞서 엄청난 구속자를 내면서까지 전노협이 강고하게 전선을 치고 투쟁하면서, 이탈한 대기업 노조와 업종회의 노조 간부들의 합법노조주의 노선에 밀릴 수밖에 없었다. 결국 1995년 전노협이 청산되고 합법 노선의 민주노총이 들어서게 된다.

전노협 출범 후 1년 가까이 지난 후인 1990년 12월 9일, 포항제철, 현대중공업, 대우자동차, 대우조선, 서울지하철공사, 아세아자동차, 금호타이어, 현대정공 울산공장, 현대중전기 울산공장, 현대공장 창원공장, (주)통일, 동양강철, 태평양화학, 풍산금속 동래공장 등 16개 노조로 구성된 대기업연대회의가 출범한다. 전노협은 결국 업종별과 산업별 투쟁이 따로 떨어진 구조에서 연대를 이뤄야 하는 구조적인 불안정성을 가지고 출발할 수밖에 없었다. 적어도 외형적인 구조로는 지노협을 통해 지역 연대를 통한 교섭력 확보 가능성만 있었을 뿐, 전체 조직을 모아 총파업을 벌이고 그 위에서 대자본이나 대정부 교섭력을 확보할 힘은 갖지 못했다. 총파업이라는 막강한 힘은 내셔널센터의 지휘가 있을 때 나올 수 있

지노협과 업종협의 구성[92]

지노협 · 업종협	결성일	1989년 7월 현재	
		조합 수	조합원 수
서울지역노동조합협의회	1988. 5. 29.	120	38,000
인천지역노동조합협의회	1988. 6.18.	78	9,900
부천지역노동조합협의회	1989. 7. 22.	43	5,000
경기남부지역노동조합연합	1988. 12. 28.	56	10,000
성남지구노동조합총연합	1989. 4. 28.	79	11,000
전북지역노동조합연합	1988. 8. 21.	28	7,000
광주지역노동조합협의회	1989. 3. 5.	19	5,000
동광양노동조합협의회	1989. 2. 18	15	3,000
대구경북지역노동조합연합(준)	1988. 11. 8.	15	3,000
구미지역노동조합협의회	준비 중	7~8	2,500
울산지역노동조합협의회	1989.11.	6	66,000
진주지역민주노조연합	1988.4.16	13	2,250
부산 지역노동조합총연합	1989.9.30.	60	15,000
마산·창원노동조합총연합	1981.12.14.	40	33,000
거제지역노동조합협의회	준비 중	8	12,600
포항지역민주노조협의회	1989.2.16.	38	17,440
대전지역노동조합협의회(준)	준비 중	5	350
지역별 노조협의회 합계		**628**	**245,790**
전국병원노동조합연맹	1987.12.12.	126	24,000
전국사무금융노동조합연맹	1988.11.27.	97	16,000
연구전문노동조합연맹	1988.7.16.	54	17,000
민주출판노동조합협의회	1988.1.19.	23	2,200
건설노동조합협의회	1988.12.10.	40	12,000
시설노동조합협의회	1989.1.	52	6,000
외국기업노동조합협의회	1988.12.11.	100	15,000
언론노동조합연맹	1988.11.26.	43	15,000
대학노동조합협의회	1988.2.1.	88	10,000
유통노동조합협의회	1988.6.	14	7,000
전국교직원노동조합	1988.5.	294	20,000
업종별 노조협의회 합계		**925**	**126,000**
합계		1,553	371,790

93   전노협백서 03 《1990. 전노협 깃발 아래 총진군》, 18쪽.

는 것인데, 내셔널센터로서의 지위는 인정받지 못한 채 현대그룹과 대우그룹 등 특정 대기업 노조의 힘에 크게 의존할 수밖에 없었다. 이는 향후 한국 노동운동이 대기업 노조에 종속될 수밖에 없는 운명임을 말해 준다. 전노협의 태생적 한계다.

애초 대기업 노조는 전노협 안으로 들어가기보다는 밖에서 따로 조직하면서 연대하는 편이 낫다고 계산했다. 대기업 노조 입장에서는 자신들의 규모가 워낙 크고 영향력이 막강해서 전노협을 구성하는 작은 기업 노조들과 같은 선상에서 연대하기는 곤란하다는 현실적인 판단이 있었다. 전노협이 가시화될 때 대우조선, 금호타이어, 아세아자동차 등에서는 위원장 선거에서 전노협 가입을 공약으로 내거는 경우가 있었고, 대우자동차, 포항제철 등은 전노협 가입을 명시적으로 내세우지 않았다. 부산 지역에서는 대기업 중 대우정밀과 한진중공업만 전노협에 가입했다. 대기업연대회의에는 전노협 가입을 두고 가입해서 함께해야 한다는 의견과 느슨한 연대로 함께 가자는 두 가지 입장이 공존했다. 전노협 내부에서도 일정 부분 판단 착오가 있었던 것으로 보인다. 전노협 결성 직후부터 대기업연대회의에 소속된 대공장 노조의 조직력 강화야말로 궁극적으로 전노협의 조직력 강화라는 시각이 대부분이었다.

하지만 전노협 지도부의 희망과 달리, 대기업은 노동운동의 주도권을 잡고자 전노협과는 다른 별도의 조직을 만들려 했다. 김창우는 대기업연대회의 소속 16개 사업장 중에서 위원장 선거에서 당선되면 가입하겠다는 공약을 내걸고 당선된 3개 사업장까지 포함하면 당장 전노협에 결합할 수 있는 사업장이 3분의 2가 넘는데 굳이 별도의 연대 틀을 구성할 필요가 없었다며, 대기업 노조들이 굳이 그렇게 한 것은 작은 기업 중심의 전노협이 아닌 자신들만의 조직을 만들어 이후 새로운 노동운동의 구심적 위치를 차지하려는 야심 때문이었다고 비판했다.[94] 대기업 노조들은 당 노동위원회에서 전노협이 아니라 대공장 노조들을 중심으로 별도의 구심을 형성하여 산업별노조를 건설해야 한다고 주장하기 시작했다. 민중당 노동위원회에 결합해 있던 인민노련 등 여러 정파 조직들은 실제로 이러한 방향으로 대공장 노조들을 추동해 나갔고, 이에 지노협 소속의 대공장 노조들이 반발했다. 대기업 중심 세력은 노동운동의 정치세력화를 위해서는 사람 수가 절대적으로 중요하고 그것만이 대중운동으로 가는 방법이라는 의견이었고, 이러한 과정에서 전노협은 노동운동 내적으로는 대기업 노조 중심의 대중운동 정치세력화에 직면해야 했고, 외적으로는 국가와 자본의 탄압에 직면해야 했다. 이 둘은 언뜻 보면 서로 다른 것으로 보이지만 결국은 하나의 흐름이었다. 이에 대해 송영수는 다음과 같이 분석한다.

1990년 노태우 정부에 의해 도입되고, 그 후 계속 추진된 신경영전략으로 인해 위장폐업이 허용되고, 소사장제가 도입되는 등 새로운 노동환경이 펼쳐지면서 정부가 노동운동을 급진한 불순운동으로 몰고 가는 상황에서 노동 진영에서는 그 신자유주의가 뭔지를 정확하게 파악하고 있지는 못했고, 그래서 그 상황에서는 그 신자유주의에 대응하는 담론이나 이

---

94 김창우, 《전노협 청산과 한국노동운동》(서울: 후마니타스, 2007), 57쪽.

론 같은 건 거의 파악한 사람이 없었습니다. 소사장제 같은 정부의 정책을 새로운 형태의 노-노 갈등 야기를 통한 노동 탄압이라고 파악하는 정도였습니다. 그런데 그렇게 악화된 상황에서 노동 진영 안에서 나오기 시작한 것이 전노협 위기론입니다. 그것은 김문수, 노회찬 등 소위 PD 진영이 전노협의 방향이 전투적이니 국민의 지지를 받을 수 없고, 그러니 대기업을 끌어들이고 그 쪽수를 기반으로 진보정당을 만들어야 한다면서 노동운동을 약화하기 시작한 겁니다. 결국, 정부와 노동운동 내의 진보정당 건설론자들이 합력하여 노동운동을 탄압한 것이지요. 이에 반해 전노협은 전노협 강화론을 주장하면서 계속 세력을 확장하고, 투쟁을 통해 조직을 강화하는 것만이 정부 탄압에 이겨내는 것이라 생각하고, 부산의 경우 부산노련에서 전노협에 가입시키려고 계속 노력하면서 확장시키고 있는데, 그들은 전노협으로는 안 된다, 대기업 중심으로 가자고 하면서 결국 노동운동 조직화를 방해한 것이지요. 저는 그것을 결국 NL과 PD가 합력하여 저지른 패권주의라 보는데, 그것이 민주노총으로 연결되는 겁니다.[95]

이러한 송영수의 비판과 결이 다른 의견도 있다. 이창우에 따르면, 소위 PD에 속한 진정추(진보정당추진위원회)의 이론가였던 이재영의 경우, 전노협의 '전투적 노동조합주의'가 전투적으로 기업별 임금과 단체협약을 개선함으로써 결국 노동시장 양극화에 기여했을 뿐이며, 결과적으로는 '계급적 노동운동'의 발전에 역행했다고 주장한다. 물론 전투성은 노

---

[95] 2020. 09. 16. 부산 장전동 애광원 사무실 구술.

동운동의 '자주성'을 강조한 것이긴 하나 본질적으로 산업별노조 건설과 대중적 진보정당 건설 같은 노동운동 조직화 전략이 추상적인 수준에 머물렀기 때문에, 기업별 수준의 전투적 조합주의를 아무리 자주적 민주노조운동이라고 좋게 평가해도 그 한계가 뚜렷하다는 것이다.

전노협이 출범하기 직전, 정부는 부산노련 소속 사업장을 집중적으로 탄압했다. 그 대표적인 것이 1990년 1월 5일 밤에 벌어진 신평동 소재 완구업체인 동신화학의 회사분할이었다. 그때까지 정상적으로 운영되던 동신화학은 느닷없이 회사를 8개의 독립법인체로 분리했다. 이에 노조원들은 농성을 벌였고, 정부는 공권력을 투입하는 초강수까지 두었다. 공권력 투입과 33명의 노동자를 연행한 일은 관계 기관의 대책회의에서 결정된 것으로 보인다. 이는 며칠 있으면 출범하게 될 전노협을 무력화시키려는 정부의 의도가 고스란히 드러난 일이다. 동신화학은 그 지난해 3월 21일 노조를 결성한 후 바로 부산노련에 가입한 사업장이었는데, 회사는 구사대를 동원하여 노조를 파괴하려 했으나 실패했고, 결국 회사를 분할시켜 조·반장을 사장으로 앉히는 데에 이르렀다. 전형적인 노조 탄압 방식이다.

손해배상 및 가압류가 처음으로 실시된 것도 이즈음부터다. 쟁의행위에 대한 손해배상 책임이 인정된 최초 사례는 1990년 대구 동산의료원에서 제기한 손해배상청구소송이다. 해당 판결은 학교법인 계명기독대학이 동산의료원 노동조합을 상대로 낸 이른바 불법파업에 따른 손해배상청구소송 선고 공판으로, 대구지방법원은 노동조합쟁의조정법 제14, 16조 위반을 이유로 노조의 손해배상 책임을 인정했다. 이후 노동부 장관

이 해당 판결을 모범 사례로 제시하면서 전국 근로감독관이 모인 자리에서 민사 손해배상청구소송을 적극 이용하라는 지침을 내렸고, 그 후 손해배상청구 건수가 기하급수적으로 늘어 대다수 노동조합과 조합원 측의 민형사 책임이 인정되었다. 87년 노동자대투쟁 이후 노동조합이 크게 세를 형성하자, 정부와 기업 측이 노동조합 활동에 업무방해죄를 적용하는 판례 법리를 세운 것이다. 실제로 이때 시작된 손해배상 및 가압류는 IMF 외환위기 때부터 본격적으로 적용되어 노동조합의 전투력을 약화시키는 결정적 수단으로 작용했다.

노조 간부들 입장에서는 구속은 각오하더라도 손해배상 및 가압류는 가족 전체를 파멸로 이끌어 급기야 자살하는 일도 많이 벌어졌고, 이 때문에 노동운동을 그만두는 경우가 허다했다. 결국, 현재와 같이 노동운동이 약화된 데에는 1990년대 들어 정부와 법원이 협공으로 밀어붙인 손해배상 및 가압류가 가장 결정적인 원인이 되었다고 본다. 2016년 말까지 사측이 노동조합과 조합원에게 청구한 손해배상 금액만 1,600억 원이다. 이 때문에 다수의 노동자가 자살했다. 2003년 65억 원의 손해배상 및 가압류 추징을 받던 두산중공업 노동자 배달호가 분신자살했다. 노동조합 활동에 대한 손해배상 및 가압류는 노조의 쟁의 제한, 노조 위축, 파업 노동자에 대한 보복, 노조 탈퇴를 목적으로 한다. 노조 활동에 대한 무분별한 손해배상 및 가압류를 제한하려면 노동3권을 보장하는 쪽으로 노조설립신고제도를 개편하고, 개인에게 파업 책임을 묻는 소송을 제한해야 한다.[96]

---

96 김영곤, 《1:9:90 사회의 일과 행복》(서울: 선인, 2019), 274~5쪽.

1990년 1월 22일 전노협이 출범하자, 노태우 정부는 이를 와해시키려 사생결단으로 밀어붙였다. 1990년 초 정부는 '범죄와의 전쟁'을 선포하고 노동운동을 범죄로 몰아 탄압했다. 노동문제에 대해 이중정책을 쓰던 노태우 정부는 전노협에 대해서만큼은 국가가 적극 개입하겠다고 천명했다. 전노협 결성을 이틀 앞둔 1월 20일, '산업평화 조기정착과 임금안정을 위한 관계 장관 대책회의'를 열어 우선 전노협을 법외단체로 규정하고, 이와 연계된 노동단체를 엄벌에 처하고, 전노협에 가입한 노조들을 반드시 탈퇴시키겠다고 발표했다. 쟁의가 벌어지면 사후에 사법 처리하는 지금까지의 방식을 중지하고, 쟁의 발생 시부터 산업 현장에 공권력을 투입하여 쟁의 자체를 무산시키는 방향으로 전환한다고 발표했다. 이에 따라, 노동부는 '노사관계 준법질서 확립을 위한 판단기준'이라는 노동운동 통제 지침을 확정한다. 특히 조합원 가족을 비롯한 제3자 외부인이 가담하는 쟁의, 정치적 요구를 내건 파업, 타 사업장 지원을 위한 동조 및 연대파업, 인사경영권을 침해하는 쟁의, 무노동·무임금 원칙에 반하여 파업 기간 중 임금 지급 요구 쟁의 등을 불법으로 규정하여 처벌하겠다고 발표했다.

전노협에 가입한 노조에게는 업무조사를 실시하는 등 여러 방법으로 탈퇴를 유도하는 공작을 했다. 그리고 전노협 주최 행사는 원천적으로 봉쇄하고, 지도부를 대대적으로 구속하고 수배했다. 이러한 탄압은 1991년에도 계속되었고, 결국 1992년이 되자 노동운동의 힘이 현저히 떨어졌다. 전노협 건설 이후 2년 동안 중앙위원 40명 전원이 회의에 참석한 적이 없을 정도로 조직 확장은커녕 조직을 지키는 것조차 힘겨운 상황이 펼쳐졌다. 당시 상근자의 상황은 더욱 열악했다. 부모에게서 학비를 받으며 활동하는 학생이나 해고된 동료들과 버티며 활동하는 노동운동가들이 더는 버틸 수 없는 지경에 이르렀다. 내부 역량이 약한 노조들도 조직을 유지하기가 힘들어졌다. 특히 기업주의 구사대나 공권력의 폭력에 맞설 물리적 힘이 부족한 여성 사업장 중심 노조의 상태가 심각했다. 여성 노동자 중심의 사업장이 많은 부산노련이 가장 큰 타격을 받은 건 두말할 나위가 없다.

노동운동 탄압에 대해 노동계는 전노협 결성 후 대기업연대회의의 역량을 크게 키운 후 국가와 자본의 탄압에 정면으로 맞서야 한다는 전략을 세웠다. 강공에 강공으로 맞서는 치킨게임을 계획한 것이다. 노동운동 진영의 강경 대처는 자연스럽게 국가와 자본의 연합전선 강화로 이어져, 정부는 경쟁력 강화라는 명목으로 변형근로제 도입, 법정근로시간 연장, 월차 휴가제 폐지, 연장·야간·휴일근로에 대한 제한 규정 폐기, 임금총액제 등 노동시장 유연화 및 사회적 합의 기구의 필요성을 적극 강조했고, 자본은 이에 호응하여 무노동·무임금 원칙을 내세웠다. 이에 대해 전노협을 비롯한 민주노조 진영은 노동운동 탄압을 저지하고 민주노조를 지키기 위해 총단결 투쟁을 벌였다. 다른 특별한 대책이 없었다. 신자유주의가 본격적으로 시작되면서 노동계에 일방적으로 불리한 상황이 전개된 것이다. 그런 상황에서 전노협을 세울 수밖에 없었고, 산업별노조를 세우기에는 여러 주체의 능력이 부족하고 정치적 상황이 불리했다. 박정희와 전두환 독재정권 25년 동안 정부와 시민사회 그리고 노동계를 조정하고 중재하는, 유럽의 여러 나라에 존재하는 것과 같은 사회합의체가 없었기 때문에 노동계로선 치킨게임 외에는 선택지가 없었다. 이런 상황에서 정당성이 부족한 정권과 자본의 강경 탄압에 대응할 방법은 없었다. 다만, 불리한 여건에서 더 큰 목표를 이루려면 무엇보다 필요한 것이 자유주의 시민들의 지지였음에도 이를 확보하지 못한 채 국가-자본과 강경한 치킨게임만을 벌인 것이 전술 차원에서 얼마나 유효했는지는 냉정히 평가해 봐야 한다.

정부는 먼저 대공장 노조를 강경하게 탄압하는 선제타격 방식을 시작했다. 충돌은 현대중공업에서 맨 먼저 터졌다. 현대중공업 노조는 1990년 4월 21일 조선사업부 노동자를 중심으로 파업에 돌입하고, 4월 25일 전면 총파업을 결의했다. 그러자 회사는 4월 27일 이사회 결의로 경찰에 공권력 투입을 요청했고, 정부는 기다렸다는 듯이 4월 28일을 공권력 투입일로 잡고 울산 전역에 전경과 백골단 1만 2천여 명을 배치하여 본격적으로 탄압에 나섰다. 이에 89년 투쟁 과정에서 공권력에 좌절당한 경험이 있는 노동조합은 공권력 투입 시 골리앗크레인을 점거하고 계속 투쟁한다는 방침을 세우고, 4월 26일 밤 골리앗 점거농성 결사조 78명을 82미터 높이의 골리앗으로 올려보내 농성 준비를 했다. 1990년 4월 28일 새벽 3시 45분, 경찰이 작전을 개시했다. 오전 6시 정각 최루탄이 쏟아지면서 73개 중대 1만여 명의 경찰이 불도저를 앞세워 현대중공업으로 진입했다. 하늘에서는 헬기가 선무 방송을 하고, 바다에서는 군함을 통해 미포만으로 병력이 진입해 들어왔다. 이에 저항하던 노동자들은 대량 연행되고, 결사대 78명은 골리앗을 점거한 채 투쟁을 이끌어 갔다. 이것이 한국 노동운동사에 전무후무한 투쟁인 이른바 '골리앗 투쟁'이다. 이 무지막지한 사건이 벌어지자 현대자동차와 울산의 현대 계열사 노동자들은 가두투쟁을 포함해 강력한 동맹파업을 벌였다. 4월 30일에는 울산 12개 현대 계열사가 파업을 벌였다. 울산 투쟁에 대해 각 지노협에서도 연대투쟁으로 적극 나섰다. 울산과 지역적으로 가까운 부산노련과 마창노련이 5월 1일 노동절 투쟁에 돌입했다. 마산 창원에서는 26개 사업장 2만 3천여 명의 조합원이 파업에 참여했다.

부산에서는 4월 30일 오전에 단위 사업장별로 총회를 열고, 오후에 부산대에서 규탄 집회를 열었다. 신동금속(200), 고려부산(800), 대우정밀(1,500), 삼성기업(28), 태성물산(80), 일동전기(90), 동양라이너(25), 동신유압(200) 등 총 8개 노조 2,923명이 참여했다. 전국적으로 민주노조들이 전면파업, 부분파업, 집단 조퇴, 중식 시간 총회 투쟁 등 동원할 수 있는 모든 수단을 동원하여 투쟁에 참여했다. 심지어 구속 노동자들까지 교도소와 구치소에서 단식농성으로 투쟁에 참여하면서 역사적인 총파업을 성사시켰다. 하지만 총파업의 결과는 사업장마다 달랐다. 총파업을 통해 단위노조의 교섭력을 강화하여 높은 타결률을 보여 연대투쟁의 중요성을 확인한 것은 사실이지만, 지역과 사업장에 따라 투쟁력 차이가 컸고, 사전 조직도 충분히 이루어지지 않아 그 결과가 다르게 나타난 것이다. 왜 총파업을 해야 하는지 조합원들에게 설명하고 그들을 이해시키지 못한 것이 가장 큰 문제로 대두되었다. 조직력이 약한 사업장은 그렇다고 할지라도, 조직이 잘 갖춰진 사업장에서조차 평조합원들을 제대로 설득하지 못한 경우가 많았다. 결국, 1990년 5월 총파업은 정치적으로 파급력이 매우 컸지만, 반$^\pm$민자당 투쟁 전선에서 전노협이 민중민주 세력을 주도하는 역할은 하지 못했다.

정부가 파쇼화되어 변혁 노동운동을 강경 탄압하면, 시민들은 자유주의 정치투쟁에 먼저 힘을 쏟는 경향이 있다. 정치 민주화가 경제민주화에 앞서는 예는 자유주의 자본주의 국가에서 쉽게 찾을 수 있다. 노동자는 계급투쟁을 감행할 역량이 없고, 중산층은 사회변혁에 대해 불안해하여 노동자계급투쟁에 힘을 보태려 하지 않기 때문이다. 실제로 자유주의 시민 세력의 이반 속에서 결국 전노협은 정치투쟁을 이끌어 나갈 역량을 갖추지 못했고, 그렇다고 정치투쟁만 하느라 노동운동을 뒷전으로 할 수도 없는 난감한 처지가 되었다. 그래서 반反민자당의 민주화 투쟁이 폭발하면 할수록 노동 세력은 그 투쟁 본류로부터 자의든 타의든 떨어져 나가는 역설적인 상황이 벌어졌다. 이러한 악조건 속에서 노동의 저항이 커지면 탄압의 강도도 강해지고, 다시 노동의 연대가 강해지는 물고 물리는 일종의 치킨게임 같은 상황이 전개되었다. 노동계는 저항을 통해 정치적 민주주의를 이루어 냈듯, 노동해방 혹은 경제적 민주주의도 저항으로 이루어 낼 수 있으리라 믿고 싸우는 방법 외에는 없었다.

정부의 강력한 탄압에 맞서 전국 곳곳에서 강력한 저항이 일어났다. 전노협 노동자 차원에서만 일어난 게 아니다. 모든 직종과 산업을 총망라하는 대규모 투쟁이 삽시간에 번졌다. 1990년 4월 KBS 노조의 방송 민주화 투쟁이 터졌고, 이에 정부가 공권력을 투입하자, MBC와 CBS 노동자가 지지하면서 투쟁을 벌였다. 그러면서 그동안 전노협에 참여하지 못한 비제조업 부문 민주노조들이 연대체를 이루었다. 전면적 대정부 투쟁 양상을 띠던 90년 KBS 투쟁을 계기로 1990년 5월 30일 언론노련, 전교조,

전국병원노동조합연맹, 전국사무금융노동조합연맹, 전국건설노동조합연맹 등 사무직 14개 연맹 586개 노조, 20만 조합원으로 사무직 노동조합 연대체인 '전국업종노동조합회의'가 출범했다. 업종회의 의장은 권영길 언론노련 초대 위원장이 겸임했다. 그동안 침묵을 지키던 16개 대기업 노조들 역시 1990년 12월 6일 대기업연대회의를 구성하여 전노협과 함께 노동운동 탄압 저지 투쟁에 합세했다. 정부와 자본 대 노동 삼자 연대체 간의 강 대 강 충돌이 벌어졌다. 그 출발 지점은 1990년 임금투쟁이었다. 전노협은 가장 강력한 탄압 정책인 무노동·무임금을 무력화시키고자 전 조직의 역량을 집결했으나 현실은 녹록지 않았다. 정부와 자본 측의 공권력 투입과 그 때문에 발생한 구속, 수배 등 각종 탄압에 맞서면서 조직은 거의 망가졌고, 이렇게 되자 지도부의 계속된 강경 방침에 동의하지 않는 기류도 생겨났다. 전노협 한계론이 생겨난 배경이다.

이런 상황에서 지도부와 노동운동가들 사이에는 폭력시위를 통해 사기가 진작되고 이를 통해 유혈혁명까지 일으킬 수 있다고 착각하는 기류가 상당했다. 노조를 기반으로 더 단단한 조직을 만들어 내지 못한 것을 반성하는 목소리는 소수로 치부되고, 정부와 자본의 전술을 간파하거나 대책도 세우지 못한 채 학생들과 연대하여 화염병을 던지면서 공권력을 일시적으로 무력화시킨 것을 마치 대단한 승리라도 거둔 양 착각하는 분위기였다. 그들은 전투적인 것이 곧 변혁적인 것이라고 생각했다. 전투성으로 사회를 변혁할 수 있다고, 심지어 레닌의 혁명 노선을 공부하면서 그것을 따라 하려 하기도 했다. 이 시기에 이 나라에서 폭력 유혈혁명이 불가능하다는 너무나 상식적인 사실을 인정하지 않은 비현실적인 몽상이었다. 그런 과업을 위해 노조 안에 노동자 세력을 조직하고, 시민의 정서에 대응하는 정치적 전략을 준비한 것도 아니다. 전투적 투쟁은 위기에 몰린 전노협을 더 단단하게 조직하는 전술로서 그 덕에 노동운동을 정부의 탄압으로부터 일정 부분 지켜 냈다고 할 수도 있지만, 그럴수록 시민들의 정서에서 멀어질 수밖에 없었고, 그로 인해 서비스 공공부문의 화이트칼라 노동자나 대기업 노동자들은 연대를 기피하게 되었다.

김영삼 정권에서 정부와 자본은 세 가지 방식으로 노동 현장을 장악했다. 첫째는 임금과 복지의 여러 수단을 손에 쥐고 대공장과 중소 영세사업장을 분리하는 것이었다. 임금인상 투쟁의 성과를 노조의 조직력 확대로 연결하지 못하도록 노동자의 경제적 실리 추구 욕구만을 채워 줘 중소 영세사업장과 차별화시키는 방식이었다. 그 결과, 대기업 노동자의 임금은 가파르게 상승했고, 노동집약적 소비재 중심의 기업들은 공장을 해외로 이전하거나 이주노동자로 인력을 대체하면서 고용 기반 자체가 무너져 버렸다. 노조를 통한 집단행동이 서서히 힘을 잃어 갔다. 조합원들은 개별화되었고, 이제 노조는 과거와 같이 절대적으로 필요한 존재가 아닌 선택적인 존재가 되었다. 전노협을 함께 만들었던 노동자들은 흩어지고 민주화된 노동조합들도 하나둘씩 사라졌다. 궁극적으로 노동운동의 문제가 정치문제에 달려 있음이 여실히 드러나기 시작했다. 이런 상황이 전개되면서 점차 대기업 중심의 노동조합 노동자가 현실적인 힘과 영향력을 갖게 되었다. 여기에다 조직화된 노동자들은 연륜이 쌓이면서 임금이나 복지수준이 개선되었고, 회사에서 직급도 올라가면서 서서히 사회변혁보다 현 상태를 유지하려는 보수적인 태도를 보이기 시작했다.

조직되어 있는 안도 무너지고 조직되지 않은 밖도 무너지는 위기를 맞으면서 노동계는 사회로부터 점점 고립되어 갔다.

김영삼 정부가 노동계를 옥죈 두 번째 방식은 능력 평가 방식의 도입이다. 자동화가 급진전되면서 불안정 고용 형태가 서서히 확산했고, 비정규직이 양산되었다. 그에 따라 여러 가지 형태의 임시직, 즉 계약직, 촉탁직, 사외공, 하도급 등 불안정한 고용 형태가 크게 늘었다. 정규직과 비정규직이라는 채용 형태 이원화를 도입하는 상황에서, 능력에 따른 관리 통제가 강화되기 시작했다. 세계적 차원에서 확산하는 전대미문의 자본주의 변화에 민주노조 진영은 정확한 상황 진단과 대비 없이 급격한 변화를 맞이했다. 앞에서도 지적했다시피 그 변화 가운데 가장 충격이 컸던 것은 1990년대 초부터 정부와 자본이 노동자들의 불법행위에 대해 민형사상 고발과 고소, 손해배상 청구와 같은 법적 제재를 가한 것이다. 형사상 처벌을 민사상 소송으로 처음 전환한 것이 1990년 노태우 정부 때이다. 10월 22일 최병렬 당시 노동부 장관은 노동운동의 준법질서를 확립하는 대책의 하나로 노조 쪽의 불법 쟁의행위로 인한 손해에 대해 민사상 손해배상청구소송을 적극 활용하라는 지침을 내렸다.

이전까지 노동운동을 탄압하는 대표적인 수단은 노조 간부에 대한 형사처벌이었다. 그런데 노사쟁의를 사법 처리하는 것은 정부로서도 부담이 컸다. 노조 간부를 체포하기 위해 사업장 점거 노동자를 철수시키는 과정에서 폭력을 피할 수 없고, 현장에 공권력이 투입되면 어쩔 수 없이 사측을 편드는 행위가 되고, 그런 상황에서 노동자는 권력에 짓밟힌 '투사'가 되고, 그럴 때마다 정부를 비판하는 여론이 들끓었기 때문이다. 더군다나 폭력으로 진압한다고 해서 노조가 온순해지거나 기가 꺾이는 것도 아니었다. 공권력이 사용될수록 싸움은 더 격렬해졌고, 노사 갈등의 해결책을 찾기는 더 어려워졌다. 그래서 고안한 것이 민사상 손해배상 청구이다. 민사소송을 활용하면 상황을 폭력적으로 끌고 나가는 장면을 보일 필요가 없고, 그러면 여론전에서 훨씬 유리한 고지를 차지할 수 있게 된다. 더군다나 손해배상금을 내놓으라고 요구하는 건 정부의 책임도 아니다. 손해배상을 청구하는 주체도 사측뿐만 아니라 경찰, 심지어 거래 중인 제3의 기업까지도 가능하다. 게다가 판결이 나기 전이라도 회사가 불법파업의 근거만 법원에 제시하면 가압류까지 어렵지 않게 받아 낼 수 있었다. 가압류 대상도 다양해졌다. 이미 법은 노조의 적립금뿐만 아니라 조합원의 재산, 월급, 심지어 신원보증인의 재산까지 압류할 수 있게 바뀌어 있었다. 실제로 90년대에는 현대차·현대중공업 같은 대기업과 서울지하철공사·한국통신 등 공적 사업장 노조에 거액의 손해배상청구소송이 제기됐다. 여기에 정리해고를 받아들이면 소송을 취하하는 식의 전술을 사용하면서 노조를 더 교묘하게 노골적으로 압박할 수 있게 되었다. 국가와 자본의 전술 변화로 1992년부터 노사관계는 국가개입 방식에서 벗어나 노동관계법과 일반형법으로 통제하는 식으로 바뀌었다.

세 번째로 김영삼 정부는 출범하자마자 '경제위기 노동자 책임론', '세계화와 국가경쟁력 담론'과 같은 '(노동자의) 고통 분담'을 주로 한 이데올로기적 공세를 강화했다. 이에 민주노조 진영과 한국노총은 노동자에게 일방적인 희생을 강요하는 것이라고 반발했지만, 한국노총은 1993년 4월 1일 노총과 경총의 임금안에 합의하여 정부의 고통 분담 이데올로기를 수용했다. 민주노조 진영이 이에 반발하자, 김영삼 정부는 앞선 정부 때부터 이어져 온 노동억압정책을 본격적으로 실시하기 시작했다. 그 대표적인 것이 악법 규정이라 하여 개정을 약속했던 제3자개입금지 조항을 적용하기로 한 것이다. 김영삼 정부가 내건 고통 분담 논리는 1993년 임금투쟁에 큰 타격을 주었다. 그 시기는 우루과이라운드 협상 타결 등 여러 가지 국제화와 개방화의 추세가 빠른 속도로 진행되던 시기라 경제 여건에서 불확실성이 매우 커지고, 산업구조조정에 따른 고용불안이 심각하게 전개되던 때이다. 이런 여건 변화 속에서 노조의 교섭력은 약화될 수밖에 없었고, 그런 상황에서 진행된 임금투쟁이 과거와 같이 유리하게 진행될 리 만무했다. 그러는 사이에 신자유주의 정책은 노동시장에 파고 들어와 고용불안이 현실로 대두되면서 노동운동은 치명타를 입었다. 고용불안이 확대되었고, 전노협의 규모도 크게 줄어들었다.

1994년에 김영삼 정부는 세계화 전략이라면서 공기업 민영화를 강행했다. 이를 막으려는 노동자의 투쟁이 곳곳에서 일어났다. 대표적으로 한국통신 노조가 파업을 일으켰는데, 정부는 이를 국가 전복 세력으로 규정하며 폭력을 동원해 탄압하여 국민들에게 엄청난 지탄을 받았다. 그 여파로 지자체 선거에서 집권 여당이 참패했다. 하지만 국가와 자본의 공격을 막아 낼 수는 없었다. 신자유주의라는 새롭게 변화된 상황에 맞는 새로운 전술이 필요했지만 뾰족한 수가 없었고, 전노협 결성 이후 수년간 지속된 장기간의 격렬한 투쟁과 그로 인한 지도부 와해 등으로 노동자들이 지쳐 있었다는 것이 결정적 이유다.

자본의 탄압은 갈수록 교묘해지는데, 노동계의 대응은 새로운 방식을 계발하지 못한 채 과거부터 내려온 방식을 답습하고 있었다. 신자유주의와 세계화라는 미증유의 사회 변화를 제대로 파악하지 못한 상태에서 노동계가 할 수 있는 것은 노동법 개정 투쟁에 집중하는 것뿐이었다. 유일한 연대의 초점이자 싸움의 대상이 된 노동법 개정 투쟁은 그러한 열악한 상황 속에서도 전노협을 넘어 모든 노동 세력이 함께 싸울 수 있는 계기로 작동했다. 1991년 10월에 전노협과 업종회의가 'ILO 기본조약 비준 및 노동법개정을 위한 전국노동자공동대책위원회'(ILO 공대위)를 결성한 것이 좋은 예다. 정부가 1991년 12월 9일 ILO에 가입하자, 노동 진영은 1992년 초까지 전국 9개 지역에 지역 ILO 공대위를 조직했다. 이를 기반으로, ILO 공대위는 전교조·전국노운협·민교협 등 시민단체와 연대하여 노동법 개정 투쟁을 전개했다.

90년대 초 부산 지역 민주노조 투쟁

1990년대 들어서 부산 지역의 노동조합 수, 조합원 수, 노동조합 조직률은 큰 폭으로 감소했다. 노동쟁의 발생 건수도 급격히 감소했다. 1988년에 1,873건, 1989년에 1,616건이었던 것이 1990년에는 322건으로 줄어들었고, 1995년에는 88건으로 줄었다. 노동쟁의가 이렇게 줄어든 것은 그사이에 노사 합의가 원만히 되었다거나 노동 상황이 개선되어서가 아니다. 정부와 자본의 탄압으로 부산 지역의 노동환경이 크게 악화한 결과이다.

1990년대에 들어서면서 부산의 경제는 신발 제조업체들이 줄줄이 폐업했다. 그로 인해 고용불안이 심해졌고, 노동자들은 대량 해고 위기에 직면했다. 전노협은 산업구조조정에 따른 책임을 노동자에게 전가하는 것이라며 강력하게 투쟁에 나섰다. 전노협은 고용 구조조정이 기업의 이윤 창출 위기를 저임금 노동력의 확대, 노동강도의 강화, 노동자 분할 지배, 노조 무력화 등 노동자와 민중의 생존권 위기로 구조화한 것으로 파악했다. 1992년 6월 18일 고무노협(준), 부산노련, 부노련, 양산노협(추)은 고용안정 확보를 위한 부산양산지역 노동자 대토론회를 공동 개최하여 대책을 강구했다. 그러나 실효적 대책을 마련하기는 어려웠다. 토론회에서 노동자 측이 주장한 바는 다음과 같다. 첫째, 국제상사나 태양사처럼 근무시간 단축으로 실질임금이 하락한 사업장의 경우에는 8시간 근무에 따른 생활임금을 요구해야 한다. 둘째, 라인 통폐합을 통한 인원감축의 경우에는 자연 감원으로 돌릴 것이 아니라 집단해고로 간주하고 싸워야 한다. 셋째, 공장 합병의 경우에도 집단해고로 간주하여 해고수당과 퇴직금 및 임금 지급을 요구하고 고용승계 시에는 동일한 근로조건을 요구해야 한다. 넷째, 중소사업장의 경우에는 부도 및 폐업에 따른 정리투쟁에 매몰될 것이 아니라, 고용불안의 심각성을 폭로하고 고무공장의 부도 및 폐업에 맞서는 투쟁의 중심이 되어야 하며 이를 바탕으로 전국 투쟁의 주체로 나서야 한다.

당시 부산 지역에는 한창때 5천 명 이상 고용하는 고무공장으로 국제·태화·진양·동양·삼화의 5대 기업이 있었고, 3천 명 전후 고용하는 곳으로 대양이 있었고, 아폴로와 같은 1천 명 전후 고용 사업장들이 여럿 있었다. 부산 지역 고무공장들은 1991년부터 1992년 4월 사이에 중소기업 30개사가 부도가 나거나 폐업하여 1만 4,500여 명의 노동자가 직장에서 쫓겨났다. 국제상사, 태화, 화승, 삼화, 부영화학 등 대기업은 공장 이전, 라인 축소, 통폐합 등을 감행해 6~8천 명 규모의 노동자를 3,500명에서 1,500명으로까지 대폭 감원했다. 한국 전체 수출의 6.6퍼센트를 차지하면서 수출 분야 3위, 부산 지역 산업 전체의 43퍼센트, 부산 노동자의 40퍼센트를 차지하던 신발업계가 엄청난 규모로 폐업과 부도 상황에 내몰린 것이다.

하지만 고무산업 종사 노동자들도 속수무책으로 당하지 않았다. 그들은 1992년 1월 18일 고무노동자협의회 추진위원회를 꾸리고, 3월 14일 고무노동자들의 생존권을 위협하는 신발산업 합리화 조치에 반대하는 대부산시민 선전전을 열고 서명을 받기 시작했다. 또, 고무노동자교실을 열어 노동자 교육을 정기적으로 실시하고, 고무노동자 활동을 시민들에게 알리는 《고무노동자신문》을 발행했다. 그리고 12월 5일, 고무노동자협의회(이하 고노협)을 출범했다. 1993년에는 각 사업장에서 발생하는 해고노동자에 대한 무효확인소송을 연달아 진행하고, 해고자 원직 복직을 위한 철야농성을 하기도 했다. 1993년 대양고무와 대봉을 합병하는 절차가 시작되면서 부산 지역 고무노동자들의 이직이 본격적으로 일어났다. 그해 연말이 되자 조합원 수가 1,300명 정도로 대폭 줄었다. 학출 활동가와 노동자들은 어용노조 대신에 비상대책위를 꾸리고 12월 20일 점심시간을 이용해 식당에 모여 조합원 99퍼센트가 참석하여 파업에 들어갔다. 그들의 요구 조건은 생계 보장 급여 1년 치 지급, 회사 이전 합병 철회, 조업

단축 전 3개월간 평균임금 기준 퇴직금 산정, 임금과 퇴직금 등 일시불 지급, 고용승계 보장 등이었다. 그러나 투쟁은 신년 연휴 기간에 어용노조가 회사가 내민 서류에 도장을 찍어 줌으로써 끝났다. 결국 생산량은 제대로 나오지 않았고, 그 책임은 일방적으로 노동자에게 전가되어 회사는 애초의 계획을 앞당겨 1994년 2월 중순경 회사 문을 닫았고, 노동자는 모두 직장을 잃었다. 이어서 정부의 신발산업 합리화 조치와 연이은 폐업, 노동자들이 본격적인 이직이 일어나면서 고노협은 1995년 1월 7일 해단했다.

신발공장의 폐업은 당시 정부나 기업인들이 신발산업을 사양산업으로 분류하여 지속적인 투자를 하지 않았기 때문이다. 하지만 2000년대 들어 공장을 스마트공장으로 바꾸고, 소비지에서 소비자의 수요에 신속하게 대응하면서 핵심 기업들이 꾸준히 제품 개발을 한 결과, 신발산업은 사양산업에서 벗어나 첨단산업과 결합한 지식 기반 제조업으로 발돋움하기 시작했다. 이는 세계시장에서 선전한 결과가 말해 준다. 그러므로 90년대 초 신발산업 노동자들이 입은 피해는 전적으로 기업주 사용자들이 책임져야 할 문제다. 부산의 신발산업 생산액은 2006년 7,300억 원에서 저점을 찍은 후 조금씩 증가해 2009년에는 1조 원을 돌파했다. 그런데도 기업들은 신발공장을 폐쇄했고, 그 고통은 오로지 노동자 몫이었다. 노동자의 영향력이 너무나 미미했고, 정부와 자본의 힘은 막강하여 1987년 그 많던 부산의 신발공장 노조는 대부분 어용으로 돌아섰고, 다수의 공장이 폐쇄되고 노동자들은 실직했다. 1990년대 초반 이후 부산에서 87년 노동자대투쟁의 유산은 대부분 사라졌다.

신발공장 폐업의 구체적 사례를 살펴보자. (주)고려부산은 1992년에

폐업하고 노동자를 다 쫓아낸 경우이다. 1988년 노동조합 결성 후 노동통제가 어려워지고 임금이 오르자, 회사는 상대적으로 저임금이고 노동통제가 쉬운 인도네시아로 공장을 이전했다. 노동조합 설립 당시 2천 명이던 조합원 수가 1992년 5월 30일 198명으로 줄어들었다. 폐업 조치에 저항하며 싸우던 23명의 조합원은 1992년 6월 5일 자로 해고되었다. 노동자들은 3개월분의 퇴직 위로금을 거부하며 싸웠으나 역부족이었다. 그나마 (주)고려부산이나 일부 공장은 민주노조라도 있어서 싸움이라도 해 보았지만, 어용노조였던 대부분의 대기업 계열 공장이나 노조가 아예 없는 중소기업 노동자들은 폐업과 부도처리 그리고 실직에 속수무책이었다. 87년도 노동자대투쟁 때 노조를 만들었다가 회사 측의 회유와 협박으로 임원진이 모두 퇴사해 유령노조가 된 유진화학 노조는 노조 사수를 외치며 끈질기게 투쟁을 벌였다. 1992년 3월 18일 새로 노동조합을 설립하고 30일 신고필증을 받았으나, 이후 이어진 유령노조의 집요한 방해와 폭력에 시달렸다. 북구청과 부산지방노동위원회는 법을 어기면서까지 유령노조를 방치하여 새로운 노조를 만들려는 시도를 무산시켰다. 같은 해 3월 26일 북구 학장동에 있는 동일화성도 노동조합을 설립했다. 이 과정에서도 노동조합 설립을 저지하려는 회사 측의 집요한 폭력과 회유, 협박이 있었다. 두 경우 모두 상급 단체인 고무노련이 노조를 위해 어떠한 역할도 하지 않은 것을 넘어, 노골적으로 사측을 편들어 오히려 노조 탄압에 앞장섰다는 공통점이 있다. 3월 14일에는 조합원 170여 명이 있는 소형 모터 및 아파트 손잡이 제조업체인 코파트 노조가 식권제 도입을 요구하며 단식 출근거부 투쟁을 벌였다. 사측은 "거지한테 새 양복을 입혀 주니까 배가 불러 생떼를 쓴다"는 등의 모욕적인 언사로 갖은 협박과 폭력으로 파업을 방해했으나, 조합원들이 출근거부 투쟁을 벌이면서 강경하게 싸워 식권제를 쟁취하는 작은 성과를 올렸다.

삼화고무 또한 1992년에 공장이 공식 폐쇄되었다. 그동안 신발산업의 전반적 위기 속에서도 필리핀에 로타스사™를 설립하는 등 무리한 사업 확장을 벌이고, 그 대신에 국내 공장을 대폭 축소하여 국내 경영이 날로 부실화된 상태였다. 여름휴가 기간을 전후하여 임금을 지불하지 않다가 결국 공장을 폐쇄했다. 삼화는 노동자의 80퍼센트 정도가 산업체 학교에 다니는 여학생들이었다. 9월 23일 공장 폐쇄 소식을 듣고 공장에 모인 조합원들은 규탄 집회를 가진 뒤, 30일까지 부산 민자당사, 지방노동청, 국세청, 시청 등을 집단으로 항의 방문했다. 조합원들은 400~500명씩 주거래 은행인 상업은행으로 몰려가 1인 1통장 만들기 투쟁을 전개하여 온 시내의 상업은행 업무를 사실상 마비시키기도 했다. 이어 투쟁이 여의치 않자 상경투재에 나서 상업은행 본사에서 은행장과 담판을 짓기도 했다. 1992년 11월 10일에 9월분 임금을 받기로 했지만, 나머지 체불임금은 땅이 팔려야 된다고 해 정부의 특별금융 긴급지급조치를 취하도록 요구했으나 큰 성과를 거두지는 못했다. 삼화와 비슷하게 대부분 노동자가 여성이고 여학생인 화승실업도 87년 노동자대투쟁 때 노조를 설립했으나 사측의 집요한 폭력에 꺾여 결국 어용노조가 들어섰고, 어용노조는 집요하게 온갖 폭력을 사용하여 노동운동을 탄압했다. 사측은 1991년 8월 8일 노조의 임경희, 인진숙 대의원을 상사 명령 불복종으로 해고했다. 여름휴가 때 동료들과 함께 캠핑을 갔다고 불순분자로 매도한 반장에게 항의했다는 것이 이유였다. 다음 날 8월 9일, 임경희 등이 출근투쟁을 벌이자 노무과 직원 30여 명이 이들을 감금 폭행했다. 9월 12일 화승실업 노조원들은 노동부에 '안전관리들의 구사대 폭력 근절, 무자격 안전관리자 처벌, 해고자 원직 복직'을 내용으로 하는 진정서를 제출하고, 9월 27일 부산지방노동청 국정감사 때 노동청 앞에서 대우정밀, 풍산 해고자들과 함께 부당해고 철회, 블랙리스트 철폐를 요구하며 피케팅을 했다.

풍산금속의 사례도 있다. 풍산금속은 탄약과 포탄을 만들던 국내 최대 방위산업체로 부산 해운대구 반여동에 동래공장이 있었다. 노동강도는 매우 센 편이었고, 산업재해 사고가 잦았다. 노조는 1987년 울산 사업장에서 만들어졌으나, 울산 노조에는 쟁의권을 주지 않아 파업할 수가 없었다. 부산지부는 1988년에 설립되었으나, 이듬해 1월 2일 악명 높았던 안강공장 공권력 투입 이후 정부와 자본의 탄압에 결국 노조가 어용화되었다. 풍산은 기존의 노무관리 및 노동자 통제를 더 강화하기 위해 90년 1월부터 인원 감원 문제를 제기했다. 조합원을 해고로 위협하고, 작업 형태를 1일 2교대로 변경하여 실질임금 감소 효과를 내면서 노동강도는 더 높이는 전술을 사용했다. 이와 동시에 조합원 가운데 일부에게 해외 연수 기회를 주는 등 회유 작업을 했다. 노조 집행부가 점점 사측에 포섭되었다.

1989년 11월 29일, 풍산 동래공장에서 노동자 윤재원 씨의 산재 사망 사건이 발생했다. '산재 없는 풍산'을 만들기 위해 장례 기간에 투쟁하자는 의견을 놓고 노조 조합원들끼리 갈등이 생겼다. 그 갈등을 틈타, 사측이 노조 집행부 7명, 대의원 13명, 열성 조합원 10명 등 30명을 징계위원회에 회부하고, 그중 10명을 업무방해와 노동쟁의법 위반 등의 혐의로 경찰에 고발했다. 90년 임금투쟁을 앞두고 회사가 공포 분위기를 조성하기 위해 취한 선제적 조치였다. 이에 징계 대상자 중 8명은 징계위원회를 무산시키는 등 저항했으나, 어용화된 집행부는 즉각 대응 반대, 징계 후 대응을 고집했다. 풍산 노조는 1990년 4월 27일부터 5월 30일까지 35차례나 임금교섭을 벌였으나, 어용이 된 위원장 권한대행 양희석이 회사 측 안을 거의 수용한 협상안에 도장을 찍고 잠적해 버렸다. 6월 1일 현장으로 돌아온 양희석 권한대행은 다음 날 대의원대회를 거쳐 비대위를 발족하기로 해 놓고 약속을 지키지 않았다. 6월 말에 있을 위원장 선거에서 민주적인 조합원이 당선될 것을 우려한 회사 측의 사주를 받고 한 행동으로 짐작된다. 9월이 되면서 동래공장에서 회사 측이 일방적으로 근무 형태를 변경하자, 노조가 작업거부로 대응하면서 파업이 시작되었다. 사측은 무기한 휴업에 들어갔고, 9월 11일 새벽 5시 10분 경찰 2,300명이 부산 동래공장에 투입되어 농성 노조원 3백 명을 연행했다. 화약과 폭발물이 가득한 군수공장에 최루탄을 쏘며 진입한 경찰은 공장 옆 사원아파트 옥상으로 밀려 마지막까지 저항하던 노조원까지 모두 진압했다. 풍산 노동자들은 부산대학교에서 농성을 이어 갔고, 부양노련(부산양산노동조합총연합)은 며칠 뒤 부산 지역의 노동과 시민사회단체를 망라해 부산대에서 풍산 동래공장 진압 규탄 집회를 열었다. 집회 중간쯤 군중 속에서 남연모 풍산금속 노조 동래지부장이 경찰의 감시망을 뚫고 무대 위로 올라 마이크를 잡았다. 이후 남연모 풍산금속 부산지부장을 비롯한 2인이 구속되었다.

이 시기에 일어난 또 하나의 파업 사업장으로, 양산 정관에 소재한 자동차 부품업체인 대림기업이 있다. 1989년 12월 말에 상여금 지급 문제로 회사 측과 갈등을 벌이다가 파업, 해고, 복직투쟁으로 이어진 노조는 상여금 150퍼센트 쟁취 투쟁에 돌입했다. 지노위의 일방적인 쟁의 발생 신고 반려에도 불구하고, 대립기업 노조는 12월 21일부터 정시 출근, 화장실 줄 서기, 집단 조퇴 등 준법투쟁을 벌였다. 회사 측은 조·반장 및 관리자로 구성된 구사대를 동원하여 합법적인 노조 활동을 방해 저지하더니, 급기야 24일 변영철 위원장 등 6명을 업무방해 및 쟁의조정법 위반 혐의로 양산경찰서와 노동부에 고발했다. 28일 회사 자체 징계위원회에서 학출 활동가 변영철 위원장, 전태수 부위원장, 우정문 총무부장, 박성호 편집부장 등 노조 핵심 간부 4명을 해고했다. 해고노동자들은 단식투쟁을 전개하고, 임시집행부 체계를 구성하여 출근투쟁을 계속했다. 동시에 지노위, 검찰청, 노동부에 구제 신청 및 단체협약 위반, 노동조합 근로기준법 위반으로 회사를 고발하는 등 법적 조치도 강구했다. 회사는 해고노동자의 복직투쟁을 저지하고자 구사대를 보내 노조 사무실을 파괴했다. 그리고 신입사원 대신에 열성 조합원 20여 명을 울산 현대자동차에 파견근무 보내어 노조를 고립시키는 데 안간힘을 다했다. 이러한 회사의 행태는 정관 지역의 민주노조 활동을 저지하고 전노협을 무력화시키기 위한 것으로, 노동부와 경찰의 협조 없이는 어려운 일들이다. 이어진 90년 임금협상에서 정액 4만 7,700원(기본급 18퍼센트) 임금인상안에 합의했다. 그러나 비조합원인 사무직 80여 명에게 기본급 기준 5,846원을 더 인상해 준 사실이 밝혀지면서 노조 측이 합의 무효를 선언했다. 결국 1주일 만에 그 액수의 1년분인 7만 52원을 7월 하계 보너스 지급 때 같이 받기로 합의하면서 89년 12월부터 6개월 동안 이어져 온 노조 사수 투쟁, 위원장 석방 투쟁, 차등 인상 철폐 투쟁을 승리로 이끌었다.

전노협 출범에 대한 당국의 탄압과 이데올로기 공세에 맞서 싸우는 역할을 부산 지역에서는 부노련이 선도적으로 수행했다. 특히 그 기관지인 《주간정보》는 부산노련 소속 사업장의 투쟁 소식을 부산 지역 전역에 배포하고 노동자를 지도하는 역할을 맡았다. 각 호마다 각 사업장의 투쟁 소식뿐만 아니라 정부의 이데올로기 선전 공세에 대항하는 기고문을 실어 노동자들이 그 공세에 넘어가지 않도록 교육했다. 그 좋은 예를 살펴보자. 당시 국가와 자본이 가장 강하게 비판했던 전노협의 파업 중심 전투적 노조 주장에 대해《주간정보》10호는 이렇게 설명한다.

노사화합주의와 보신주의를 도려내고 전투적 노동조합으로 거듭나는 것만이 민주노조의 대열에서 이탈하지 않는 단 하나의 길이다. 필요에 따라 협상도 하고 타협도 하되 조합원의 단결된 투쟁을 중심에 놓고 조합을 운영하는 것만이 전투적 노조의 유일한 원칙이다. 자본가나 일부 어용 간부들은 민주노조를 보고 흔히 "시도 때도 없이 투쟁, 투쟁 하면서 모든 타협을 거부하고 회사를 말아먹으려고 한다."면서 … 투쟁은 파업만을 말하는 것이 아니다. 파업은 노동자의 유력하고 훌륭한 무기이기는 하지만 준비 없이 아무 때나 사용하면 돌이킬 수 없는 역량손실을 가져올 수 있는 '양날의 칼'이기 때문에 잘 따져보고 확실한 승리를 보장하는 방향에서 사용해야 한다.[97]

---

[97] 부산노동자연합, 《주간정보》 10호(1991. 1. 11).

민주노조를 지키고 생존권을 쟁취하기 위해 노동자가 처절한 투쟁을 전개하는 사이, 사측과 어용노조는 생산량 증가운동을 심하게 몰아붙였다. '5대 더하기 운동'이나 '30분 더하기 운동' 등의 이름을 붙여 반*강제적으로 시행했다. 이러한 노동자 탄압 이데올로기에 가장 크게 고통받은 곳이 바로 부산 지역이고, 그 핵심이 신발공장이었다. 아디다스 등의 신발을 제조하여 수출과 내수를 겸하는 (주)대봉에서 사건이 터졌다. 전체 사원 수 3,500여 명의 이 대규모 신발 생산업체는 1991년 12월 '30분 더하기 운동'이라는 이름 아래 자본가 측 관리자들이 생산 목표 달성을 심하게 독촉했다. 심지어 작업장에 초시계를 들고 다닐 정도였고, 목표량을 달성하지 못하면 하루 30분씩 급여에서 삭감한다고 협박하거나 저녁밥을 굶기고, 목표량 달성에 실패한 노동자는 훈시를 듣게 하여 통근버스를 못 타거나 강제로 연장 근무를 하게 하는 경우가 허다했다. 그러던 중 큰 사고가 터졌다. 1991년 12월 6일 오후 4시 10분경, 외국의 한 바이어가 불량품을 적발하고 공장 관리자를 질책하자 노동자 권미경이 3층 30미터 높이의 옥상 베란다에서 투신자살한 것이다. 22세 권미경의 왼쪽 팔에는 다음과 같은 글이 적혀 있었다.

사랑하는 나의 형제들이여
나를 이 차가운 억압의 땅에 묻지 말고
그대들 가슴 깊은 곳에 묻어 주오,
그때만이 우리는 비로소 하나가 될 수 있으리.
인간답게 살고 싶었다.

더 이상 우리를 억압하지 마라.

내 이름은 공순이가 아니라 미경이다.

권미경은 1969년생 전북 장수 출신으로, 멀리 부산에 와 초등학교를 졸업하고 10년 동안 공장 생활을 하면서 야간에 여중을 나왔고, 감천에 있던 노동자 독서 모임인 도서원광장에 나가면서 대학생들과 접촉하고, 노동자 의식에 눈을 뜨기 시작했다. 완구공장에 다니는 홀어머니 박영애 (46세)와 노동일을 하는 오빠 권홍기(26세), 회사원인 동생 권미자(20세), 학생인 권혜경 (17세)이 있는 1남 3녀의 장녀였다. 권미경의 모습을 가까이서 지켜보고 그의 장례식을 주도하여 치른 광장도서원 대표 이원정은 그에 대해 이렇게 말한다.

도서원광장은 신평 장림 공단 지역에 있어서 대봉이나 화승 등 신발공장노동자가 많이 회원으로 있었는데, 그곳에서 학출들과 접촉이 있었고 저도 그 가운데 한 사람이었습니다. 권미경은 성격이 아주 밝고 적극적이었는데, 도서원에서 대학생 언니 오빠들과 만나 풍물도 배우고 노동교실을 통해 장명국 씨가 쓴 노동법도 배우고 다른 책도 읽으면서 이런저런 토론도 하고 열심히 살았습니다. 도서원에 오는 노동자는 당시 하루 15시간 정도를 일하는 신발공장의 노동강도가 너무 세서 살기가 너무 힘들었고, 그래서 다들 정도의 차이는 있었지만, 우울증을 앓는 이들이 많았습니다. 그래서 빨리 결혼해서 그 지긋지긋한 생활에서 빠져나간 경우도 꽤 있었습니다. 권미경의 유품으로 일기장이 있는데, 그걸 보면 하루하루를 견

더 내기가 얼마나 힘들었을까 짐작할 수 있었습니다. 안타깝게 그 일기장이 지금 어디로 갔는지 알 수 없어요. … 권미경 씨는 야학이나 도서원을 통해 조금씩 조금씩 세상에 눈을 떴는데, 그렇다고 해서 딱히 저희나 어떤 특정 야학이나 학출 누군가를 통해 의식화된 것은 아니고 두루두루 영향을 주고받았지요. 당시 노동자는 대개 그랬습니다. 여기 도서원광장에 10개월 정도를 다녔는데, 당시 한진 노조위원장 박창수 열사 장례식에 참석해서 솥발산까지 같이 간 기억이 있습니다. 거기에서 어떤 죽음에 대해 생각해 보지 않았을까 정도로 조심스럽게 짐작해 봅니다만, 자세한 건 알 수 없지요.[98]

권미경의 투신은 정권과 자본의 구조조정 실패와 그로 인한 부산 지역 신발사업장의 연이은 도산, 그리고 노동자에 대한 책임 전가가 원인이었다. 당시 부산의 신발업체들은 회사의 어려움을 극복한다는 명목으로 노동자의 저임금으로 축적한 이익을 기술이나 신제품 개발 등에 투자하지 않았다. 고작 한 것이라곤 삼화의 '10분 일 더 하기 운동', 진양의 '불황 극복 50일 작전', 대신교역의 '3무 운동(무불량, 무이탈, 무미달)', 세신의 '무임금 1시간 일 더 하기 운동' 등 노동착취뿐이었다. 대봉도 마찬가지였다. 대봉은 작업 강도를 강화하고자 '30분 일 더 하기 운동'을 모방한 관리 방식을 도입했는데, 1991년 11월 1일부터 노동조합의 협조 아래 전체 사원이 '원가 절감, 결근 방지'라는 깃을 달고 작업했고, 목표량 달성을 위해

---

[98] 2019. 12. 26. 부산 거제동 커피숍 구술.

노동자의 작업 강도를 강화해 왔다. 결국, 권미경은 자본과 정권의 살인적인 노동통제정책의 희생양이었다.

1991년 12월 6일 권미경이 투신자살하자, 부산 지역의 민주단체들은 즉각 '고무노동자 권미경 열사의 진상조사와 사인규명을 위한 대책위원회'를 구성했다. 여기에 참여한 단체는 부산노련, 부산노단협, 부노련, 고무산업노동조합민주화추진위원회, 부산양산노동운동단체연합준비위원회, 부산울산총학생회연합, 기독교인권위원회, 민가협, 부산민주청년회, 광장도서원, 민중당 부산시지부 등 11개였다. 대책위원회는 다음을 요구했다.

- 정권은 30분 일 더 하기 운동 식의 노동강도 강화 정책을 철폐하라
- 정권은 총액임금제, 시간제근로 등의 노동법 개악 음모를 중단하라
- (주)대봉을 비롯한 신발사업장 자본가들은 여성 노동자에 대한 무자비한 노동착취를 즉각 중단하라
- 노동부는 일 더 하기 운동을 빙자하여 근로기준법 등 노동관계법을 위반한 사업주를 엄벌하라

이 시기 부산 지역의 사업장들은 장시간 노동으로 악명이 높았다. 시설 낙후도 문제였지만, 자본가들의 끝없는 탐욕으로 노동자를 혹사시키고 그로 인해 산재 사고도 많이 일어났다. 1989년 11월 25일 새벽 3시경 신발공장 풍영에서 잔업을 위해 연근을 하고 다음 날 출근을 위해 탈의실에서 잠깐 눈을 붙이다 난로에 불이 붙어 일어난 화재로 18세 청년 노

동자가 사망한 사건이 좋은 예다. 이 사건이 나자, 회사는 개인의 부주의로 인한 사고라 치부하고, 노조도 별다른 저항을 하지 않았다. 53.5시간 장시간 노동에 어떠한 근본적 물음을 던지지 않은 것이다. 국가와 자본이라는 거대 권력이 휘두르는 횡포에 노동자는 무력해질 뿐이었다.

이 시기 부산에서 일어난 노동운동은 많은 곳에서 해고자 복직투쟁과 연계되어 있다. 부영화학이 좋은 예다. 부영화학은 1982년 4월 설립돼 리복, 나이키 등 세계적으로 유명한 브랜드의 신발을 주문자상표부착방식으로 생산하여 한때 큰 호황을 누리며 86년 5월에는 경남 양산에 제2공장을 설립하는 등 사세를 확장했지만, 80년대 후반 들어 부산의 다른 고무업체와 비슷한 이유로 사세가 기울고 기업주는 투자하지 않았다. 모든 피해는 노동자에게 전가되었고, 노동자는 이에 저항했다. 노조는 89년 11월 16일 노조 설립 신고필증을 받아 냈으나, 회사는 관리인 한 사람을 위원장으로 심어 노조를 어용노조로 바꾸려고 끈질기게 작업했다. 11월 17일 회사는 노조 활동에 적극적인 노조원 40여 명을 업무방해로 1개월 정직시키고, 3개월 미만 노동자 6명을 해고했다. 그리고 17일부터 사흘간 임시 휴업을 하여 노동자의 출근을 막았다. 민주노조를 지키려는 노동자와 이를 분쇄하려는 회사 측의 싸움은 계속되었고, 사측은 91년 6월 28일 노조원 김종화를 조합 집기 비품 파손, 폭행, 폭언, 작업장 이탈, 작업 중 종업원 선동 등을 이유로 해고했다. 김종화는 출근투쟁을 시작했고, 조합원들은 동조 투쟁을 벌였다. 이에 회사 측은 여러 차례 조합원들을 폭력으로 저지했다. 이 폭력 저지의 배후에는 항상 형사들의 협조가 있었고, 조합원들은 툭하면 형사들에게 연행되어 경찰서에 감금되기 일쑤였다. 김종

화는 울산 남부경찰서 감방으로 이송되어 43일 만에 징역 1년 집행유예 2
년을 받고 9월 18일 석방되었다. 석방 이후 울산 지방법원에 부영 대표 길
옥균을 상대로 해고 무효 확인 소송을 하여 1992년 5월 21일 승소했다.

부영화학 노동자들은 인원 감축 저지 투쟁도 벌였다. 1991년 12월부터
전개된 품질향상 개선운동이라는 이름 아래 노동자들이 성과급 도입으
로 당연히 받아야 할 연말 성과급, 구정 상여금, 봉급을 미끼로 하루 3천
여 켤레를 웃도는 힘든 작업을 강요했다. 1992년부터는 본격적으로 인원
을 감축하고 공장을 합친다는 소문이 난 상태에서 7월 28일 제2대 위원
장 선거가 치러졌고, 이 선거에서 P.U. 부서에서 압도적인 지지를 보낸
하홍일 후보가 당선되었다. 이에 10월 10일 회사는 P.U. 부서를 폐쇄하
고, 노동자 18명에게 전출을 지시했다. 노동자들은 전출 지시는 해고와
다름없다며 해고수당 3개월 치와 12월에 지급될 상여금을 달라고 지시
를 거부했다. 회사와 노조의 줄다리기가 이어졌다. 노조는 몇 개월에 걸
쳐 상근 전임자, 잔업수당 등의 문제를 제기하며 싸웠고, 1993년 1월 11
일 상근자 3인이 현장에 복귀하면서 분규가 일단락되었다.

이 시기 부산 지역 노동운동가로 특기할 만한 또 한 사람으로, 화성 노
조위원장 이미경을 언급하지 않을 수 없다. 이미경은 학출 활동가로 서
울에서 대학을 2년간 다닌 후 부산으로 이전한 후 고무공장 화성에 노동
자로 투신하여 노조 부위원장과 위원장을 지내면서 노동운동을 하던 중
결혼하고 임신 5개월이 되었으나, 사문서위조와 업무방해 혐의로 구속
및 수감되었다. 이에 1990년 3월 30일 부산민족민주연합 강당에서 '감옥
에서 임신 7개월을 맞이하는 전前 화성 위원장 이미경씨 석방을 위한 시

민 철야농성'을 열었다. 이 자리에는 부산노련을 비롯해 부산민주청년회, 부산여성회, 여성 노동자의 집, 부산노동자연합 등의 활동가와 대표들이 참여했다. 4월 4일, 마침내 이미경은 석방되었다. 이 운동은 부산의 구속자 석방 투쟁사에 큰 의미를 남긴 사건으로 평가받는다.

이 시기에는 87년 이후 부산 노동운동의 주축 세력이었던 고무업체 외에 다양한 부문에서 투쟁이 일어났다. 당시 금속 제조업종은 물론이고 병원, 언론, 화학, 섬유 등 다양한 업종에서 노동자가 생산직과 사무직, 학력이나 생활수준 등 사회적 차이를 넘어 함께 싸웠다. 그 좋은 예가 신일금속이다. 신일금속 노조는 김영삼 대통령 취임 이후 노동계가 문민정부의 반反노동 기조에 크게 위축되어 있을 때 전면파업에 돌입했고, 파업을 주도한 이정영 위원장이 연행되었다. 이에 부양노련 활동가들이 연대투쟁을 벌이면서 경찰의 저지선을 뚫고 유치장까지 접근해 경찰이 연행자를 풀어 주었다. 연대투쟁의 위력이었다. 이정영 위원장은《울산저널》2010년 10월 7일자 칼럼에서 다음과 같이 회상한다.

93년 나는 부산에 있는 신일금속 노조위원장이었다. 그해, 김영삼이 대통령에 취임했고 문민정부 이데올로기로 세상이 얼어 있을 때, 어용노조가 만들어 준 일방 중재도 아랑곳하지 않고 눈치 없이 투쟁했다. 그리고 위원장인 나를 비롯하여 간부 6명이 연행되었다. 다음 날 조합원들은 전면파업에 돌입했고 부양노련을 포함해 부산 지역 노동자는 한걸음에 달려와 주었다. 경찰서 유치장에서 그동안 못 잔 잠이나 실컷 자자며 뒹굴고 있었다. 그런데 경찰이 우리보고 나가라고 한다. '어? 이놈들이 왜 이러지?' 했는데 현장에 와 보니 이유를 알 수 있었다. 동신금속, 한독병원, 대우정밀, 메리놀병원, 성요사, 그리고 '마찌꼬바'라고 불렸던 작은 하청 공장에 다니는 활동가들이 경찰의 저지선을 뚫고 함께 하고 있었다.[99]

이 시기 부산 지역에서 펼쳐진 가장 강력한 노동운동은 한진중공업에서 일어났다. 한진중공업은 대한조선공사가 1989년 5월 한진그룹에 인수되면서 (주)한진중공업으로 상호가 변경된 회사였다. 1987년 이전부터 부산의 노동운동을 이끌어 온 대표적인 사업장인 한진중공업 노조는 대한조선공사 노조 시절에 이정식, 김진숙, 박영제가 해고된 이력이 있지만 전체적으로 노동자의 나이가 많고, 노동자 의식이 그다지 높지 않고, 어용노조가 강해, 정부 입장에서는 새로 구성된 상층 지도부와 그 주변만 회유하거나 타격하면 와해되리라 예상했던 것 같다. 그런데 1990년 7월 조합원 총회에서 조합원들이 박창수 위원장을 선출하면서 민주노조가 설립되고 본격적인 행보가 시작되었다. 박창수 집행부는 10월 위원장이 대기업연대회의에 참석하고, 노조 활동으로 구속·수배·해고된 조합원 생계비 지급 관리 규정을 만들어 확정하는 등 전노협 소속으로 대기업연대회의에도 참여하여 민주노조로서 활발하게 활동했다.

전노협 해체에 사활을 건 정부는 박창수 위원장에게 강력한 압박을 가했다. 부산노련을 탈퇴하면 91년 임단투(임금 및 단체협약 협상 투쟁)의 주요 현안을 들어주고 해고자를 복직시켜 주겠다고 했으나, 박 위원장은

---

99 《울산저널》 2010년 10월 7일.

거절했다. 1991년 2월 10일 의정부 다락원 캠프에서 대기업연대회의 수련회를 마치고 귀가하던 노조 간부들이 경찰에 연행되었고, 연행자 중 박창수 한진중공업 노조위원장, 윤명원 대우정밀 노조위원장 등 7명에 대해 제3자개입 혐의로 구속영장이 발부되었다. 박창수 위원장은 구속되어 서울구치소에 수감되었고, 그와 동시에 한진중공업에서도 해직되었다. 당시 안기부는 박창수 위원장에게 전노협을 탈퇴하라고 여러 차례 협박했으나, 박창수는 "전노협이 나고 내가 전노협인데 어떻게 전노협을 탈퇴할 수 있단 말이냐"는 말로 끝까지 거부했다고 전해진다. 그 후 박창수 위원장은 안양병원에서 의문의 죽음을 당하고, 바로 다음 날 한진중공업 조합원들과 안양 지역 노동자와 학생들이 시신을 지키기 위해 영안실 출입구를 막았다. 경찰은 새벽 5시부터 영안실 벽을 해머로 부수기 시작하여 2시간 만에 벽을 뚫고 최루탄을 던지며 들어와 영안실을 지키고 있던 노동자 학생들을 잡아가고 시신을 강제로 탈취해 갔다. 그리고 일방적으로 부검을 하고, 대책위의 거센 항의에 부검 후 시신은 다시 영안실로 돌려주었다. 시신 탈취 후 안양의 중앙대로에서는 매일 밤 시위대와 경찰과의 투석전이 벌어졌다. 이후 상당수 안양 시민은 박창수 위원장의 죽음을 기억하며 해마다 정신 계승제를 열고 있다. 2021년 5월 6일 30주기 정신 계승제가 안양샘병원 앞에서 열렸다.

죽음의 원인은 명확히 밝혀지지 않았다. 여러 정황을 분석해 보면, 박창수가 전노협 탈퇴를 계속 거부하자 고문이 이어졌고 그 과정에서 사망한 것으로 보인다. 하지만 당시 정치적 상황에서 한진중공업이라는 대공장 노조위원장을 86년 박종철 고문치사 사건처럼 고문하다가 죽음에 이르게 했다는 주장은 그 가능성이 희박하다고 보는 견해도 있다. 그 이유가 분명히 밝혀지지 않은 채 박창수 위원장이 갑자기 사망하자, 당연히 고문치사 의혹이 제기되었다. 그러면서 시신을 둘러싸고 노동계 및 시민들과 경찰의 강경 대치가 이어져, 5월 7일 경찰이 시신이 안치된 안양병원에 백골단과 전경 22개 중대를 투입하여 최루탄을 퍼부으며 영안실 벽을 부수고 들어와 그의 주검을 탈취해 갔다. 경찰은 강제 부검 뒤 박창수가 18미터 높이의 병실에서 뛰어내려 자살했다고 발표했지만, 시민들은 쉽게 동의하지 않았다. 33세로 사망한 박창수는 6월 30일 경남 양산군 솥발산 묘역에 안장되었다.

박창수의 죽음을 계기로 한진중공업 노조는 대학생들과 함께 대정부 정치투쟁에 더 적극 참여했다. 이에 부산에서는 8개 노조가 총파업에 나섰다. 한진중공업(2,200명), 대우정밀(1,269명), 동신유압(211명), 고려부산(760명), 신신기계(74명), 제일교통(670명), 태평양화학(452명), 신동금속(167명)의 8개 노조 소속 5,800여 명이 휴무와 총회 등을 통한 총파업에 참여했고, 7만여 명이 참여한 국민대회에 결합했다. 노동자의 투쟁이 격렬해지자, 자본은 1991년 노조 활동을 문제 삼아 노조 간부 손해배상 및 가압류 청구를 시작으로 본격적인 재정 탄압을 하기 시작했다. 당시 한진중공업 노조가 부산 지역 노동운동에서 어떠한 위치를 차지했는지 박성호는 다음과 같이 증언한다.

박창수 집행부가 들어서고 6개월 만에 위원장이 구속되고 맙니다. 당시에는 전노협이 너무 강성이라 대기업 노조들이 가입하지 못한 게 많아서 대공장 민주노조들을 하나로 묶어 내는 사업을 전개하고 있었습니다. 그러던 중 대기업연대회의 상임의장 노조인 대우조선이 파업에 돌입하게 되었고, 이 파업을 어떻게 지지할 것인가를 논의하기 위해 대기업연대회의 간부들이 수련회를 의정부 다락원 캠프에서 가졌습니다. 이를 포착한 경찰은 수련회에 참석한 간부 전원을 연행해 갔습니다. 이때 한진에서는 박창수 위원장, 김주익 문체부장, 그리고 교선부장인 제가 참석했다가 박창수 위원장은 구속되고 저희 두 사람은 석방되었습니다. 그 후 얼마 있지 않아 박창수 위원장이 안기부에 의해 죽임을 당합니다. 한진중공업 조합원들은 물러서지 않고 싸워 63일간의 긴 투쟁을 했습니다. 그러나 이길 수가 없었습니다. 장시간 마라톤 논의 끝에 장례대책위는 그동안 투쟁 지도부, 즉 노조 간부들에게 민형사상 책임을 묻지 않고, 임단협 교섭은 장례 후 계속 진행하고 회사는 성실하게 교섭에 임한다는 정도로 합의를 하고 장례 절차에 들어갔습니다. 장례 행렬은 영도경찰서를 지나 영도다리를 넘어 밤 12시가 되어서야 솔발산에 시신을 안치할 수 있었습니다. 이날 영도경찰서는 쇠파이프와 화염병으로 무장한 노동자들이 침탈할까 봐 수많은 경찰을 투입하여 경찰서를 방어하고 있었고, 경찰이 공장에서 화염병과 쇠파이프를 수거했으나 문제 삼지 않고 그냥 넘겼다고 했습니다.

결국, 장례를 치르고 다시 임단협 교섭이 진행되었으나, 회사는 무성의한 태도로 일관했고 조업을 먼저 시작하자고 요구했습니다. 그러나 조합원들이 업무 복귀를 못 하겠다고 하여 노조 간부들이 설득하는 데 많은 어려움이 있었습니다. 노조 간부들이 아무도 작업을 하자고 조합원들에게 말을 선뜻 못 해 교선부장인 제가 안전모를 쓰고 조합원들에게 말을 할 수밖에 없었습니다. 그 후 회사는 투쟁을 지도했던 간부들에 대한 고소를 취하했는데 투쟁이 마무리되고 한 달 후 노동조합 선거 준비를 하는 기간에 영도경찰서에서 핵심 간부를 지목해 구속영장을 발부했습니다. 이정호 직무대행과 강용대 쟁의차장, 최병문 조통부장은 바로 집에서 연행되고, 교선부장 저하고, 강수열 조통차장은 경찰이 주거지를 잘 몰라 물색하던 중 이정호 직대가 잡혔다는 소식을 듣고, 강수열 형님 집에서 자다가 바로 도망갔습니다. 강수열과 저 박성호는 다음 날 아침 대우정밀 동지들이 수배 생활을 하고 있던 부산대학교로 들어가 수배 생활을 했고, 이후 강수열은 먼저 경찰서로 출석하고 저는 수배 생활 기간 중 변장을 하고 전국을 돌아다니면서 박창수 열사 추모사업회 발기인을 조직하고, 92년 10월경 부산일보 대강당에서 단병호 위원장을 추모사업회 회장으로 박창수 열사추모사업회 창립대회를 마무리했지요. 이후 저는 영도조선소 공장 담을 넘어 현장에 들어와 있다가 점심시간 조합원 집회에 참석해 발언하고 영도경찰서로 연행되었습니다. 그 후 2심에서 1년 6개월 집행유예를 선고 받고 6개월 정도 구속되었다 석방되었습니다. 석방되고 나와 출근투쟁을 시작했고 추모사업회 사무실을 만들어 김주익 동지 등과 함께 조합원들과 1주일에 한 번 이상 추모사업회 사무실에서 회의하면서 현장 현안을 공유했습니다. 이후 박창수열사추모사업회는 현장 활동가 모임 천지회를 조직하고 한진중공업 민주노조 사수 활동을 전개해 나갑니다. 이후 한진의 싸움은 부산 지역 전체에 큰 영향을 주었고, 대우정밀보다 이때부터는 적어도 부산 지역에서는 한진이 중심이었기 때문에, 최고 컸으니까, 실제로 많은 작은 공장에 연대투쟁을 나가기도 했고, 직선 위원장을 선출한 이후 특히 박창수 이후로는 한진의 영향력이 엄청났습니다. 거기에는 비록 어용이었지만, 25년간의 노동조합 역사가 노조를 탄탄하게 유지하는 데 큰 힘이 된 것 같아요.[100]

이후 한진중공업에서 한국의 최초 선상 파업인 LNG 선상 파업이 터졌다. 1994년이었다. 당시 한진중공업 조합원들의 평균 나이 38.4세, 부양가족 3.49명, 통상 임금 62만 원으로 노동조건이 열악한 편이었다. 한진중공업 노조는 임금 단체협상을 통해 부당해고된 12명 원직 복직, 임금 8만 6,050원(기본 14.9퍼센트), 월급제 실시, 전임 8명을 요구했다. 협상이 결렬되고, 6월 27일 오후 3시 전면파업에 돌입했다. 그러자 대검이 28일 노조 간부 5명에게 사전구속영장 발부하고 경찰 투입을 지시했다. 이에 1,200여 조합원들은 저녁 9시부터 LNG선에 올라가 고공 농성을 시작했다. 7월 7일 해고자 복직 대책 마련, 고소 고발 취하, 임금 및 상여금 인상에 전격 합의해 열흘간의 농성을 해제했다. 이날 오후 3시 30분 사장이 조합원 앞에서 위원장과 합의한 내용을 실천할 것임을 약속하고, 7월 22일 임금 단체협상 조인식을 가졌다. 그러나 조길표 위원장, 김주익 사무장, 박성호 조통차장 등 9명이 구속되었다. 결국, 농성으로 성공이라고 할 만한 것을 얻어 내지는 못했다. 일방 중재를 하지 않겠다는 약속을, 그것도 구두로 얻어 내는 데 그쳤다. 당시 상황을 박성호는 이렇게 증언한다.

준비해서 올라가는 데만 세 시간 걸렸습니다. 7월 한여름이었으니 얼

---

[100] 2020. 09. 26. 부산 범일동 부경울열사회 사무실 구술.

마나 더웠겠습니까? 단 한 명의 열외도 없이 다 올라간다고 선언하고 올라갔으니 거의 다 참여했습니다. 1,200명 정도 되었습니다. 농성 중에 경찰이 가족들을 협박해 선무 방송을 했는데, 아버지가 편찮다, 부인이 아프다 등을 마이크로 떠들어 대면서 조합원을 선상에서 내려오도록 했고, 연일 헬기를 띄워 삐라를 뿌리면서 농성 중인 조합원을 공포로 몰고 갔습니다. 경찰의 공포 분위기에 투쟁 지도부는 교섭에 얽매이게 되었지요. 농성이 장기화하니 사장이 올라옵디다. 거기에서 그 유명한 말, "조합원을 이제부터 부처님같이 모시겠다" 하면서 위원장하고 포옹하고, '일방 중재'를 하지 않겠다고 약속했습니다. 그리고 없어져 버렸습니다. 구두 약속밖에 없었던 겁니다. 일방 중재라는 게 뭐냐면, 교섭에 들어가면 쌍방이 합의해야 중재가 이루어지는 건데, 회사가 일방으로 중재라 하고 노동부에 집어넣어 버리는 겁니다. 그러면 회사 안으로 노동부에서는 받아들이고 우리 파업은 불법이 되어 버리고 그 길로 구속되어 버리는 겁니다. 그걸 사용하니 우리는 쟁의를 못 하게 되어 버린 거지요. 그걸 안 하겠다고 약속한 거 하나 얻어 내고 나머지는 구두로 약속하는 바람에 다 수포로 돌아가 버린 거지요. 저는 당시에 해고자라 지도부 투쟁 정책회의에 깊숙이 관여하지 않았습니다. 조길표 위원장이 큰 투쟁 경험이 적어 많이 흔들렸던 것이 사실입니다. 교섭은 김주익 사무국장이 담당했습니다. 이런 여러 가지 것들로 투쟁을 제대로 담보해 나가지 못한 것이 패배의 원인이라고 저는 봅니다. 농성을 풀 때 저는 선상에서 내려오지 않았습니다. 내려가면 바로 구속인 줄 알았기 때문입니다. 그래서 조합원들이 라면과 가스렌지를 준비해 주었고, 그것으로 경찰이 찾을 수 없는 장소에 숨어 하루를 기다리고 나온 겁니다. 저는 도크 바닥을 지나 유공 쪽으로 가서 담을 넘었는데 아직도 경찰이 철수하지 않고 지키고 있어 거기에서 잡히고 말았습니다. 저를 잡은 경찰은 고맙다며 자기는 특진을 할 수 있다고 합디다. 영도경찰서 유치장에서 김일성이 죽었다는 뉴스를 텔레비전으로 봤습니다. 이것이 두 번째 구속이었습니다.[101]

LNG 점거 농성은 노동자의 위력을 보여 줬으나, 결국 하청 노동자와 공동투쟁을 하지 못한 한계로 성공할 수 없었다. 자본은 비정규직 노동자를 통해 정규직 노동자를 제압하는 새로운 방식을 도입했다. 노동자 측에서는 마땅한 대응책을 마련하지 못했고, 원론적으로 원하청 공동투쟁이라는 새로운 과제만 부여받았다. 이에 대해 김진숙은 한 강연에서 다음과 같이 평가한 바 있다.

한진중공업에서 LNG선을 점거하고 선상 파업을 벌였습니다. 조합원 3천 명 중 강제명예퇴직 명단에 오른 1,200여 명이 배를 점거한 겁니다. 배를 인도하지 않으면 선주에게 지급해야 할 돈이 어마어마했기 때문에 그러느니 임금인상할 거라고 조합원들은 믿었습니다. 하지만 자본은 눈 하나 깜짝 안 했습니다. 2천여 명의 비정규직들이 농성 중인 노동자를 대신해서 공장은 잘 굴러가고 있었던 겁니다. 조합원들은 그 사실을 몰랐습니다. 그 파업의 패배부터 한진중공업은 어떤 투쟁도 되지 않았습니다. 이

---

101 2020. 09. 26. 부산 범일동 부경울열사회 사무실 구술.

후 정규직들에게 명예퇴직 협박이 들어오고 정리해고가 단행됐습니다."[102]

1990년대 초반 대우정밀의 투쟁도 이 지역 노동운동에 큰 자취를 남겼다. 대우정밀 노조 분쇄 기도는 1988~9년 네 명의 해고자가 발생한 129일 장기 투쟁 후 제4대 윤명원 집행부가 90년 9월 13일 출범하자마자 시작되었다. 윤명원 위원장은 위원장 당선 후 한참 동안 집행부를 꾸리지 못했다. 1988년 129일간의 장기 파업으로 인해 4명이나 해고자가 발생했고, 그로 인해 조합원들이 많이 지치고 위축되어 간부 기피 현상이 생겼기 때문이다. 이런 와중에 회사가 92명(조합원 5명 포함)을 보직 변경시켰다. 근속연수가 오래된 보직 변경자들을 아무런 보직도 주지 않은 상태에서 사무실에 모아 놓고 아무 일도 시키지 않았다. 회사는 회사 경영이 악화된 것처럼 꾸며 감원 분위기를 조성했다. 사측은 보직 변경에 이어 조기퇴직 지원자를 모집하기도 했다. 이로써 경영 악화를 더 구체적으로 선전했고, 이를 토대로 생산성 향상이라는 명분을 걸어 노동강도를 강화했다. 이 경영 위기설은 1991년 신문에 발표된 90년도 결산에서 허구임이 밝혀졌다. 결국, 이러한 위기 조장은 1990년 단체협상 투쟁과 1991년 임금투쟁에서 조합원들의 투쟁 열기를 위축시키기 위함이었을 뿐이다.

이러한 와중에 1991년 2월 12일 대기업연대회의 공동 간부 수련회에

---

[102] 2007년 7월 19일, 김진숙 〈1987년 노동자대투쟁 기념 강연회〉에서. 이 부분에 대해 박성호는 달리 기억한다. 당시에는 비정규직 개념이 그렇게 파업에 영향을 미치지 않을 때이고, 사내 계열사가 있었는데 독립적 사업체였고, 몇 개의 특별한 작업만 했지 지금처럼 조선소 전체 업무에 비정규직이 들어와 있지 않았다고 기억한다. 당시 조선소의 주요 업무는 모두 직영이었다고 기억하면서. 아마 김진숙이 김주익 지회장 85 크레인 투쟁과 헷갈린 것 같다고 말한다.

참석하여 대우조선 파업투쟁 지원 방안을 논의했다는 이유로 대우정밀 윤명원 위원장이 구속되었다. 법정에서 윤명원 측 변호인은 법원에서 대우조선 노조 파업 지지 성명서 채택 결의에 참여한 사실은 있으나, 파업 현장에 가서 구체적인 간섭 행위를 하지 않고 단순히 성명서를 발표한 것이므로 제3자개입 금지 위반이라 할 수 없다고 주장했으나, 판사는 '대기업연대회의'에서 그 구성원들이 모여 대우조선의 노동쟁의에 대한 지원 방안을 수차에 걸쳐 논의하고 그중 구체적인 한 방법으로 그 파업을 지지하는 성명서를 발표했는데, 이는 제3자개입 금지에 위반한다고 판시 유죄를 선고했다.[103] 노조는 위원장 구속에 항의하는 차원에서 총회 투쟁을 전개했고, 이에 회사는 문영만 직무대행과 김동현 사무국장 등 5명을 고소했다. 노조는 해고자 3명의 원직 복직, 인사위원회 노사 동수 구성, 직·조장 직선제, 소위원 활동 인정 등을 쟁점 사항으로 단체협상 투쟁에 돌입했다. 회사는 무성의한 태도로 교섭에 임하면서 전노협 탈퇴만을 집요하게 강요했다. 노동조합은 이에 맞서 1인 1 소자보 운동, 작업 시간 중 장비 두드리며 노래 부르기, 실질적인 태업인 고품질 향상 운동 등의 다양한 준법투쟁을 전개했고, 얼마 후 조합원들의 휴식과 유연한 전술 차원에서 준법투쟁을 중단했다.

그 후 대기업연대회의에서 각 위원장을 체포 구속한 것에 항의하기 위해 총파업에 돌입한다는 결정이 전노협에서 나왔고, 여기에 대우정밀은 적극적으로 참여한다는 방침을 정했다. 이때의 상황을 문영만은 이렇게

---

103 서울형사지방법원 제6부 판결 사건 91노 5381.

전한다.

어느 날 회사 사장이 불러서 저와 노조 기획차장이 들어갔는데, 그때 가 단체협약 갱신 교섭 중이었습니다. 대표이사는 단체교섭 내용은 이야 기하지 않고 다짜고짜로 전노협 탈퇴를 요구했습니다. 제가 전노협은 전 체 조합원의 결의로 가입한 우리 자신과 같은 상급 단체라며 거부하면서, 그 이야기는 그만하고 단체협약 내용을 중심으로 협의를 했으면 좋겠다 고 했습니다. 하지만 회사 대표이사는 계속해서 전노협 탈퇴만을 요구했 고, 심지어 회사 임원 누구랑 같이 1주일만 출장을 다녀올 수 없겠냐고 공 작을 했습니다. 그때 아, 교섭을 통해서 타결할 생각은 전혀 없고, 회사는 오로지 전노협 탈퇴만을 위해 본격적인 작업에 들어가겠구나 하는 생각 이 들었습니다. 그래서 우리는 예정대로 그 다음 날 전노협의 연대 총파 업(대우조선과 대기업연대회의 탄압 관련)에 들어갔습니다. 그런데 갑자기 회사에서 유인물을 전 직원에게 돌렸는데, 거기에 대우조선이 총파업에 들어가지 않는다고 나온 모양이에요. 그 유인물을 본 조합원들이 대우조 선 파업에 대해 지원 논의를 했다고 우리 위원장이 구속됐는데, 어떻게 대 우조선에서 파업을 안 할 수가 있느냐고 불만들이 터져 나왔습니다. 자세 한 사실을 이쪽저쪽으로 분주하게 알아보고, 그렇지 않다고 사실관계를 조합원들에게 알리고, 조합원들을 잘 설득해서 애초대로 전노협 연대 총 파업에 들어갔습니다.[104]

---

[104] 2020. 09. 25. 부산 반여동 음식점 구술.

III.전노협과 부산노련 305

그러던 중 3월 21일 새벽 2시 50분경 경남도경 소속 백골단 150여 명이 회사 노무팀을 앞세워 주요 간부를 체포하기 위해 노조 사무실을 침탈했다. 당시 간부들은 직전의 총파업, 즉 불법파업 때문에 고소 고발된 상태로 수배 중이어서 조합 사무실에서 숙식하고 있었다. 이 조합 사무실을 백골단이 침탈하여 이학준 기획부장, 김수길 법규부장이 구속되고, 문영만 직무대행과 김동현 사무국장은 간신히 산속으로 피신했다. 조합원들은 출근하자마자 작업을 거부하고, 집행부는 즉각적으로 경찰 병력 규탄 대회를 개최하여 노포동역까지 가두투쟁을 벌였다. 회사 측은 윤명원 위원장, 문영만 직무대행 등 4명을 전격 해고했다. 그 후 회사는 회사 사정이 어려워져서 상여금 지급일을 연기하겠다는 등 여러 가지 방식으로 노동자들을 자극하면서 투쟁을 유도했다. 노조는 5월 14일 쟁의대책위원회로 전환하고, 수배 중인 문영만 직무대행을 호위하여 회사 안으로 들여보냈다.

대우정밀의 전 조합원은 파업투쟁에 돌입하면서 수배·고소·고발 중인 지도부를 보호하기 위해 3개 조로 나뉘어 철야 파업 및 근무를 했고, 회사 측은 조기 경찰 병력 투입설 등을 유포하고 이와 함께 파업투쟁의 선봉이었던 특례병을 상대로 사외 집체교육을 하여 단결을 깨뜨리고자 했다. 또 관제 시위를 벌여 언론에 보도하는 등 갖은 분열 공작을 획책했다. 이에 노조도 다양한 대응 방법을 모색했다. 우선 특례병은 교육을 거부하기로 했고, 선봉대를 구성하여 진입로마다 바리케이드를 설치하면서 투쟁을 준비했다. 그런데 파업 예정일 하루 전날 부산대에서 '박창수 위원장 옥중 살인 규탄 전국 노동자 학생 결의대회'가 있었다. 거기에 노학연대 차원에서 상당수 조합원이 참여했는데, 비가 많이 오고 회사 주변은 원천 봉쇄되어 복귀 및 합류하지 못했다. 결국 대회가 끝난 6월 3일 새벽 5시경 9개 중대, 1,300여 명의 경찰과 페퍼포그 차, 수중 보트, 헬기 등 육해공 모든 방향에서 회사 주위 산을 완전히 포위하고 침탈하여 철야농성을 하던 조합원 43명을 연행하고, 그중 이창기 부위원장 등 20명이 구속 수감되었다. 폭력 경찰에 의해 현장에서 쫓겨난 집행부와 조합원들은 부산대로 속속 집합했고, 매일 300~400여 명이 부산대로 출근하여 파업투쟁을 전개하다가 6월 15일 현장으로 복귀했다. 경찰 투입 이후 사무실은 일방적으로 사원아파트 옆으로 이동되었고, 집행부는 모두 수배되거나 고소 고발되어 조합의 일상적인 업무를 수행할 간부가 없었다. 이 사태에 대해 문영만은 다음과 같이 말한다.

전체 조합원 1,600명 가운데 200명 정도가 징계를 당하는 엄청난 탄압을 받았습니다. 일반 조합원과 대의원들이 체계적으로 의식화가 되었다기보다는, 노동조합을 지키지 못하면 인간답게 살 수 없다는 것을 몸으로 느끼고 있었고, 비민주적인 군대문화 속에 다시 노예와 같은 생활로 돌아가야 한다는 것을 스스로 체감하고 있었습니다. 그래서 노동조합을 어떻게든 지켜야 한다. 게다가 간부들이 저렇게 헌신적으로 희생을 하는데, 우리만 어떻게 편하게 지내겠는가라는 심정이 많았던 것 같아요. 하지만, 6·3 공권력 투입 이후 간부들이 다 구속되고 징계를 받고 해서 총파업을 이끌어 가는 데 많은 어려움이 있었습니다. 저하고 몇몇은 수배 중이라 부산대학교 문창회관에 있는 '대우정밀 해고자협의회' 사무실에서 활동을 하다가 그 다음 해인 1992년 1월 2일까지 약 6개월을 수배 생활하다가 결국 새벽에 투입된 체포조(경찰차 2대)에 체포되어 구속되었습니다. 그 당시 현상수배가 되었는데, 일개 민간기업의 쟁의대책위원장에게 현상금이 5백만 원과 1계급 특진이 붙어 있었습니다. 노조 간부들에게 경찰들이 와서 자기한테 자수하면 5백만 원 현상금은 저한테 주고, 자기는 1계급 특진만 하게 해 주라고 부탁하더라는 소리까지 들었습니다. 그리고 구속된 이후에 신문을 보고 알게 되었는데, 부산대 경비원이 경찰들에게 뒷돈을 받고 제 위치를 알려줘서 그날 체포조가 부산대를 침탈했다는 것을 알게 되었습니다.[105]

회사는 이러한 상태를 적극적으로 활용하여 회사 측에 우호적인 대의원을 중심으로 수습대책위원회를 구성하여 전노협 탈퇴를 마무리 짓고자 했다. 현장에 복귀한 조합원들 사이에서도 동요가 일어나기 시작했다. 조합원의 희생이 더 있기 전에 전노협을 탈퇴하자는 주장이었다. 강제징집 위기에 놓여 있던 특례병에 대해서도 전노협 탈퇴가 이루어지면 뭔가 달라질 수 있다는 말이 인사부에서 흘러나왔다. 그러나 극소수 대의원을 제외하고 대의원 다수는 이러한 해결 방식에 동의하지 않았다. 무엇보다도 문영만 직무대행을 비롯한 수배된 지도부의 태도가 확고부동했다. 그들은 전노협을 탈퇴하려면 먼저 집행부를 불신임하라고까지 했다. 어용 집행부를 구성하여 전노협을 탈퇴하든지 말든지 마음대로 하

---

105 2020. 09. 25. 부산 반여동 음식점 구술.

라는 것이니, 집행부로선 절대 불가라는 말이었다. 그러나 특례병은 해고가 되면 그동안 수행한 병역이 다 수포로 돌아가고 일반병으로 입대해 3년을 다시 복무해야 해서, 회사는 이를 약점 삼아 계속 분열 책동을 벌였다. 간부들도 그 점이 걸려서 특례병 당사자들에게 의사를 타진했다. 가장 어려운 처지에 놓여 있던 특례병들은 자신들을 볼모로 전노협 탈퇴가 거론되는 것을 알고 탈퇴를 반대했다. 6월 28일 임시 대의원대회에서 이성복 사무국장 등 상임집행부 간부 8명이 새로 인준을 받고 노동조합 일상 업무를 시작하는 한편, 다시 임금교섭 준비를 시작했다. 회사 측은 보강된 상임집행부 간부를 인정할 수밖에 없었다. 문영만 노조위원장 직무대행과 집행부의 완강한 태도는 추후 '91 임금투쟁 협의안 투표에서 56.6퍼센트로 회사 상정 잠정 합의안을 부결시켰다. 자본과 정권의 탄압에 맞선 파업투쟁에서 대우정밀의 조합원들은 구속 26명, 해고 43명(병역특례 8명 포함), 수배 16명, 정직 76명 등 엄청난 징계를 당했지만, 노조와 전노협을 지켜 냈다. 한편 병력특례 해고자들은 사측의 기만적인 인사위원회를 거부하다가 2차 인사위원회(91년 6월 14일)에 참석했다. 병역특례 해고자들은 그해 6월 18일 해고 통보, 8월 22일 입영일 통보를 받았다. 이때부터 기나긴 수배 생활을 시작했다.

1991년 엄청난 징계 후에도 상황은 변하지 않았고 운동은 소강상태에 접어들었다. 1993년이 되자 대우정밀 해고자들은 다시 대규모 투쟁을 전개했다. 93년에는 16명이 병역기피 혐의로 수배되었는데, 대우정밀 10명, 풍산 3명, 효성중공업 2명, 코리아타코마 1명이 포함되었다. 수배자 16명 중에는 병역특례 기간 5년 중 4년 6개월을 마쳐 병역 기간이 6개월도 남지 않은 노동자 조수원이 포함되어 있었다. 조수원은 해고 후 병역특례 해고자들과 상경투쟁을 시작으로 장기 투쟁에 돌입했다. 수배 생활 중에도 대우정밀해고자복직실천협의회 사무실에 상주하며 출근투쟁을 전개했다. 93년에는 서울로 올라가 전국해고노동자대회에서 삭발하고, 마포 민주당사에서 38일간 단식투쟁을 했다. 94년에는 '병역특례 해고노동자의 수배 해제와 원상회복을 위한 병역특례 해고노동자 특별위원회'를 구성하여 탄원서 발송 및 서명 운동을 전개하면서 병무청을 항의 방문하는 등 끊임없는 투쟁을 전개했다. 길고 어려운 투쟁 끝에 1994년 5월 25일 대우그룹과 복직을 합의하고 대우중공업 조선 부문에 인사 발령을 받았으나, 병무청은 노사 합의와 병역 문제는 별개라며 막무가내로 강제 징집을 추진했다. 1995년 12월 15일, 조수원은 새벽 농성 중이던 민주당 서울지부 '전국민주노동조합총연맹 해고자복직투쟁 특별위원회' 농성장 화물칸 엘리베이터 옆 5~6층 사이 비상계단에서 스스로 목을 매어 목숨을 끊었다. 목숨을 걸고 지키려 한 전노협이 해산되고 민주노총이 출범한 지 한 달 만이다.

12월 19일 오전 9시. 대우정밀 노조는 임시대의원대회를 개최하고 조수원의 명예회복과 문제 해결을 위해 다음의 5개 요구안을 대의원 전원 결의로 확정지었다.

① 고 조수원 동지의 명예회복을 위해 95년 12월 14일부로 원직 복직시킨다.

② 병역특례 해고자 7명 전원을 대우정밀에 원직 복직시킨다.

③ 89년 이후 노동조합 활동과 관련된 해고자 전원을 대우정밀에 원직 복직시킨다.

④ 병역특례 해고자 군 문제 해결을 위해 노사 대표가 병무청과의 면담을 가지며 군 문제 해결 시까지 노사 실무팀을 구성하여 상호 노력한다.

⑤ 대우정밀에서 병역특례 해고자는 더 이상 발생하지 않도록 한다.

12월 20일 오전 11시경, 처음으로 노사 대표 각 3인이 참석한 가운데 교섭이 진행되었지만 아무런 진전 없이 결렬되었다. 12월 21일, 이번에는 서울에서 그룹과 교섭을 벌였다. 대우조선의 백순환 위원장, 대우중공업 전재환 위원장 등 대우그룹노동조합협의회(이하 대노협) 소속 위원장들이 참석한 가운데 그룹에서는 '노동조합의 5가지 요구는 무리가 없는 것 같다. 교섭이 원만히 진행될 수 있도록 모든 방안을 강구하겠다'는 입장을 밝혔다. 상경한 조합원들은 도착 후 추모집회를 열고 지하철 선전전, 병무청, 대우그룹 항의방문을 함께했다. 해고자들은 명동성당 입구에서 쇠사슬을 몸에 묶고 단식농성에 돌입했고, 조합원들은 해고자들과 함께 계속 농성을 전개하기로 했다. 24, 25일 이틀간 회사 측과 교섭했지만, 회사 측의 태도는 변하지 않았다. 12월 28일, 김우중 회장 집으로 항의방문을 하던 중 조합원 39명이 경찰에 연행되었다. 새해 1996년 1월 3일 오후 6시경, 회사 측에서 노동조합의 요구를 대폭 수용하여 합의가 이루어졌다. 총회 투쟁을 시작한 지 17일 만의 합의였다.

결국, 대우정밀 병역특례 해고자들은 복직과 함께 병역 기간을 만료할 수 있게 하는 중재안이 나왔고, 해고자들도 복직하는 것으로 해결됐다.

한편 조수원의 죽음으로 상경투쟁과 파업이 연일 이어졌다. 조수원의 죽음이 복직과 병역특례 문제의 해결책이 되었다는 것은 당시 정권이 전노협 와해에 얼마나 몰두했는지를 보여 준다. 병역특례 노동자를 괴롭혀 그들이 다시는 파업에 동참하지 못하도록 병무청이 노동부와 역할 분담을 한 것이다. 그만큼 정권은 모든 관계 부처를 다 동원하여 전노협 와해와 노동운동 탄압에 몰두했고, 노동자는 최후의 수단인 목숨을 걸고 싸웠다.

여기에서 잠시 죽음의 방식과 소위 '열사'에 대해 생각해 보자. 부경울열사회장 김대식은, 한 해가 시작하는 시점이거나 투쟁이 고조되고 승리의 희망이 있는 경우에는 항거 방식으로 분신을 택하는 경우가 많고, 한 해가 끝나가는 시점이거나 조직의 힘이 미약하여 희망이 보이지 않는 경우에는 목을 매거나 투신하는 경우가 많은 것 같다는 의견을 피력한다. 과학적인 통계로 증명할 수는 없겠지만, 전반적인 추세가 그렇다는 것이다. 그 죽음이 본인의 희망 여부나 의지 정도와 관계없이 이후 정국 흐름에 예상외의 영향을 끼치는 경우도 있지만, 그렇지 않은 경우도 있다. 조수원의 경우에는 죽음이 문제 해결에 결정적인 역할을 한 경우다.

대우정밀 병역특례 조합원 조수원은 1993년 9월 11일부터 '구속·수배·해고노동자 원상회복을 위한 특별법' 제정과 '병역특례 해고노동자의 수배 해제, 원상회복'을 촉구하며 마포 민주당사에서 38일간의 삭발 단식농성을 했다. 병역특례 해고노동자 조수원은 병역특례제도의 문제점을 널리 알렸다. 문제의 중심은, 국가가 이 제도를 악용해 노동운동 탄압과 자본가들의 이윤 추구에 앞장섰다는 사실이다. 병역특례제도란 과거 군사정권 시절 노동력을 효율적으로 이용한다는 차원에서 방위산업체에 입사하여 5년간 근무하면 군복무를 면제한다는 제도인데, 이 제도를 악용한 것이다. 병역특례자도 엄연한 노동자임에도 노동조합 활동을 했다는 이유로 부당하게 해고되어 일방적으로 군대에 징집됐다. 이에 해고자들은 부당해고 철회와 강제징집 철폐를 요구했던 돌입한 것이다.

부산노련이 출범한 이래 자본과 국가의 탄압은 계속되었고, 노동자들은 공동투쟁본부를 설치하여 연대투쟁을 벌였다. 전노협이 처음 출범한 1990년에는 공동투쟁본부를 구성하지 못하고, 1991년 '91 임금인상과 물가폭등 저지 및 노동기본권 쟁취를 위한 부산양산지역 공동투쟁본부'를 구성했다. 공동투쟁본부의 구성은 한편으로는 연대투쟁이 활발하게 추진됐다는 의미일 수도 있으나, 다른 한편으로는 정부가 업무조사와 공권력 투입 등으로 노조를 지속적으로 탄압하여 노동 세력이 크게 위축되었음을 보여 주는 것이기도 하다. 1991년 들어 부산노련 소속 노조가 6개밖에 남지 않을 만큼 상황이 악화되었으나 공동투쟁본부를 구성하여 20개 노조와 5개 참관노조, 2개 노민추, 3개 노동단체가 참가했다는 사실은 향후 연대투쟁의 가능성이 커졌다는 쪽으로 해석하는 것이 더 바람직하다고 본다. 당시 공동투쟁본부에 참가한 노조는 한진중공업, 대우정밀, 동양라이너, 한독병원, 고려부산, 신동금속(이상 부산노련), 동신유압, 신우산업기기, 한국금속, 태평양밸브, 일동정기, 대림기업, 오성화학, 광명연마, 미진화학, 세동, 인산기업, 진성쇼트, 성요사, 메리놀병원노동조합이 있고, 참관노조로는 신일금속, 태평양화학, 부산교통공단, 우진기계, 신신기계가 있었다. 그리고 두 고무공장 노민추와 풍산해고자협의회가 있었고, 부산택시노동자연합, 부산노동자연합, 부산노동단체협의회의 세

노동자 단체가 참가했다. 그리하여 부산양산지역 91임금투쟁은 총 23개 사업장이 파업투쟁에 돌입하는 등 전국에서 가장 치열한 양상으로 진행되었으며, 쟁의 발생 신고를 내고 교섭을 진행하는 과정에서 유리한 조건으로 타결 지은 노조도 예년에 비해 훨씬 많아 부산양산지역 민주노조운동의 대중적 토대를 다졌다. 1992년에는 '92 임금투쟁전진대회 및 부산양산지역 공동투쟁본부'를 세웠고, 이를 중심으로 부산노련은 지구별 임금투쟁 전진 대회를 개최했다. 그리고 제2차 총액임금제 분쇄를 위한 노조 대표자회의, 메이데이 집회 투쟁 등을 통해 연대가 더욱 확장되었다. 이런 연대 확장 분위기는 곧 탄압의 강화로 이어졌다.

1993년이 되자, 노동운동의 확장된 연대 성과와 그 잠재력을 잘 인식하고 있던 김영삼 정부가 노동운동을 더 강경하게 탄압하기 시작했다. 부산 지역의 노동자들은 더 적극적으로 연대하여 대처했다. 3월 20일 '부산양산지역 노동조합 공동 투쟁본부'(이하 부양공투본)를 조직했다. 부양공투본은 27개 노조로 구성되었고, 이성도와 윤영규(병원노련 부산지부장)가 공동본부장을 맡았다. 이 투쟁본부에 속한 노조는 신일금속, 대우정밀, 성요사, 신동금속, 한진중공업, 동신유압, 오성화학, 인산기업, 한국기계, 미진화학, 대림기업, 제일중기, 신우산업기기, 풍산기계, 우진제약, 어드밴스, 일신기독병원, 한독병원, 고신의료원, 침례병원, 동아대병원, 춘해병원, 부산의료원, 백병원, 적십자혈액원, 메리놀병원, 풍산정밀 등 총 27개 노동조합이다.

6월 14일, 신일금속 노조가 파업에 돌입했다. 다음 날 경찰이 지도부를 전격 연행했다. 16일에는 부양공투본 조합원 500여 명이 공권력의 봉쇄를 뚫고 신일금속으로 진입, 연행자를 전원 구출했다. 추후 확인된 사실에 따르면, 신일금속 노조 탄압에 대한 연대투쟁이 울산 현총련 투쟁과 맞물려 있어 공권력이 부양공투본의 연대투쟁에 큰 부담을 느꼈다고 한다. 당시 부산 지역에서 치열한 투쟁을 벌인 곳으로 북구 만덕동의 성요사가 있다. 성요사는 1969년도에 설립한 당시 금성그룹의 계열사로 전자부품 제조업체다. 노동조합은 1987년 9월 노동자대투쟁 때 결성되었다. 1993년 7월 13일 금성그룹이 성요사 등 13개사의 매각 정리를 발표한 후, 성요사 노조는 1994년 5월 매각 시 고용 보장에 대한 합의서를 회사 측으로부터 받아 냈다. 그러나 회사 측은 채산성 개선을 위해 외주 처리로 입장을 바꿨고, 노조는 해당 부서 인원의 고용 보장 조건으로 외주 처리에 동의했다. 이후 회사 측은 '종업원 지주제'를 들고나와 퇴직금으로 주식을 사서 회자에 투자하거나 그렇지 않으면 회사를 나가라고 했다. 신경영전략을 내세워 노조를 분열시키려는 전략이었다. 회사는 더 나아가 모두가 소사장이니 조합원은 있을 수 없다는 궤변으로 조합원들의 퇴직금을 자본으로 유치하는 일석이조를 시도했고, 노동자들은 그 이간질에 분열되어 결국 노동조합 문을 닫았다. 비쿄투자자 중 29명이 모여 '성요사 민주노동자 모임'을 발족했다. 강제로 사직을 당한 81명 노동자의 체불임금과 강제 사직에 대한 진정서를 사측에 제출하고 소송에 들어갔다. 노조는 와해되었지만, 노조를 대신한 노동자 모임이 주도한 투쟁이 계속된 좋은 사례라 할 수 있다.

부양노련 당시 연대투쟁이 매우 활발하게 전개되었다. 부양노련이 선도적으로 전선을 주도하여 공동교섭, 공동타결 등의 무리한 전술 대신에 기업별노조 체계의 조직적 한계를 인정하고 투쟁이 촉발된 사업장을 집중 지원함으로써 공동투쟁 전선이 효과적으로 만들어졌다. 이로써 민주노조 총단결, 산업별노조 건설의 필요성이 구체적으로 확인되었다. 연대투쟁의 좋은 예가 동래 봉생병원 파업이다. 동래 봉생병원은 1993년 9월 20일 임금인상안에 합의하지 못하여 파업에 돌입했다. 노조는 이날 오전 9시 병원 로비에서 중환자실과 응급실 소속 필수 인원을 제외한 노조원 70여 명이 참석한 가운데 파업 출정식을 갖고 병원 측에 성실한 임금 교섭과 조합원 탈퇴 권유 중지를 촉구했다. 병원 측은 조합원을 '공산주의자'니 '빨갱이'니 매도하며 노동조합 자체를 인정하려 들지 않았다. 노조를 인정하지 않으니 당연히 협상에 진전이 없었다. 노사는 여덟 차례에 걸쳐 임금협상을 벌였으나, 기본급과 식대 등 8만 2천 원 인상을 요구하는 노조 측과 4만 7천 원 이상은 인상해 줄 수 없다는 병원 측이 맞서 타협점을 찾지 못했다. 노조는 9월 3일 쟁의 발생 신고를 했다.

동래 봉생병원 파업 연대투쟁 과정에서 노조를 지키는 투쟁에 함께하다 제3자개입으로 구속된 사람들이 속출했다. 매일 저녁, 여러 조직에 속한 수백 명의 노동자가 일을 마치고 동래 봉생병원 앞에서 집회를 했다. 74일간의 파업 기간 동안 이루어진 이 연대투쟁은 당시 부산에서 부노련이 주도한 대표적인 연대투쟁 방식이라 할 수 있다. 결국, 제3자개입으로 부노련 의장 김진숙과 공투본 조직국장 이정영 신일금속 위원장이 구속되었다.[106] 정부가 공투본의 연대투쟁을 제3자개입으로 몰아간 것은 매우

---

[106] 김진숙은 이 연대투쟁으로 맺어진 인연으로 2019년 12월 29일 암 투병 중에도 영남대병원 옥상

의미심장하다. 93년 하반기 노동법 개정 투쟁에서 주요 쟁점이던 노동 악법을 오히려 전면에 내세운 것인데, 노동계의 향후 투쟁 방향이 제3자 개입 금지를 비롯한 노동 악법 철폐로 나아갈 것임을 보여 주었다. 이를 토대로 더 큰 노동자 연대조직 건설로 나아가자는 주장이 큰 힘을 받을 수밖에 없었다. 특히 동래 봉생병원 노조에 대한 지원투쟁은 전국적으로 모범적인 연대투쟁으로 평가되어 민주노총 부양지부(부산양산지부) 건설의 밑거름이 되었다.[107]

부산 지역 병원 파업의 본격적인 시작은 1989년 3월 6일부터 시작된 부산 백병원 파업이라고 할 수 있다. 백병원 노조는 병원 측과 1989년도 임금인상을 위한 임금 교섭을 시작하여 89년 4월 10일까지 여덟 차례 교섭을 벌였으나 결렬되어, 4월 10일 조합원 총회 결의에 따라 중앙노동위원회와 노동부에 쟁의 발생 신고를 했다. 노조는 15일의 냉각 기간에 노조원들의 가슴에 '89 임금투쟁 기간'이라는 리본만 부착하고 병원이라는 특수성을 고려하여 정상 근무를 했다. 냉각 기간 중 노조는 흡족한 합의안이 아님에도 4월 21일 조합원 임시총회를 열고 조합원들을 설득하여 중앙노동위원회의 조정안을 수락했다. 그러나 병원 측의 조정안 거부로 합의가 결렬되고, 노조는 4월 25일 임시총회를 열어 파업을 결의했다. 그러다가 1994년 백병원 노조(위원장 조권환)가 병원 측과 벌인 임금협상이

에서 고공농성을 하던 박문진을 지지 방문한다. 2011년 한진중공업 농성 중 85호 크레인에 올라가 농성하면서 전국적으로 희망버스라는 새로운 방식의 자발적 연대투쟁을 불러일으킨 데에 이어 또 하나의 새로운 도보 연대투쟁 방식을 창안한 것이다.

107　민주노총 부산 · 양산지역본부, 〈전국민주노동조합총연맹 부산 · 양산지역본부 회의자료〉 1996.

결렬되면서 6월 27일 전면파업에 들어갔다. 부양공투본은 백병원 노조 탄압에 대한 공동 대응으로 5월 12일 백병원 노조 사무실에서 비상 대표자 회의를 개최하고 병원장을 항의 방문했다. 노조위원장에 대한 징계위 회부 방침을 명백한 노조 탄압으로 간주하고 93년 봉생병원 지원 투쟁에 준하는 투쟁을 결의했다. 아울러 여성 조합 간부에 대한 성희롱도 여성 인권 차원에서 적극적으로 대응한다는 방침을 세웠다. 이에 따라 규탄집회 투쟁을 계획했으나 노조 측의 요구에 따라 유동적으로 대응하기로 했다. 부양공투본은 만반의 준비를 하고 부르기만 하면 언제든지 달려갈 태세를 갖추었다. 이러한 공투본의 적극적인 대응과 노조 측의 조직적 대응으로 병원 측은 결국 징계 방침을 철회했다.

1990년대 초에 부산 백병원에 이어 한독병원 노조도 전면파업에 들어가 부산에서 2개의 종합병원에서 노동쟁의가 일어났다. 부산 한독병원 노동조합(위원장 서근애)은 부산의 중소 규모 병원 노조 중 남천병원, 봉생병원과 함께 전노협에 가입한 사업장이었다. 대다수의 중소 병원 노조들이 단체교섭권을 무시당한 채 병원 경영주의 일방적인 주장을 수용하면서 무력화된 반면, 한독병원 노조는 긴 투쟁을 통해 노조를 지켜 냈다. 그 긴 과정은 한독병원 노조가 1988년 노조와 회사와의 단체협약 도중 회사 측이 남자 노조원들에게 차등 인상분을 지급한 일이 발생하여 4명의 남자 노조원이 탈퇴하고 노동조합장이 사퇴하면서 시작되었다. 후임으로 서근애가 노동조합 위원장을 맡아 12개월 동안 40여 차례의 단체교섭을 거쳐 단체협약을 체결하고, 1989년 임금 협약에서 적법한 절차를 거쳐 17일간 쟁의한 끝에 협약을 체결한다. 1990년 2월 28일 다시 단체교섭을 시작하지만, 병원 측은 한독병원 노조가 전노협에 가입했다는 이유로 교섭을 거부하고 위원장 서근애에게 근무지 복귀를 지시하여 이후 노조 겸임으로 조정이 된다. 1990년 8월 10일까지 39차례의 단체교섭을 통해 의견 차이를 좁히던 중, 8월 13일 사측이 서근애에게 노조 업무에만 충실하다는 이유로 징계위원회에 회부한 후 해고한다. 8월 13일, 1989년 임금교섭에 앞서 경리과장이 서근애에게 재떨이를 던져 정신을 잃은 사건이 벌어지고 이후 노조 겸임에서 노조 전임으로 바뀌는 것을 인정했음에도, 업무를 충실히 하지 않았다는 이유로 서근애를 징계위원회에 회부하여 8월 28일 다시 해고한다. 이에 서근애는 동료 조합원들과 함께 8월 17일부터 9월 21일까지 항의 시위를 벌인다. 이후 중앙노동위에서 부당노동행위라고 판정하지만, 병원 측은 항의 시위를 업무방해로 고소했다. 조합원들은 위원장 해고 철회를 요구하며 사복 근무를 했고, 이에 병원은 이양례 등 3인을 업무방해로 경찰에 고발했다. 이에 노조 조합원들 사이에서 부산노련-전노협을 탈퇴하자는 주장도 나오고, 실제 남자 조합원 9명이 노조를 탈퇴하기도 하는 등 분열이 생겼다. 이에 10월 중반 이후 위기를 타개하고자 위원장이 무기한 단식투쟁을 전개하면서, 11월 8일 9개월간의 긴 싸움에서 최종 승리한다. 한독 투쟁의 승리는 무엇보다도 부산노련-전노협을 지켜 내면서, 병원노련과 함께 중소 병원 노조에 민주노조운동의 전통을 세웠다는 의미가 있다. 무엇보다도 노동조합의 필요성을 노동자들에게 깊이 각인시켰다는 것이 가장 중요하다.

부산 지역에서 ILO 공대위가 주체가 되어 싸운 투쟁도 있다. 부산일보 사회부 김일규 · 김진수 기자 구속에 대한 반대 투쟁이다. 1992년 상반기 파출소 경관들이 심야에 무분별하게 시민들을 불법 강제연행한 일이 발생하여 부산일보 기자들이 이에 항의하자, 경찰은 6월 4일 부산일보 소속 김일규, 김진수 두 기자를 구속한다. 이에 공대위는 성명서를 발표하여 구속의 부당함을 널리 알리면서 싸웠다. 경찰은 구속된 김일규 기자가 파출소 입구의 표지판을 땅바닥에 던져 밟는 등 경찰 조직에 정면 도전했다고 주장했으나, 정작 해당 파출소 직원은 현관문이 열릴 때 문짝에 부딪혀 떨어졌다고 엇갈린 진술을 했다. 또 경찰은 기자들이 경찰을 땅에 메다꽂은 뒤 짓밟았다고 했으나, 전치 1주짜리 진단서를 떼는 데 성공했을 뿐 옷조차 훼손되지 않았다는 사실은 설명하지 못했다. 당시 부산일보는 당시 진주 경상대 총학생회를 중심으로 빨치산과 일본 적군파를 모방한 극렬 운동권의 소수 전위부대라고 떠들썩하게 뉴스에 보도된 '지리산 결사대 사건'이 조작되었음을 폭로하고, 대우정밀 해고노동자에게 가해진 야만적 폭력을 비중 있게 다루었다. 정권 입장에서는 눈엣가시가 되었고, 이것이 기자 구속으로 이어진 것으로 보인다. 이러한 언론 통제와 민주언론 와해 기도에 부산일보 노조는 ILO 공대위 차원의 연대 투쟁에 돌입했다.

1994년 부산 지역 노동운동사에 또 하나의 의미 있는 파업이 일어난다. 부산지하철 노조와 서울지하철 노조 그리고 전국기관차협의회(전기협) 3개 노조원 2만여 명이 연대한 사상 초유의 동맹파업이다. 당시 궤도 노동자들이 파업투쟁을 하면서 요구한 것은 장시간 노동을 철폐하라는 비교적 단순한 것이었다. 당시 법정 노동시간이 하루 8시간 기준 주 48시간이었는데, 철도 현장은 연중무휴로 기관차를 운행해야 하는 특수성 때문에 사업자인 철도청이 기준 근로시간 안에서 하루 또는 주 단위로 근로시간을 마음대로 변형하여 시행했다. 이른바 '24시간 연속근무제'의 배경이다. 이에 철도 노동자는 주 1회 이상 휴무와 법정휴일 휴무는 고사하고 법정 노동시간을 초과하는 살인적인 중노동에 시달렸다. 이에 전국지하철노동조합협의회(전지협)의 이름으로 변형근로제 폐지를 요구하는 동맹 총파업을 단행했다.

1994년은 업종노조협의회를 건설하자는 운동이 일어난 시기로 연대체 건설은 철도청 공사화를 준비하고 있던 김영삼 정권에 맞서 싸우는 것이기도 했다. 그 여파로 한국노총과 경총의 임금 합의에 반발하여 주요 대기업 노조를 포함한 37개 노조가 한국노총을 탈퇴하고, 135개 노조가 맹비 납부를 거부했다. 부산지하철 노조도 이때 한국노총을 탈퇴했다. 그리고 1993년 10월 13일 전임 집행부가 퇴진하여 실시된 총선거에서 민주 후보인 강한규가 압도적 지지율로 당선되어 7개 지부 중 6개 지부에 민주 집행부가 들어섰다. 그리고 서울지하철노조와 함께 전지협을 결성, 94년 공동파업을 준비해 나갔다.

1994년 6월 23일 새벽, 철도 기관사들이 연행되면서 정권은 물론이고 언론과 시민 사회조차 전지협을 비난하기 시작했다. 정부로서는 어차피 맞게 될 초유의 철도-지하철 파업에 맞서 조합원들을 시민들의 지지에서라도 분리시킬 요량으로 기관사들을 자극했고, 이에 자극을 받은 기관사들은 더욱 강경하게 나갔다. 노조도 정부의 의도를 알아차렸겠지만, 달리 취할 방도가 없었을 것이다. 하지만 일부에서는 지도부가 정부의 전술에 휘말린 것으로 보기도 한다. 사측은 노조 지도부를 회유했으나,

서울지하철 노조의 김연환 집행부와 부산지하철 노조의 강한규 집행부는 약속대로 현장의 요구에 따라 파업에 돌입했다. 서울지하철 노조는 6월 24일, 부산지하철 노조는 6월 25일 파업에 돌입했다. 파업 자체가 힘들었던 시절이었음에도 전기협까지 포함한 세 노조는 해방 이후 처음으로 궤도 공동파업을 벌였다. 파업 결과, 구속자 30명, 피고발자 188명, 직위해제 734명, 파면 54명, 정직 48명, 감봉 262명, 부당전출 140여 명 등이 발생했다. 이 가운데 부산에서 해고당한 강한규는 혼자서 결국 끝까지 복직하지 못한 채 2017년 12월 26일 해고자로 정년퇴임을 하게 된다. 강한규는 부산 지역에서 한진중공업 해고자 김진숙과 함께 해고자로 정년퇴임을 한 대표적인 노동운동가로 자리매김했다. 강한규는 해고자에 대해 이렇게 말한다.

부산지하철의 경우 저의 해고가 발생한 후 규정을 새로 만들었습니다. 노동조합 활동으로 인한 피해자에 대해 보상하고 생계비를 지원한다는 내용이지요. 지원을 받은 후에는 노동자는 회사를 위해 일을 하고 그로부터 급여를 받은 것과 마찬가지로 저는 노동조합으로부터 급여를 받기 때문에 노동조합 일을 해야 하는 것이 상호 계약 내용입니다. 물론 그런 계약은 실제로는 하지 않지요. 그러나 해고를 당한 이후 여러 가지 상황이 발생하여, 예컨대 운동을 그만두고 싶다거나, 노조의 상황이 안 좋아졌다거나, 해고자가 노조원들의 기대치에 맞지 않는 일을 하고 다닌다거나 해서 그 계약 관계가 파기되는 경우도 가끔 있습니다. 애초에 그런 규약이 없어서 해고를 당하고서도 그런 지원을 못 받고, 그래서 그 운동을 계속하지 못하는 경우도 많고, 가장으로 돈벌이를 해야 해서, 다른 일을 하는 경우도 있고 … 이런 모든 경우가 다 해고자입니다. 하지만 저는 해고자이면서 노조를 통한 노동운동을 해 온 사람이고 다른 사람은 그렇지 않은 것만 다를 뿐입니다.[108]

서울과 부산의 지하철노조와 철도노조의 파업은 이 연대투쟁이 밑바탕이 되어 오늘날까지 '전국철도지하철노조협의회'라는 이름의 연대체를 유지하는 계기가 되고, 더 나아가 제조업 중심의 민주노조운동의 범위를 공공부문까지 확장하는 계기를 마련했다. 요컨대, 1994년의 전지협 공동파업은 오늘날 공공부문 노동자가 노동3권을 제대로 보장받게 된 결정적 계기로 작동했다.

부산노련의 과제와 다양한 탄압 방식

부산의 노동 진영은 전노협 출범 직전인 1989년 새해 벽두부터 연대투쟁에 전력으로 매진했다. 1월 15일 현대 노동자 테러 규탄대회를 필두로 89년 공동 임금투쟁, 현대중공업 무장 병력 투입 규탄 투쟁, 4월 30일과 5월 1일 이틀간에 걸친 세계노동절 쟁취 및 노동운동 탄압 분쇄 및 노동 악법 철폐 투쟁을 거쳐 9월 24일 전교조 사수 투쟁을 연이어 가졌다. 그

---

[108] 2020. 09. 24. 부삼 범일동 부산교통공사 감사실 구술.

리고 89년 9월 30일 22개 노동조합, 8천여 조합원으로 부산노련이 출발했다. 초대 위원상은 당시 내우정밀 해고노동자 이성도가 맡았다. 부산노련의 출발은 89년 투쟁을 거치면서 부산의 노동운동 진영이 이루어 낸 가장 의미 있는 성과로 평가받는다. 이후 부산 지역에서는 이전보다 훨씬 많은 파업이 일어났다. 물가가 오르고 집세가 폭등하여 노동자의 삶이 더 힘들어지고, 부산노련이 결성되면서 연대 조직 역량이 강화된 결과이다.

부산노련은 어용노조에 대한 투쟁도 함께 하면서 연대투쟁의 돌파구를 찾았다. 90년 초 고려제강, 풍산금속 사업장에서처럼 몇몇 집행부가 조합원들의 요구를 무시하고 몰래 기업주와 짜고 도장을 찍고 잠적해 버린 경우가 자주 있었다. 이때 부산노련이 적극 연대하여 비대위를 조직하고, 그 힘으로 노조 집행부를 몰아내고 새로운 투쟁 전열을 갖추도록 한 것이 연대 조직 역량의 강화라 할 수 있을 것이다. 그러니 부산노련에 대한 정부의 탄압도 한층 거세졌다. 1990년 1월부터 6월까지 부산 지역의 여러 노동운동가가 구속되었다. 이성도 부산노련 의장, 김진숙 부노련 의장을 비롯하여 이성희, 이정희, 이미경(이상 일꾼도서원), 박현열(일동정기 노조), 이상규(한진중공업 노조), 김일권(노동자복지연구소), 전현옥(한창섬유), 노창규(삼성기업사노조), 김대근(효성택시노조) 등이 당시 구속된 노동운동가들이다.

부산노련은 1989년 한 해의 부산 지역 노동조합운동을 총평하는 자리에서 향후 과제로 다음과 같이 세 가지를 설정한다.

첫째, 의식적 측면에서, 기업별노조·노사화합 및 개량주의·경제주의를 극복하고 계급의식과 정치의식, 특히 민족민주변혁 의식을 강화해야 함을 강조한다. 이를 통해서 볼 수 있듯이, 1987년 대투쟁 이후 민주주의의 공간이 확장되었는데도 부산 지역의 소위 선진노동자들은 그 공간에 대한 제도적 개입을 부정적으로 생각했다. 그들은 그때까지도 변혁 지향적 운동 노선에 치우쳐, 투표로 대의제에 참여하고 이를 통해 개혁하는 것을 '개량'으로 치부했다. 오직 변혁만을 외치면서 자신들의 선명성을 더 강하게 드러내는 데 열중했다. 노동자 정치세력화에 대해서는 어떤 구체적인 변화도 추동하지 못하고, 반동으로 가는 빌미를 제공하며 사회정치적으로 볼 때 무능한 세력으로 전락했다. 노동자가 경영에 참여하고, 정치에 참여하여 제도적인 개혁을 이루는 노선은 '개량'이라는 한마디에 유효성을 잃어버렸다. 그러다가 1989년 소련과 동유럽의 현실 사회주의가 붕괴하면서 변혁 지향 노동운동이 뿌리째 흔들렸어도 상당수 선진노동자는 여전히 그 안에 머물렀고, 많은 조합원들은 현실로 들어가야 한다는 주장을 제기하면서 양자 간의 균열이 나타나기 시작했다. 첫 번째로 설정된 과제부터 현실에 기반을 두지 못한 것으로 비판 받으면서 전노협 위기론으로 확대되는 근거가 되었다.

둘째, 조직적 측면에서 부산노련이 더 강화되어야 한다고 주장하고 나선다. 부산은 다른 지역에 비해 현장 조직이 크게 뒤떨어져 있었다. 이 문제는 부산노련 스스로도 이미 알고 있던 문제로, 《주간정보》 18호를 통해 자세히 다뤄졌다. 그에 의하면 중심 노조들은 굳건하지 못하고, 선진 조합원들은 지역적으로 결속되어 있지 못했다. 조선공사와 풍산의 경우, 노동조합이 조합원의 지지를 충분히 받지 못하면서 일상 활동조차 제대로 수행되지 못했고, 대우정밀과 고려 노조는 계속된 투쟁과 지속적 교육으로 상당한 뿌리는 내렸으나 시역 내 선진노동자층이 두텁게 형성되어 있지 않았다. 더군다나 많은 해고자가 발생하여 그들이 열심히 복직투쟁을 하고는 있지만 희망이 있어서 싸우는 것이 아니었고, 연대 조직이 본격적으로 결성된 것이 아니어서 해고자 대부분은 결국 복직투쟁을 접고 현장을 떠나는 경우가 많았다. 노조에서 해고자에게 임금을 지급하면서 투쟁을 독려하는 경우는 아직 본격화되지 않았고, 그 결과 사업체 내의 조직이 크게 흔들리고 있었다. 따라서 주변의 어용노조들을 민주노조로 전환하는 사업을 할 만한 역량이 없었고, 민주노조마저 어용화되는 것을 막기도 벅찰 지경이었다. 이러한 상황에서 부산노련은 조직강화에 박차를 가하겠다고 다짐만 했다. 그래서 현실은 그 반대로 치달아 갔다. 결국, 둘째 과제는 목표 설정은 잘 되었으나 그것을 이루어 낼 방편은 계발하지 못한 상태였다.

셋째, 적극적 연대투쟁을 강화하고 지역 총파업을 성사시켜야 한다고 했다. 앞의 두 경우와 달리, 세 번째 목표는 적어도 최소한의 성과는 냈다고 할 수 있다. 하지만 조직이 갖추어지지 않은 채 간부들이 주도하고 조합원은 행사에 참여하는 방식의 대회 중심 투쟁이나 파업이 주로 벌어졌는데, 사실 이는 연대투쟁의 질적 변화를 제고한 결과라 볼 수 없다. 당시 국가와 자본은 노동자 연대를 저지하려고 안간힘을 다했다. 당시는 국회가 여소야대 상황으로 재벌의 자본축적에 대한 노동자의 반감이 커졌고, 공공연히 재벌 해체라는 말이 나오고 국회 청문회에 재벌 총수들이 줄줄이 불려 나와 시민들의 지탄을 받았다. 이제 재벌은 공공의 적으로 인식되는 분위기였다. 그러자 기득권 세력은 비상수단으로 보수대연합 구도를 짜고 정치권을 판갈이 하는 3당 합당을 추진했고, 이를 발판으로 노동운동에 대한 총공세에 나선다. 부산은 이 3당 합당의 최적 요충지였고, 그래서 부산노련을 가능한 한 탄압하여 힘을 빼놓을 필요가 있었다. 노동 진영은 보수대연합과 총자본의 탄압 공세를 우회할 수 없다고 판단하고 정면 대응 기조를 정했다. 지노협을 바탕으로 전국회의를 구성하고 있던 조직의 형태를 한 단계 발전시켜 전노협을 건설하기로 한 것이다. 그래서 부산노련 또한 여러 지노협과 함께 전국적 중앙 조직을 건설하여 강고한 연대투쟁으로 탄압에 맞서는 것을 기조로 소기의 목적을 달성한 것이다.

이 세 가지 크고 분명한 문제의식이 있었음에도, 부산노련을 중심으로 하는 부산 지역 노동 진영은 끝내 이 문제를 제대로 해결하지 못한 채 전노협을 조직하게 된다. 이렇게 된 가장 큰 이유는 국가와 자본의 엄청난 탄압이다. 당시 부산노련에 쏟아진 탄압의 구체적인 사례를 몇 가지 살펴보자. 부산노련은 90년 2월 초부터 업무조사를 빙자한 탄압에 직면했다. 업무조사와 함께 가해진 여러 가지 압력으로는 어음 할인 보류 같은 금융 압력, 회사 핵심 사업에 대한 불이익 경고, 업무조사 거부에 대한 불이익 경고, 업무조사 거부에 대한 고발 위협, 단체교섭 거부 등이 있다.

업무조사 대상이 된 (주)동신식품 노조의 경우, 1990년 3월 12일 업무조사 공문이 내려온 다음에 사측이 "우리 노조가 전노협에 가입돼 있어 거래 은행에서 어음 할인을 하기 어렵다"면서 전노협 탈퇴를 종용했고, 결국 노조는 임시 조합원 총회를 열어 전노협 탈퇴를 결정했다. 일동정기와 동신유압의 경우, 노조가 조합원 총회에서 업무조사를 거부하고 전노협을 사수하는 것으로 결의했다. 더 작은 규모의 노조들은 조직력이 뒷받침되지 않아 전 조합원의 뜻을 모으지는 못했지만, 간부들이 감옥에 갈 각오로 투쟁하는 경우가 상당했다. 그러나 행정관청과 경찰 그리고 기업주의 계속된 강요와 협박으로 부산노련 소속 노조 가운데 8개 노조가 탈퇴하여 91년 임금투쟁 전에는 8개 노동조합 4천여 명 조합원으로 조직이 축소되었다. 부산노련은 1990년 총파업 투쟁과 대기업연대회의 침탈 사건 등으로 의장단이 모두 구속되는 시련을 겪었다. 이러한 전노협 탄압이 계속되자, '전노협지원 부산대책위'는 시민운동본부와 함께 3월 24일 부산노동지방청을 항의 방문했다. 30여 명의 민주단체 실무자와 간부들로 구성된 방문단은 첫째, 전노협이 불법단체라는 근거가 무엇인지, 둘째, 전노협 가입 노조에 대해 업무조사를 한 법적 근거는 무엇인지를 밝히라고 요구했다. 그러나 아무런 대답도 듣지 못했고, 이후에도 탄압은 계속되었다.

　부산 지역 노조를 탄압한 유형은 몇 가지로 나눌 수 있다. 우선, 일상에서 벌어지는 상대적으로 약한 수준의 탄압 방식이 있다. 사측이 교섭을 태만하게 하는 것도 이에 속한다. 노골적으로 노조에게 할 테면 해 봐라는 식으로 버티는 것이다. 유언비어 날조도 있다. 주로 여성 노동자가 많은 고무공장에서 쓰던 수법으로, 주문을 감춰 놓고 회사가 망한다는 거짓말을 퍼트리는 식인데 효과가 오래가지는 못했다. 다음으로는 회유 방식이 있다. 금속, 신발제조 할 것 없이 전 사업장에 걸쳐 노동부가 노조 조합원들을 대상으로 동남아 여행이나 국내 유람을 기획하는 것인데,

여행에는 당연히 안기부 직원이 동행했다. 이 방식은 노조 설립 초기에 많이 사용한 것으로, 위원장이 정보기관에 포섭되는 효과를 얻기도 했다. 동풍에서는 위원장이 교섭에서 전체 조합원의 힘 대신 위원장 개인이 해결하려는 방식으로 몰고 갔는데, 위원장이 해외 연수를 다녀오면서 포섭된 것으로 보인다. 이러한 회유는 중소기업에서는 어느 정도 통해도 대공장에는 통하지 않았다. 그 외에 식당을 개선해 주거나 회식하는 자리에 돼지고기를 넣어 준다거나 하는 등의 아주 사소하지만 노동자의 감성을 건드릴 수 있는 복지수준을 개선하는 회유 방식도 있었다. 노태우 정부는 노동자 주택 보급 정책을 발표하기도 했다.

이러한 약한 방식보다 더 많이 사용된 방식으로는 노노 갈등 유발과 구사대 폭력 같은 강한 방식이다. 이는 전체 조합원들이 단결되지 못했을 때 주로 사용했는데, 신발 제조업체처럼 노조 설립 초기나 택시 업종처럼 내부 파벌이 아직 정리되지 않았을 때 사용했다. 화성에서는 구사대가 '검은 독수리'라는 정체 불명의 이름으로 유인물을 돌리는 데서 출발했다가, 세가 확산한 후에는 패거리로 몰려다니며 노조 업무를 노골적으로 방해하고 다녔다. 아폴로에서는 '신민주협의회'라는 이름으로 노조 간부를 여러 차례 납치, 감금, 폭행하고 깡패, 경비, 자본가 측 관리자로 구성된 구사대와 함께 민주노조 집행부를 밀어내고 민주노조를 장악했다. 북부경찰서와 노동부 북부사무소 등이 어용 고무노련과 함께 벌인 노조 와해 작업이었음은 의심할 여지가 없다. 아폴로에서는 그 여파로 유명한 각목 테러도 일어났다. 이 테러로 여론의 역풍이 불고 노조원 단합이 이루어진 점도 없지는 않으나, 폭력을 통한 와해 공작이 상당히 효과를 본 것은 사실이다. 어용노조가 적극적으로 탄압에 앞장선 사례도 있다. 진양고무에서는 어용노조가 단체협약 결과를 놓고 노조원들이 항의하자 반(反)조직으로 간주하여 제명 조치하고, 화승산업에서는 노사협의회 결과를 조합원에게 유인물로 알렸다고 어용노조가 대의원을 해고했다. 삼화에서는 민주노조 조합원으로 일해 온 사람들을 집단으로 외주 발령을 내기도 했으니, 모두 어용노조를 이용하여 민주노조를 탄압하는 방식이었다. 이 단계에서 조금 더 강한 압박 방법으로 사용하는 것이 간부 고소→부산노련 탈퇴 강요→직장폐쇄 단계를 밟는 것이다. 그 좋은 예가 사하구 아미동에 있는 라이터 제조업체인 태성물산 노조(조합원 90명)에서 행사한 전술이다. 태성 노조는 민주노조로서 그동안 몇 차례 협상을 통해 임금인상을 쟁취했는데, 90년 4월 12일 다시 협상에 들어가자 사측이 46시간제나 노사 동수 징계위원회 등 그동안 합의한 사항들을 다 무효화하고 강경 탄압으로 회귀했다. 노조는 이에 90년 5월 26일 전면파업에 들어갔다. 사측은 위원장과 부위원장을 업무방해 및 폭력 혐의로 고소하고, 전노협을 탈퇴하면 고소를 취하하겠다고 회유했는데, 노조가 제안을 거부하고 파업에 들어가자 직장폐쇄를 단행했다.

공권력 투입도 강한 노조 탄압 방식이다. 남천병원, 동신화학, 부영화학, 부산 지역의보, 메리놀병원 등에서 일어난 파업을 파괴하기 위해 이 방식을 사용했다. 남천병원은 자본가가 신청한 '퇴거 가처분 신청'을 이유로 공권력을 투입했고, 부산 지역의보는 전산실 점거를 이유로 공권력을 투입했으며, 메리놀병원은 공익사업장이라는 이유, 동신화학은 사장 감금을 이유로 경찰을 투입했다. 부영화학에서는 합법적 노조 집행부가 회사 안으로 들어가는 것을 막고자 공권력이 투입되었다. 이유는 모두 다르지만, 본질적으로는 다 동일한 노조 파괴 행위다. 그렇지만 공권력이 투입되면 자본의 의도와 달리 노조의 반발이 더 거세진 것도 사실이다. 공권력이 투입됨으로써 노조원들의 정치의식이 성장하고, 그 위에서 노조 단합이 잘되는 데 반해 여론은 기업에 불리하게 작용했다. 그래서 공권력이 투입됐는데 파업이 더 장기화되거나 노조가 승리하는 경우가 더 많았다. 메리놀병원에서는 파업이 승리했고, 남천병원과 부영화학은 예상보다 훨씬 긴 투쟁이 벌어졌다. 특히 부영화학의 경우, 애초 준비없이 투쟁에 돌입하고 공권력이 네 차례나 투입되었지만, 내부 단결력이고조되어 한 달 넘는 투쟁으로 이어졌다. 비단 부산에서만 그런 것이 아니었으니, 결국 정부도 전격적인 공권력 투입 방식을 재고하게 되는 계기가 되었다.[109]

이후 노태우 정권은 노사관계에 직접 개입하지 않겠다는 명목상의 선언을 했고, 그 부담을 차츰 자본가에게 넘겼다. 이런 차원에서 전노협 결성 전후로 가장 많이 사용된 탄압 방식이 쟁의 신고 반려라는 행정적 수단을 통한 파업의 원천 봉쇄. 양산 정관에 있는 대림기업사는 연말 상여금 150퍼센트를 요구하는 교섭을 벌이가 경남지방노동위원회에 쟁의발생 신고를 냈으나 신고가 반려되었다. 지방노동위원회의 신고서 반려는 투쟁의 합법성을 봉쇄함으로써 조합원들의 투쟁 의지를 크게 꺾고, 노조의 조직력에 치명타를 입혔다. 하지만 광명연마와 흥건산업과 같이

---

109   부산노동자연합, 《주간정보》 19호(1990. 2. 7).

쟁의 신고를 반려당하고도 계속 투쟁을 벌여 어용 위원장을 퇴진시키고 민주 세력이 임시집행부를 꾸린 에도 있다. 그들은 다시 쟁의 신고서를 냈으나 다시 반려되었고, 회사 측은 불법파업 주도, 선동, 근무 태도 불량, 이력 허위 기재 등을 이유로 파업에 앞장선 두 명을 해고했다. 이후 들어선 민주노조 집행부는 준법투쟁을 계속하여 조직을 보전했다. 흥건산업도 같은 방식으로 노조 간부가 해고되고 위원장이 구속되어 조합원들이 단합해 한 달 이상 투쟁을 이어 갔으나, 구속된 위원장을 풀어 주겠다는 조건으로 투쟁을 중지했다가 분열과 노조 포기로 이어졌다. 이러한 여러 가지 방식의 탄압을 자행하는 과정에서 빠지지 않는 것이 핵심 간부의 징계, 해고와 구속이다.

이 시기 부산 지역 파업 대부분에서 사용된 탄압 방식은 공권력 투입과 협박 회유의 방식을 교차로 사용하는 것이었다. 상황에 따라 밀고 당기는 전술은 더는 사용하지 않았다. 이보다 더 악랄한 탄압 방식으로, 폐업이나 분할을 위장하여 조합원을 해고한 후 법정에서 시간을 끄는 방식도 있었다. 동진의 경우, 파업 시작 후 8개월이 지날 때까지 법정투쟁을 해야 했다. 대개의 경우에 그랬듯이, 노동자들은 지방노동위원회나 중앙노동위원회에서 복직 판결을 받았지만, 회사는 아랑곳하지 않고 법적 절차를 계속 끌고 나가 노동자가 결국 포기하도록 만들었다. 남천병원의 경우, 조합원을 전원 해고하여 파업을 유도했다. 사용자에게 폐업의 자유가 있다고 주장하면서 자행하는 가장 강경한 방식의 노동 탄압이다. 동신화학에서는 대규모 사업장에서 사용하던 법인 분리 방식을 썼다. 노동자가 100명 남짓한 8개 라인 사업장을 각 라인별로 독립 업체로 만들어 조·반장을 하루아침에 사장으로 바꿔 버리고 전체 조합원을 해고한 것이다. 마찬가지로 사장은 자기 자본을 마음대로 할 수 있으니 아무런 법적 하자가 없다고 주장했다. 동양라이너도 89년 3월 3일 노조 설립 후 단체협약 쟁취 투쟁, 임금투쟁, 46시간제 완전 쟁취, 잔업 거부에 대한 무노동·무임금 철회 투쟁, 작업환경 개선 투쟁 등을 이어 갔으나, 회사 측이 위장분할을 하는 바람에 노조가 크게 위축되었다. 부산노련에 소속된 또 다른 사업장인 고려부산 노조도 위장폐업으로 현장 기반을 잃어버리는 시련을 겪었다. 이러한 자본가의 전횡을 막기 위해 지역적으로, 전국적으로 연대해야 할 필요성이 더욱 강력하게 제기되었고, 그 힘을 바탕으로 법 개정 투쟁이 이어졌다. 노동 진영이 격렬히 싸우면 싸울수록 그 연대를 분쇄하기 위해 자본가와 정부도 연대하여 더욱 악랄한 방식으로 대응했다.

1990년 5월 28일 양산의 세신실업 노조가 파업에 들어갔다. 세신실업은 90년 5월 12일 대의원대회에서 쟁의를 결의한 후 태업, 준법투쟁을 하다가 5월 28일 전격 파업에 돌입했다. 회사 측은 파업 하루 만인 5월 29일 직장폐쇄를 감행했다. 그런데 여기에 그치지 않고 회사 측은 매우 감정적으로 대응했다. 통근차 운행을 중지하고, 전기를 끊고, 식당을 폐쇄한 것이다. 직장폐쇄에 걸맞은 수준의 대응이라지만, 협상 퇴로를 차단하는 전술이면서 노조 간 연대를 부르는 우둔한 강경책이었다. 노조 측은 통근버스 운행이 중단되자 29일 출근한 조합원 700명이 철야농성을 벌였고, 밤을 새운 조합원 100여 명이 공단 입구 톨게이트에 모여 회사까지 가두 행진을 벌였다. 회사 측의 식당 폐쇄로 밥을 못 먹게 되자 조합원들은 야외에 솥을 걸고 라면으로 점심을 해결했고, 그러면서 투쟁 참여율이 갈수록 높아졌다. 연대의 힘은 갈수록 강해졌다. 노조는 파업 연대 기금을 마련하고자 회사 정문 옆에 간이주점을 열고, 정당방위대 운영, 부서별로 철야농성 조직 등 더욱 조직적인 투쟁을 이어 갔다. 이런 투쟁에 고무되어 지역의 '양산지역 노조 연대를 위한 추진위원회' 산하 위원장들은 대책회의를 열고, 각 회사 통근버스에 세신 노조 조합원들을 태워 주고 기금 마련에 나서기로 하는 등 세신 노조 투쟁을 적극적으로 지원하기로 했다. 결국, 회사의 강경책이 노조 간 연대를 강화하는 역할을 한 것이다.

그러나 근본적으로 부산노련과 그 소속 노조들에는 국가의 강온 이중 전술과 자본의 교묘하고 강력한 탄압에 맞서 싸워 이길 만한 힘과 조직이 없었다. 우선, 87년 노동자대투쟁을 겪으면서 세운 신발공장 민주노조가 모두 몇 년 지나지 않아 어용노조로 바뀌었다. 어용노조가 노사 협상에서 노골적으로 사측 편만 드는 상황을 감당하기 어려웠다. 1990년 2월 6일 고무노련 신발분과회의에서 노조위원장들이 보인 태도는 이런 상황을 잘 보여 준다. 위원장들은 8만 명에 이르는 조합원들의 요구 사항은 아랑곳하지 않은 채 노총 임금인상률 20.5퍼센트에도 못 미치는 19.8퍼센트 임금인상안을 제시했다. 그나마도 몇 차례 협상 끝에 결국 11퍼센트로 타결되었다. 당시 신발업종은 유례없이 경기가 좋아져, 90년 2월 기준 전년 대비 수출량이 50.7퍼센트나 증가했다. 임금을 인상할 충분한 여력이 있었다는 뜻이다. 반면에 노동환경은 정말 열악한 상태였으니, 쏟아지는 주문량을 맞추기 위해 잔업과 철야가 끝없이 이어지고, 작업량을 맞추지 못하면 폭행을 당하기 일쑤였다. 과로로 국제상사 노동자 이혜경은 자궁 수술까지 받고, 삼화의 김경은은 실명을 당하고, 화승의 배병훈은 철야 근무 중 쪽잠을 자다가 화재가 발생해 사망하는 등 다양한 폭행과 산재가 발생했다. 그런데도 노조 집행부들은 조합원들을 배신했다. 풍산금속이나 고려제강 노조 집행부는 조합원들 몰래 회사와 짜고 도장을 찍고 도망치기까지 했으니, 이런 사례는 일일이 나열할 수조차 없다. 87년 대투쟁 이후 노조가 결성되어 소수의 부노련 활동가와 이와 연계된 선진노동자들이 노조 교육과 지원 및 지도 조직을 담당했지만, 자본은 돈과 지위로 노조원을 회유하거나 가족이나 동문 등 지인을 통해 '그냥 인사차' 식사 자리를 가지면서 서서히 친분을 쌓고, 결국 의지가 부족하거나 하는 여러 가지 이유로 회유당해 노조가 와해되는 경우가 많았다.

결국, 1990년 전노협이 결성되던 즈음부터 부산 지역의 노동자는 제대로 된 저항을 하지 못했다. 협상 과정에서 고무노련(고무노조연맹)은 물론이고 소속 노조들이 거의 제대로 된 활동을 하지 않았으니, 2월에 공동 교섭을 결의한 뒤 3개월 동안 아무런 교섭도 하지 않았다. 모두가 다 어용노조였기 때문이다. 오로지 한 일이라고는 최종적으로 합의서에 도장을 찍어 준 것뿐이었다. 그 사이에 조합원의 의견도 듣지 않았다. 조합원들도 무기력하기는 마찬가지였다. 단위노조나 대의원들은 고무노련 등 어용노조에 막연한 기대를 갖고 내부에서 문제를 해결해야 한다는 생각만 했을 뿐 아무런 실천도 하지 못했다. 회사는 회식을 열고, 부서별 노래자랑이나 야유회 등 기만 술책을 일삼았다. 당시 연맹은 대표성이 전혀 없었다. 국제상사에서는 대의원 선거에서조차 탈락한 사람이 위원장이 되어 있었고, 노조의 민주적 운영을 주장하는 조합원과 대의원들을 반反조직 행위로 제명하는 대기업 어용노조위원장들이 중심이 되어 있었다. 결국, 고무노조연맹의 단체협약 시 교섭위원은 10명인데 39개 사업장의 6만 조합원의 임금 교섭을 담당하는 당사자는 5명밖에 없었다. 당시 공안 정국 속에서 공동교섭을 하지 않고 개별 교섭을 하면 노동조합이 깨진다는 위기의식에 싸여 있어서 이런 결과가 나온 것이다.

노조는 투쟁 조직을 갖출 엄두도 내지 못하는 상태였다. 당시 부노련은 무엇보다 필요한 것은 상층 간부들에 의해 노조가 좌지우지되지 말고 평平조합원들의 참여가 보장되고, 그 위에서 일상의 사업들이 계획되고 이루어져야 한다고 주장했다.[110] 그러나 이 문제는 전노협이 해산될 때까지 해결되지 못했다. 지부장과 소수의 노조 간부에게 힘과 권한을 위임하고, 다수 조합원들은 단지 표로만 자신의 의견을 표명하는 대리주의 조직 원리가 강하게 지배하고 있었다. 권력을 갖지 않은 자들은 무력감에 빠지고 현재의 집행 권력을 지지하든지 비판하든지, 아니면 다음 선거를 열심히 준비하든지, 세 가지의 태도 이상을 보이지 못했다.[111] 그러한 사실은 누구나 다 알고 있었지만, 쉽게 조직 내부의 문제를 끄집어낼 수 없었다. 워낙에 노동운동이 침체되어 있었고, 그 위에서 민주노총이라는 상급 단체 건설만이 유일한 탈출구로 인식되었다. 일반 조합원들

---

110 부산노동자연합, 《주간정보》 31호(1990. 5. 7).
111 이범연, 《위장취업자에서 늙은 노동자로 어언 30년. '내부자' 눈으로 본 대기업 정규직 노조 & 노동자》(서울: 레디앙, 2017), 119쪽.

사이에서는 집행부에 모든 걸 전적으로 일임하는 문화가 고착되었다. 이러한 문화가 위계적인 리더십을 만들었고, 회의는 형식으로 전락하면서, 조직사업은 큰 진전을 보지 못했다. 이런 상태에서 민주노총이 출범하자마자 IMF 외환위기라는 미증유의 재난이 닥쳤다. 아직 전열도 제대로 갖추지 못한 민주노총이 그 파고를 넘기는 너무나 힘들었다. 이런 과정을 통해 당시 고무노련 소속 노동조합은 조합원들의 좌절로 인해 87년 대투쟁 당시의 활력은 대부분 사라졌고 무기력에 빠졌다. 이러한 좌절과 무기력이 상층부 위주의 운영과 평조합원의 무기력, 선진 노동운동가들의 조직 실패 위에서 구호만 난무하는 조합주의운동의 특징이 되어 버렸다.

이러한 여러 방식을 통한 노동 탄압은 비단 부산 지역에만 국한된 것이 아니었다. 국가와 자본은 전노협 전체를 와해시키는 전술로 1992년 대통령선거를 앞두고 전노협을 구성하는 여러 지노협 가운데 부산노련을 집중적으로 탄압하기로 한 것으로 보인다. 부산노련을 선택한 이유로 당시 부산노련 교육차장이었던 변영철은 첫째, 부산노련의 조직력이 상당히 취약하고, 둘째 와해 작전에 성공할 경우 부산 지역이 갖는 정치적 파급효과가 상당히 크다고 판단한 것으로 보았다.[112] 부산노련은 앞에서도 여러 차례 언급했듯이 부산의 산업구조 특성상 대다수가 중소사업장으로 구성되어 있었기 때문에 한진중공업과 대우정밀만 와해시키면 그 기반이 송두리째 무너질 가능성이 큰 조직이었다. 그래서 부산노련 와해

---

112 변영철, 〈전투적 대중투쟁과 연대로 끝내 전노협 부산노련을 사수하다!〉, 《노동운동》 1991년 11 · 12호, 162쪽.

작업은 부산노련에 속해 있으면서 가장 규모도 크고 강성이었던 한진중공업과 대우정밀에 집중될 수밖에 없었다.

우선 정권은 1990년 2월 대우정밀 노조위원장과 한진중공업 노조위원장을 구속한 후 그 여세를 몰아 한진중공업 노조에 손해배상을 청구하고, 대우정밀 노조에는 공권력을 투입하여 핵심 간부들을 구속했다. 앞서 언급한 두 가지 방식을 각각 달리 적용한 셈이다. 여기서 국가와 자본의 엄청난 탄압, 그리고 고무공장을 비롯한 부산노련의 많은 중소 규모 기업들이 속속 무너져 갈 때 부산 지역 노동운동의 버팀목 구실을 한 한진중공업과 대우정밀 노동조합의 성격을 비교해 보자. 한진중공업은 민주화 이전부터 어용인 한국노총 소속 노조가 있었고, 그 뿌리가 워낙 강해서 새로운 민주노조가 상대적으로 매우 늦게 들어섰다. 왜 한진중공업은 이렇게 민주노조 설립이 늦었는가? 왜 그렇게 어용노조가 강했는가? 박성호는 이에 대해 이렇게 말한다.

한진은 조선공사 때부터 회사의 성격상 회사원, 특히 생산직을 뽑을 때 누군가의 소개로 들어오는 경우가 많았습니다. 주로 기술훈련소에서 기술을 배우면 한진 내부에 있는 노무관리 파트와 연결이 되어 그가 힘을 써 주어서 입사하는 경우가 열의 여덟 아홉은 됐습니다. 그런데 그 노무관리 파트는 모두 노조를 잡고 있었는데, 당시 분위기는 항운노조 비리나 요즘 현대자동차 노조에서 자기 자녀들 채용한다고 하는 그런 거 비슷한 거라고 생각하면 됩니다. 노조는 어용 한국노총이었고, 그게 유니언숍이어서 누구나 다 가입되어 있습니다. 회사의 노무 파트를 통해서만 입사가 되는

데, 그 사람들이 모두 회사하고 가까운 노조 사람들이니 입사하는 사람들이 모두 어용과 줄이 이어진 것이지요. 그러니 어용노조 밑에서 누가 회사에 저항하면서 투쟁하겠습니까? 아무도 나서지 않는데, 새로 들어온 사람들 중에 어쩌다가 '이상한' 사람들이 간혹 나타나는데, 김(진숙) 지도가 그런 사람이지요. 어떤 사람들은 왜 김진숙은 자기 혼자 투쟁을 끌고 나가냐, 영웅주의 아니냐, 개인이 그렇게 독단적으로 하니 노조가 더 취약해지는 것 아니냐고 비난하는 사람들도 있던데 … 노조가 안 움직이니, 혼자라도 움직이는 거지요. 박창수 열사 이후에 나중에 민주노조가 세워졌더라도 그 어용 보수의 분위기와 힘이 쉽게 없어지지는 않습니다. 그래서 한진에서는 유독 열사가 많이 나온 겁니다."[113]

민주노조가 들어선 다음에도 과거 한국노총 어용노조의 성격이 여전히 남아 있어서 조합원들이 민주노조 지도부를 잘 따라 주지 않다 보니, 국가와 회사가 일부 강성 간부들만 집중적으로 탄압하면 통제가 될 것이라고 판단한 것이다. 그러다 보니 박창수와 김주익, 그리고 한참 뒤의 최강서 등 세 사람이나 되는 소위 '열사'가 생겼고, 김진숙이라는 뛰어난 노동운동가가 성장했다. 물론 그 뒤에는 한진중공업이라는 기업의 악랄함이 밑바탕에 깔려 있다.

반면 대우정밀은 1987년 민주노조를 설립하기 전에 이미 두 차례의 노조 설립 시도와 실패의 역사가 있었고, 그것이 큰 경험이 되어 87년 대투

---

[113] 2020. 09. 26. 부산 범일동 부경울열사회 사무실 구술.

쟁 때 민주노조를 세웠다. 처음부터 매우 강성 민주노조였기 때문에 정부가 엄청난 공권력을 동원해 무력으로 탄압했다. 정부의 이러한 전술은 대우정밀 노조의 성격과 관련이 있다. 대우정밀은 한진중공업에 비해 상층 지도부에 대한 의존도가 낮고, 조합원들도 상대적으로 젊어 정치의식이 상대적으로 진보적이라 상층부 회유와 같은 방식보다는 무차별 탄압 방식이 더 효과적이라고 판단한 것이다. 87년 이후 한국의 노동조합은 외부 세력의 지도 혹은 간섭에서 점차 벗어나면서 독자적으로 세력을 키워 나갔고, 그 과정에서 노사 교섭이 매우 중요한 문제 해결 창구로 자리 잡았다. 그런데 집행부가 회사 교섭을 통해 문제를 해결하는 비중이 점점 커질수록 노조 지부장의 역할이 커지면서 지부장에게 권력이 집중되고, 조합원들의 참여도는 낮아졌다. 결국 비非민주적이고 위계적인 문화가 노조 조직 내에 팽배해지면서 역동성이 떨어지게 되었다.[114] 반면에 대우정밀 노조는 최대한 민주적인 의사결정 과정을 밟으면서 노조의 역동성을 키웠다. 문영만은 이렇게 말한다.

대우정밀은 한진중공업과 달리 어용노조의 뿌리가 없었습니다. 그리고 민주노조 설립이 두 차례나 좌절되면서 겪은 경험이 있어서, 노조에 대한 애정과 전체의 조직이 매우 탄탄했습니다. 한진 박창수 위원장님이 노조 간부(회계감사)를 할 때 한번은 저와 만난 적이 있었는데, 저희 대우정밀 노조를 매우 부러워했습니다. 그 당시 한진중공업은 한국노총 소속이

---

114 이범연, 앞의 책, 110쪽.

었습니다. 저희들은 투쟁을 하는 데 있어서 간부들 중심으로 하지 않습니다. 철저하게 대의원 구역별로 그리고 대의원 산하에 소위원회들이 또 있는데, 그 소위원회를 중심으로 조합원들과 상황을 공유하고 철저하게 의견 수렴을 합니다. 대의원은 회의에 오면 자기 의견을 주장하는 게 아니고, 분임 토의해서 수렴한 의견을 결정해서 간부회의 때 제시합니다. 철저하게 상향식 의사결정 구조입니다. 마찬가지로 회의에서 결정된 사항들은 다시 대의원과 소위원회를 통해 조합원들에게 전달이 되고, 이런 게 일상적으로 돌아갔기 때문에 노조 조직이 매우 탄탄했습니다. 이렇게 훈련된 간부들이 상당히 있었고, 이렇게 민주적으로 운영되어 온 경험들이 밑바탕에 있었습니다. 그것이 대우정밀 노조의 기반이 된 거지요.[115]

대우정밀 노동조합 와해 및 부산노련 탈퇴, 더 나아가 전노협 탈퇴 공작은 치밀하고 집요하게 이어졌다. 우선 경영 위기 조장, 좌경용공 이데올로기 선전 등으로 분열을 공작하고, 그 위에서 핵심 간부를 고소하거나 구속하여 파업을 유도한다. 그래서 파업이 일어나면 곧바로 폭력으로 진압하여 기를 꺾는다. 그 후 조업이 재개되면 전노협 탈퇴 각서를 쓰게 하고, 간부와 열성 조합원들을 대량 징계하여 패배감을 심는다. 그리고는 항상 그렇듯이 우호적인 대의원으로 하여금 전노협 탈퇴 안건을 상정하여 가결하도록 한다는 것이었다. 이러한 각본에 맞춰 국가와 자본은 치밀하게 대우정밀 노조를 와해시키려 했으나 노조는 완강하게 저항했다.

---

[115] 2020. 09. 25. 부산 반여동 음식점 구술.

1990년 6월 1일, 부노련-부산노련 사무실을 사복형사와 전투경찰 60 여 명이 침탈해 김진숙 부노련 의장을 강제로 끌고 가 구속한 것도 부산 노련-전노협을 와해시키려는 노태우 정부의 탄압 전술의 일환이었다. 삼화고무에서 구사대 폭력이 일어났을 때 이에 항의한 것을 노동쟁의조 정법 위반, 즉 제3자개입으로 몰아 1년이 지나서야 집행한 것이다. 삼성 기업사, 동양라이너, 대한조선공사 등 부산노련 소속 사업장에서 노조들 이 힘겹게 임금협상 투쟁을 벌이는 상황에서, 김진숙 의장을 구속해 그 의지를 꺾으려는 의도였던 것으로 보인다. 더 큰 차원에서는, 그해 5월 1 일 전노협 총파업 투쟁에 앞장선 이후로 전노협-부산노련을 사수하고 키우는 데 매진하고 있던 김 의장의 활동을 원천 봉쇄한 것으로 해석할 수 있다.

이 시기 부산노련은 1991년 9월 27일 부산대에서 재적 대의원 34명 중 28명이 참석한 가운데 제4차 정기 대의원대회를 열어 임원을 선출하고 사업 계획을 확정했다. 이 대회에서 구속 중인 이성도 의장(대우정밀 노 조 전 위원장), 윤명원 부의장(대우정밀 위원장), 이국석 회계감사(동양라이 너 노조위원장)를 유임시키고, 박점병 사무처장(신동금속 노조위원장)을 선 출했다. 그리고 정부의 탄압에 맞서 전노협의 다른 지노협과 마찬가지로 노동법 개정과 조직력 강화에 초점을 맞추었다. 이후 부산노련은 1991년 10월 18일 전교조, 병원노련 부산지부, 전국화물운송노련, 항만하역노조 연합회, 부산일보 노조 등 6개 노조 단체와 부노련, 부산노단협 등 2개 노 동운동단체와 함께 부산 지역 ILO 공대위를 구성하고, 10월 30일 1천여 명이 참석한 가운데 노동법 개정에 대한 대중 강연회를 열고, 11월 6일에는 공청회를 개최했다.

이 노동법 개정 투쟁은 지금까지 연례적으로 진행되던 투쟁과 달리, ILO 가입이라는 노동 정세 변화와 1992년 14대 국회의원 총선거와 대통령선거 등 국내외적으로 형성된 유리한 조건을 적극 활용하여 민주노조의 총단결을 꾀하려는 투쟁 전술이었다. 당시 부산 지역 노동운동은 이전부터 이어져 온 교육 및 선전사업 조직 구축의 실패로 정부의 거듭된 개악 기도에 효과적으로 대응하지 못하고 있었다. 그러한 상황에서 부산노련은 1992년 9월 4일 재적 대의원 27명 중 17명이 참석하여 이성도 의장을 새로 선출했다. 해마다 강조되던 조직 강화는 특히 이날 대의원대회에서 절박한 과제로 제시되었고, 이를 위해 조합원과 함께하는 사업의 필요성이 강조되었다. 조직 강화가 기업별 조합주의가 아닌 계급적 단결 차원에서 강조된 점이 눈에 띈다. 비록 구체적인 성과 면에서 아쉬움을 남겼지만, 부산노련의 건설은 민주노조운동이 전노협 건설의 지역적 기반을 조직적으로 구축하는 작업으로 부산 지역 노동조합 역량의 총결집을 이룬 계기가 되었음은 분명하다.

부산노련이 확대 개편된 부양노련(부산양산노동조합총연합)은 1994년 임금인상, 단협 갱신 투쟁을 승리로 이끌기 위해 3월부터 적극적인 투쟁에 나섰다. 특히 3월부터 근로기준법 준수, 휴일 보장, 임금 3퍼센트 가이드라인 철폐 등 노동자의 권리 회복을 위한 전국기관차협의회, 부산교통공사노동조합 등 투쟁에 함께했다. 이러한 임금인상 및 단체협상 갱신 투쟁의 기세를 꺾고자 김영삼 정부는 노총·경총 임금 합의를 만들어 냈다. 당시 부양노련은 비록 전노협 소속은 아니었지만 전국노동조합대표자회의나 민주노총준비위원회로 연대하고 있는 민주노조 쟁의 사업장들인 백병원, 침례병원, 메리놀병원 등 병원노련 소속 사업장과 공동 투쟁본부를 만들어 투쟁하고 있었다. 경찰은 부양노련 의장 자격으로 '우리 모두 연대하여 투쟁하자'는 내용의 연설을 한 것을 제3자개입 금지 위반으로 규정하고, 6월 27일 부양노련 사무실 압수수색 후 의장 문영만을 구속했다. 정부가 본격적인 전노협 해체 수순에 들어간 것이다.

이즈음 국가는 기업 노조의 연대체 건설을 막고자 제3자개입 금지와 업무방해를 불법으로 규정해 널리 적용했다. 기본적으로 조직 자체가 연대 조직인 부노련이나 부양/부산노련의 의장이나 간부는 항상 불법과 구속에 노출되어 있었다. 89년 부노련 의장 김진숙이 자신이 해고된 직장인 대한조선공사에 가서 2,300여 조합원의 임금인상 요구하는 파업 집회에서 "기업주와 정부의 탄압을 물리치고 꼭 승리해 주길" 바란다는 요지의 연설을 했다고 해서 다음 해에 구속된 것이 좋은 예이다. 제3자개입 금지는 당시 헌법재판소조차 '헌법에 위배 되는 법이므로 신중하게 집행하라'고 권고한 조항이지만, 국가는 아랑곳하지 않았다. 김진숙은 삼화고무 구사대 폭력을 뿌리 뽑자고 회사 정문 앞에서 항의 집회를 했다고 '업무방해' 죄까지 같이 적용받았다. 이런 예는 부산 지역에서 열거하기 힘들 정도로 비일비재했다. 총연맹을 건설하려는 노동자와 노조는 총연맹 건설을 저지하려는 국가 및 자본과 충돌할 수밖에 없었다. 그로 인한 피해는 고스란히 노동자의 몫이었다.

노동조합운동의 노선 논쟁

1990년 전노협을 출범시키기 전후 노동운동 진영은 이미 자본과 정부라는 거대한 현실의 벽에 부딪혀 있었다. 87년 노동자대투쟁을 이뤄 냈지만, 권력의 힘은 대투쟁을 순식간에 무력화시킬 정도로 강력했다. 그 권력의 장벽 앞에서 많은 노동운동가들이 절실하게 필요로 했던 것은 자신의 이해를 대변할 수 있는 정치적 세력, 즉 노동자 정치세력화였다. 그 가운데 하나가 전국적인 노동자 조직인 전노협과 궁극적으로는 내셔널 센터의 건설이고, 다른 하나는 노동자계급 정당 건설이었다. 권력은 이를 저지하고자 총력을 쏟았다. 정부가 가장 효율적으로 공격할 수 있는 지점은 역시 경제문제, 즉 먹고사는 문제였다. 그것이 다수의 여론을 주도하는 자유주의 시민 세력에게 민감한 부분이기 때문이다. 여기에다 경기가 본격적으로 후퇴하는 시점이라는 경제 상황을 연결지어, 정부는 노동운동과 경기침체를 연관시켰다.

당시 전노협의 노사협조주의 거부와 노동운동 탄압에 대한 전투적 투쟁은 큰 맥락에서 보면 연대·변혁·조합민주주의 등을 주요한 가치로 삼는 것이었다. 이는 경제 안정을 위해 대가 없이 협력할 것을 요구하는 정부의 태도와 생산성 향상을 위한 기업의 노사협조주의를 분명하게 거부하는 것이었다. 여기에다 비민주적 작업장 통제, 민주노조 불인정, 기업별노조 체계라는 제도와 이데올로기를 통한 국가의 개입, 그리고 노동 3권을 제약하는 여러 가지 법적·사회적 장치에 대한 반대를 의미한다. 그리하여 궁극적으로 노사 협상의 자율성을 확보하고, 노조운동이 자본주의 착취 및 지배에 대항하는 운동으로 발전하는 것을 지향한다. 이는 최종적으로 정치적 자주성, 즉 노동자의 독자적 정치세력화로 귀결될 수밖에 없었다.

그런데 경제호황이 끝나고 침체가 시작되자 정부는 전노협의 전투적 노동운동과 그에 따른 급격한 임금인상이 한국 경제의 체질을 약화시키는 주범이라고 몰아붙이기 시작했다. 정부의 거센 탄압으로 노동운동 세력이 크게 위축된 1992년이 되자 '노동운동 위기론'이 본격적으로 제기되었다. 논쟁을 제기한 이들은 노동조합의 활동 방식을 개선해야 한다거나, 과도한 임금투쟁을 지양하고 사회적 대안을 제시하는 노동운동으로 전환되어야 한다거나, 정부와 자본은 노동자의 노동생활 조건 개선과 경영 참가를 받아들이고 노동조합은 생산성 향상에 협력하는 진보적 코포라티즘corporatism을 지향해야 한다는 주장을 폈다. 코포라티즘이란 노동과 자본이라는 조직된 이해집단이 구성원의 이익을 대표하는 동시에, 더 큰 전체 사회 수준에서 더 일반적인 이해에 관한 합의를 기반으로 구성원들을 규율하는 체제를 말한다. 코포라티즘을 주장하는 사람들은 노동운동을 위기에서 구할 방책으로 노동조합운동에서 이념을 탈각시키거나 전환하는 실용주의적 대안을 주장한 것이다. 그러나 코포라티즘은 서구에서 사민주의 정권의 등장으로 권력과 노동의 관계가 팽팽하게 유지되는 가운데 권력이 노동 세력의 힘을 인정한다는 전제 아래 만들어진 것이다. 따라서 1990년대 권위주의적 정권 아래 노동에 대한 탄압이 상시로 가해지고, 대부분의 시민들도 그에 동조하고, 노동계는 아무런 권력도 갖지 못한 한국의 상황에서 이를 주장하는 것은 정부와 자본에 굴복하라는 말밖에 되지 않았다.

　대표적인 코포라티즘 체계를 유지하는 네덜란드와 비교해 보면, 네덜란드는 취약하기는 해도 중앙집중적인 산업별노조 체제와 사민주의 정당이 있었고, 여기에 강력한 복지제도와 높은 수준의 노동보호 제도 및 기본권이 구비되어 있었다. 반면에 한국에는 이와 비교할 만한 그 어떤 것도 존재하지 않았다.[116] 국가-자본과 노동 간에는 엄청난 힘의 차이가 있었고, 따라서 둘 사이에 사회적 합의가 이루어질 가능성은 전혀 없었다. 양 주체의 의지나 정책 변화 등을 요구한다고 해서 해결될 일이 아니었다. 여기에서 김영곤이 말하는 노동계 내부의 이기주의도 간과할 수 없는 요인으로 작용했음을 분명히 할 필요가 있다.

　산업별노조, 사민주의 정당, 복지제도, 노동보호 제도 등은 단기간에 이루어진 것이 아니고, 수세기 동안 자본주의를 겪으며 하나하나 쌓아 온 것인데, 그런 점에서 볼 때 한국에서는 노동조합의 조직이기주의가 팽배했고, 그것을 진보정당이 감싸기만 한 경향이 컸다는 사실은 분명합니다. 그래서 이 시기 이후 기득권을 가진 노동이 소외된 노동과 나누고 그 바탕 위에서 더 큰 것을 얻고자 하지 않았습니다. 산업별노조를 하고 그 결과 복지사회를 이루자는 주장이 나중에서야 나왔지만, 그마저 노동조합은 받아들이지 않았습니다.[117]

---

[116]　노중기, 〈코포라티즘과 한국의 사회적 합의: 비판과 전망〉, 《진보평론》 13, 2002. 08.
[117]　2021. 08. 04. 서면으로 의견 개진.

이러한 여러 문제 때문에, 코포라티즘 주장은 노동 세력의 지지를 받지 못했다. 실제로 김영삼 정부 이후 사회적 합의를 앞세운 정부와의 새로운 협력 체제의 코포라티즘은 이데올로기를 앞세운 포섭으로 법과 제도를 정비하고 개별 자본을 강하게 통제한다고 했지만, 물리적 탄압은 후퇴하지 않았다. 당시 정부가 주장한 코포라티즘은 그들이 설정한 체제 안으로 들어오면 이전과 다른, 더 세련된 형태로 노동자의 저항을 무력화하는 수법을 사용하겠다는 뜻이었을 뿐이다. 결국, 코포라티즘 주장은 '노동운동 위기론'이라는 프레임을 뒷받침하는 국가의 노동 억압 담론이었다.

'노동운동 위기론'의 분위기에서 이를 돌파하는 또 다른 방편은 합법대중정당정치를 통한 노동자 정치세력화였다. 이는 궁극적으로 투쟁을 통한 사회변혁의 지향을 포기하고 개량화로 간다는 의미다. 이러한 흐름을 잘 이용한 세력이 합법대중정당정치를 통한 노동자 정치세력화를 주장한 쪽과 시민운동을 폭넓게 주창한 사람들이다. 기존의 변혁운동 세력은 이들을 전선을 흐리는 불순한 의도를 가진 개량운동가들이라고 비난했다. 그즈음에 등장한 것이 합법적 정당운동으로서 민중당, 그리고 참여연대, 환경운동연합, 경실련, 여성단체연합과 같은 시민운동단체였다. 상당수의 노동운동가가 참여연대나 경실련 같은 시민단체로 옮겨 가거나 아예 운동을 청산했다. 정부의 탄압과 개량주의자들의 대중화로 인한 이탈에 직면한 전노협 지도부는 대체로 내셔널센터 건설을 통한 정치세력화 지향 노선으로 방향을 잡았다.

그런데 이 과정에서 이미 시작된 노동자 구성의 변화, 즉 생산직 노동자의 감소와 사무전문직 노동자의 대폭 증가나 포스트포드주의적 유연

생산 체제로 변화한 산업구조 변화에 걸맞게 최대강령주의적 및 전투적 조합주의 노선을 버리고 좀 더 유연한 노선을 취해야 한다는 목소리가 커졌다. 이런 분위기에서 전노협 지도부가 투쟁 기반이 되는 지노협 대신에 중앙 조직을 강화하여 산업별노조의 내셔널센터로 가고, 그 구조 안에서 노조 세력의 힘을 강화할 수 있는 체제로 이행하기로 하면서 민주노총으로 이어진다. 그러면서도 정당정치 합법화 운동과 다른 변혁운동 가능성을 완전히 폐기하지는 않았다. 노동운동계 노선 갈등에서 최종적으로 타협주의 노선이 승리한 것은, 노동조합운동을 이끄는 노동자 간의 차이와 불평등이 가장 큰 영향을 미쳤다. 생산직과 사무직, 대기업과 중소기업 간에 존재하는 불평등은 노동운동을 대하는 태도에도 큰 차이를 가져왔다. 생산직과 중소기업 노동자는 전투적 태도를 선호했고, 사무직과 대기업 노동자는 타협적 태도를 선호했다. 이러한 상황에서 정부와 자본의 탄압은 극심해졌고, 전노협 지도부는 지노협을 확대 강화하면서 산업별 노조 건설의 토대를 쌓아야 했지만 덩치를 키우는 데에만 급급했다.

전노협은 출범 직후부터 모든 사업이 탄압을 이겨내는 투쟁에 집중될 수밖에 없었다. 따라서 현실적으로 그들이 할 수 있는 일은 조직 존폐 위기 속에서 투쟁에 필요한 모든 조직력을 동원하는 것이었고, 그 일은 상층부 중심으로 꾸려 나갈 수밖에 없었다. 그래서 장기간에 걸친 민주노조 조합원 조직사업에 열중하기는 현실적으로 불가능했다. 그러다 보니 전노협이란 단체는 노동조합의 전국중앙조직이라기보다는 일종의 공동투쟁본부 같은 위치였다. 그렇게 전투적 투쟁 조직으로 나아가다 보니 지도부가 연이어 구속되었고, 조직이 실질적으로 와해되었다. 조직사업에는 오랜 시간이 걸렸고, 조직의 존폐 문제에 직면하자 타협 노선을 취하지 않을 수 없었다.

이러한 현상은 90년대 초 일어난 국내외의 여러 사회사적 변화와 관련이 있다. 우선 소련을 비롯한 사회주의권이 급속히 붕괴했다. 현실적으로 사회주의 변혁이 불가능해졌음을 깨닫고, 합법적 개량주의로 가야 한다는 운동 노선이 급물살을 탔다. 여기에 김영삼 정권이 등장하면서 민주주의적 개혁에 대한 기대감이 커졌고, 그 여파로 합법 개량주의 노선이 힘을 얻게 되었다. 이런 분위기에서 전노협의 전투적이고 변혁 지향적인 운동 노선에 대한 비판이 커진 것이다. 이제 투쟁 일변도의 전노협으로는 안 된다, 수준을 좀 낮추더라도 대기업과 서비스 공공 업종까지 참여할 수 있는 새로운 연맹 조직을 만들어 합법적인 활동과 대정부 교섭 등을 중심으로 좀 더 온건하게 타협적으로 가자는 주장이 대세가 된 것이다. 이것이 바로 '전노협 한계론'이다.

1991~2년에 본격적으로 확산한 이 '전노협 한계론'은 크게 보면 전노협 중심 운동의 전투성과 경제주의에 대한 비판이다. 하지만 자주적인 노조 활동조차 보장하지 않는 자본가와 독재정권의 탄압에서 투쟁 없이 어떻게 노조의 자주성과 민주성을 지킬 수 있는가라는 의문이 여전히 유효했다. 그렇지만 그 전투적 투쟁이란 것이 지도부 중심으로 이루어졌고, 그것도 상당 부분 관성적으로 추진되었다는 점도 인정해야 한다. 설사 당시 시대적 상황이 전투성을 포기할 수 없게 했을지라도, 그 전투성을 근간으로 조직을 키우지 못한 것은 분명한 과오라 하지 않을 수 없다.

경제주의 비판은 전노협의 활동과 투쟁이 임금투쟁에 편중되어 정치적·사회적 요구라거나 노동조합의 활동 영역 다변화에 기여하지 못했다는 것이다. 임금투쟁은 교육·의료·주택·조세 등 사회 전반의 공공이익을 앞세우는 정책 투쟁과 결합해야 했고, 이를 바탕으로 대중투쟁과 의회투쟁을 결합해 노동조합 투쟁이 국민적 공감을 얻을 수 있도록 해야 했는데 그렇게 하지 못했다는 것이다. 단체협상에서 취약 노동 계층을 위한 투쟁이 없었다는 사실도 노조 외부 시민들의 외면을 불렀다. 노조원만을 위한 임금협상 중심의 활동이 정치세력화를 어렵게 했고, 결국 노동운동의 실패로 이어졌다. 임금교섭 투쟁이 노동운동의 조직적 발전 수단임을 부인할 사람은 없다. 하지만 임금협상 중심의 활동은 노동운동을 정치와 시민사회 영역에서 단절시키고, 결국 협소한 노사관계 차원에 가두게 된다. 임금투쟁 위에서 궁극적으로 정치투쟁을 향해야 하는 노동운동 대의에 어긋나게 되는 것이다. 노동운동의 정치투쟁은 임금인상과 같은 기업과의 관계를 넘어, 사회적 관계에서 노동조합을 정부의 정당한 상대로 인정받도록 해야 하고, 그 위에서 제도 개선과 정책 결정에 참여할 수 있는 영향력을 키우는 것이다. 이를 위해서는 노동운동이 정치와 시민사회의 영역으로 영향력을 확대해야 하는데, 이 시기의 노동운동은 그렇게 하지 못했다. 대기업 노조 간부들이 산업별이 아닌 기업별 교섭을 선호한다는 사실과, 민주노총 출범 이후 일부 대기업 노조가 '귀족노조'라고 지탄받는 것도 이러한 주류층의 경제적 이득 우선에 함몰한 이기주의 관성이 전노협 이후 계속 이어진 것이라고 할 수 있다.[118]

---

118 노동운동의 최선의 결과는 대기업/대공장 노조가 일자리 창출, 비정규직 정규직화 등 사회적 의

이런 점에서 평가해 보면, 전노협의 운동은 계급의식의 토대 위에서 이루어진 노동운동이라 하기 어렵다. 내적 역량의 변화 없이 외부에 대한 영향력 확대에만 몰두한 운동이라 할 수 있다. 조직하고 그 위에서 질적 변화를 꾀하지 못한 채 집행부를 중심으로 의지와 신념만으로 투쟁했다고 할 수 있다. 그런 점에서 잘못된 방향을 비판하지 않고, 주로 투쟁의 강도를 높이는 식으로만 노조의 성과를 평가해 온 당시 노조 지도부, 활동가, 노동단체 등은 모두 이 시기 한국 노동운동의 실패에 일정 부분 책임이 있다. 이런 문제가 제기되었을 때 계급의식을 갖출 수 있는 방향으로 노선을 정하는 데에 실패하면서, 일부에서 급진 정당 중심으로 노동자 정치세력화를 이루자는 주장이 제기됐다. 다른 쪽에서는 규모를 더 키워 내셔널센터 설립에 본격적으로 천착하자는 주장이 힘을 얻기 시작했다. 후자가 다수였다.

결과론적으로 보면, 노조가 조직되지 않은 채 추구하는 진보정당을 통한 정치세력화는 실패 가능성이 크다. 나중에 브라질의 노동자당PT이 했던 것처럼, 이 시기에 새로운 노총을 조직하기 전에 정당부터 만들어 당의 활동가들을 전위대 삼아 집권하는 것도 가능성은 충분히 있었다. 그리고 실제로 브라질에서는 이 방법으로 집권에 성공했다. 그런데 한국에서는 집권 실패는 말할 것도 없고, 노동 세력이 분열하는 계기로 작동

제를 자신들의 이익을 희생해 가면서 이루어 내는 것일 것이다. 그 좋은 예로 2015년 부산지하철 노조(위원장 이의용)가 회사 측으로부터 받게 될 '체불임금'을 청년 고용으로 돌려 504명을 신규 채용한 것을 들 수 있다. 부산지방법원은 부산교통공사의 상여금과 가계보조비 등 4개 수당이 통상임금에 포함되어야 한다고 판결했고, 그렇게 지급받게 된 임금을 받지 않고 사회적 의제인 신규 인력 채용에 사용한 것이다.

했으니 그 이유는 무엇일까? 당시 브라질에서는 금속노동조합의 룰라를 중심으로 하는 집단을 비롯해서 석유화학, 은행, 교직원 등의 부문에 등장한 전투적 집행부들이 노동자 정당에 대거 참여했으나, 한국에서는 그런 토대조차 만들어지지 못했다. 그 결과 브라질에서는 자유주의 민주운동당에 힘을 실어 주는 민주대연합에 동참하지 않고 독자 세력화를 추진할 수 있었으나, 한국에서는 결국 민주대연합에 쓸려 가고 만다. 결국, 이 차이는 정당과 노조 조직 가운데 어느 것이 더 우선하는지보다 노조 조직의 기반 차이라고 봐야 할 것이다.

그렇다고 해서 전노협을 소위 전투적 노동조합주의에 국한하여 노동자의 경제민주화 투쟁에만 전념한 단체로 인식하는 것에도 문제가 있다. 90년대 들어 독재와 권위주의 정치체제가 물러나면서 노동운동이 이전과 달라졌고, 전노협이 임금과 노동조건 개선 투쟁뿐 아니라 노동법 개정 같은 노동운동의 토대 확보에 집중했고, 여기에서 한 발 더 나아가 반민주 악법 개폐, 언론이나 교육 분야의 민주화, 수입개방 반대 등에도 전력을 다해 싸운 것은 엄연한 사실이다. 뿐만 아니라, 지자체 선거나 총선 그리고 대선에도 적극적으로 개입했다. 전노협을 중심으로 노동 세력이 노동에 국한된 80년대의 좁은 울타리를 벗어나 정치, 경제, 사회, 외교, 통일 등 전반에 걸친 투쟁에 참여한 것이다. 이 점에서 김창우는 90년대 노동운동을 임단투(임금 및 단체협약 협상 투쟁)에 매몰되었다고 규정하는 통설은 민주노총의 사회개혁 투쟁으로의 전환을 합리화하려는 프레임에 불과하다고 주장한다.

전노협은 민주노총이 제대로 하지 못한 사회개혁 투쟁을 포함한 전반적인 민족 민주 민중적 과제에 대해 훨씬 광범위하게 적극적으로 참가했습니다. 경제투쟁에서 지역적 전국적 연대투쟁 뿐만 아니라 법 제도 개선 투쟁, 정치투쟁 등등을 했지요. 그러나 민주노총으로 오면서 경제투쟁도 산업 업종 수준으로 그 범위가 좁혀지고 사회개혁 투쟁도 별로 참가하지 않는 상태가 되어 버리지요. 경제투쟁이든 정치투쟁이든 연대 의식과 연대의 감정이 살아 있지 않은 한 활성화될 수가 없는 겁니다. 이런 면에서 연대 의식과 연대투쟁의 감정이 충만했던 1990년대 전노협 시기가 상대적으로 정치투쟁 또한 활발한 것은 당연한 것이지요. 물론, 그럼에도 불구하고 기업별노조라는 조직적 한계 내에서 이기는 하지만이지요. …[119]

노동자 정당을 통한 노동자 정치세력화

87년 노동자대투쟁 이후 노동자들 사이에서 크게 지지를 받은 것은 국가와 자본의 극심한 탄압을 뚫기 위해서는 무엇보다 노동자의 정치세력화를 이루어야 한다는 주장이었다. 노동자의 정치세력화라는 것은 반드시 노동자 정당 건설만을 말하는 것이 아니다. 정당 건설과 함께 새로운 노총의 건설 또한 노동자 정치세력화의 길이다. 이 가운데 노동운동 세력 내부에서 진보정당을 세우자는 의견을 둘러싸고 끝없는 논쟁이 일어

---

[119] 2021. 09. 28. 서면으로 의견 개진.

나고 이합집산을 거듭했으나, 그 과정이 대부분 수도권 중심으로 이루어져 각 지역에서 아래로부터 논의되지는 않았다. 노조에는 대체로 서울을 중심으로 다양하게 이루어진 노선 갈등과 그로 인한 정파 기준의 줄서기 문화가 갈수록 고착되었다. 이러한 정파 중심 및 간부 위주 결정 구조 문화가 노동자 정당 정치세력화로 가는 길에서도 고스란히 나타난 것이다. 그래서 이후 이어지는 진보정당 설립 과정에서 부산 지역의 역사라고 할 만한 것이 별로 없다. 대부분 서울 중심의 중앙에서 일어난 일을 그대로 따르는 행태가 반복되었을 뿐이다.

　노동자 정치세력화를 놓고 노동 진영이 분열하기 시작한 것은 대투쟁 직후, 87년 대통령선거를 앞두고 노동계 내부에서 의견 차이가 표출되면서부터이다. 12월 대선을 놓고 김영삼, 김대중, 민중당, 무당파 등으로 서서히 분화되기 시작했다. 민족민주 진영은 크게 후보단일화론, 김대중 비판적 지지론, 독자후보론의 셋으로 의견이 갈렸다. 최장집에 의하면, 노동 진영의 큰 줄기는 기권주의abstentionism에 기우는 중대한 실책을 저질렀다.[120] 최장집은 1987년 대통령선거와 1988년 국회의원 총선거는 매우 중요했는데 학출 노동운동가들의 급진적 이념성으로 인해 이에 대한 진지한 논의가 이루어지지 않았다고 지적하면서, 한국 사회가 형식적으로만 민주화되었을 뿐 내용적으로는 여전히 '파시즘 체제' 하에 있다는 현실 인식이 그 이념적 급진성의 근저에 있었기 때문이라고 했다. 그 결과, 정치 민주화가 갖는 효과 및 그에 대한 노동운동의 현실주의적 대응의

---

[120]　최영기 외, 《1987년 이후 한국의 노동운동》(서울: 한국노동연구원, 2001), 693쪽

중요성을 경시했고, 87년 이후 한국 노동운동은 여러 가지 제약과 어려움에도 불구하고 무엇보다 '민주주의 하에서의 노동운동'이라는 문제 틀로 접근했어야 했음에도 노동시장 중심의 '과도한 현장주의'를 고집하고, 투표를 통해 문제를 해결하는 현실주의적 전략을 거부하는 '기권주의'를 선택했다고 아쉬움을 표한다.

당시 급진 노동운동을 준비하던 대학 내 운동권 세력은 서서히 시민운동이나 정당정치를 통한 정치세력화를 추진하는 쪽이 생겼으나, 다시 현장으로 들어가 운동을 재조직해야 한다는 주장도 여전했다. 학출 활동가 출신 변호사 변영철은 당시의 분위기를 이렇게 전한다.

김대중-김영삼 단일화가 깨지고 선거에서 민주 진영이 지고 난 뒤 이때 부산에서는 몇 개의, 듣기로는 한 열 개 정도의 작은 지하조직들이 있었는데, 대학생들이 현장으로 들어가기 위한 학습을 했습니다. 저는 여덟 명이 한 그룹에 속해 있었는데, 냉정에 있던 여러 작은 마치코바^{町工場}(동네에 있는 작은 공장)에 가서 기술을 배웠습니다. 마치코바에 간 이유는 다른 좀 큰 데 가면 기술을 안 가르쳐 주는데 마치코바에 가야 기술을 가르쳐 주거든요. 이곳저곳 마치코바에 다닌 사람들이 모여 학습을 하는 팀이 부산에 몇 개 있었는데, 제가 속한 그룹에 여덟 명이 수시로 모여 학습을 했는데, 부산대 의대 출신도 있었고, 나머지는 대부분 서울대, 연대, 성대 출신들이 주축을 이루었고 대부분이 다 운동권 전과자였어요. 우리는 이전에 선배들이 했던 쓸데없이 먹히지도 않은 이념 단체들, 남민전이네 뭐네 그런 거 하지 말고, 오로지 현장에 가서 조직하자, 그래서 다 흩어지되 한

번씩 모여 학습을 하는 것이다, 라는 겁니다. 노동자는 아무것도 모르는데 운동권들만 이념 가지고 이렇네 저렇네 하지 말자는 거였습니다. 당시 산개론散個論이라 부른 그 논리에 따라 우리는 아무 조직도 만들지 말고 각각 공장에 흩어지자는 방침만 따랐고, 그런 조직을 선배 누군가가 만들어 주면서 그리 들어가라고 해서 들어갔습니다. 그 조직을 리드하는 사람 가운데 전설적인 사람이 하나 있었어요. '악마'라는 별명으로 불린 사람이었는데, 본명도 모르고 누군지도 모른 채 서울대 학출이라는 것만 알고, 그가 지도한 대로 학습했습니다. 그는 공장은 안 다녔어요. 그는 당이고 조직이고 아무것도 만들지 말라고 하면서 이상한 학습만 하는 거예요. 근데 그게 뭔가 좀 이상해서 제가 이런 이상한 학습은 그만하고 노동 현장에 들어가야 하지 않냐고 말했습니다. 그런데 잘 먹히지 않았어요. 맨날 남의 사상이 이렇네, 저렇네 지적질이나 하고, 어디선가 구해 온 팸플릿 먼저 보고 와서 잘난 체하고, 다른 사람 무시하는 꼴이 더러워서 때려치우고 결국에는 빠져나와서 현장으로 들어갔지요.[121]

정당정치를 통한 노동자 정치세력화를 꾀한 세력은 90년에 창당된 민중당의 지방선거와 총선 패배 이후 진보정당추진위원회(이하 진정추), 진보정치연합 등으로 이합집산이 계속되었다. 그런데 그들은 워낙 소수여서 부산의 노동 진영에서는 그리 큰 변수가 되지 않았다. 다만, PD 계열의 학생운동이 정당정치를 하는 쪽으로 옮겨 가면서 과거와 같이 운동권

---

[121] 2020. 02. 03. 부산 수영동 음식점 구술.

학생이 노동운동의 젖줄 역할을 하는 관계가 더는 성립하지 않았고, 이것이 노동운동에 타격을 준 것도 일정 부분 사실이다. 80년대부터 대학생 지식인들이 변혁운동에 참여하면서 일종의 도식화된 '학생운동가—현장 운동가—단체 상근자'의 과정이 흔들렸고, 그러면서 학생운동과 노동운동의 관계가 점차 단절되었다. 이후 노조운동은 독자 세력화에 나섰기 때문이다. 그들은 과거와 같이 운동권 학생의 학습을 받고 지도를 받으면서 조직화 사업을 하던 시대에서 벗어나 자체적으로 활동가를 충원하는 체제를 갖추기 시작했다. 이는 90년 이후 노조가 부노련 같은 선진 노동자들과 연대하여 재생산 구조를 꾸준히 갖추어 나간 결과이다. 그러면서 1996년 이후 학생운동이 급격하게 약화하고, 노조는 자체 재생산 구조를 갖추면서 학생운동에서 노동운동으로 이전해 오는 사람들은 거의 명맥이 끊겼다. 70년대 후반부터 이어져 온 학출 활동가가 현장 노동자를 의식화시키고 이를 기반으로 노조 활동가가 성장한 결과, 노동운동 세력이 자체적으로 성장하는 체계로 변화하여 급진변혁 노동 세력의 힘은 크게 약해졌다. 이후 노동자 대중 중심의 내셔널센터 건설 운동에 더욱 박차를 가하게 된다.

소련과 동구권의 몰락 이후 급변하는 정세 변화에서 갈피를 잡지 못하면서 진보 진영은 잦은 분열과 이합집산에 직면했고, 그에 따라 반목과 상처가 커졌다. 그래서 상당수 활동가들이 시민사회, 경제, 환경, 여성, 정치 등을 다루는 시민운동으로 옮겼고, 변호사, 교수 등 전문직으로 방향을 바꾸는 경우가 많았다. 진보정당으로 길을 잡은 사람들은 더욱 소수로 전락했다. 개인의 삶을 위해 길을 바꾼 사람도 상당수 있었고, 자아

성찰 차원에서 길을 바꾼 사람도 있었다. 그 가운데 상당수가 결혼하지 않고 운동가로 평생을 살겠다는 결심을 바꿔 결혼하고 평범한 생활로 돌아가기도 했고, 끝까지 평범한 삶을 포기한 채 노동자나 노동운동가로서 살아가는 사람도 여전히 있다. 결혼은 특히 여성 노동운동가에게는 향후 운동의 지속 여부를 규정하는 중요한 방편이었다. 자신의 삶을 '운동'으로 규정한 이에게는 '결혼'이 운동적 가치를 재부여하는 방편이 되기도 했다. 결혼을 하면 학출이냐 노출(노동자 출신)이냐는 신경 쓰지 않는 예가 상당했으니, 그러한 차이보다는 운동에 대한 의식이 더 중요했기 때문에 조직의 성향이 같은지가 더 결정적으로 작용했다. 같은 조직원과 결혼한다는 것은 향후 운동을 계속할 수 있는 조건을 만드는 차원이기도 했다.[122] 하지만 결혼 당시 가졌던 운동 기준의 도덕관과 세계관 등이 결혼 후 바뀌면서 부부간의 갈등이 생기고 결국 이혼하는 경우가 상당수 생겨났다. 몇 년 전에는 파업 한번 하면 결혼하는 쌍이 대거 생겨난다는 말이 나돌았지만, 이즈음에는 이혼이 유행이라는 말이 돌 정도로 이혼 건수가 많아졌다.

89년 이후 운동권 조직이 크게 변하고 문화도 큰 변동을 겪으면서 노동운동가들이 진로를 수정하는 일이 많아졌지만, 그 변화된 분위기 속에서 민주노총 출범과 함께 조직의 일원으로서 노동운동을 계속한 경우도 많았다. 남성 활동가의 경우, 대학 졸업 후에도 따로 직장을 구하지 않고 노동운동을 계속하는 경우가 상당했다. 이 경우, 뜻이 맞고 경제력을 갖

---

122 박현귀, 앞의 책, 26~7쪽.

춘 약사나 교사 등 전문직 여성과 결혼하여 생계를 유지하면서 운동을 계속하는 이들도 등장했다. 대학을 나온 후 줄곧 소위 선진노동자의 길을 걸어온 정의헌 전 민주노총 부산 지역본부장도 노동운동이 직업이었다.

저는 대학 때 77년도 긴급조치 반대 데모하고 감옥 갔다가 군대 제대한 이후 한 번도 회사에 취업을 해 본 적이 없습니다. 꼭 블루컬러 노동자로만 살아야겠다는 생각을 했다라기보다는 평생 노동운동을 하겠다고 생각했기 때문에, 전기기사 자격증을 따고, 빌딩이나 아파트 건설 현장에서 노가다를 하면서 노동도 하고 체력을 비축했습니다. 그 후 안산으로 가서 공장노동자로 살기 시작했습니다. 안산권익투의 조직원으로 충신공업이라는 데에 들어가서 안산공단 최초의 파업을 일으켰는데, 전두환이 때라서 아직 노동조합을 만들 수는 없었습니다. 학출 활동가와는 경우가 조금 달랐던 게 저는 아예 노동자로서 시간을 길게 보고 주변의 노동자들과 친하게 지내고 제 삶을 노동자로서 살았던 겁니다. 그들을 따로 소그룹으로 조직하고 그런 건 하지 않았습니다. 안산에서 해고된 후 조직에서 지역으로 '이전移轉',[123] 즉 재배치를 해야 한다며 연고지인 부산으로 내려가라고 해서

---

[123] 이에 대해 학출 활동가 박성인의 구술을 참조하면 당시 수도권 상황을 알 수 있다. 그는 자신의 경험을 이렇게 구술한다. "'83, 84, 85년 여름방학하고 겨울방학 공활(노동자 공장 활동)을 구로, 성수, 안산 등에서 했고 … 학교에서 '캠퍼스 이전론'이 제기되면서 굉장히 논쟁이 됐어요. … 그래서 만든 게 다산-보임, 그러니까 OF-LM(Out Field Labor Movement)하고 IF-LM(In Field Labor Movement)인 거죠. OF-LM 주축으로 해서 이전 시스템을 구축하고 … OF-LM은 전통적인 레닌주의에 기초해서 지역 차원에서 정치 선동 시스템을 만들려고 했던 거고, 여기에 문화가 지역 차원에서 플러스되는 거고, 그러니까 완전히 존재이전론은 아니었죠. 그다음에 IF-LM은 현장 이전, 존재이전론으로 '지식인이 완전히 노동자로 존재이전을 해야 된다'는 거였거든요. 그래서 사람들이 현장으로 다 들어가고 … 결과적으로 보면 하나는 '현장 안에서부터 아래로 조직하고, 그 다음

부산으로 내려갔고, 마치코바나 그 비슷한 작은 공장들을 다니다가 87년 6월항쟁을 겪었고, 그때 국본 노동위원회와 관계를 갖고 노동운동을 지원하는 일을 했고, 노동자대투쟁을 목격한 후 11월에 중부교회에서 저같이 서울에서 내려간 소위 선진노동자들과 지역의 노동운동가 등 여섯 개 정도 되는 그룹이 모여 전태일 열사 몇 주기인가 기념 행사한 후 부노협을 결성했습니다. 그 후 부산노련을 만들 때 고려피혁 노조위원장 등 노단협 쪽 사람들이 석탑과 관계를 맺으면서 장명국 초청 교육도 받고, 이런저런 교류를 가졌고, 부노련으로 가는 사람들은 수도권과 그다지 별 관계를 맺지 않은 것 같아요. 수도권의 영향이야 받았겠지만, 그렇다고 그게 지도나 지시 그런 것은 아니었지요. 90년대 들어와서 정세가 크게 바뀐 뒤에 전국 노운협 활동을 했는데, 서울 쪽에서는 정치로 많이들 갔는데, 부산에서는 그런 움직임이 별로 없었고, 저도 노동운동가로서의 길을 변함없이 걸었지요. 그때 노조들이 많이 생겼고, 그 노조들은 기업별노조만 노조라는 생각에 젖어 있어서, 노조가 없는 저 같은 선진노동자들은 점차 운신의 폭이 좁아졌지요. 민주노총이 생기면서 그런 경향은 갈수록 커졌고, 제가 민주노총 조합원이 되고 나중에 본부장이 될 수 있었던 것은 IMF 외환위기가 터지면서 너무나 많은 해고자가 발생했는데, 그들이 노조가 없어서 갈 데가 없었던 겁니다. 그래서 2000년에 지역노조/일반노조를 만들어 환경미화원 같은 노조가 없는 노동자를 조직하는 일을 제가 한 것입니다.[124]

에는 지역 안에서 이걸 아우르면서 지역 역학관계를 만들어 간다' 이런 거죠." 유경순 편저 《1980년대, 변혁의 시간 전환의 기록 2. 학출 활동가와 변혁운동》(서울: 봄날의박씨, 2015), 139~40쪽.
[124] 21. 07. 09. 서울 동교동 가톨릭청년회관 구술.

독재정권 시기 노동운동의 씨를 뿌리기 위해 공장 현장에 들어가 사회 변혁을 꾀했던 과거의 급진 전술은 이젠 노동자 대중에게 잘 받아들여지지 않았다. 현실 사회주의가 무너지고, 절차적 민주주의도 이루어졌으니, 이제 노동자 정당도 충분히 지지를 받을 수 있겠다는 생각으로 과거 급진변혁 노선을 버리고 자유주의 시민들에게 더 가까이 가는 개량주의 노선으로 운동을 하자는 분위기가 널리 퍼져 있었다. 사실, 정치 민주화의 열망이 노동운동을 통한 경제민주화보다 앞선 것은 비단 자유주의 시민계층에서만 일어난 현상은 아니었다. 정치 민주화를 우선해야 한다는 열망은 노동 진영에서도 높았다. 기본적으로 정치개혁 혹은 민주화에 대해서는 노동자 세력과 자유주의 세력 사이에 이견이 없었으니, 그 이유는 무엇보다도 노동자가 노동계급으로서의 정체성을 아직 형성하지 못했기 때문이다. 그 결과, 87년 이후 형성된 노조 활동가들은 일부 급진세력을 제외하고는 사회주의 혁명보다는 생존권과 시민권 확보에 더 관심을 집중할 수밖에 없었고, 그래서 계급의식에 기반한 노조의 조직화는 현실적으로 이루기 어려운 과제였다. 이러한 토대에서 노동자 정체성을 기반으로 하는 노동자 정당, 노동자 정치세력화를 꾀하는 것은 무리라는 점은 누구나 다 아는 사실이었다. 하지만 오랫동안 정치를 바라보는 시각이 '개량화'보다는 '변혁'에 맞춰져 있던 이들에게는 여전히 그러한 비非현실적 판단이 장차 이루어야 할 당위적 이상이었다. 이에 대해 장석준은 진보정당이 기성 민주주의 질서 안에서 서로 경쟁하는 여러 대중정당 가운데 하나여야 하는데, '작은' 개혁들만을 좇는 개혁정당으로서는 막상 개혁조차 제대로 실현하지 못하고, '큰' 혁명만을 꿈꾸는 혁명정당으로서는 신비화된 궁극의 혁명만 외치다 정작 위기의 순간이 오면 손 놓고 쳐다볼 뿐이라고 지적하지만,[125] 현실에서 이 문제를 어떻게 해결해야 할지는 여전히 담론 내 문제로 남아 있다.

1990년 전노협 출범 이후 노동 세력은 그 어떤 진보 세력보다 국가와 자본의 탄압을 많이 받았다. 특히 한국의 상황에서 노동 세력은 가장 심각한 낙인인 '빨갱이', 즉 체제 전복 세력으로 불온시되었다. 국가는 '노동'을 끝까지 집요하게 배제하려 했으니, 그 점에서는 통일운동을 하는 민족자주 세력보다 훨씬 더 불온시되었다. 노동운동을 불온시하는 시각은 시민들에게도 널리 퍼져 있었다. 그 좋은 예가 1991년도에 일어난 비슷한 두 죽음을 대하는 태도이다. 1991년 봄 당시, 대다수 시민들은 대학생 강경대의 죽음에는 크게 분노했으나 노동자 박창수의 죽음은 무시했다. 전노협 부위원장인 박창수 사건이 부각되면 민주화운동이 급진적인 것으로 오도되면서 오히려 민주화운동에 도움이 되지 않는다고 여겼다. 이런 과정을 거치면서 노동 세력은 그들의 당위적 주장과는 관계없이 크게 위축되었다. 이런 상황에서도 노동 세력은 자유주의 대중과의 연대를 통해 국회 내 영향력 확보라는 방편을 무시하고 선명성을 강조하는 정치세력화로 방향을 잡았다. 여전히 최대강령주의[126]가 대중화를 기반으로 하는 정당정치 질서

---

125 장석준, 《세계진보정당운동사》(2019, 서울:서해문집), 518~9쪽.
126 최대강령이 자본주의 체제와 정치적 · 경제적으로 양립 불가한 혁명적 목표를 담았다면, 최소강령은 자본주의 사회에서 실현 가능한 요구를 담는 것이다. 전자는 생산수단의 사회화를 통한 착취 체제 철폐에서부터 상품생산의 폐지 등을 통한 공산사회로의 도약을 포함해, 노동자계급의 정치권력 수립을 목표로 세운 반면, 후자는 8시간 노동제 쟁취, 산업재해에 대한 자본가 책임 규정, 청소년의 과도한 노동 금지, 법정 최저임금 보장 같은 시대 변화에 따른 요구를 포함한다.

안에서도 가장 큰 기반이었다. 그 결과, 최대강령주의가 굳건할수록 그들의 선명성도 분명히 드러났지만, 시민들의 지지에서는 멀어졌다.

1992년 진보민중 후보로 대선에 출마한 백기완이 23만여 표로 지지율 1퍼센트를 받는 데에 그쳤다는 것은, 당시 노동자 진보 진영의 정치세력화 가능성을 한껏 부풀린 노동운동 세력이 얼마나 반(反)정치주의적 정서를 공유하고 있었는지를 잘 보여 준다. 당시 운동의 주류는 모두 전선 운동 강화론에 기초했기 때문에 기존의 막강한 양당제를 비켜 갈 수가 없었다. 이후 자유주의 시민 외에 상당수 노동자도 정치 민주화를 더 우선시했고, 정치 민주화가 주목을 받을수록 급진성을 토대로 한 전선운동 강화론과 경제민주화 노동문제는 상대적으로 주목을 받지 못하는 현상이 고착되었다.

1989년 1월 21일 소위 재야 단체라 부르는 전민련(전국민족민주운동연합)이 결성되면서 나중에 민주주의민족통일전국연합(이하 전국연합)까지 이어지는 자유주의 시민 세력의 이합집산이 시작되었고, 이 과정을 거쳐 자유주의 시민 정치세력이 운동에서 주도권을 잡게 되었다. 이 과정을 거치면서 노동자 세력은 거기에 참여하는 여러 단체 가운데 하나로 자리 잡았고, 자유주의 시민 정치세력과의 관계 설정에서 노동 진영 내부의 의견은 끝까지 일치하지 않았다. 노동자 정치세력화로 가는 길에서 운동가들이 말하는 '노동해방'이나 '변혁'을 문자 그대로 달성할 수는 없다는 걸 깨닫게 되면서, 자유주의 정치체제 안에서 합법적으로 인정받는 정당과 선거를 통해 개량하는 길을 택하자고 주장하는 세력이 점차 힘을 얻기 시작했다.

1988년 6월 설립된 전국노운협(전국노동운동단체협의회)을 구성하는 정파 가운데 일부가 전노협으로 단일 대오를 형성하는 것보다 정당정치를 통해 정치세력화를 하자고 주장했다. 전국노운협은 재야 운동단체인 전민련의 중심 단체로 활동하면서 노동운동을 다른 사회운동 및 정치운동과 연계시키고, 민주노동운동의 전국 연대 조직을 결성하고 그 활동을 적극적으로 지원하고자 한 조직으로, 대중 노동자 운동체인 전노협과는 결이 다른 조직이었다. 그러나 전국노운협을 중심으로 한 정치적 노동운동은 급진변혁 이념을 앞세운 채 대중적 정치세력으로서의 비전이나 대안 제시에는 중점을 두지 않았다. 마찬가지로 전노협을 구성하는 각 지역의 노동자 대중도 기업 수준에서의 전투적 경제투쟁에만 매몰되어 법이나 제도 개선을 위한 정치투쟁 같은 더 높은 차원의 운동으로 성장하지 못했다. 이러한 상황에 봉착하면서 정당을 통한 정치세력화를 주창한 이들이 전국노운협을 해소하고 민중당으로 적극 결합해 들어가자는 주장을 펴게 된다. 이에 대해 이창우는 이렇게 말한다.

당시 운동 세력의 주류는 소위 전민련-전국연합을 중심으로 하는 전선운동 강화론에 있었습니다. 그들은 노동 중심의 진보 세력을 독자적으로 세운다는 것은 운동이론이나 실질 어느 면에서나 맞지 않는다는 소위 시기상조론을 유지한 거지요. 소위 민족자주 세력에 대부분 기운 사람들인데, 저도 마찬가지였고요. 대부분은 당은 북에 있으니, 지금은 당을 만들게 아니고, 민족을 하나의 범주로 잡아 전위를 만들어 투쟁하는 것이 급선무라고 주장했습니다. 그래서 노동자 중심의 민중당을 만들자고 하는 주장은 거의 누구도 거들떠보지 않은 거지요. 유럽의 경우 진보정당이 성립되는 시기는 정치적 민주화와 산업화가 빠르게 진행될 때였다는 사실을 상기해 보면 우리에게 87년은 민주화와 3저 호황이라는 성장의 과실이 배분될 수 있었던 시기였기 때문에 노동운동의 힘도 세지고 노동운동의 힘이 세진 만큼 정치적 성장도 이룰 가능성은 충분히 있었습니다. 그런데, 이 시기 한국에서 있었던 민중당과 같은 시도는 전민련과 전국연합으로 이어지는 자유주의 정치세력들의 전선우선론에 헤게모니를 빼앗겨 진보정당 건설이 무시당해 버린 겁니다. 그들 자유주의 정치세력들은 이후 보수적 자유주의 분파인 민주당의 저수지가 되었고, 좌파 정당의 독자적 세력화를 끊임없이 저지했지요. 사실, 당시 '노동자 정치세력화'라는 것은 노동운동을 하는 일부 상층부의 언어였는데, 나중 민주노총 출범 후 특히 노동법개악저지총파업투쟁(이하 노개투) 총파업 이후로는 누구나가 말하는 소위 대중의 언어가 됩니다. 또 하나, 민중당에 반대하던 사람들 가운데 전국노운협을 이루는 주류 선진노동자는 여전히 전투적 노동운동을 주장하는 일종의 생디칼리즘[127] 비슷한 걸 주장하고 있었는데, 그 또한 대중을 통한 정치세력화의 길로는 부적절하다고 저는 생각했습니다. 전투성 그 자체가 계급성을 의미하는 것은 아니니까요.[128]

---

[127] Syndicalism. 노동자, 산업, 조직들이 신디케이트, 즉 노동자들이 산업을 소유하고 경영하는 경제기구 체제 안에서 뭉쳐야 한다는 주장. 이들은 노동조합이 현재의 경제체제를 전복시키고 다수의 이해를 반영하는 사회를 운영할 수 있는 잠재적 주체가 되어야 하고, 그 안에서 산업은 협동조합이나 연합체제 혹은 상호부조 등과 같은 형태로 운영될 것으로 본다.
[128] 2021. 03. 01. 부산 연산동 음식점 연산군 구술.

1990년 전노협 건설과 함께 노동운동의 조직력이 강화되고 현장에서 소사장제 등 여러 가지 형태의 고용 위기가 닥치면서 조합원들의 투쟁 열기가 고조되었다. 여기에 구속되었던 지도부들이 석방되면서 부산 지역에서는 부노련을 중심으로 노동운동 조직을 확대 강화하고 전투력을 좀 더 선명하게 내세우자는 움직임이 구체화했다. 이런 상황에서 노동운동 위기론이 나왔으니, 이는 1992년 총선과 대선이라는 정치 일정에 따라 지금까지의 노동운동 방향에 제동을 걸면서 정당정치 세력화 쪽으로 방향을 틀자는 주장이었다. 이후 양쪽은 끝내 전술 차이를 극복하지 못하고 분열되기에 이른다. 이러한 갈등과 균열은 전적으로 수도권을 중심으로 벌어졌고, 부산 지역에서는 특별한 방향을 형성하지 못했다. 다만, 부산에서도 부노련이나 부산노련은 전노협 주류가 주장하는 조직 강화와 전투력 확대 쪽에 기울었고, 정당을 통한 정치세력화 운동은 소수의 주장에 그쳤다.

결국 정당정치 세력화 주창자들은 프롤레타리아 혁명론 폐기를 선언하고 자유주의 기구인 선거에 참여하겠다면서 운동 진영에서 빠져나갔다. 그런데 합법 정당을 하겠다고 천명하고서도 막상 자유주의 체제가 만들어 놓은 대의 체계를 통해 권력을 키워 나가는 정치 행위는 중시하지 않았다. 그들이 따르던 레닌의 표현을 따르자면 '좌익 소아병'이라 할 만했다. 자유주의 대의 기구인 선거에 참여하고 성과를 거두려면 일단 자유주의 세력과 연대해야 하는 것은 의심할 여지가 없었다. 최소한 내부 투쟁을 통해 내부의 차이는 극복하고, 노동자 전체를 아우르는 연대라도 이루었어야 했다. 그러나 정당정치 세력화를 주장한 이들은 전국노운협 같은 대중적 상설 연대조직체도 하나로 유지하지 못하면서 대중정당을 표방하고, 그 안에서는 '노동해방'을 외치는 모순을 서슴지 않았다. 합법적 정당운동이 필요하다고 판단했다면, 전국노운협을 토대 삼아 시간을 갖고 아래로부터 정당성을 확보하려 노력하고 양쪽의 사업을 연계하는 전술을 구사해야 했으나, 그들은 노동운동 조직의 유효성 종식을 선언하고 정당운동 쪽으로 떠나 버렸다. 이런 방식의 단절은 이후 진보정당운동 역사에서 끊임없이 이어졌다.

그리하여 노동운동단체와 전노협을 포함한 전체 노동운동 진영은 이후 많은 사안을 둘러싸고 심각한 내부 갈등과 대립에 휩싸이게 된다. 갈등은 전노협이 해산하고 민주노총 그리고 국민승리21과 민주노동당이 세워질 때까지 계속되었다. 대중정당을 주장하는 쪽은 노동운동이 위기 상황이기 때문에 선거라는 합법적 투쟁 수단을 개량적이라고 비판하는 것은 온당치 않다고 주장하고, 반대파들은 노동조합 연대를 통해 노동운동의 토대를 더 치열하게 조직해야 하며 선거는 변혁의 포기라는 입장이었다. 이 논쟁은 논리적으로나 역사적으로 어느 쪽이 옳고 그르다고 규정하기 어렵다. 그런데도 논쟁은 이후 엄청난 후유증을 가져올 만큼 심각하게 전개되었다. 이 논쟁은 조합원들의 문제가 아닌, 간부나 운동 지도자들 사이에서 벌어진 담론 싸움이었다. 이제 갓 만들어진 전노협 조합원들에게는 '노동해방'이니 '노동자 정치'니 하는 것이 피부에 와 닿지 않는 문제였고, 따라서 이 같은 담론 논쟁은 별 관심의 대상이 되지 못했다. 한 마디로, 노동자들의 삶에 어떤 실효도 없는 논쟁이었다. 하지만 지도부는 아랑곳하지 않았다. 치열한 논쟁은 서울을 중심으로 진행되었고, 부산 등 지역은 그저 조류를 따라가기에만 급급했다.

1992년은 봄에는 총선, 겨울에는 대선을 치르는 그야말로 정치의 계절이었다. 국민들의 관심사는 온통 정치 이벤트에 쏠려 있었지만, 전노협은 단위 사업장이나 지역에서 노동자 정치에 대한 논의를 제대로 끌어내지 못했다. 그러다 보니 정당정치를 통한 정치세력화를 추구한 사람들은 변변한 토론조차 해 보지 못한 채 편 모으기와 줄서기에 나서야 했다. 그 좋은 예가 한국사회주의노동당이나 노동자정당건설추진위원회이다. 여기에 합류한 사람들은 운동이나 단체의 대표 자격으로 합류했지만, 정작 현장과는 유리되어 있었다. 지지하는 선진노동자가 결정하면 현장은 따라가는 분위기가 많았다. 이러한 현상은 선진노동자의 문제이기도 했지만, 현장의 평조합원 문제이기도 했다. 현장 토론이 배제된 채 줄서기가 횡행하다 보니, 진영 간 갈등과 분열은 해소될 길이 없었다. 신자유주의가 시작되면서 달라진 노동환경 속에서 대중적인 진보정당 건설운동이 탄력을 받게 된 문제는 더 이상 무시할 수 없는 현안이었지만, 현장 조직의 의견은 거의 모이지 못했다.

상층부 중심의 민중당은 조직을 전혀 갖추지 못한 채 1992년 3월 치러진 14대 총선에서 단 한 명도 당선시키지 못하고 해산된다. 총선에서 지역구 후보 53명(서울 8명, 부산 4명, 대구 2명, 인천 5명, 광주 4명, 대전 1명, 경기 11명, 강원 4명, 충북 1명, 전북 3명, 전남 1명, 경북 5명, 경남 4명), 전국구 후보 4명이 출마하여 평균 6.25퍼센트의 득표율을 기록했으나, 당선자가 없어 정당법에 따라 며칠 후 해산되었다. 부산에서는 5명이 출마하여 부산진을의 김영수가 11.4퍼센트를 득표하는 성과를 거두었다. 이후 김영수는 진보정당의 한계를 절감하고 진로를 틀었다. 그러나 민중당 내의 또 다른 세력이 민중당이 이룬 성과를 잇고 그 한계를 극복하는 정당을 창당하겠다며 진정추(진보정당추진위원회) 결성을 선언했다. 민중당 세력은 노동자 정치세력화를 표방하면서도 현장 중심의 조직 구축에는 관심이 없고 오로지 덩치 키우기와 선거 승리에만 몰입했다. 선진노동자가 중심이 되어 줄서기와 몰려다니기 정치만 했다. 결국 정당을 통한 노동자 정치세력화 시도는 실패했다. 당시의 실패 원인에 대해 노회찬은 좀 더 본질적인 지점을 성찰했다. 패권적인 시각에서 오만함을 갖지 않았는가 하는 자문이었다.

(사회주의권 붕괴 이후 채택한) 신노선이란 게 '비합법 사회주의 정당 건설을 폐기하자'는 것이고, 비합법 정당이란 전반적인 운동을 지도하겠다고 자임하는 거잖아요? 그 노선 폐기는 단순히 당만 안 만드는 게 아니라, 그 물질화된 당으로 표현되는 지도성도 폐기해야 되는 건데, 당 노선은 폐기하되 전반적인 바탕은 그 당을 가지고 하려던 마인드를 그대로 갖고 있는 거죠. 그러니까 사고가 날 수밖에 없는 거지. 예를 들면 비합법당이 아닌 민중당을 '지도부 갈아야 되겠다. 우린 쪽수가 많으니까' 그런 식으로. 그 자신감의 근원에는 '쪽수가 많다'라는 아주 천박한 문제의식이고, 다른 한편은 껍데기만 버리고 알맹이는 못 버린 거죠.[129]

정영태의 분석에 따르면, 기업별노조 체제가 자리 잡는 한 선거정치에

---

129 유경순 편저, 《1980년대, 변혁의 시간 전환의 기록 2. 학출 활동가의 삶 이야기》 앞의 책, 131쪽.

서 노동자 표의 결집은 원천적으로 불가능하다. 더군다나 노동자의 정치적 영향력이란 계급정당의 존재 유무에 달린 게 아니고 노동조합의 이념적·조직적 통합력의 유지에 달려 있다.[130] 그럼에도 노회찬 등은 민중당의 실패를 통해 현실적 가능성을 면밀히 분석하지 않고 또다시 진정추를 구성해 준準정당적 조직 형태를 유지하며 때를 기다리기로 했다. 진정추 외에도 진보정당운동 재건을 시도한 몇 가지 흐름과 조직들이 있었다. 바야흐로 진보정당 건설을 위한 백가쟁명의 시대가 열렸다. 진정추는 백기완 후보를 추대해 대선을 치렀다. 백기완 후보는 1퍼센트, 23만 표를 얻었다. 처절한 패배였다.

당시 민중당 주요 정치인들이 보인 태도에 어떠한 역사적 의미를 부여할 수 있을까? 우선, 그들은 자신들의 충격적인 실패를 통해 노동과 정치의 본질적 관계라든가 정당정치가 갖는 본질적 성격을 숙의하거나 냉정히 분석하지 않았다. 실패의 원인을 조직과 현실이라는 정치적 토대에서 찾지 않고 여전히 변혁만을 좇았다. 역사를 개인의 의지와 신념으로 만들어 갈 수 있다고 믿는 이상주의적 시각에 젖어 있었던 것이다. 따라서 실패를 겪고 난 뒤에도 급진 정당을 통한 노동자 정치세력화라는 주장에는 어떠한 균열도 일어나지 않았다. 현실적 토대 없는 의지와 신념에 기반한 이상주의였기에, 백기완의 1퍼센트 득표라는 처참한 결과를 맞이하고서도 전혀 흔들리지 않았다. 그래서 급진 진보정당 건설이 계속 시도되고, 그러한 시도는 사회에 별다른 영향을 주지 못했다. 그들은 '노동

---

130   정영태, 〈사민주의적 노동자운동의 전개와 정당의 관계〉, 《이론》 5호(여름) 1993, 173~4쪽.

자'나 '민중'을 상징이나 은유로 사용하면서 그것을 실체인 양 착각했고, 그 위에서 '천만 노동자'의 대표라는 레토릭과 현실 간의 괴리를 자각하지 못한 채 여전히 급진운동 구호와 최대강령주의에만 경사되었다. 한국의 노동자가 천만 명일지라도 그 전체가 하나의 계급일 리 만무하고, 그 천만 명 중 10퍼센트가 노동자계급이라 할지라도 그들이 동일한 정치적 정체성을 가졌다고 할 수 없다. 그런데도 노동자들 사이에 존재하는 무수한 차이들, 화이트칼라와 블루칼라, 지역, 분단, 젠더 등등을 애써 부정하며 노동자 단일 정체성을 기반으로 한 노동자 정당을 주창했으니 이미 출발 때부터 실패는 예견된 것이었다.

반면, 냉정한 현실을 자각한 쪽에서는 의회주의 체제 내의 정당정치라는 것이 기본적으로 보수화 혹은 우경화 성격을 갖는다는 사실을 받아들일 수밖에 없었다. 그 결과, 상당한 세력이 대통령중심제와 국회의원 소선거구제를 양 축으로 삼는 한국 정치의 구조 속에서 노동자 정치세력화는 결국 민주당이라는 큰 텐트 안에서 이룰 수밖에 없다는 판단 아래 민주당으로 들어갔다. 또 일부는 국민승리21과 민주노동당이라는 자유주의 색채가 더 강해진 민족주의 혹은 사민주의적 노선의 진보정당 창당에 나섰다. 그 과정에서 진보정당이 노동자 정치세력화의 결과물이 될 수 있는지, 민주당과의 차별성은 무엇인지, 앞으로 더 우경화될 가능성은 없는지 등에 대한 고민이 가속화되며 갈등과 분열이 이어졌다. 하지만 그 분열 어디에도 '노동자 정치세력화'라는 애초의 목표가 기층 노동자 민중의 폭넓은 토대 구축과 조직화 없이는 이루어질 수 없다는 자각과 그로 인한 실패를 인정한 예는 찾아볼 수 없다. '전투적 조합주의'로 표상되는 전노협의 노선이 틀렸기 때문에 온건합리 노선으로 바꿔 노동자 정치세력화를 이루어야 한다는 주장이 효력을 가지려면, 시간이 걸리는 토대 구축과 조직화 사업에 대한 입장과 계획이 나와야 했지만, 그렇지 못했다.

세가 크게 위축된 전노협은 1991년 전민련을 계승한 전국연합에 참여함으로써 대중운동에 좀 더 가까이 가는 행보를 취했다. 전국연합은 당면 투쟁 과제 15개 가운데 임금 억제, 민주노조 파괴, 노동법 개악 기도, 살인적 노동 통제 등 노동대중과 노동운동에 가해지는 모든 탄압을 분쇄하고 노동자의 권리를 위해 투쟁한다는 항을 첫 번째로 세울 정도로 노동문제를 중시했다. 하지만 역량 부족으로 전국연합을 구성하는 전국농민회총연맹, 전대협 등 14개 운동단체 등과의 역량 싸움에서 주도권을 쥐지 못했다. 노동운동이 분열되어 자체 세력이 위축된 이유도 있지만, 1992년 대통령선거를 앞두고 자유주의 대중정치운동의 판이 커져 노동운동에 대한 시민들의 지지가 갈수록 줄어들었기 때문이다. 자유주의 시민 세력은 노동운동에 크게 관심이 없었고, 그나마 진보정치운동 가운데서는 민족자주 정파가 노동운동보다 더 큰 몫을 차지했다. 물론 민족해방통일운동에 비해 노동운동은 국가와 자본의 협공을 더 심하게 당한 것도 중요한 이유이다. 그러나 더 중요한 것은, 그 일련의 과정에서 노동세력은 자유주의 세력과 연대하기보다는 그들을 적으로 삼아 싸우려는 태도를 줄기차게 유지했다는 사실이다. 심지어 일부 진보적 노동 진영은 자유주의 정치세력을 반파시스트 투쟁 차원에서 제거해야 할 주요타격방향(주타방)으로 설정하기까지 했다. 그런 시대착오적인 입장을 취하는 세력이 급진적 구호와 이념으로 무장한 채 노동자 정치세력화를 외치며 대중정당을 만들겠다고 뛰쳐나간 것이다.

87년 대선에서 김대중과 김영삼의 단일화 실패와 패배 이후 일부 운동권 학생들이 다시 노동 현장으로 들어가기도 했으나, 대체로 진보정당운동은 답보 상태였다. 부산 지역의 진보정당운동도 92년 총선에서 부산진을 지역구에서 민중당 후보가 11퍼센트를 얻었다는 점을 빼면 별다른 성과가 없었다. 노동운동가이자 민중교회운동을 하는 김영수는 진보정당의 한계를 깨닫고 더 대중화된 개혁신당을 주장했다. 그는 진보정당이 개량의 길을 가지 않으면 의미 있는 정치적 단위로 존재할 수 없다고 주장했다. 1995년 10월 25일 부노련과 부산노동자교육협회가 공동 주최한 '노동운동과 정치세력화'라는 부산 지역 노동자 정치 토론회에서 김영수는 다음과 같이 주장한다.

운동권 일각에서 97년 이후 당 건설을 모색해 보자라는 이야기가 있다는 것을 알고 있다. 이것은 언제나 따라 나오는 '준비론'이다. … 지금 유의미하게 진행되고 있는 개혁신당의 흐름을 외면한다면 우리는 기약 없는 준비만으로 몇 년의 세월을 또 감내해야 할 것이다. 그렇다면 우리가 존립할 수 있을까? … 개혁신당의 민주당과의 통합을 열린 마음으로 보고 싶다.[131]

---

131 김영수, '〈개혁신당〉 어찌할 것인가', 부산노동자연합 · 부산노동자교육협회, 《노동운동과 정치세력화》, 3쪽.

이후 개혁신당이 창당되어 김영수도 여기에 합류하지만, 총선에서 개혁신당의 지역구 내부 경선에서 패배하면서 정치를 아예 접게 된다. 이러한 상황에서 1992년부터 95년까지 부산 지역에서 진정추 활동을 했던 정윤식은, 당시 노동운동을 하다가 진보정치운동의 길을 걸었던 일에 대해 이렇게 말한다.

당시 진정추 회원들은 전노협이 너무 비현실적인 구호만 외친다고 생각했습니다. 진정추 회원 대부분은 노동운동을 한 사람들이고 여전히 현장과 연결되어 있던 사람들인데, 좀 더 대중적이고 현실적인 정치운동이 더 필요하다는 생각을 한 겁니다. 그래서 김영수 목사님이랑 현실을 바꾸기 위해서는 정치를 해야 한다고 생각해서 했던 건데, 현실을 몰랐던 거지요. 그래도 김 목사님은 민중당으로 11퍼센트나 득표를 올려 의미 있는 결과를 마련했는데, 어쩔 수 없이 좀 더 진보적인 민중정치연합과 통합하여 진정련(진보정치연합)을 발족시키고 그 후 이번에는 좀 더 대중적으로 가야 한다 해서 민주당 일부 개혁 세력과 통합하여 개혁신당도 해 보는데, 세력이 너무 약해서 당내 후보로도 못 나가지요. 진정추 활동은, 결과적으로 보면 국민승리21과 민주노동당으로 가는 임시 가교라는 생각을 하고 있었습니다. 그런데, 당시 부산노련 사람들이 저희들이 얼마 되지도 않은 표를 가지고 분열을 일으켜 역량을 분산시킨다는 생각을 한 것 같다는 생각이 지금 들긴 합니다. 엄밀히 말하면 시기상조라는 말이 설득력이 있긴 하네요. 그러나 여전히 정치를 하지 않고서는 노동자의 정치세력화

는 이룰 수 없다는 생각에는 변함은 없습니다.[132]

진보정당의 방향을 개량주의로 설정해 자유주의자들과 연대하여 나아가자는 주장은 결국 그 안에서 자유주의자들에게 주도권을 뺏기면서 실패했다. 그러면서 소위 선진노동자를 중심으로 하는 일부 전위대를 통해 변혁 중심의 정당 세력화를 이루자는 주장이 노동 진영에서 여전히 일정한 세력을 형성했다.

1995년 10월 25일 부산 지역 노동자 정치 토론회에서 두 번째 기조 발제를 맡은 정의헌 부노련 부의장은 이렇게 주장했다.

> … 정개련(개혁적 국민정당)이 민주당과의 통합 추진에서 보듯 정치적 지향을 분명히 하기보다 선거 당선에 집착하는 모습으로 나타나고 있다. … 설사 일정한 세력화를 이룬다 하더라도 노동자 민중의 정치적 대변자 역할을 하기에는 큰 한계가 있어 보인다. … 노동자 정치세력화는 계급 대중이 정치운동의 주체로 나서는 것이 중심이다. … 피지배 국민의 절대다수인 노동자계급 대중의 각성과 참여 없이는 이루어지기 어렵다. … 특히 선진노동자가 정치세력화에 대한 전망을 획득하지 못하고 기업별노조 운동에 갇혀 있는 상태가 지속된다면 중장기적 과제인 산업별노조 건설 대오에서도 탈락하게 될 것이다.[133]

---

[132] 2020. 09. 08. 부산 초량동 음식점 구술.

[133] 정의헌, '노동운동과 정치세력화', 부산노동자연합·부산노동자교육협회, 《노동운동과 정치세력화》, 8~9쪽.

원래 정당을 통한 노동자 정치세력화는 급진변혁주의자들이 주창한 레닌주의에 기반한 이론이다. 이 이론에 따르면 노동조합은 일차적으로 자본주의 체제 내에서 수용될 수 있는 노동자 대중의 일상적 이익을 추구하는 집단이다. 그래서 노동조합운동을 그대로 두면 자본주의 체제 내에 흡수되기 때문에 사회변혁을 이룰 수 없다. 소수의 정예 직업혁명가들로 구성된 전위정당이 체제를 변혁시킬 유혈 정치투쟁을 주도해야 하고, 이 맥락에서 노동조합은 전위정당의 하부조직으로 포섭되어야 한다. 그렇지만 한국 사회에서 레닌 식의 전위정당은 불가능하다. 서구의 사례에서 보았듯이 다당제 의회주의가 성립되어 있는 경우에는 적은 힘이나마 노동자 정치를 수행할 가능성이 있으나, 분단 상황과 그 영향 하 강력한 대통령중심제에서 양당제가 운용되는 상황에서 노동자 정당이 정치구조 안에서 일정한 위치를 차지하기란 현실적으로 불가능하다. 따라서 노동운동계 안에서 마르크스-레닌이든 그람시든 서구 이론을 원용하거나 그에 준하는 차원의 급진변혁을 주장하는 노동자 정당을 추진한 세력은 노동운동에 부정적 영향력을 끼칠 수밖에 없었던 것이 현실이다.

결국 한국의 노동자 정치는 대중으로부터 상대적으로 분리된 노동자 정당에 의해 수행되어야 하는데, 독자적인 노동자 대중 조직이 존재하지 않는 한 대의제 선거제 안으로 들어갈 수밖에 없다. 그런데 노동자 독자 정당을 주장한 세력이 과연 이러한 역사적 상황을 제대로 판단했는가? 전혀 그렇지 못했다. 이 시기 노동 진영에서 나온 첫 진보정당인 민중당 이후 민주노동당에 이르기까지 그들이 세운 정당은 혁명적 전위정당이 아닌 자유주의 대중정당이었다. 그러면 당연히 의회주의와 선거를 인정하는 것이고, 우경화를 통한 대중화를 피할 수 없다. 그런데도 민중당부터 민주노동당에 이르기까지 우리의 진보정당은 여전히 변혁이니 계급이니 하는 낡은 구호와 관념에 얽매여 있다.[134]

전노협-부산/부양노련 해산으로 가는 길

전노협 건설에 중요한 역할을 했던 전국노운협의 일부가 민중당 창당세력으로 가면서 선진노동자 조직인 전국노운협이 분열된 것은 노동자 정치세력화 과정에서 치명타를 안겼다. 무엇보다도 전체 운동 진영에서 노동자 세력의 몫이 급격히 축소되었다. 당시 전노협은 1990년 상반기 투쟁을 통해 이미 7백 명 이상의 간부들이 구속·수배·고소·고발되어 지도력과 조직력이 크게 훼손된 상태였다. 따라서 노동운동단체들의 훨씬 더 많은 지원과 협력이 필요했다. 또, 대공장에 민주 집행부들이 속속 들어섰고, 그동안 전노협과 거리를 두었던 업종회의가 공동으로 전국노동자대회를 개최하는 등 민주노조운동이 점차 조직적으로 단결해 가는 중이었다. 그런데 민중당 추진 세력이 전국노운협을 분열시키고 나갔다

---

134 최근 정의당의 행태는 또 조금 다르다. 강령에는 그런 내용이 없는데, 원내 의원들의 정치활동을 보면 '노동'에서 '여성'으로 그 초점이 옮겨졌다. 전통적 의미에서 진보는 곧 노동이라는 도식에서 벗어나 새로운 정치 패러다임을 시도하는 것으로 보이지만, 계급 대신 페미니즘을 앞세운 정치가 시민들로부터 어떤 지지를 받을 수 있을지는 확인할 수 없다. 그들이 너무 급진적이고 진보적이어서가 아니라 오히려 시대착오적이고, 대중과의 결합에 실패했거나 애써 결합하려 하지 않아서 그렇다고 본다.

가 정치적으로 실패하고 민자당으로 가 버림으로써 노동 진영 전체가 엄청난 타격을 받았다.

이때 전노협은 대체로 섣부른 정당 정치세력화에 대해 비판적 입장을 견지했다. 1~3대 전노협 위원장을 역임했던 단병호는 노동자 정치세력화라는 게 꼭 정당 건설만을 의미하지는 않는다고 분명하게 말했다. 그는 민주노조운동의 정치사회적 역할은 폭넓은 정책 개발과 사업을 통해 노동자가 이 사회의 주인이라는 말이 실현될 여건을 만드는 것이라면서, 노동자계급의 독자 정당보다는 전국적 노동조합을 중심으로 이 역할을 강화해야 한다고 했다. 그러면서 소위 '양 날개론,' 즉 정당을 한 축으로 하고 노동조합을 다른 한 축으로 하여 노동자 정치세력화에 접근해야 한다고 했다. 대체로 나중에 민주노총의 중앙파로 불리던 일군의 세력, 즉 단병호, 문성현, 심상정, 노회찬 등을 중심으로 투쟁과 협상 사이에서 줄타기하면서 대중적 진보정당 건설을 꿈꾼 PD계 지도부와 활동가들이 이 의견을 지지했다. 전노협 사무총장과 서노협(서울지역노동조합협의회) 의장을 역임한 김영대의 주장은 달랐다. 김영대는 노동자 민중의 정치세력화보다 사회적 영향력 확대 후 제도 정치에 압박을 가하여 노동자의 이익을 추구하는 방식의 세력화, 즉 제도권 야당이 선거에서 승리하여 사회적으로 민주화 이행 동력을 강화하는 선거투쟁을 노동자 정치세력화 방식으로 간주했다. 주로 전노협 내부의 '국민과 함께하는 노동조합운동 노선'을 지향했던 우파적 경향의 지도부와 간부들이 이 노선을 지지했다. 세 번째로는 정당정치를 통한 정치세력화에 적극적인 입장으로, 전노협 4대 위원장 양규헌의 주장이 있다. 그는 조합원들이 전면적으로 정치 주체로 나서는 것이 곧 노동자 정치세력화이고, 그 위에서 선거 승리를 위한 노동자 민중 정당의 전략적 목표를 세워야 한다고 주장했다. 이 세 번째 노선을 주장하는 세력은 1991년 지자체 선거투쟁을 계기로 노동자계급 정당 결성 운동에 주체적으로 참여하기로 하고, 전노협 차원에서 정당에 재정과 인력을 지원하면서 조합원들을 당원으로 가입시키는 운동을 전개했다. 전체적으로 전노협의 분위기는 세 번째 방식의 노동자 정치세력화를 지향하는 쪽으로 기울었다.

출범과 동시에 세력이 크게 위축된 전노협에게 출범 다음 해인 1991년 5월 9일 총파업은 전노협 지도부가 이끈 실질적인 마지막 대중투쟁이었다. 내부 분열과 외부 탄압으로 전노협의 조직력이 대폭 약화되어 일상 사업 체계가 거의 가동되지 못할 정도였기 때문이다. 지노협 조직은 마산·창원과 경기 남부 지역 정도를 제외하고는 제대로 움직이기 어려운 상태였고, 1992년 이후 중앙에서 열리는 대부분의 회의는 갈등과 대립의 장이 되었다. 그 가운데서도 그간 업종 및 노동단체와 연대투쟁한 경험을 바탕으로 전노협, 업종회의, 전국노운협, 전국노련 등 4개 조직이 참여하고, 민주화를위한전국교수협의회와 같은 여러 시민단체가 참여하는 ILO 공대위가 결성되는 성과를 냈다. 1991년 10월에서 12월까지 광주, 부산, 마산·창원, 대구, 인천, 서울, 경기, 전북 등에 ILO 공대위가 구성되어 6만여 노동자가 참여하는 전국노동자대회를 개최하여 노동법 개정을 촉구했다. 다음 해인 1992년의 전국노동자대회 때에는 ILO 공대위로 묶인 노동자가 총 40만 명에 이를 정도로 세력이 결집했다. 그런데 엄밀하게 보면, ILO 공대위 결성으로 민주노조 진영이 확대된 것은 사실이지만, 그만큼 전노협 가입 노조의 권한은 축소됐다. ILO 공대위 내에서는 업종회의와 전노협 간의 마찰이 끊이질 않았다. 하지만 ILO 공대위 결성으로 전노협에 가입하지 않았던 업종회의 노조 간의 조직적 결합력이 강화되고, 노동 악법 철폐 투쟁을 중심으로 민주노조들의 총단결 흐름이 강하게 형성된 것은 큰 진전이라 하지 않을 수 없다.

이어 1993년 6월 민주노조 진영은 전노협과 업종회의, 대공장 노조가 결합한 전국노동조합대표자회의(이하 전노대)를 결성했다. 전노대는 노동운동의 정치성을 강화하기보다는 노조만의 조직을 시급히 건설하여 형식적으로 새로운 조직을 만드는 데 초점이 맞추어져 있었다. 그래서 노조 조직 외의 많은 노동단체, 즉 해고노동자를 포함해 선진노동자라고 불리던 세력과 학생운동 세력을 배제했다. 철저히 노동조합에 소속된 현직 위원장들에게만 의사결정 권한을 줬다. 이 시기가 되면 소위 선진노동자들의 영향력은 크게 약화되고 노동조합의 힘은 막강해져 노동조합 중심으로 노동운동을 해야 한다는 의견이 우세했기 때문이다. 전노대는 민주노총으로 이행하는 상급 조직 역할을 했다. 세가 크게 위축된 전노협은 민주노조운동의 구심적 지위를 포기하고 사실상 그 역할을 전노대에게 넘겨주게 된다. 전노협과 같은 전투적 단체 가입을 기피하고 사안별로 민주노조와 연대했던 사무전문직 업종 노조들은, 가능한 한 불법적인 방식은 배제하고 합법적으로 활동하는 방식을 선호했다. 정치성보다는 노조 조직을 중시한 전노대를 그대로 계승하여 세워진 것이 바로 민주노총(전국민주노동조합총연맹)이니, 합법성과 대중성, 즉 비非전투적인 정치노선 위에서 성립된 조직이다. 민주노총은 투쟁을 통한 노동운동의 조직이 아닌 노사협조를 통한 정치세력화로 방향을 정했다.

김창우는 이것이 국가와 자본의 철저한 분할지배 전략의 결과라고 해석한다. 그에 의하면, 국가와 자본은 전노협을 탄압하고 배제하는 대신에, 대기업 사업장 노조들은 실리로 유혹하고 사무전문직 업종 노조들은 합법화시켜 줌으로써 민주노조운동 세력을 분열시키려 했다. 그러나 전노협과 대기업 노조 및 업종회의가 연대하여 전노대를 결성하고 이를 통해 민주노총의 건설로 나아가려 하자, 국가와 자본은 민주노총 합법화를 미끼로 지역연대 조직에 기초한 전노협을 청산하도록 유도했다. 그리하여 민주노총의 운동 노선을 둘러싼 노선투쟁 과정에서 주도권을 잡은 사회개혁 개량주의적 세력이 국가와 자본의 '민주노총 합법화 전략'에 호응함으로써 전노협은 청산의 길을 걷게 된다.[135]

역량이 커진 전노대는 본격적으로 조직 발전 논의를 시작했고, 그 논의는 바로 전노협으로 옮겨 갔다. 1994년 9월 2일 전노대 수련회 1주일 전 전노협 제5기 5차 중앙위원회가 개최되고, 그 자리에서 우여곡절 끝에 최종적으로 전노협의 민주노총 건설 계획이 최종 확정되었다. 전노협 세력이 위축되고 그 바깥 세력, 특히 업종회의 세력의 영향력이 갈수록 커진 덕분에 전노대가 건설되면서 민주노조 진영의 연대 조직이 확대되었다. 이에 많은 조합원들이 고무되었다.

부산 지역에서도 영남지역 노동조합 대표자회의를 결성하고 난 후 노조가 노동운동의 중심이 되어야 하고, 그것이 전노협을 넘어 총연맹 건설

---

135 김창우, 《애도하지 마라, 조직하라》(서울: 회화나무, 2020), 41쪽.

로 이어져야 한다는 생각이 대체적인 노동계 분위기였다고 볼 수 있다. 노동조합이 이미 커질 만큼 커져서 부노련이나 전국노운협 같은 소위 선진 노동자 조직이 영향력을 끼치거나 지도할 만한 단계를 훨씬 넘어섰다고 봤기 때문이다. 이때는 부산노련이나 각 노조의 위원장을 맡으면 대부분 구속되고, 부노련 상근자는 월급도 제대로 못 받고 있던 시절이다. 세계 정세의 변화는 말할 것도 없고, 개인들의 삶도 큰 변화를 맞아 기로에 서 있었다. 대학 시절에 운동판에 들어선 사람들도 10여 년이 지나면서 결혼한 사람들도 생겨났고, 상근 활동가에게 월급도 제대로 주지 못하는 상황에서 과거 전노협 시절 같은 전투적 투쟁만 요구하기란 불가능했다. 무엇보다 가정을 꾸리면서 먹고사는 문제에 봉착하다 보니 미혼일 때와 달리 활동가들의 생각도 현실적으로 바뀌었다. 공공사무업종이나 대기업 노조 없이는 아무것도 할 수 없는 현실, 이런 상황에서 바라는 건 오직 총연맹뿐이었다. 일부에서는 총연합으로 가는 방식에 우려를 표하는 분위기도 분명히 있었다. 당시 부산에서는 금속과 화학이 부산노련의 중심이었는데, 수도권 쪽에서는 이미 언론이나 교사 같은 거대한 인원수를 가진 '업종'이 중심 세력으로 부상한 상태였다. 이런 상황에서 업종과 대기업 중심으로 민주노총으로 이행하는 것이 괜찮을지 염려하는 분위기였다. 그러나 총연맹 건설 움직임은 이미 시작되었고, 그 인원수가 과거 전노협 소속 조합원 수를 압도했기 때문에 이를 반대하기가 쉽지 않았다. 당시 전노협은 가입 조합원 수 2만 6천 명 정도로, 상층부는 거의 구속된 것과 다름없고 조직은 궤멸 직전이었다. 그나마 부산에서는 학출과 선진노동자 덕에 근근이 유지는 되고 있었지만, 이 조직으로는 아무것도 할 수가 없었다.

전노협이 해산되는 과정에서 가장 두드러진 문제는, 상층 지도부가 형식적으로나 내용적으로 제대로 된 토론이나 회의 없이 해산을 결정했다는 점이다. 대의원대회조차 한 번도 개최하지 않았다. 이는 상층 지도부뿐만 아니라 소속 조합원 전체가 책임져야 할 문제다. 어떤 운동에서든 제1 요소인 조직을 철저하게 포기한 행태였기 때문이다. 더 심각한 문제는, 이러한 일이 공공연하게 진행되는 것을 알고 있었으면서도 아래로부터 어떠한 반발도 일어나지 않았다는 사실이다. 왜 그랬을까? 이에 대해 민주노총 부산본부 초대 본부장 강한규는 다음과 같이 전한다.

제가 92년도에 부산지하철 노조위원장에 출마했을 때 공약으로 내건 게 전노협 가입이었습니다. 그 선거에서 떨어지고, 93년도에 다시 나갔는데, 전노협 가입을 공약으로 걸지 않았어요. 왜냐면 누구나가 그건 다 받아들이는 기정사실로, 전노협 해산은 아무도 의심하지 않았고, 한국노총에 버금가는 뭔가 민주노조 내셔널센터를 세운다는 것이 모든 사람들의 열망이었기 때문입니다. 누구 하나 반발하고 그런 게 있을 수 없었습니다. 그건 93년도에 정부의 각 사업장 탄압이 엄청나게 진행되어서 그렇습니다. 한진 LNG 파업부터 백병원, 메리놀병원 등 모든 사업장이 초토화되다시피 하는 정도였어요. 지하철노조 파업도 그 연장선인 94년도에 터지지요. 그 일로 구속 수감돼 감방에 들어가서 보니까 이곳저곳 사람들이 다 모였는데, 어떤 헤드쿼터도 없이, 부산노련도 아무것도 못 한 상태였으니까, 그냥 우후죽순 격으로 온갖 곳에서 다 자연발생적으로 터져 버리고, 다들 구속되어 버린 거예요. 그렇게 깨지니, 이런 상황에서 노조원들이 갖는 건 민주노조 상급 단체 건설이었습니다. 각개격파를 당하니 당연히 그런 마음이 드는 거지요. 그 내용이 어떻게 될지 그런 것으로 논쟁하고 어쩌고 하는 분위기가 아니었습니다. 일부 현장에서는 그 내용으로 반발감이 일어났을지는 모르겠으나 전체적으로 그 열망을 중지시킬 만한 것은 못 되었습니다.[136]

내셔널센터 건립 없이 전노협의 힘만으로 새로운 신자유주의 환경에서 국가와 자본에 맞서 승리할 수 있을 것이라는 믿음을 가질 수 없었다. 비록 그 과정에서 다른 목소리도 나왔지만, 결국 전노협의 결정에 반발하는 행동은 나오지 않았다. 당시 부산의 분위기를 송영수는 다음과 같이 전한다.

전노협에서 전노대를 거쳐 민주노총으로 전환하면서 부산노련 해산을 반대했지만, 그때만 해도 그걸 드러내 놓고 반발하는, 지금의 진보 진영에서 하는 식의 분위기와는 전혀 다른 게 당시의 문화였습니다. 반대는 하되, 비록 지역이나 하부조직까지 토론을 하거나 의견을 듣는 단계를 거치지 않고 상부에서 결정했다고 하더라도, 지역이나 하부에서 그 결정에 동의하지 않고 깨고 나간다거나 하는 일은 전혀 일어날 수 없었습니다. 이미 우리는 소수로 전락했고, 단병호 같은 이도 이미 포기해 버렸는데 … 지역에서는 반대가 심했지만, 다수가 결정해서 가면 가는 거지, 지금처럼

---

136   2020. 09. 24. 부산 범일동 부산교통공사 감사실 구술.

분파가 강하게 있어서 서로 싸우고 그렇지를 않았어요.[137]

이런 흐름을 주체 구성의 측면에서 보면, 제조업 노동자로부터 시작된 노동자대투쟁이 사무직과 전문직, 그리고 공공부문 노동자로 확대되었다고 볼 수 있다. 87년 노동자대투쟁에는 참가하지 못했던 다수의 화이트칼라 노동자가 대거 참여한 것으로, 이 변화는 이후 노동운동의 대세로 자리 잡았다. 그 사이에 학출 활동가와 선진노동자들이 노동자 대중과 전면적으로 결합한 것도 중요한 변화라 할 수 있다. 이로써 87년에 고립되었던 노조는 10년의 투쟁을 거치면서 시민사회 진영의 중간계급과 연대를 형성할 수 있게 되었다. 이 확장된 대투쟁을 통해 노동운동은 87년의 고립에서 적극적으로 벗어날 수 있게 되었다. 소위 전노협 한계론을 주장한 전노협 온건주의자들이 전노협 중심성을 부정하는 업종회의와 일부 대공장 노조들과 연합전선을 편 끝에 전노협 강화론에 승리한 것이라고 평가할 수도 있다.

이제 노동운동은 전노협이 중심이 된 중소 규모·제조업 중심·지역 기반의 전투적 조합주의에서 벗어나 온건한 화이트칼라 중심의 대중적 운동 노선으로 전환하게 되었다. 새로운 노선은 대체로 노조 활동의 주요 목표를 직장 민주화와 사회 민주화에 두었다. 목적의식적 활동에 뜻이 있는 지도부라도 조합원 대다수의 이러한 중간층 의식을 고려하지 않을 수 없었다. 지도부는 여전히 생산직 노조와의 연대를 당연하게 여겼

---

137 2020. 09. 16. 부산 장전동 애광원 사무실 구술.

지만, 공동 연대투쟁으로 대중을 동원하는 데에는 자신감을 잃었다.[138] 1990년을 거치면서 화이트칼라 부문 노조운동의 주요 목표는 점차 임금 인상이나 근로조건 개선 같은 경제적 이해관계 실현으로 변했고, 1991년 가두투쟁 이후 많은 노조에서 조합원의 참여 저하로 지도부 재생산이 어려워졌다. 이제 '사회 민주화' 투쟁은 임금 교섭에 명분을 실어 주는 여론 용 구호나 제스처로 비춰지기 시작했다.[139]

이러한 상황에서 노동자 정체성 확립이나 노조원 교육이 제대로 이루어질 리 만무했다. 과거 학출 활동가들과 이들을 통해 의식화된 선진노동자들을 중심으로 노동운동이 사회변혁을 꾀하는 정치투쟁이 되어야 한다는 것이 전노협까지 이어진 주류의 분위기였다면, 민주노총이라는 내셔널센터의 설립 이후로는 노동자와 노동조합 중심의 노동운동이 전개되었다. 교육과 조직도 노동자들이 자체적·자발적으로 하지 않고 민주노총 지역본부가 담당하게 되었다. 이로 인해 그동안 활동했던 노동 관련 상담소나 교육기관들이 문을 닫게 되었다. 이에 대해 부산에서 가톨릭노동상담소를 운영하며 노동자 교육을 담당했던 박주미는 이렇게 말한다.

노동운동은 궁극적으로 노동자 운동이 되어야 합니다. 노동자 스스로가 그 정체성을 자각하고 개인이 변하고 그 위에서 운동을 해야 노동운동이 되는 겁니다. 그런데 전노협에서 민주노총으로 전환되면서 노동자 자

---

138 임영일, 앞의 책, 86~7쪽.
139 임영일, 앞의 책, 102쪽.

각에 대한 교육이 더 이상 필요가 없게 됩니다. 정귀순이 한 노동자교육 협회나 제가 한 가톨릭노동상담소가 모두 95년에 교육 상담 업무를 그만 두게 되는 건 이 때문입니다. 교육 상담은 이제 노동조합 운영 중심의 교육으로 대체되면서 노동운동이 이제는 노동조합운동으로 변해 버렸습니다. 그러다 보니 청계피복이나 원풍모방 등에서부터 선배들이 이끌어 오고 쌓아 온 노동자 정체성에 대한 자각에 대한 교육이 사라져 버렸고, 그로 인해 노동자 운동이 끊어져 버렸어요. 부산만 해도 과거 87년을 전후로 고무공장의 수없이 많은 여성 노동자가 쌓아 온 그 많은 노동자 운동이 부인되어 버린 겁니다. 오로지 대기업 중심의 노동자가 임금이나 복지 등을 위해 싸우는 꼴이 되어 버렸습니다. 그래서 당시 노동운동 했던 사람들이 자신들이 쌓아 온 것들이 송두리째 뿌리 뽑혀 버려 지금은 소외당한 존재가 되어 버린 겁니다.[140]

노동운동이 지식인과 선진노동자가 추동하는 사회변혁을 꾀하는 정치투쟁이 되어야 하는지, 노동자와 노조가 중심이 되는 조합운동이 되어야 하는지는 이 자리에서 더 깊게 논의할 수 없다. 분명한 것은, 90년대 초를 지나면서 한국 사회는 신자유주의의 광풍에 내몰리면서 급격한 변화를 겪을 수밖에 없었고, 노동자의 정체성이 크게 변화하면서 과거와는 다른 더 큰 차원의 노동자 정체성이 필요해졌다는 사실이다. 그 새로운 사회환경에 맞춰 건설된 민주노총이 어떻게 새로운 노동자 정체성을

---

[140] 2020. 02. 17. 부산 개금동 부산실업극복지원센터 사무실 구술.

정립하고, 노동자와 노동조합에 대한 교육과 조직을 어느 정도 했는지는 반드시 평가해 볼 부분이다. 이에 관해 박성호는 다음과 같이 말한다.

예전에는 학출 활동가들의 위장취업이든 아니면 지역 노동운동단체가 현장 선진노동자들을 모아 학습 모임을 만들어 현장 활동가 인프라를 구축한 것이든, 어떤 학습과 조직에 관한 노력이 있었고, 분명한 성과를 내었다고 생각합니다. 저 또한 그들에 의해 길러진 현장 활동가입니다. 대기업연대회의를 조직하기 전 영남권대표자회의 활동을 하면서 노재열 국장으로부터 실무 일을 컨닝하면서 배웠고, 집회 기획, 회의 자료 기획 등을 전수받았습니다. 그 역량으로 조선노협 창립 간사를 대우조선 이행규 수석과 하면서 부산대학교에서 창립 대회를 성공적으로 해낼 수 있었습니다. 현실의 현장 활동가 조직, 정말 어렵다고 생각합니다. 그러다 보니 노동조합의 지도자적 위치에 있는 동지들이 아예 안 된다고 규정해 놓고 노동조합 간부들을 중심으로 일회성 교육에 그칩니다. 부양지부에서 간부 양성 교육, 활동가 양성 교육을 배치해 실천하는 사업 집행에 초점을 두는 정도입니다. 결국, 노조 간부를 마치고 나면 현장 활동가로 남는 동지는 10명 중 1~2명 정도밖에 못 건집니다. 그런데 그것도 진정한 운동에 대한 확신을 가지고 오래 남을 수 있는 동지는 그리 많지 않습니다. 모든 사업에는 투자가 필요합니다. 이것은 자본이든 노동이든 불변의 원칙입니다.[141]

---

141 2021. 09. 21. 서면으로 의견 개진.

이로써 유신 말기부터 이어져 온 학출 활동가와 선진노동자가 추동해 나간 급신변혁 노동운동 세력은 실질적으로나 형식적으로나 노동운동 진영에서 밀려나게 되었다. 세가 약화되면서 일부는 민주노총의 개량개혁 노선에 동승하여 운동을 이어 나갔고, 일부는 노동판을 완전히 떠났고, 일부는 시민운동으로 방향을 바꿨다. 이는 전국적으로나 부산에서나 마찬가지로 나타난 현상이었다. 철저한 힘의 논리로 벌어진 패권 다툼에서 급진변혁 세력이 노조를 탄생시켰으나, 결국 그 대중화된 노조의 힘에 밀려 더는 그 위치를 유지할 수 없게 되었다. 그러는 가운데 합법 대중운동을 지향한 소위 NL과 일부 PD가 승리하여 민주노총에서 공동으로 노동의 주도권을 잡게 되었다. 전노협 중심의 민주노조 세력이 대중성을 잃은 것에 대해 최장집은, 노동자계급이 정치사회에서뿐 아니라 시민사회에서도 계급조직으로 거듭나는 데 실패한 것은 국가의 권위주의적 강권 기구에 의한 정치적 억압이라는 요인과 당시 여야의 정치적 협약이 노동자계급의 제도권 정치 진입의 문턱을 극히 높인 탓이라고 분석한다. 그래서 급진적 변혁주의적 운동 노선의 리더십이 노동자 대중과 접목되면서 급진적 리더십과 대중 간의 괴리가 커졌다는 것이다.[142] 반면에 임영일은 온건과 급진을 따지기 전에 이미 기업별노조 체계 자체가 안고 있는 한계 때문이라고[143] 지적한다.

임영일의 지적처럼 노조 체계는 한국의 노동운동에서 매우 중요한 요

---

142 최장집, 〈한국의 노동운동은 왜 정치조직화에 실패하고 있나〉, 한국사회학회·한국정치학회, 《한국의 국가와 시민사회》(서울: 한울, 1992), 232~49쪽.
143 임영일, 앞의 책, 148쪽.

소임에는 의심의 여지가 없다. 하지만 법적·제도적 제약을 개선한다고 해서 정치세력화 문제가 저절로 풀리는 것은 아니다. 노조의 정치활동 금지, 제3자개입 금지, 복수노조 금지 등의 법적·제도적 제약은 이미 폐지되었다. 또, 국가가 산업별노조를 법으로 금지한 것도 아니다. 오랫동안 독재체제 아래서 노동운동을 하면서 세워 온 전통에 따라 노조가 기업별노조 체제를 스스로 선택한 것 또한 엄연한 사실이다. 따라서 노동자계급 형성에 실패한 데에는 산업별노조 체제가 제대로 완수하지 못한 구조적인 탓도 있지만, 과도한 현장주의와 노동시장중심주의를 고수하면서 시민사회 진영 내 여러 세력들과 연대하여 정치세력화를 꾀하는 것을 '개량'이라는 말로 무시해 온 노동운동 진영 내부의 문제도 있다. 그동안 노동운동을 둘러싸고 일어난 다양한 환경 변화에도 불구하고, 그러한 변화가 노동운동의 성과로 인정되지도 않았을뿐더러 노동운동을 발전시킬 기반으로도 활용되지 못한 것이 사실이다. 중요한 것은 노동시장, 시민사회, 각 정치 영역에서 노동운동의 역할을 현실적 조건에 맞게 조합해 내는 능력이지, 산업별노조 체제로의 전환이 아닌 것이다.

전노협 이후에 들어선 민주노총은 충분히 온건적이었고, 설령 '무늬만 산업별'이라고 할지라도 적어도 전노협 때보다는 노동운동에 더 유리한 체제를 가졌음에도 여전히 대중의 전폭적인 지지를 얻지 못했다. 여기에는 또 다른 원인이 있을 수 있다. 전노협은 권위주의 정권의 탄압과 신자유주의라는 미증유의 위기를 동시에 겪었고, 이를 버텨 내는 과정에서 시간을 갖고 대중과 함께 조직 강화 작업을 꾀하지 못했다. 민주노총은 허약한 조직 기반 위에서 IMF 외환위기라는 또 다른 위기를 맞았다. 특히 IMF 외환위기를 극복하는 과정에서 국가와 기업이 수용한 신자유주의는 노동운동에 치명타를 안겼다. 그 결과, 한국의 노동운동은 초기 서구의 노동운동이 직면했던 조건과는 전혀 다른, 훨씬 더 불리한 조건에서 운동을 할 수밖에 없었다. 90년대 초부터 불어닥친 신자유주의에 철저히 대비하지 못한 채로 민주노총이 건설되어, 내셔널센터 중심으로 정치세력화를 훈련하고 조직을 강화할 새도 없이 IMF 외환위기를 맞은 것이다. 물론 87년 이후부터 쌓여 온 내재된 모순과, 이 문제를 노동 세력이 주체적으로 해결하지 못한 것이 대중의 지지를 얻지 못하는 또 다른 원인임은 두말할 나위 없다.

IV 민주노총의 건설

민주노총의 성격과 의미

1994년 11월 13일 전국노동자대회에서 민주노총 준비위가 결성되어, 1년 만인 1995년 11월 11일 민주노총(전국민주노동조합총연맹)이 출범했다. 창립 당시 862개의 단위 노조가 가입하여 조합원 수가 42만여 명에 달했고, 권영길(언론노련)을 위원장으로 권용목(현총련)을 사무총장으로 선출했다. 설립 신고증은 복수노조 금지 규정에 걸려 번번이 반려되다가 1997년 노동관계법이 개정되면서 받아들여졌다. 이로써 합법단체가 되는 길이 열렸고, 이후 창립 4년이 지난 1999년 11월 23일 김대중 정부 때 신고증을 발급받아 합법화가 완료되었다.

민주노총은 자율적인 노동운동을 탄압한 권위주의 정권에 대한 도전을 통해 달성한 성과물이기 때문에, 적극적인 파업과 투쟁이 조직의 근간이자 정체성이라 할 수 있다. 그렇지만 현실적으로 과거 전노협의 전투적 조합주의로는 노동자 전체는커녕 정규직 조합원들의 이익조차 보호할 수 없다는 주장이 힘을 얻고, 과거 전노협에서 큰 비중을 차지했던 중소 제조업이 아닌 주로 업종회의에 속하는 공공기업들의 목소리가 커졌다는 사실에 주목해야 한다. 이러한 상황에서 본격적으로 시작된 신자유주의로 과거와는 비교할 수 없을 정도로 자본의 탄압이 강해졌다. 이제 정치투쟁과 사회개혁투쟁은 다수 노동자들의 관심사에서 멀어졌고, 각 단위 사업장과 연맹의 주요 사업은 임금협상에 기울어져 있다.

물론, 임금협상은 취약한 노동조합의 기반을 다지고 단체교섭 제도를 뿌리내리게 했을 뿐만 아니라, 87년 이후 노동자의 집요한 분배 개선 요구로 성취한 경제민주화의 토대라는 진보적인 의미가 있다. 하지만 90년대 이후 노동운동이 단위 기업 임금협상 활동에 매몰된 것은 노동운동의 발전이라는 측면에서는 그리 바람직하지 않은 현상이었다. 특히 민주노총의 주류 세력으로 자리 잡은 공기업이나 대기업 노동자가 사회개혁이나 정치투쟁보다는 임금협상과 고용안정 투쟁에 집중한 것은 노동시장 양극화를 촉진하고 고용 확대를 어렵게 했다. 이는 사회의 여러 변화 양상과 겹치면서 지금까지 고군분투해 온 노동운동가들이 노동운동판을 떠나는 결정적인 원인이 되었다.

이러한 현상들이 산별노조 건설과 노동자 정치세력화라는 민주노총의 핵심 과제 수행에 커다란 걸림돌로 작용했다는 데에는 의문의 여지가 없다. 국가와 자본은 노동자 전체를 압박하기 시작했고, 처음 출범 때부터 투쟁보다는 협상을 원했던 공기업 노조들은 서서히 타협의 목소리를 높였다. 하지만 여기서 기억할 사실은, 국가와 자본의 계속된 압박에도 불구하고 민주노조의 투쟁은 계속되었다는 것이다. 공공부문도 1994년 지하철 파업 이후 11월에 공공부문노동조합대표자회의(이하 공노대)를 결성하여 공동투쟁을 중심으로 공공부문 노조들의 연대 조직을 확대 발전시켜 나갔다. 공공부문은 기본적으로 임금 가이드라인과 노동3권 제약 등 대정부 투쟁을 할 수밖에 없는 조건이기 때문에 타협이 아닌 투쟁 중심으로 나갈 수밖에 없었다. 문제는, 공공부문을 중심으로 하는 민주노조의 투쟁이 이후 민주노총으로 고스란히 이어졌는데도 민주노총 지도부가 이를 제대로 이어받지 못했다는 데에 있다. 이에 대해 김창우는 다음과 같이 말한다.

공공부문은 아무런 투쟁력도 없는 업종과는 달랐습니다. 거기는 전노협 때부터 그 노선에 친화적이어서 투쟁 중심이었지요. 1994년 한국통신이 민주화되고 1995년 임단투를 거친 후 1996년 이후 공노대가 공공투쟁을 조직하여 업종 중심의 민주노총 합법화를 위한 정부와의 타협 방침에 정면으로 반기를 들었습니다. 아직 신자유주의라는 게 널리 알려지지 않았고, 자본과 국가도 전통적으로 해 온 민주노조운동을 약화시켜야 한다는 관점에서 탄압도 하고 회유도 한 것이지요. 아직은 신자유주의에 전적으로 무기력한 그런 단계는 아닙니다. 당시 분위기는 대기업은 집행부 교체 여부에 따라 강온을 왔다 갔다 한 반면, 공공부문 노조들은 연대투쟁을 힘있게 전개했고, 특히 한국통신의 노조 민주화 등에 고무되어 그 투쟁의 열기는 상승하는 국면이었습니다. 이 시기를 정리해 보면, 1992년까지의 전노협에 대한 탄압 시기를 ILO 공대위, 1992년 총액임금제 대책위 등을 거쳐 민주노조 총단결의 시대를 맞이했고, 1993년 한총련 투쟁, 1994년 전지협 투쟁, 한진중공업·금호타이어·대우기전 투쟁, 1995년 한국통신 투쟁 등으로 점차 민주노조운동의 조직력과 투쟁력이 회복되는 시기였습니다. 이러한 힘이 민주노총 건설 후 민주노총 지도부의 타협적인 방침과 총파업투쟁 반대에도 불구하고 전 조직이 조직적으로 노개정(노동법 개정) 총파업투쟁으로 들고 일어날 수 있었던 겁니다. 전국적 대규모 연대투쟁은 하루아침에 돌발적으로 이루어지는 것이 아니라 수년에 걸친 이러한 투쟁과 활동들이 축적되어 있다가 어떤 계기를 중심으로 폭발적으로 터져 나오는 것이 중요합니다.[144]

---

[144] 2021. 09. 28. 서면으로 의견 개진.

민주노총 지도부가 타협 위주의 전술로 가면서 민주노총의 성격에 대한 날 선 비판이 끊이질 않았다. 민주노총이 노동자계급을 대표할 수 있느냐, 정규직 임금협상 조직이냐 등의 비판이 거세게 일었다. 노동시장 유연화 정책으로 비정규직 노동자 규모가 노동조합의 보호를 받는 정규직 노동자 규모를 능가하자, 정규직 노동자만을 조직 대상으로 삼는 민주노총이 노동자계급 전체를 대표할 수 없게 되면서 나온 비판이다. 이러한 내셔널센터의 성격 전환과 위상 격하로 노동자의 투쟁 동력이 크게 떨어졌다. 투쟁 동력의 저하는 민주노총이 이중적인 투쟁 구조를 취한 것과도 관련이 깊다. 민주노총은 조직 전체적으로 임단투(임금 및 단체협약 협상 투쟁)는 산업별 연맹에서, 정치정책적 대응은 중앙에서 맡는 것으로 대중투쟁과 정치적 대응을 분리했다. 이 구조 안에서 민주노총 산하 조직들은 적극적인 대중투쟁 조직은 소홀히 하고, 대정부 교섭을 통한 원만한 타결에만 집중했다. 김창우는 정부의 합법화 전술과 업종회의의 노선 추구가 맞아떨어진 결과라고 보았다.

민주노총으로 갈 때 투쟁체를 통해서 역량을 다져 놓은 토대 위에서 가야 하는데, 그게 노총의 한쪽 기본인데 이걸 버리고 갔어요. 오로지 협상주의 하나만 가지고 간 거예요. 그 이유는 이미 전문노련이나 병원노련과 같이 일부 업종 연맹들을 정부가 합법화를 해 줬기 때문에 그 위 총연맹도 합법화를 해 줄 수 있다고 정부를 믿었기 때문입니다. 정부는 업종회의에 대해 계속해서 합법화를 미끼로 콜을 한 것이고, 업종들은 이를 받아들이면서 대기업을 불러들인 겁니다. 결국, 전노협의 전투적 조합주의만 사라져 버리고, 그 자리에 투쟁과 그로 인한 조직 없는 합법화만 들어선 거지요. 그 투쟁력 없는 합법화 위에서 협상이 이루어지겠습니까? 이런 상황에서 정부는 전노협과 대기업은 집중 탄압하고 업종에 대해서는 유화적 제스처를 취해 줌으로써 분할통치를 꾀한 겁니다. 모난 돌이 정 맞는다는 거지요. 조합원의 태도는, 양봉수 같은 경우가 나온 걸 보면 잘 드러나지만, 투쟁을 통해 변화를 마련하자는 차원인 반면, 상층부는 전투적이어서는 안 된다, 협상으로 가야 한다는 쪽이었습니다. 업종의 태도가 그렇지요. 본질적으로 중간 노조잖아요. 상층부가 이런 자세를 취한 것은 여러 이유가 있겠지만 개인의 정치적 야망도 있었다고 봅니다.[145]

하지만 민주노총을 출범시킨 시기에 노동대중의 분위기는 이미 타협을 원하는 분위기로 변한 것이 사실이다. 이미 신자유주의가 물밀 듯 시작되고 정부와 충돌해야 하는 상황에서, 과거 기업별 전투적 조합주의 방식보다는 더 큰 규모의 대기업이나 업종의 힘을 믿어야 한다는 것이 당시 민주노총을 출범시키는 과정에 있던 다수 조합원들의 판단이었다. 민주노총 부산 지역 초대 본부장인 강한규는 이렇게 말한다.

93년도부터 본격적으로 전개된 싸움과 정부의 무자비한 탄압에 속수무책으로 당할 때라 이제 싸움을 수습하여 협상할 교섭 역할을 할 조직이 필요하다고 말들이 나왔을 때, 부산에서는 잘 몰랐는데 서울에서 전노대 권

---

[145] 2019. 12. 06. 연산동 음식점 구술.

영길 의장이 3자개입으로 구속되고, 부산에서도 문영만 부양노련 의장이 3자개입으로 구속되었습니다. 뭐 좀 맡은 간부라면 죄다 수배 구속되던 때였지요. 그 사람들이 연단에 올라가서 구호 외치는 정도를 제외하고 3자개입을 실제 한 일이 없습니다. 집회 자체가 이루어지지 못했을 때였는데 무슨 3자개입입니까? 이렇게 세게 탄압을 해 대니 민주노조 진영에서는 이제 더는 싸울 여력도 없고 해서 싸움 그만 벌이고 협상을 해야 하는 것 아니냐는 분위기가 대세를 이루었던 겁니다. 중소기업 입장에서는 대기업이나 지하철 등이 대정부 싸움하는 걸 보면서 그 규모나 힘을 보고서 그들이 자기들하고 같이 싸워 주는 것 자체가 감사할 일이었지 거기에 대고 무슨 노사화합이네, 사회적 조합주의네 뭐네 하고 다른 생각을 할 겨를이 없었어요. 그런 생각이 나온 것은 결과적으로 민주노총이 제대로 못하고 나니, 결과적으로 이제 와서 학문적으로 돌이켜 생각해 보니 그렇다는 거라고 봅니다. 당시에는 화합주의네 뭐네 하는 단어 자체도 없었어요. 94년이 지나고 민주노총이 만들어지기 직전에 공투본(공동투쟁본부)이 만들어지는데, 부산에서는 전노협의 부양노련과 전교조, 부산지하철, 병원노련, 사무금융 등 대표가 모였습니다. 상식적으로 생각해 보면 부양노련 의장이 공투본 의장을 맡아야 하겠지만, 분위기는 그렇지가 않았어요. 부양노련은 금속 위주고, 중소기업이 대부분이라 인원수도 그렇고, 자금도 그렇고, 조직 능력도 그렇고, 모든 분야에서 과거 자기들 중심으로 운동을 하는 것은 앞으로는 통용되지 않겠구나 하는 분위기가 팽배했어요. 그래서 자연스럽게 감옥에 갔다 온 지 얼마 되지 않은 저보고 맡으라고 했습니다. 투표도 없었고, 그냥 추대 비슷하게 해서 제가 그냥 맡았습니다. 그 공투본이 바로 얼마 되지 않아 민주노총 준비위원회가 되었고 그것이 민주노총으로 이어지면서 제가 초대 본부장이 된 거지요. ⋯ 그러니까, 결국에 이렇게 생각하면 됩니다. 예컨대, 현재 한진의 김진숙 지도위원 복직 문제로 여러 세력이 연대를 하잖아요? 그렇게 되면 꼭 무슨 공동 조직을 하나 만들거든요. 다들 힘을 합쳐야 하니까. 그게 공투본이 되는 거고, 근데 그 공투본은 싸우자는 게 아니고 문제 해결을 보자는 거 아니겠어요? 그러니 그 문제를 해결하기 위해 정부와 화합하자는 겁니다. 싸움꾼들보다 뭔가 해결을 할 수 있는 사람이 나서야 할 거 아니냐라는 분위기지요. 그것에 대해 어느 누구 하나 이의 제기를 할 수 없습니다. 그때 누가 반대를 하고 딴지를 걸겠습니까? 전노협 방식의 싸움은 사업장 차원의 싸움일 뿐이었습니다. 일종의 품앗이 비슷한 거지요. 협상이 필요 없고, 사장 뚜드려 패면 될 수 있는 거지요. 근데 이제 그게 싸움의 종류나 파트너 자체가 달라져 그 규모가 엄청나게 크게 되어 부산시나 정부와 싸우는데, 과거와 같은 방식의 싸움은 도저히 있을 수 없고 협상을 해야 하는 거지요. 그래서 협상주의로 간 거예요. 결국, 그 협상 화합주의에 대한 비판은 지금에 와서 학문 하시는 분들이 당시 분위기를 간과하고, 결과론적으로 과거 절차의 문제를 분석한 결과라고 볼 수밖에 없습니다.[146]

1996년이 되자 국가와 자본은 이미 민주노총을 배제하고 강공 쪽으로 기조를 잡은 상황이었다. 민주노총은 한 해 동안 ILO 기준의 자주적 단

---

[146] 2020. 09. 24. 부산 범일동 부산교통공사 감사실 구술.

결권과 쟁의권 확보, 즉 공무원·교사의 노동3권, 복수노조 금지 조항 삭제, 정치활동 금지 조항 삭제, 변형근로제 및 근로자파견제 저지, 주 40시간 노동제를 위한 노동법 개정을 협상했지만 별 소득이 없었다. 신자유주의의 본격적인 도입을 앞두고, 국가와 자본이 민주노총을 제대로 된 협상 파트너로 인정해 줄 생각이 추호도 없었음이 드러난 것이다. 그런데 민주노총은 많은 논란을 뒤로하고 최종적으로 1996년 5월 설치된 노사관계개혁위원회(이하 노개위)에 참여하기로 결정했다. 노개위는 노사관계의 문제점과 개혁 과제를 검토하고, 그 위에서 노사관계 제도를 개혁하려는 대통령 직속 기구였다. 노사 간의 대립이 첨예한 상태에서 정부의 개정안이 국회에 제출되었으나, 정치권에서는 노·사 양쪽의 눈치를 보며 노동법 개정을 회피하려 했다. 여·야 합의로 개정안을 처리하기 어렵다고 판단한 정부 여당은, 12월 26일 새벽 노동관계법 개정안 4개 법을 단독 처리했다. 이에 민주노총은 즉각 총파업에 돌입했고, 우여곡절 끝에 1997년 3월 10일 여·야 합의로 노동관계법 개정안이 통과되었다.

결과적으로 민주노총은 노개위 안에서 철저하게 무시당하고 농락당했다. 민주노총 지도부의 협상 중심 전략이 착오로 드러난 것이다. 하지만 이를 전혀 다른 시각으로 해석할 수도 있다. 조직이 이미 붕괴한 상태에서 노개위마저 거부하면 국가와 자본에 맞서 싸울 수 있는 전술과 전략을 세울 수 없었다는 의견이다. 당시 민주노총의 노개위 참여 문제를 두고, 당시 민주노총 부산 지역본부 상근자로서 실무를 담당했던 이창우는 이렇게 말한다.

민주노총은 전노협과는 다른 리더십을 갖춰야 한다고 생각했습니다. 과거와 같은 전투주의로는 신자유주의 난국을 감당할 수가 없다고 판단한 거지요. 민주노총은 '국민과 함께하는 노동운동'을 캐치프레이즈로 건 조직입니다. 더는 전투적이라거나 급진적 운동을 하는 조직이 아니고, 정치적으로 행동을 해야 하고, 그를 통해 국민으로부터 동의를 구하자는 조직인 겁니다. 그래서 노개위 안으로 들어가면 보나마나 농락당하고, 속고 하겠지만, 거기에서 나오는 이야기들을 다 듣고, 국민에게 퍼트리고, 국민에게 호소해서 국민의 저항을 조직해야 한다고 봤습니다. 즉, 조합원들에게 노개위 교섭 전 과정의 쟁점들을 홍보하고 총연맹이 추구하는 목표가 무엇인지 알려 주는 것 자체가 거대한 교육의 장이었으며 총파업을 조직하는 사전 과정이었다는 것입니다. 그러니까 노개위라는 것은 그 이전에는 한 번도 존재하지 않았던 민주노총 소속 전 조직을 주목시킨 효과적인 홍보판이었다는 얘기입니다. 노개위를 과도하게 규정해 '국가 코포라티즘'이라고 하는 것은 학술적인 논의 대상일지 모르지만, 민주노총의 입장에서는 그것보다는 총파업을 조직하는 효과적인 수단이었다는 것이지요. 전술적 차원으로, 결국 파업을 해야 하니, 그 풋대로 삼자는 것이었다는 겁니다. 이렇게 주장했더니, 저더러 국민파니 뭐니 하고 놀리고 그렇습니다만 … 저는, 이제는 쟁점을 만들어서 그걸로 국민과 함께 투쟁하는 것이 가장 중요하다고 생각했습니다. 말려드는 것이라고 주장하는 것은 소극적 전술이라고 봤지요. 노개위에 들어가서 거기에서 나온 정부 측의 속내를 국민에게 다 알리고 까발려서 결국 노개투가 성공적으로 이루어진 겁니다. 일부에서는 노개투를 실패했다고 하지만, 결국 정부 자본과의 갈등

을 예각화하여 총파업을 이런 정도로 했던 적이 이전에는 없었습니다. 노
개투를 통해 노동자와 국민이 왜 총파업을 해야 하는지를 깨달았다는 것
이 얼마나 큰 성과입니까?[147]

결과적으로 당시 민주노총이 더 치열하고 끈질긴 투쟁을 하지 못한 것
에 대한 의견은 둘로 갈린다. 김창우는 일찌감치 전노협과 같은 전투적
인 세력은 탄압하고 배제하는 대신 업종회의와 같은 온건 타협적인 세력
은 합법화해 주면서 체제 내로 포섭하려 한 국가와 자본의 전략과, '국민
과 함께하는'이라는 캐치프레이즈에 걸맞게 대중적인 진보정당을 건설
하고 이를 통해 노동자 정치세력화를 추진한 민주노총의 계획이 맞아떨
어진 결과라고 본다. 반면에 이창우는 투쟁은 산업별 조직을 중심으로
하는 것이 맞고, 총연맹은 정책과 대국민 설득 및 정치적 역량 강화에 집
중하는 것이 옳기 때문에 이러한 '개량'이 필요했다고 본다.

이러한 의견 대립은 민주노총 창립 당시 조직 상황을 살펴보면 피할
수 없는 것으로 보인다. 당시 조직은 조합 수 대비 총 861개 노조 중 734
개 노조, 즉 85퍼센트, 조합원 수 대비 총 41만 8,154명 중 31만 3,872명,
즉 75퍼센트가 산업·업종연맹으로 가입했다. 그래서 민주노총의 중앙
위원회나 대의원대회 및 중앙집행위원회는 산업·업종연맹 중심으로
구성될 수밖에 없었다. 게다가 규약상 조합원 1천 명당 1명의 대의원이
배정되었기 때문에, 사실상 중소 규모 노조들은 민주노총의 의사결정 과

---

147 2021. 03. 01. 부산 연산동 음식점 연산군 구술.

정에서 거의 배제될 수밖에 없었다. '산업별노조'는 '정치세력화'와 함께 민주노총이 내세운 두 개의 주요 프로그램이었다. 따라서 산업별노조 건설 과정을 통해 민주노총의 능력과 위상 그리고 성격을 파악할 수 있는데, 국가와 자본의 압력 그리고 노동 진영 내부의 갈등으로 이 목표를 실현할 만한 역량이 집결되지 않았다. 예컨대, 보건의료노조와 금속노조 등이 산업별 교섭을 추진했지만 실행되지 못했다. 대기업 정규직 노동자들이 산업별 교섭을 거부했기 때문이다. 그러면서 산업별 체계 속에서도 기업별노조의 힘이 여전히 막강한 산하 기업별노조가 산업별 연맹을 압도하면서 기업별노조 중심으로 사업을 진행하는 것이 일반적인 관례가 되었다. 그래서 민주노총은 '무늬만 산업별' 체제를 유지하는 수밖에 없었고, 그 위에서 지도부가 세울 수 있는 전략은 현실적으로 투쟁보다는 협상을 선택할 수밖에 없었던 것이다. 그 안에서 국가와 자본은 대기업 정규직 노동자와 비정규직 하청 노동자를 철저하게 분리통치하는 전술을 사용했다. 민주노총 지도부는 대중적 진보정당 구축이라는 목표 아래 새로운 정부 및 자본과 타협하여 사민주의 정당의 뿌리를 내리려는 패러다임 위에서 무늬만 산업별노조일 뿐 실제로는 기업별노조, 그것도 임금협상에 중심을 둔 대기업과 업종 중심의 노조 연맹체인 민주노총의 합법화를 유도한 것이고, 민주노총은 전술적 차원에서 이를 거부하지 못한 것이다. 이러한 분위기를 문영만 전 민주노총 부산 지역본부장은 이렇게 말한다.

말이 산업별이지 대기업은 다 자기들 기업별로 임금인상 교섭을 합니다. 산업별이라는 게 조직-미조직, 정규직-비정규직 등의 임금격차를 줄이기 위해 산업별로 교섭을 하자는 취지가 매우 큰데, 과거같이 기업별 교섭을 하면 미조직 사업장이나 노조의 힘이 약한 중소기업과 대기업 사업장 간의 임금격차가 더 커지잖습니까? 그걸 줄이고자 산업별 교섭을 하는 건데, 금속노조 같은 경우 현대자동차든 기아자동차든 한국지엠이든 대기업 지부가 중앙 교섭에 참여하지 않으니 힘이 실리지를 못하는 거지요. 산업별노조라는 의미가 없어져 버리는 거잖아요. 무늬만 산업별이고 실제로는 기업별노조와 다를 바가 없습니다. 그러다 보니, 노동운동을 하는 내 처지가 대기업·정규직 임금인상 하자고 하는 건가라는 자괴감이 들기도 했습니다. 물론 1세대 민주노조운동을 했던 제 책임도 있지만요.[148]

이와 관련하여 민주노총의 또 다른 한계를 지적할 수 있다. 투쟁 실천 조직으로 중요한 의미를 지닌 지역연대 조직이 산업별노조 건설 과정에서 사라져 버렸다는 점이다. 지역조직이 없는 산업별노조는 투쟁력이 약화될 가능성이 크다. 그런데도 민주노총이 지역조직을 약화시킨 것은 투쟁이 아닌 화합을 중심 기조로 잡았기 때문이다. 전노협을 구성하는 각 지노협이 쉬이 통제되지 않았기 때문에 경계한 것이다. 그런 분위기에서 각 지역조직은 민주노총 상층부의 소극적이고 타협적인 투쟁에 비판적인 태도를 취했다. 강한규는 이때의 상황을 다음과 같이 전한다.

---

[148] 2020. 09. 25. 부산 반여동 음식점 구술.

민주노총 출범 후 기존의 지노협 방식을 이어 갈 것인지에 대해 약간의 논란이 있었는데, 전노협 때 있었던 영남의 지노협 부산양산, 울산, 마산·창원, 대구경북 등을 묶어 영남권노동자대표자회의라는 게 있었고 이 조직에서 분신 정국의 싸움, 가을 등반대회, 메이데이 행사를 같이 치러 온 경험이 있어서 회의 끝에 영남권 싸움은 이 조직을 토대로 해서 하는 것, 즉 영노대를 계승하는 것으로 결정했습니다. 그런데 이를 두고 민주노총 중앙에서 엄청나게 견제를 합니다. 헤게모니 싸움으로 인식한 거지요. 우리는 수도권 중심으로 조직이 운영되어선 안 된다는 것이고, 중앙에서는 수도권 중심으로 끌고 나가자는 주장이었지요. 결국, 패권을 쥔 중앙의 뜻대로 갔고, 그럼으로써 각 지역조직, 즉 현장을 동원하는 조직은 해체되고, 그냥 단순한 행정기구로 된 거지요. 예컨대, 영노대는 해체되고, 집회는 전부 수도권 중심으로 진행되고, 인원을 조직해서 끌고 올라가려면 지역본부에 그에 걸맞는 위상이 주어져야 하는데, 서울 집회에 가면 민주노총 부산 지역본부가 서 있을 자리가 없어요. 지역조직을 허락하지 않아서 오로지 산업별 연맹으로만 모이라고 했으니까요. 그래서 그다음부터는 지역에서 인원 동원이 안 되는 겁니다. 그러다가 아예 가지를 않아요. 실제 인원은 지역에서 나오는 건데 … 이것 때문에 바로 이어지는 96~7 총파업 때 각 지역에서 제대로 조직이 가동되지 않은 이유도 있다고 봅니다.[149]

지역조직이 무시되면서 한국의 노동운동은 지역성을 상당히 잃게 된

---

149 2020. 09. 24. 부산 범일동 부산교통공사 감사실 구술.

다. 민주노총으로 전환된 이후로 산업별 체제조차 제대로 자리 잡지 못했고, 지역조직은 과거보다 훨씬 더 약화하면서 전체적으로 조직력이 크게 떨어졌다. 결국, 노동운동의 하부조직이 탄탄하지 못했고, 그만큼 투쟁 동력은 떨어질 수밖에 없었다. 하지만 이창우의 의견은 다르다.

그간의 지역적 연대를 담당해 왔던 지노협은 민주노총의 '지역본부'로 그대로 계승되었기 때문에, '지역 연대'가 갑자기 사라졌다고 주장하는 것도 사실은 뜬금없는 주장이라고 볼 수 있어요. 다만, 지역본부의 경우 이전 지노협과 달리 상근자에 대한 임금 테이블을 총연맹이 관장하는 식으로 하다 보니, 지역본부에 대해 총연맹이 관장하는 힘이 더 강해졌다는 측면은 있기는 합니다. 하지만 이것을 노조 연합단체의 책임성이 더 커졌다는 의미로 받아들여야지, 민주노총으로 조직되었기 때문에 지역 연대가 갑자기 약화되었다는 식으로 얘기해서는 안 된다고 봅니다. 이후 다양한 지역의 연대투쟁이 전노협 시절과 뭐가 크게 달라졌는지 논증해 보면 분명히 드러나리라고 봅니다.[150]

민주노총의 성격 가운데 논란이 된 것은 지역조직과 함께 노조의 전투성이었다. 계급을 바탕으로 현장을 조직하고 그 위에서 투쟁해야 한다는 의견인데, 이러한 계급성 기반의 투쟁이 지닌 한계도 지적되어야 한다. 노중기는 그 전투성의 성과를 일정 부분 인정하지만 한계도 분명했다고

---

150 2021. 06. 11. 부산 남산동 커피숍 구술.

말한다. 그 위에서 지도부가 개량주의 노선으로 대중들로부터 괴리되었기 때문에 문제가 발생했다고 보는 것이다. 이 위기에 대한 일차적인 대안으로 여전히 투쟁에 목마른 현장을 재조직하고 현장을 강화했어야 했다고 하는 주장은, 결과적으로 기업 단위 노조운동의 의의를 여전히 강조하는 것일 뿐이라고 말한다. 노중기는 투쟁 조직과 투쟁 옹호론자들이 '민주노총의 사회적 합의' 참가에 극단적인 거부감을 보이면서 산업별노조 건설 과제에도 상대적으로 소극적이었다고 본다.[151]

그러면 투쟁이 아닌 사회적 합의를 주장한 민주노총의 최종 목표는 무엇이었는가? 민주노총을 구성하는 두 개의 큰 프로그램인 산업별노조 건설과 노동자 정치세력화 가운데 더 우선적인 것은 정치세력화였다. 창립 당시 민주노총 강령은 "자주적이고 민주적인 노동조합운동의 역사와 전통을 계승하고, 인간의 존엄성과 평등을 보장하는 참된 민주사회를 건설한다"는 포괄적 선언을 제1조로 세우고, 제2조를 "우리는 노동자의 정치세력화를 실현하고…"라고 시작하여 이어 제3조를 "미조직 노동자의 조직화 등 조직 역량을 확대 강화하고, 산업별 공동교섭, 공동투쟁 체제를 확립하여 산업별 노동조합을 건설하고…"로 규정한다. 이로써 민주노총은 노동자 정치세력화를 산업별노조 건설 등 다른 목표보다 더 앞선 목표로 규정했음을 알 수 있다. 다만, 민주노총은 노동자 정치세력화 개념을 명시적으로 정의하지 않고 간접적으로만 정의한다. "첫째, 노동조합의 정치활동을 금지하고 있는 노동조합법과 선거법을 개정하고 각종

---

151 노중기, 〈전투적 조합주의에서 살릴 것과 죽일 것은 무엇인가〉, 《노동사회》 2005년 6월호, 68쪽.

선거에 적극 대응하여 노동자 대표의 정치적 진출을 확대한다. 둘째, 민족민주운동을 비롯한 제 민주 세력과 연대를 강화하고 확고한 대중적 토대를 구축하며, 궁극적으로는 전체 노동자 대중의 요구와 이해를 진실로 대변할 수 있는 정당을 건설한다."

여러 가지 맥락을 볼 때 민주노총 강령이 정한 노동자 정치세력화라는 것은 노동자를 대표하는 원내정당 건설임이 분명하다. 그리고 논쟁의 여지가 있지만, 대체로 유럽의 대중적인 사민주의 정당을 지향했다고 할 수 있다. 여기서 문제가 생겼다. 대중화된 진보정당은 산업별노조가 조직되지 않은 상태에서는 건설되기 어렵기 때문이다. 물론 브라질 노동자당이나 대만 민진당이나 몇몇 유럽의 경우처럼 전국적 산업별노조가 없는 상태에서 집권한 예도 있지만, 대체로 산업별노조가 진보정당의 필요조건인 것은 사실이다. 정당의 구성과 유지에 가장 중요한 것이 대중적 토대인데, 이 대중적 토대를 확충하기 위해서는 전국의 기업별 노동조합 조직이 하나의 조직으로 묶여야 하는 것이다. 그렇게 노동자가 하나의 독자적인 정치세력으로 국민에게 다가갔을 때 노동자부터 노동자 정당에 표를 줄 가능성이 커진다. 이에 대해 국민승리21부터 민주노동당을 거쳐 진보신당 및 정의당까지 노동자 정당을 위해 매진해 온 이창우는 이렇게 말한다.

처음 노동자의 정치세력화 이야기가 나오던 91년도 상황과는 너무나 많이 변했습니다. 이제 기업별노조에서 주로 임금인상을 위해 싸워 온 전투적 조합주의는 더는 신자유주의로 무장한 권력과 자본에 대항해 싸우는 데 유효하지 않게 된 거지요. 과거 권위주의 국가에서는 어쨌든 일자리는 보장해 주니 임금과 노동조건을 가지고 싸웠는데, 이제는 일자리 자체를 보장해 주지 못하니 대량 실직 같은 사태가 일어나게 되어 자본주의와 국가에 대한 심각한 고민을 하지 않을 수가 없게 되었던 겁니다. 그래서 노개투를 통해 엄청나게 싸웠고 국민의 지지를 많이 받았지만, 싸움만잘해 가지고는 아무 상황도 바꿀 수가 없다는 것을 알게 되었습니다. 그래서 그 후 98년부터는 법을 만드는 의회 권력을 일정 부분 차지해야 한다는 주장이 본격적으로 나오게 된 거지요. 과거 91년 민중당 때는 노동자대부분이나 운동권들은 거의 소위 전선운동 강화론을 펴는 것이 옳다고생각해서 전노협 주류가 민중당 건설에 대해 탐탁지 않게 생각했는데, 이제는 주류가 대중정당 조직에 앞장서자고 한 거지요. 그런데 한 가지 결정적인 게 걸렸습니다. 산업별노조가 건설되지 않은 상태에서 노동자 정당이 성공할 수 있겠느냐는 문제 제기였습니다. 누구도 딱 부러지게 말은 못했지만, 저는 산업별노조가 안 된 상태에서 여전히 산업별노조가 될때까지 준비하면서 시간을 보내는 것보다는 정당을 조직하여 그 힘을 일정 부분 기르고 그것으로 법제화를 시켜 산업별노조와 동일하게 효력 발생을 할 수 있도록 견인할 수도 있지 않겠는가라고 의견을 제시했습니다. 민주노총의 두 가지 주요 목표인 산업별노조 건설과 정당을 통한 정치세력화를 동시에 상호 견인하면서 이뤄 가자는 의미였고, 그것이 당시 민주노총 주류의 의견이 되었습니다. 그때 저는 노동운동이 이제는 사회개량이든 뭐든 어떤 방식으로든 뭔가의 역할을 해야 한다고 보았고, 그래서 당시 민주노총의 많은 사람들이 브라질이나 남아공의 노총을 공부하고 그로부터 새로운 리더십과 운동의 새 패러다임을 가져와야 된다고 생각했습니다. 일부에서는 맛이 갔다고들 말합디다만, 저희는 맛이 간 게 아니고 안목을 넓히고 새로운 전술 전략을 다양하게 가져가자는 것이라고 했지요. 그 내용은 유럽의 사민주의에 가까운 것이었습니다. 그 후 사민주의 기반 국민승리 21과 민주노동당이 만들어진 겁니다.[152]

노동자 정치세력화를 추구하는 쪽에서는 1997년 대통령선거부터 이를 이루고자 전력을 다했다. 민주노총 또한 이전 대선과는 달리 97년 대선에 좀 더 적극적으로 결합했다. 1997년 6월 이후 대선에서 진보적인 국민후보를 세우는 운동을 전개하기로 방침을 정하고, 조직별로 조합원 설문조사를 실시하는 등 정치활동을 본격화했다. 국민승리21의 지역조직을 건설하고, 정치 기금을 모으고, 교육과 정책 등의 부문에서 다양한 사업을 준비하고, 지역본부 차원에서 적극적으로 나섰다. 그러나 국민후보로 나선 권영길 민주노총 초대 위원장은 30만 6천26표를 얻어 1.2퍼센트 득표라는 저조한 결과를 얻는 데 그쳤다. 국민승리21의 내부 득표 목표인 100만표, 민주노총 조합원 55만 표에도 훨씬 못 미치는 결과였다.

97년 대선에서 민주노총은 정치세력화를 가장 주된 사업 기조로 설정하고, 임단투 전선의 강화보다 대통령선거에 더 큰 관심과 역량을 집중했다. 자본의 탄압과 공세를 임단투 전선으로 돌파하지 않고, 정치력과 교섭력 강화를 내세우며 경제개혁이나 재벌개혁 등 사회개혁 투쟁에 집중하기로 한 것이다. 노동자 정치세력화라는 목표 안에서 설정한 방향이

---

152 2021. 06. 11. 부산 남산동 커피숍 구술.

었으나, 당시 김영삼 정부는 레임덕 상황이었고 자본은 대기업 연쇄 부도로 촉발된 자본 분파들 간의 경쟁으로 지배 블록 전체가 헤게모니 위기에 봉착한 사회정치적 상황을 제대로 활용하지 못함으로써 성과를 거두지 못했다. 민주노총은 국가와 자본의 신자유주의적 구조조정 공세를 돌파하지 못한 채 정책 참여를 통해 동반자적 관계를 유지하고 싶어 했다. 그러나 국가와 자본은 그마저도 받아 주지 않고 노동시장 유연화와 노동운동 무력화에만 더 속도를 냈다. 이런 상태에서 IMF 외환위기가 터졌고, 노동자의 사회적 처지는 최악으로 떨어졌다. 당시 정치사회적 상황을 고려했을 때, 협상을 하더라도 투쟁을 우선 전술로 내세웠어야 하지 않았는가라는 생각이 드는 것도 사실이다.

민주노총 부양지부 창립과 96년 임단투

1993년 부양노련(부산양산노동조합총연합)을 중심으로 민주노조 진영은 상반기에는 임단투 공동투쟁본부를 구성하여 신일금속 탄압 분쇄를 지원하는 투쟁을 벌이고, 하반기에는 화물운송노련·부산경남언론노조협의회·전교조부산지부·병원노련부산 지역본부 등과 함께 노동법 개정 공동투쟁본부를 구성하여 부산 양산 지역 노동자들에게 제3자개입금지, 직권중재 조항 철폐 등의 필요성을 널리 알렸다. 이어 94년에는 '노사정 임금 합의 거부, 임금 억제 정책 분쇄, 근로자 파견법 저지, 94 임단투 승리를 위한 부산양산지역노동조합 공동투쟁본부'가 구성되어 노경총(한국노동조합총연맹과 한국경영자총협회) 임금 합의 반대 서명운동과 임단투 승리를 위한 공동사업이 진행되었고, 부산지하철, 부산기관차, 한진중공업, 메리놀병원, 백병원, 동아의료원, 신일금속, 동신유압, 신우산업기기 등에서 벌어진 파업에 연대투쟁을 벌였다.

여러 단계의 부산양산지역 민주노조 연대투쟁을 거치면서 더 큰 규모의 조직을 건설할 필요성이 커졌다. 94년 9월 15일 공동투쟁본부를 해소하고 부산양산노동자대표자회의(이하 부양노대)추진위로 전환하여, 10월 7일 부양노대준비위를 구성했다. 여기에서 영남노동자등반대회(10/16), 노동법 개정과 민주노총 건설을 위한 연대와 전진의 밤(11/2) 등을 진행한 후, 12월 6일 준비위 4차 회의를 통해 12월 23일 부양노대가 출범했다. 95년 1월 6일 부산 산성 자연공원에서 21개 노조의 41명이 모인 수련회를 통해 민주노총 지역조직 건설을 논의했다. 이후 부양노대 확대 간부 수련회와 임단투 교실을 통해 대중적 논의와 인식을 강화해 갔고, 3월 17일 '95 임단투 승리와 사회개혁을 위한 부산양산노동조합공동투쟁본부' 결성으로 이어졌다. 8월 18일 공동투쟁본부 대표자 토론회를 통해, 8월 30일 공동투쟁본부 10차 대표자 회의에서 공동투쟁본부를 해소하고 민주노총지역준비위로 전환했다. 지역본부준비위는 조직의 확대 강화를 통한 지역조직 건설을 위해 중앙연맹 소속의 지역조직과 중간 노조의 참여 조직화와 교육 선전 및 대중 행사를 강화해 나갔다. 1996년으로 해가 바뀌면서 1월 24일 준비위 대표자, 집행위원 수련회와 2월 5일 10차 대표자 회의를 한 후, 2월 10일 마침내 민주노총부산양산지역본부(이하 민주노총 부양지부) 창립 대회를 열어 강한규가 민주노총 부양지부 초대 의장에 선출되었다. 민주노총 부양지부는 금속연맹 9개 노조와 화학노협 2개 노조, 병원연맹 부산 지역본부 11개 노조, 화물운송연맹 11개 노조, 전지협 소속 2개 노조, 전국전문기술노동조합연맹 4개 노조, 전교조 부산지부, 지역의료보험 노조, 건설연맹 1개 노조 등 40개 노조가 가입하고 2개 노조가 참관하면서 출발했다. 민주노총 부양지부는 금속, 공공, 공무원, 전교조 등 사업장을 중심으로 조직되었다. 항운, 해상, 택시 등을 중심으로 조직된 기존의 한국노총 부산지역본부와 조직 부문이 확연히 달랐다. 민주노총 부양지부는 1998년부터는 부산지역본부로 조직을 개편했다.

민주노총 부양지부는 그동안 부양노련이 진행해 온 사업을 산업별(업종별) 연맹 단위로 전수해 주고, 새로운 영역을 개척하는 데에 지부 창립의 의의를 두었다. 구체적으로는, 자본가계급에 대한 노동자계급의 투쟁 전선을 형성하는 정책사업을 추진하여 산업별(업종별) 노동조합의 임단투를 지도 · 지지 · 엄호하고, 노동악법 개정투쟁과 사회개혁 투쟁 등 각종 정치적 사안에 대한 정치적 대응력을 높이고, 노동자 대중의 정치의식 강화를 통해 노동자 정치세력화 방안을 강구하고자 했다.[153] 그리하여 1996년 4월에 치러진 15대 총선에서 연제구에 출마한 박순보 전교조 부산지부장 무소속 후보를 민주노총 후보로 추대하여 지지하고, 이를 통해 민주노총의 정치적 위상 강화와 향후 일상적 정치활동의 토대를 마련하고자 했다. 3월 9일 군사독재 잔재 완전 청산과 진정한 민주개혁을 위한

---

153 민주노총 부산 · 양산지역본부, 《전국민주노동조합총연맹 부산 · 양산지역본부 회의자료》 1996, 37쪽.

1996인 노동자 정치실천 선언 기자회견을 기점으로, 30일에는 권영길 위원장이 박순보 후보 지지 연설을 하는 등 대중정치 각축장을 적극 활용하여 민주노총을 대중에게 널리 알렸다. 이러한 노력으로 4월 11일 선거에서 박순보 후보는 25.71퍼센트의 득표율을 기록했다. 노동조합의 참여가 저조한 상태에서 대중적 공감대 형성 가능성만 확인한 아쉬운 결과였다.

96년 상반기에도 예년과 마찬가지로 부산 지역에서는 각 노조의 임단투가 활발하게 일어났다. 주로 전년부터 이어져 온 노조 투쟁을 중심으로 사업이 전개되었다. 병원노련부산본부는 1월 29일 대남병원 노조 탄압 분쇄를 위한 천막 철야농성에 돌입하여 2월 3일까지 진행했다. 3월부터 본격화된 임단투는 6월 12일 한국금속노조의 타결을 마지막으로 동신유압, 신일금속, 오성화학, 한국기계, 미진화학, 광명연마, 부산주공, 신동금속, 풍산기계 노조가 협상을 타결했고, 대우정밀, 부일산업, 태양사, 한진중공업 협상은 이때까지 타결되지 않았다. 5월에는 신우산업기기를 비롯하여 도시개발공사, 상공회의소, 부일산업, 남부산정비사업소, 제일투신, 구미 한국합섬 등에서 벌어지던 임단투를 민주노총 차원에서 지원했다. 6월에는 민주노총 부양지부가 대우정밀 해고자 원직 복직 합의서 이행을 촉구하는 기자회견에 참여했고, 노사관계 개혁을 위한 국민고발 창구를 개설하여 1노조 1고발 운동을 전개했다. 6월 22일에는 민주노총 부양지부가 부산양산지역 노동자 총력투쟁 결의대회를 개최했다. 부산역 앞 광장에서 텐트를 치고 시민들에게 동참을 호소하는 선전전을 7월 13일까지 벌이고, 7월에는 격화된 한진중공업 투쟁을 본격적으로 지원했다. 8월 19일에 민주노총 부양지부 대표자회의를 노동법개정투쟁본부로 전환하고, 산하의 모든 노조가 전 조합원 1인 1교육, 간부 수련회, 조합원 준법투쟁, 파업 등을 결의하며 노개투 투쟁을 준비했잤다. 9월 21일에는 부산역 광장에서 노개투 승리를 위한 민주노총 영남권 결의대회를 열어 대시민 선전전을 본격적으로 벌였다.

이러한 일련의 사업은 민주노총이 기조로 삼은 국민과 함께하는 노동운동과 노동자 정치세력화 전술에 따른 것이었다. 대체로 이때까지 중앙의 지도부는 협상을 기대했지만, 지역에서는 지노협의 기조 위에서 투쟁 쪽으로 방향을 잡고 있었다. 민주노총 부양지부는 다른 대부분의 지역본부와 마찬가지로 노사관계개혁위원회와의 합의보다는 총파업 투쟁을 지지했는데, 전국의 지역본부 중에서 가장 충실하게 노개투를 준비하고 민주노총에 가장 적극적으로 문제를 제기한 지부로 평가받는다.[154]

이즈음 부산 지역의 한국노총 움직임도 이러한 맥락에서 살펴볼 필요가 있다. 94년부터 2년에 걸쳐 민주노조 진영이 노경총 합의 무효를 주장하고 지역 차원에서 한국노총 탈퇴 운동을 벌인 후 95년 민주노총이 출범하자, 위기를 느낀 한국노총은 이전과는 달리 좀 더 강한 투쟁을 전개했다. 한국노총은 파견법 제정 및 노조 전임자 축소 저지를 위해 싸웠고, 아울러 직장폐쇄 기간 중 대체근로 문제와 체불임금 해소 문제에서 주로 협조 요청 등 행정절차를 통한 건의나 성명서 등으로 싸움을 전개했다. 96년과 97년에는 사상 초유의 정치적 총파업에 민주노총과 함께 참여함으로써 적어도 명목상으로는 하나가 되었다. 이후 한국노총은 민주노총

---

154 김창우, 《애도하지 마라, 조직하라》, 앞의 책, 194쪽.

과의 차별화 차원에서 정부의 노사정위원회에 참여했다. 민주노총이 합법화되면 유일한 내셔널센터라는 위상을 잃어버리게 되기 때문에, 노총의 대표임을 정부에 인정받으려는 의도였다.[155]

전체적으로 볼 때 96년 상반기 임단투는 임금격차 해소라는 목표에 뚜렷한 성과를 내지 못했다. 이는 기본적으로 민주노총이 기업별노조 연합체라는 본질적 한계를 극복하지 못했기 때문이다. 이 한계를 극복하고자 부산 지역의 노동 세력은 여러 가지 노력을 했다. 금속과 자동차를 중심으로 작업중지권 확보, 노동시간 단축, 경영 참가 운동 등을 공동과제로 설정한 것이 그 좋은 예라고 볼 수 있다. 그러나 공동교섭은 이루어지지 못했으니, 민주노총 부양지부는 이를 두고 점차 기업별노조 체계와 인식이 더 고착되는 경향을 보였다고 평가했다.[156] 공동교섭 움직임은 병원노련에서도 찾아볼 수 있다. 병원노련부산본부는 '교섭권과 체결권 위임→개별 교섭→공동대각선 교섭'이라는 방침을 정하고 그대로 진행했는데, 애초의 우려와 달리 병원 측에 상당한 부담을 주는 결과를 얻어 지역본부가 각 단위 노조에 상당한 영향력을 발휘하는 것으로 나타났다. 그러나 공동대각선 교섭으로는 넘어가지 못했다. 이때 개별 교섭에서 교섭을 마무리한 노조는 조합원 중심의 투쟁을 벌이지 못했고, 공동교섭에 들어간 노조는 상당한 성과를 얻었다.[157] 개별 교섭기인 4월 3일부터 5월 22일

155 김성원, 《한국노총 부산 지역본부 활동에 관한 연구: 1987년 이후》(부경대학교 경영대학원 석사학위 청구논문), 2009, 41쪽.

156 민주노총 부산·양산지역본부, 《2년 차 정기대의원대회 자료집》, 1997, 64쪽.

157 전국병원노동조합연맹 부산 지역본부, 《제8기 활동 보고, 1996.1.1~1996.12.31》, 1997, 23~4쪽.

까지 고신대복음병원과 메리놀병원 노조가 협상을 타결했고, 이후 8월 9일까지의 공동교섭기에 동아대병원, 춘해병원, 대남병원 노조가 쟁의 발생을 신고하고 준법투쟁을 전개한 후 잠정 합의에 이르렀다.

기업별노조의 한계를 극복하려는 의지는 1996년 1월 21일 산업별노조를 지향하면서 전국민주금속노동조합연맹(이하 금속연맹)이 창립한 데에서도 찾을 수 있다.[158] 1996년 창립 당시 금속노조 부양지부 조합원은 81개 노조, 5만 7,981명이었다. 금속연맹은 96년 3월까지 조세 투쟁과 산업안전 투쟁을 전개했으나, 이후 7월까지 기업별노조로 분산된 한계를 극복하지 못한 채 공동투쟁을 제대로 전개하지 못했다. 창립 후 바로 조직정비에 들어간 금속연맹은 긴박하게 돌아가는 투쟁 국면에서 생활임금 보장, 주 40시간 노동, 산업안전 보장, 조세제도 개혁의 4대 공동 요구 사항을 전면에 내걸었다. 연맹은 4월 24일 공동 요구안을 각 노조에 전달하고 '공동 요구를 중심으로 한 공동투쟁 분위기'를 만들어 내고자 했으나, 연맹 차원의 투쟁 방침이 각 노조에 충분히 공유되지 못하는 한계를 드러냈다. 이는 금속연맹 부양지부가 자평하듯, 연맹이 단위 노조를 제대로 관장하지 못해 96 임단투가 연맹 차원의 규율에 따라 체계적으로 실천되지 못했기 때문이다.[159] 96 임단투를 거치면서 금속연맹 부양지부는 27개 노조, 2만여 명의 조합원으로 확대되는 등 상당 부분 대중화를 이루

---

158 금속연맹은 이후 현대그룹노동조합총연합, 전국자동차산업노동조합연맹과 통합하여 1998년 전국금속산업노동조합연맹, 2006년 전국금속노동조합으로 확대 발전했는데, 민주노총 산하 산업별노조다. 반면, 1961년 8월 25일 '전국금속노동조합'으로 시작된 한국노총 소속 노조는 1981년 2월 23일 '전국금속노동조합연맹(금속노련)'으로 이름을 바꾸어 현재에 이르는데, 산업별노조가 아니다.

159 전국민주금속노동조합 부산양산지부, 《확대간부수련회》, 1996, 49쪽.

었다. 금속연맹 부양지부는 8월 이후 장기 파업투쟁 노조에 대한 지원 투쟁을 전개하고, 이어 본격적인 노개투로 들어가게 된다.

부산양산 지역 노동법개악저지 총파업투쟁

1996년 12월 3일, 끝내 김영삼 정권의 노동법 개정 날치기가 자행되었다. 이에 민주노총은 지지 시민과 함께 노개투(노동법개정투쟁)를 시작했다. 민주노총은 1996년 12월 26일부터 1997년 2월 말까지 총파업을 전개했다. 총 3,422개 노조, 조합원 387만 8,211명(1일 평균 파업 규모 163개 노조, 18만 4,498명)이 참여한 투쟁이었다. 1997년 1월 18일까지 참가자 수는 90만 명을 넘어섰고, 국민적 저항이 갈수록 심해졌다. 그러나 3개월간 이어진 전국적 규모의 4단계 총파업은 여야의 노동법 개정 협상에 거의 영향을 미치지 못한 채 막을 내렸다. 그 결과, 여야는 상급 단체의 복수노조 허용, 즉 민주노총의 합법화만 개정안에 포함시킨 채 노동법 재개정을 마무리했다. 개정된 노동법은 교원과 공무원의 노동기본권은 언급조차 없고, 오히려 변형근로시간제로 인한 장시간 노동, 임금 삭감, 산재와 직업병 등에 관한 노동 상황이 이전보다 악화될 가능성이 커졌다. 정리해고제는 2년간 유예되었지만, 법 개정 자체로 대량 해고가 현실화되었다. 이후 무노동·무임금, 노조 탈퇴 압력, 유급휴가 삭제, 손해배상 청구, 파업 불참자에게만 성과급 지급 각서 강요, 폭행 등 자본의 탄압이 엄청난 규모로 밀려왔다.

부산 지역의 노개투는 1996년 12월 26일 오후 1시부터 파업에 돌입하면서 시작되었다. 26일에는 사업장별로 파업 출정식을 하고, 오후 3시부터 부산역에서 민주노총 산하 노조원 5백여 명이 참여한 가운데 '정부의 노동법 변칙처리규탄 및 노동 악법 철폐를 위한 결의대회'를 개최했다. 이날 15개 사업장 노조원 5천여 명이 전면파업에 돌입했다. 첫날 26일에 병원노련부산지부는 우선 동아대병원, 고신대병원 등 8개 병원에서 파업 출정식 및 사복 근무에 돌입한 뒤, 27일 오전부터 파업 및 파업에 준하는 집단행동을 벌였다. 전국화물운송노련도 26일 오전 10시 연맹사무실에서 긴급파업대책위원회를 소집하여, 우선 전국의 고속도로에서 소속 1,800여 대의 차량을 동원해 전국고속도로 동시 진입 등 집단행동을 벌인 뒤, 27일부터 총파업에 돌입했다. 27일까지 전면파업에 들어간 노조는 한진중공업, 대우정밀, 신동금속, 오성화학, 풍산기계 등 10개 업체 노조와 쌍용자동차, 아세아자동차, 기아자동차 등 4개 자동차노조, 부산 지역의 보노조 등 15개 노조였다. 한국노총 부산 지역본부도 파업에 가세했다. 이어 전국화물노조연맹, 병원노련 부산지부, 부산교통공단 노조가 파업에 동참하고, 이어 시민 선전전 등을 개최하여 시민들의 서명을 받았다.

이러한 노력에도 불구하고, 전체적으로 볼 때 96년 부산 지역의 노개투는 시민들의 큰 호응을 이끌어 내지 못한 채 무기력한 상황만 전개되었다. 12월 30일 오후부터 다음 해 1월 3일까지 간부 60여 명이 부산시 중구 대청동 가톨릭센터에서 노동관계법 개정안의 철회를 요구하는 철야농성에 들어갔다. 이들은 농성에 앞서 열린 기자회견에서 노동관계법 및 안기부법 개정안의 즉각 철회 등을 요구했지만, 다분히 의례적인 행사에 지나지 않았다. 집회 또한 마찬가지였다. 96년 12월 30일 오후 2시민주노총 부양지역본부 산하 노동자와 부경총련 소속 대학생, 시민 등 2천여 명이 부산역 광장에서 '노동법 안기부법 개악 무효화 및 신한국당 해체 총력투쟁 결의대회'를 열고 서면 태화백화점까지 4킬로미터가량 행진을 시도했으나, 곳곳에서 진압 경찰과 몸싸움을 벌이다 일부 참가자가 부상을 입었을 뿐 특기할 만한 일은 일어나지 않았다. 시위대는 오후 6시께 서면 태화쇼핑 앞에서 정리 집회를 열고 해산하고, 간부 20여 명은 곧바로 부산시 중구 대청동 가톨릭센터에서 항의농성을 벌였다.

이듬해인 1997년에도 상황은 비슷했다. 1월 6일 현총련 등 제조업 노조 전체가 파업에 돌입하여 부산역 앞 광장에서 집회를 하고, 12일에는 화물운송노련이 집회에 동참했으나 큰 성과는 없었다. 실제 화물연대나 철도노조 같은 예외적인 경우를 제외하고는 상근자나 휴가를 낸 조합원이 참여하는 정도였다. 부산 지역에서 일어난 노개투 총파업은 민주노총 지도부의 예상을 뛰어넘어 강력하게 진행되었으나, 민주노총 지도부가 전국적 전선을 형성하지 못하면서 기업별 단위 노조 차원의 단협 사수 투쟁으로 급격히 후퇴했다. 사회개혁 투쟁은 면피성으로, 일회성 캠페인에 그쳤다.[160]

노개투 초기에는 전노협 시절 지노협 중심의 전투적 조합주의 성격이 강하던 시절의 부산노련 조직이 여전히 작동하여 상당한 조직력을 발휘했으나, 시간이 갈수록 투쟁의 열기가 식었다. 과거 전노협 때는 지노협이 중심이 되었기 때문에 각 지역 사업장에서 적극적으로 의견을 수렴하고 조직을 동원했지만, 민주노총이 건설된 지 1년여가 지나도록 전열이 제대

---

160 민주노총 부산양산지역본부, 《98년 정기대의원대회 자료집》, 1998, 84쪽.

로 정비되지 않아 투쟁을 하더라도 동력을 얻기가 힘들었다. 투쟁이 길어지면서 조합원들은 차츰 지쳐 갔고, 이에 많은 노조가 총파업 대열에서 이탈하거나 심지어 대공장들도 부분파업이나 시한부 파업으로 전환했다. 민주노총은 어쩔 수 없이 수요집회 같은 유연한 투쟁 전술로 전환했다.

민주노총 부양지부는 1단계(1996년 12월 26일~1997년 1월 2일)에 우려를 불식시키며 투쟁의 자신감을 높이고, 2~3단계(1997년 1월 3일~1월 14일/1월 15일~1월 19일)에는 민주노총의 위상을 높이고 노동자 대중이 정치적 주체이자 민주주의 수호 세력임을 입증했으나, 단조로운 투쟁 전술과 투쟁 사업을 노동법 개정에만 한정시켜 범국민 정치투쟁 전선을 확대하지 못했고, 4단계(1997년 1월 20일~2월 28일)에 현장으로 복귀하는 과정에서 무노동 무임금과 인사 징계 등 개별 자본가들의 탄압에 대응하지 못함으로써 이후에 투쟁이 강고하게 유지될 수 있는 조건을 마련하지 못했다고 평가했다.[161]

이렇게 투쟁이 무기력한 결말을 낳은 원인은 단순한 전술 전략 차원이 아닌 민주노총의 구조적 문제에서 찾을 수 있다. 민주노총은 해당 산업·업종연맹이나 단위 노조가 중심이 되어 투쟁한다는 방침만 제시했다. 이에 대해 민주노총 부양지부는 민주노총 지도부가 단위 노조에 대한 대응 지침만 있고 실질적인 대응 양식은 개별 단위 노조에 맡긴다며, 이는 결국 기업별·연맹별 각개 대응으로 전선을 약화시킬 수 있다고 비판했다.[162] 민주노총 체제가 되면서 산업 업종별 연맹이 총파업을 결정하

---

161 민주노총 부산·양산지역본부, 《2년 차 정기대의원대회 자료집》, 1997, 74~6쪽.
162 민주노총 부산·양산지역본부, 《2년 차 정기대의원대회 자료집》, 1997, 82쪽.

고 지역본부는 이를 집행하는 기구로만 기능하여, 전체 현장 상황에 대한 고려나 교육과 의견 수렴을 통한 조직 및 동원이 어려워졌음을 지적한 것이다. 실제로 민주노총은 조직 체계에 지역 연대 조직을 가맹 조직으로 포함시키지 않았다. 임단협 위주의 상층부 교섭 활동이 주를 이루는 산업·업종연맹들이 조직의 근간이 되면서, 과거 전노협의 전투적 조합주의와 결별하고 사회적 조합주의 노선을 지향했다. 이렇게 되니 지노협이 닦아 놓은 지역 연대 조직은 무력해질 수밖에 없었다. 구조적으로 대기업 비중이 큰 민주노총이 노개투에 소극적이란 건 이미 예견된 일이었다. 김창우는 그 근본 원인을 다음과 같이 분석한다.

산업별 중심의 민주노총으로 가되, 산업별의 강력한 힘을 구축하기 위해 지노협의 힘을 빼는 것이 필요하다는 생각을 전노협의 지도부가 하고 있었다고 봤으니, 상층 중심의 대정부 협상과 정책 참여 등을 통해 조합원들의 경제적인 실리를 추구하는 사회개혁·개량주의 노선의 입장에서 지역 연대 조직은 전혀 통제가 되지 않고 협상에 방해가 된다는 점에서 경계의 대상이 될 수밖에 없고, 그래서 전투적이고 변혁 지향적인 전노협의 핵심 골간이었던 지노협을 해체했다고 보았다. 노동법개정총파업투쟁 과정에서 가장 적극적이고 비타협적으로 투쟁을 했던 세력은 각 지역의 투쟁본부들이었다. 그래서 이들은 민주노총의 소극적인 투쟁 방침에 대해 공동으로 항의 성명서를 발표하는 등 가장 비판적인 입장을 취했다.[163]

---

163 김창우, 《애도하지 마라, 조직하라》, 앞의 책, 58쪽.

이러한 결과는 노개투가 벌어지기 전인 1996년 상반기에 민주노총이 전국적·지역적 차원의 공동투쟁 전선 구축보다는 정부와의 협상을 통해 공공부문의 공동투쟁을 조기에 마무리하기로 하면서 이미 예상된 일이라 할 수 있다. 민주노총의 이런 태도를 힘의 논리가 작동하는 현실을 냉정하게 파악했다는 보는 해석도 있다. 이미 90년대 초부터 국가와 자본의 엄청난 탄압으로 세가 크게 위축된 노동 세력은 과거 수준의 투쟁을 지휘할 조직이 아예 없거나 미비한 상태였다고 보는 것이다. 90년대 초 이후 국가와 자본의 대공세는 대사업장과 기업별노조의 고용안정성을 기반으로 형성된 '87년 체제'를 급격하게 허물어뜨린 것이 분명한 현실이었고, 그 위에서 전노협 시절의 소위 전투적 조합주의가 해결책을 제시할 수 있었으리라고 보지 않는 것이다. 당시 민주노총 부양지부 초대 본부장이었던 강한규는 당시 현장의 분위기를 다음과 같이 전한다.

96~97년 총파업을 한번 보세요. 시간만 길게 끌었지, 사실은 각 사업장이 돌아가면서 싸움에 참여하는 것이었을 뿐, 집중적으로 싸운 적이 없었습니다. 총연맹에서는 총파업이라고 선언했지만, 각 사업장에서 파업을 한 건 없었습니다. 부산지하철의 경우도 비번 근무자들이 그 파업에 동참하고 그걸 돌아가면서 할 뿐, 실제로 파업을 한 건 아니었지요. 파업이 성립되기에는 조건이 미비되었고, 그런 상태에서 파업을 강행하면 구속되고 그렇게 되면 자기 인생은 끝장나 버리기 때문이지요. 어떤 경우, 총연맹이 외치는 전체 노동자 차원의 뜬구름 잡는 파업에 자기 위원장이 적극적으로 동참해서 구속될 지경에 이르자, 조합원들이 용서를 못한 일도 있

었어요. 전체 구조, 노동과는 관계없고 오로지 자기 보신, 자기 중심을 제일로 삼는 정서가 이미 팽배해 있었던 겁니다. 민주노총이 합법화를 전면에 내걸고 가는 도중이라, 합법 파업 아니면 조합원들이 동참하기를 싫어합니다. 이미 먹고살 만한 환경이 만들어져서 그렇지요. 전노협 때와는 달라요. 그때는 짐승 같은 노동환경에 불법단체였기 때문에 투쟁하면 무조건 불법파업이고 그 불법을 저질러서 구속되어 잘못된 법과 구조를 깨부수자는 것이고, 민주노총 들어와서는 누구도 그런 생각을 하지 않습니다. 한 마디로 먹고살 만한데, 옛날같이 죽기 살기로 싸우기는 싫다는 겁니다. 사회가 바뀐 겁니다. 애초에 전노협 밖에 있던 업종이나 대기업이 중심이 되어 민주노총을 끌고 갔을 때 이미 예견된 일인데, 그렇게 안 하면 다른 방법이 있었겠습니까? 전노협 중소기업 사업장이 죽기 살기로 싸우는 건 그 회사 사장하고의 싸움이고 지금은 국가와 자본과 싸우는 일인데, 그 중소기업 노조의 전투력으로 그들과 붙을 수 있겠습니까?[164]

결국, 부산 지역의 노개투도 민주노총 중앙 지도부의 전술에 따라 움직일 수밖에 없었다. 이미 지역의 하부 행정기구가 된 민주노총 부양지부가 독자적으로 투쟁을 추진할 수는 없었다. 하지만 두 달이 넘게 진행된 노개투의 경과를 보면, 여론은 국민의 사활이 걸린 이 문제에서 민주노총에 신뢰를 보냈다고 해석할 수 있다. 민주노총 부양지부도 노개투를 통해 국민 여론을 노동자 편으로 끌어들였다고 보았다. 국민이 민주주의

후퇴, 재벌 위주의 정책에 반기를 들고 전체 국민의 이해를 위해 민주노총이 완강하게 총파업 대오를 유지했다고 본 것으로 평가했다.[165] 민주노총 부양지부는 과거 지노협 부양노련의 조직으로서 싸웠지만, 민주노총의 협상 전술에 따라 더 치열하게 싸우지 못했을 뿐이다. 이를 두고 송영수는 다음과 같이 평가한다.

처음에 전노협을 해산하고 만들어진 민주노총에서 각 지역은 전노협의 지노협이 차지하는 위치를 계승해서 가는 것, 즉 지역 총련으로 알고 있었습니다. 설마, 지금과 같이 단순한 행정의 한 하부 집행기구로 전락하리라고도 전혀 생각지도 않았습니다. 그런데 막상 뚜껑을 까 보니 단순한 하부 행정기구입디다. 그렇게 결정이 나는 과정과 결정을 보고서도 그 판을 깨고 나온다는 생각은 저도 그렇고 아무도 하지 못했습니다. 그 당시 분위기는 그랬습니다. … 그래도 96~97년 총파업 때 대중들은 살아 있었습니다. 현장을 재조직하고 그 위에서 강하게 투쟁을 하도록 민주노총 지도부가 잘만 이끌어 가려고 했으면 충분히 힘을 발휘할 수 있었을 겁니다. 그런데 권영길 등 지도부는 오직 정치 쪽으로 나갈 생각만 하고 있었기 때문에, 싸움은 대충 해 놓고 튈 생각만 한 거지요. 노사정위에 들어가서 계속 협상하면서 파업 안 하려고 하고 있는데 느닷없이 대중들이 들고 일어나 버린 겁니다. 민주노총 지도부는 한 게 없어요. 그 뒤로 올라온 단병호도 투쟁을 안 하거든요. 대중은 살아 있었는데 … 근데 대중이란 계

---

165 민주노총 부산 · 양산지역본부, 《2년 차 정기대의원대회 자료집》, 1997, 80쪽.

속해서 살아 있을 수는 없는 거거든요. 지도부가 조금만 살아 있었더라면 투쟁을 좀 더 할 수 있었는데, 그렇지를 못해서 이렇게 깨진 겁니다. 그때 민주노총 지도부가 살아 있어서 잘만 싸웠더라면 정리해고 등으로 그렇게 심하게 노동자만 당하지는 않았겠지요. 정리해고 등이 92년도 김영삼 때부터 시작되는데, 그걸 전노협이 막아 낸 거거든요. 그때 정부가 정리해고가 좋은 것이다라고 대대적으로 국민들에게 홍보하려고 한 것을 KBS, MBC, SBS 방송 3사가 파업에 들어가 막아 낸 것이, 밀렸다가 96년 말부터 또 밀어붙인 겁니다. 근데 민주노총 지도부는 조합원 대중이 정리해고에 목숨을 걸고 투쟁을 결의하고 있음에도 그걸 막아 내지 못했다는 겁니다. 정치판에 눈이 돌아가서 그런 거예요. … 그때는 잘 몰랐는데, 이제 와서 생각해 보니, 그때 현총련이니 대노협이니 업종회의를 주장한 사람들, 다 그때부터 맛이 가기 시작한 사람들이에요.[166]

민주노총의 협상 위주 전술 속에서 1996년 12월 26일부터 두 달 넘게 지속된 총파업은 여러 가지 의미를 갖는다. 우선, 87년 노동자대투쟁 이후 10년 만에 그사이에 축적된 노동운동의 역량을 보여 준 계기가 되었다. 규모 면에서도 한국 정부 수립 이후 최초 최대의 총파업이었다. 게다가 87년 노동자대투쟁이 주로 임금투쟁이었던 것에 비해, 96년 총파업은 노동관계법 개악에 항거한 정치파업이었다는 점에도 큰 의미를 부여할 수 있다. 더군다나 내셔널센터가 계획하고 주도한 장기 파업이라는 점

---

[166] 2020. 09. 16. 부산 장전동 애광원 사무실 구술.

이 의미 있다. 하지만, 결과적으로는 당시의 긴박한 노동조건 악화를 저지하는 데에는 실패하면서 노동 현장이 무력화된 것은 부인할 수 없다. 총파업투쟁의 실패로 조합원들은 무노동·무임금, 손해배상, 가압류, 고소·고발, 징계 등 이루 말할 수 없는 고통과 피해를 겪었다. 전노협을 거쳐 오면서 정권의 가혹한 탄압에 민주노조운동의 힘이 약화된 탓도 있지만, 궁극적으로는 신자유주의적 구조조정으로 급속히 변화한 노동 상황에 민주노조 진영이 제대로 대처하지 못한 탓이 크다.

노개투의 실패는 외환위기 당시 IMF와의 협상안에 노동자만 일방적으로 희생시키는 소위 노동개혁으로 이어졌다. IMF와 초국적자본이 요구한 금융개혁과 시장 자유화에 국가와 자본은 그들의 관심사인 노동개혁을 추가로 협약서에 집어넣었다. 노동의 구조조정과 관련하여 정리해고제와 근로자파견제는 미국과 IMF가 적극적으로 요구한 사항이 아니었음에도, 정부는 마치 IMF의 요구인 양 포장해서 이 내용을 포함시켰다. 이는 협상 이전인 1996년 7월 2일에 이미 정부가 도입하겠다고 밀어붙인 사안으로, 노조를 압박하여 노동운동을 억압하는 정부의 신노사관계 구상의 일환이었다. 당시 미국이나 IMF 입장에서는 금융시장 개방과 자유화가 우선이었지 정리해고제는 부차적인 것에 지나지 않았다.[167]

이런 정세에서 민주노총은 기업 도산과 실업을 양산하는 근본 원인인 신자유주의 정책 자체를 저지하려 하지 않았다. 노사정 협상을 통해 정리해고제 등의 법제화를 저지하여 고용불안 문제를 해결하려 했으나, 궁

---

167 김창우, 《애도하지 마라, 조직하라》, 앞의 책, 345쪽.

정적인 결과를 얻지 못했다. 노사정위원회는 오히려 정리해고제와 근로자파견제를 법제화시키는 결과만 가져왔을 뿐이다. 결국, 민주노조 진영은 노동자대투쟁과 87년 체제가 산출한 민주화 대항프로젝트를 넘어서는 반反신자유주의 연대 전선을 조직 내외에 구축하는 데에 실패했다. 그렇다면 1996년 노개투는 실패했는가? 그리고 그 책임은 민주노총을 비롯한 노동 진영에 있는가? 이창우는 다음과 같이 해석한다.

신자유주의 세계화는 민영화, 노동유연화, 금융화 등으로 요약됩니다. 1995년 민주노총은 WTO 체제 성립과 함께 출범하고 신자유주의 체제와의 대결을 자기 목표로 내겁니다. 그리고 노개투 총파업을 통해 신자유주의적 구조조정을 일시적으로 패퇴시킬 수 있었습니다. 그러나 산업별노조도, 진보정당도 없는 조건에서 민주노총은 끝까지 그것을 지켜 낼 힘이 없었으며 곧이어 닥친 외환위기에 힘을 제대로 쓸 수가 없었습니다. 대량 정리해고가 법이 만들어지기 이전에도 이미 광범하게 진행되고 있었고 비정규직화도 진행되고 있었습니다. 이것을 개별적 노사관계법으로 제도화하는 과정만이 남았을 뿐이었지요. 민주노총은 정리해고제와 비정규 양산법에 대해 계속 대치 전선을 유지했고, 다른 한편은 민주노총 합법화, 전교조 합법화를 비롯해 집단적 노사관계법 제도 개혁을 통해 대항력을 강화하려고 했습니다. 민주노동당이 원내 10석을 가진 이후 비정규보호법으로 포장된 비정규 양산법을 국회에서 막기 위해 몸싸움을 벌이며 단병호 의원이 강제로 끌려 나오는 상황까지 갔는데도, 민주노총이 효과적인 투쟁을 벌였는지는 의문이지만, 전반적으로 취약한 주체 역량에 비춰

볼 때 외환위기 이후 취약해진 한국 경제에서 광풍처럼 불어닥친 노동유연화를 완벽히 막아 내었어야 했는데 그러질 못했으므로 민주노총이 책임을 져야 한다는 방식의 비판을 받는 게 타당한지 의문입니다.[168]

96년 민주노총의 총파업이 성공을 거두지 못했다면, 총파업 전술이 민주노총의 합법화 전략과 관계없다고 말할 수는 없을 것이다. 민주노총이 합법화되면 정부 정책 수립 과정에 참여할 수 있고, 이를 토대로 합법 정당을 세워 노동자 정치세력화를 이룰 수 있기 때문에, 민주노총의 최대 목표는 한 마디로 '합법화'였다고 할 수 있다. 그 목표 아래 민주노총은 최선을 다해 온건한 노선을 취했다. 96년 당시 전국적 공동투쟁 전선이 형성되어 상반기 투쟁이 대대적인 총파업으로 발전했다면, 공권력이 투입되고 수백 명의 노동자가 구속 해고되었을 것이고, 그랬다면 합법화 목표는 실패로 돌아갔을 가능성이 크다. 다른 면에서는, 전국적인 연대 투쟁보다 자기 연맹 조직의 보존과 강화를 우선시하는 산업 업종연맹 중심주의가 민주노총의 주류를 형성했기 때문에 96년 하반기 노개투가 실패했다고 보는 시각도 있다. 민주노총은 산업 업종연맹 중심의 중층적인 구조로 되어 있기 때문에 산업 업종연맹을 통하지 않고서는 단위 노조와 직접적인 관계를 맺을 수 없는 데다, 이러한 연맹 중심 입장은 전체 노동자계급의 요구보다 소속 연맹의 이해관계를 우선시하는 조직 이기주의적인 경향까지 보였기 때문이다. 당시의 분위기를 김진숙 민주노총 부양

---

168 2021. 06. 11. 부산 남산동 커피숍 구술.

지부 지도위원은 다음과 같이 전한다.

　… 막판에 정리되면서 복수노조 금지 조항만 바뀐 셈인데, 그러면 결국 민주노총 잘되기 위해서 우리가 한 달 동안 뼈 빠지게 파업을 했었나? 하는 얘기가 … 제기되곤 했습니다. 우리가 할 수 있는 얘기는 '우리가 다 민주노총 아니냐?' 정도밖에 없었습니다. '민주노총이 합법화되면 권영길 위원장이 합법화되는 것이 아니고 우리가 모두 합법화되는 것이니까, 그건 나름대로 성과 아니냐? 이후 합법화되어 싸울 공간이 넓어질 것이니, 그때 준비해서 제대로 싸워 보자' 이렇게 얘기해도 설득력도 별로 없었고, 잘 받아들여지지도 않았습니다.[169]

96년 노개투 당시 결정적으로 더 큰 동력을 끌어올리지 못한 것은 대공장의 불참 때문이라고 할 수 있는데, 전투적 투쟁을 포기한 채 너무 서둘러 개량주의로 갔다고 비판할 수도 있지만 바뀐 시대 상황 맞춰 정부와의 싸움에서 시급히 주도권을 잡아야 했다고 보는 주장도 일리가 있다. 노개투를 바라보는 시각에는 차이가 있지만, 96년 노개투가 이제 막 출범한 민주노총을 시민들에게 널리 알린 계기가 되었다는 점은 부인할 수 없다. 노개투 총파업 이후 민주노총은 합법화되었고, 이로써 87년 노동자대투쟁 이후 민주노조 진영이 드디어 합법화된 내셔널센터 건설에

169　김진숙 발언, 〈특집 좌담: 87년 노동자대투쟁 10주년〉, 《연대와 실천》 8월호, 영남노동연구소, 1997, 36쪽.

성공하게 되었다. 이로써 전국적 차원의 노동자 정치세력화라는 1단계 목표는 달성되었다.

지역본부 차원에서 노개투를 분석해 보면, 민주노총이라는 한 조직 안에 있어도 사업상 교류가 전혀 없었던 업종들이 총파업을 계기로 지역 본부 사업에 관심을 갖게 되었다. 사무노련(전국사무금융노동조합연맹)은 '지역협의회'를 구성하여 지역 차원에서 임단투 전진 대회를 개최하는 등 의욕적인 사업을 벌여 연대 활동을 강화한 성과를 거두었다. 부산민주택시노조협의회가 부산민주택시노조를 결성하여 어용 지역노조가 지배하는 체제에 파열을 내고 민주노총 체제로의 재편을 시도한 것도 좋은 성과라 할 수 있다. 무엇보다, 노개투 이후 미조직 사업장의 노조 결성 움직임이 활발해졌다. 이들에 대한 체계적인 교육과 조직 프로그램이 시급했지만, 조직이 비약적으로 확대되면서 이것이 여의치 않았다. 산업별노조 건설 움직임도 빨라질 것이라 기대했지만, 기업별노조를 고수하려는 관성이 여전히 강하게 작용했다. 그래서 연맹 지부나 단위 노조의 조직적 결의를 토대로 그 위에서 사업이 실천된 적이 거의 없다.

97년 노개투가 끝난 후 각 단위 노조의 투쟁이 계속되었다. 3월 말 택시회사 국민캡이 경영난을 이유로 일방적으로 회사를 분할매각했다. 회사 소속 노동자 350여 명은 고용승계가 이루어지지 않으면 모두 직장을 잃거나, 일부가 직장을 옮기더라도 기존의 근로조건과 근속연수를 비롯한 복지 혜택을 모두 잃어버리게 될 처지였다. 분할매각은 노동자들에게는 사실상의 정리해고로, 사업주가 노동자의 희생을 대가로 개인적 치부를 하는 수단으로 악용되었다. 국민캡 노조는 4월 9일과 25일 '불법

분할매각 철회 및 고용승계'를 요구하며 노동자 생존권 사수 투쟁에 들어갔고, 민주노총 부양지부는 노조 사수를 위한 결의 총회를 국민캡 회사 마당에서 여는 등 국민캡 노조 생존권 투쟁에 적극 개입했다. 그러던 중 5월 31일, 국민캡에서만 24년 8개월간 일해 온 노동자 홍장길이 회사 측의 생존권 위협에 항의하며 "내 시체를 집으로 옮기지 말고, 국민캡 마당에 빈소를 차려 달라"는 유서를 남긴 채 음독 자결했다. 민주노총을 비롯한 부산 지역의 노동단체와 시민단체들은 '고 홍장길 동지 장례대책위원회'를 구성하고 공동대응에 나섰다. 이후 민주노총 부양지부는 분할매각 철회, 부산시장 문정수와 국민캡 회장 허준도의 구속을 촉구하며 여러 차례 집회와 선전전 및 공청회 등을 열었다. 투쟁은 7월 12일 부산민주택시 지도부 및 국민캡 조합원 단식농성으로 이어졌고, 8월 23일에는 택시요금 인상 반대, 택시 권리금 관행 폐지, 택시 완전 월급제 등을 위한 택시 제도 개혁 투쟁으로 키워 나갔으나, 아쉽게도 큰 성과를 거두지는 못했다.

1997년에도 부산 지역에서는 임단투가 활발히 진행되었다. 타결된 사례를 일자별로 보면, 주요 사업장으로 부일산업(3월 18일), (주)대통(4월 26일), 천일정기화물(5월 2일), 천양항운(5월 9일), CBS(5월 13일), (주)동방(5월 23일), 광명연마(6월 5일), 대한지적공사(6월 11일), (주)기산(6월 11일), 부산여대(6월 12일), 동신유압(6월 14일), 오성화학(6월 17일), 대진택시, 성도운수, 부산염색공단(6월 23일), 국제신문(6월 25일), 일양운수(6월 25일), 쌍용자동차, 기아자동차(6월 25일), 전기안전공사(6월 27일), 새마을금고(6월 30일), 아시아자동차(7월 2일), 고려종합운수(7월 2일), 한국금속(7월 4

일), 대양운수(7월 7일), 세양산업(7월 8일), (주)대림(7월 9일), 동부고속동래분회(7월 9일), 기아자동차서비스(7월 9일), 세방기업(7월 10일), 풍산기계(7월 10일), 천경콘테이너(7월 11일), 부산매일신문(7월 11일), 한국통신(7월 15일), 미진화학(7월 15일), 신일금속(7월 15일), 한국기계(7월 16일), 한성생명(7월 16일), 부산일보(7월 18일), 대우자동차(7월 18일), 고신의료원(7월 22일), 동래봉생병원(7월 22일), 대우정밀(7월 23일), 부산지하철(7월 23일), 침례병원(7월 25일), 현대자동차서비스(7월 25일), 지역의보(7월 25일 잠정 합의), 백병원(7월 30일), 국제통운(7월 31일), 대남병원(7월 31일), 도시개발공사(7월 31일), 뷰로베리타스(7월 31일), 태평양밸브(8월 1일) 동아대병원(8월 8일), 메리놀병원(8월 8일), 신동금속(8월 12일), 삼익종합운수(8월 19일), 동아대학교(8월 21일), 대우자동차판매(8월 26일), (주)금양(9월 2일), 한진중공업(9월 13일), 춘해병원(9월 19일), 엘지종합금융(9월 23일), 미진화학(9월 29일), KBS, MBC, 신세계투자금융(10월 2일), 한일밸브(10월 3일), 일신기독병원(10월 17일) 등이 있다.[170]

  1997년 한 해에 일어난 단위 노조의 임단투를 중심으로 민주노총 부양지부의 사업을 보면, 산하 노조들의 임단투와 관련된 실무 지원과 공동 사안에 대한 지역 투쟁 조직화에 매진했으나 전체적으로 효율적이지 못했음을 알 수 있다. 단위 노조 지지와 엄호를 위해 총자본과 대치 전선을 형성하려던 애초의 정책 사업은 제대로 실천하지 못했으며, 일상적으

---

170 이에 대한 더 상세한 내용은 민주노총 부산 · 양산지역본부, 《2년 차 정기대의원대회 자료집》, 1997, 59~68쪽 참조.

로 진행해야 할 민주노총의 정치적 위상 강화 사업은 하지 못한 채 산업별 연맹이 결의하면 이를 받아서 지역 투쟁을 조직하기에 급급했다.[171] 임단투 당시 지역본부 차원의 목적의식적 투쟁 전선 배치보다는 이미 벌어진 싸움에 지역본부가 개입하는 식이었고, 그마저도 싸움의 관성에 지역본부가 끌려가는 식이었다고 할 수 있다. 국민캠 싸움도 투쟁을 엄호하는 수준일 뿐, 지역본부 산하 전 사업장이 투쟁을 주도적으로 끌고 가지는 못했다.

부양노련이 민주노총 부양지부로 바뀌면서 대체로 지역에서의 사회정치적 위상이 높아져 지자체와의 관계에서 지역의 고용 및 실업, 환경, 교육, 주거, 교통 등의 문제에 대한 정치력 강화가 요구되었으나, 지역본부가 이런 문제에 적극적으로 개입할 만한 조직은 아직 미비했다. 무엇보다, 현장의 다양한 목소리가 지역본부 사업에 반영될 수 있는 의사 수렴 구조가 갖추어지지 못했다. 현장에서는 주요 결정 사항을 '지도부에 위임'해 버리는, 부산노련-부양노련 시기에 고착화된 전통이 계속 이어졌다. 지역본부의 대의원 보고서에 의하면, 당시 현장 조합원이나 간부들은 지역본부를 집회나 가두 캠페인 조직으로 이해했다. 조합원들은 지역에서 열리는 집회에는 참석해도 지역본부 사업에 대한 경험을 공유한 적이 거의 없고, 지역본부 사업에서 구체적인 도움을 얻었다거나 그 일상적인 활동에 친근감을 느낀 적이 별로 없었다. 지역본부의 사업이 집회 중심이고 너무 강성 기조라서 조합원의 참여 공간이 부족하고, 지역

---

171 민주노총 부산양산지역본부, 《98년 정기대의원대회 자료집》, 1998, 77쪽.

본부의 역할이 뭔지 모르겠다는 말까지 나왔다.[172]

1997년에 민주노총 부양지부는 경제민주화 쟁취를 위해 정치투쟁도 병행하려 했지만, 사회제도 개혁을 위한 전국적·지역적 정치사업의 기획과 집행은 엄두도 내지 못했다. 산하 단위 노조들에 대한 조직적 점검과, 간부 훈련을 통한 선진노동자 조직화 및 정치 역량 강화 사업도 지지부진하기는 마찬가지였다. 11월 9일 서울 한강 고수부지에서 고용안정과 경제민주화를 위한 전국노동자대회가 열렸는데, 이 대회에 부산에서 약 850명이 참여했다. 11월 22일에는 전두환-노태우 사면 반대 및 내각제 개헌 기도 저지 대회에 민주노총 부양지부가 결합했다. 11월 5일, 부산 지역의 여러 시민 사회단체들이 국민승리21 부산본부를 창립했다. 그러나 어려운 여건에서 끈질기에 이어진 노동계의 자구 노력에도 불구하고, 12월 3일 정부와 IMF(국제통화기금) 간의 구제금융 협상이 타결되었다. 국가부도 위기에 처한 대한민국이 IMF로부터 자금을 지원받기로 양해각서를 체결한 것이다. 이후 IMF가 부실 종합금융사 폐쇄를 공식 요구하자, 정부는 12개 종금사에 외환개선 명령을 내리고 이 중 8개사의 외환 영업 부문을 7개 은행에 양도하라는, 사실상 종합금융사 강제통폐합을 지시했다. 민주노총은 이듬해인 1998년 2월 총파업을 결의했다. 민주노총 부양지부도 통폐합 저지와 고용안정 쟁취를 위한 총파업을 결의했다. 하지만 부정적인 국민 여론과 IMF의 우려 그리고 산하 노조들의 소극적인 태도로 민주노총은 결국 파업을 철회했고, 이후에는 우리가 아는 대

172　민주노총 부산양산지역본부, 《98년 정기대의원대회 자료집》, 1998, 91쪽.

로 국가와 자본의 일방적인 노동 탄압이 이어졌다.

이런 상황에서 노동자 정치세력화라는 노동계의 과제가 제대로 수행될 리 만무했다. 지역본부는 "97 대선을 통한 민주진보 진영의 정치적 가능성 확보라는 성과가 부정되어서는 안 된다"는 자위적 논평을 내는 데에 그칠 뿐, 대중적 계급정당 정치라는 목표에 다가서는 구체적인 실천은 크게 나타나지 않았다. 노동운동의 정치운동 노선은 여전히 대중과 현실보다는 계급과 당위에 방점을 둔 노선이었다. 계급정당 건설을 위한 조합원 정치의식 강화나 대중 토론 및 공유 등을 통한 지지 확보 노력은 여전히 부족했다. 국민승리21→민주노총→연맹→단위 노조로 이어지는 상명하달식 사업 방식이 문제였다. 민주노총 부양지부 역시 총파업 이후 민주노총 지도부에 대한 불신을 해소하지 못한 점, 특히 간부들에게 정치세력화 전망 및 자신감을 심어 주지 못한 점을 지적했다.[173] 당시 국가와 자본의 총공세에 IMF 구제금융이라는 국가적 위기까지 더해져 노동 세력은 속수무책으로 당하는 수밖에 없었다. 당시 벌어질 대로 벌어진 노동운동의 과제와 실천 간의 괴리를 극복할 길은 조직화뿐이었다는 점에서, 민주노총으로 대변되는 노동운동 세력의 부진은 뼈아플 수밖에 없다.

---

173 민주노총 부산·양산지역본부, 《2년 차 정기대의원대회 자료집》 1997, 117~8쪽.

맺음말

  유신 말기부터 IMF 외환위기 직전까지의 부산 지역 노동운동사에 큰 분수령이 된 것은, 역시 87년 노동자대투쟁과 97년 IMF 외환위기다. 1987년 폭발기를 하나의 분기점으로 잡으면 그 시원始原은 유신 말기, 즉 부산에서는 부마항쟁이 역사적 기원이 된다. 1979년 부산 지역에서 일어난 부마항쟁은 유신 독재 종식에 결정적인 역할을 했고, 이는 몇 년 뒤 87년 노동자대투쟁으로 연결되었다.

  부산에서는 부마항쟁의 주역이었던 대학생들 가운데 상당수가 학출 활동가나 야학 운동가로 활동하면서 이 지역 노동운동의 기틀을 잡았다. 그들은 직간접적으로 87년 노동자대투쟁에 관여했고, 이후로도 오랫동안 노동운동에 상당한 영향력을 행사했다. 그들이 암암리에 다진 조직과 노동운동의 저변에, 비인간적인 노동환경에 대한 노동자들의 분노가 더해져 87년 7월 대투쟁으로 폭발할 수 있었다. 노동자들은 노동조건 개선을 위해 싸우면서 노동조합을 건설했다. 여기에는 그 직전에 일어난 6월 항쟁이라는 시민정치운동에 노동자들이 적극 결합하여 민주화를 이루어 낸 경험이 큰 역할을 했다. 6월항쟁을 통해 민주주의 의식이 크게 고양되었고, 여기서 노동자대투쟁의 싹이 움튼 것이다.

부산 지역은 수도권과 비교할 때 노동 중심의 급진변혁 세력이 상대적으로 약했지만, 국민운동본부와 같은 시민운동과의 결합이 다른 지역에서보다 더 큰 비중을 차지했다는 점에서, 노동운동이 부산 지역 자유주의 시민운동의 확장 국면에서 그 열린 틈을 통해 성장했다는 중요한 의미가 있다.

87년 부산 지역 노동자대투쟁의 가장 큰 특징은, 나이 어린 여성 노동자가 많은 신발공장과 섬유공장에서 짧게는 자연발생적으로, 길게는 학출 활동가의 영향력 아래에서 투쟁이 시작되었다는 점이다. 이는 곧 구사대나 어용노조를 통한 자본의 엄청난 탄압을 불러왔다. 부산 지역에는 다른 지역, 특히 같은 동남권 임해 공업지역 안에 있는 울산이나 마산·창원 지역보다 대기업, 특히 남성 중심의 제조업 대공장의 수가 크게 적었기 때문에, 자본에 대한 노동의 저항이 그리 강하게 나타나지 못했다. 하지만 이를 다른 각도로 보면, 한진중공업과 대우정밀 정도를 제외하고는 어린 여성 노동자들이 많은 고무공장이 압도적 다수를 차지한 열악한 상황에서도 전국에서 가장 뜨겁고 치열하게 저항했다는 의미로 해석될 수 있다.

87년 노동자대투쟁에서 부산 지역 노동자들은 치열하게 싸워 대부분의 기업에서 노동조합을 세우는 성과를 거두었다. 그러나 이후 구사대나 어용노조의 탄압을 견디지 못하고 대부분 어용노조로 변했다. 이 과정에서 87년 6월항쟁을 함께한 자유주의 시민들이 노동자의 경제민주화 요구에 별 지지를 보내지 않으면서, 7월부터 9월까지 이어진 노동자대투쟁에 거의 힘을 실어 주지 않았다. 심지어 그들 중 상당수는 노동자의 요구가 국가경제에 악영향을 끼칠 수 있다고 생각해 노동자들의 투쟁에 불만을 품기까지 했다. 자유주의 시민에게는 정치 민주화가 꼭 필요해도, 노동자들이 요구하는 경제민주화나 사회변혁 요구는 자제해야 한다는 태도였다. 경제의 관점에서는 국가–자본과 같은 위치에 선 것이다. 노동자 입장에서는 새롭게 떠오른 사회 주류 세력에 의해 다시 소외되고 주변화된 것이다.

87년 노동자대투쟁은 투쟁을 통해 노동자들이 노조를 설립하고, 노조를 통해 요구를 관철시키고, 더 나아가 노동자의 사회적 위치를 상승시키는 기반을 마련했다는 점에서 노동운동의 새로운 지평을 열었다고 평가할 수 있다. 이는 노동자가 요구해 온 정당한 분배를 축으로 하는 경제민주화와 노동기본권을 최소한의 수준으로는 확보했다는 의미이기도 하지만, 그 과정에서 국가와 자본의 탄압을 노동자와 노동운동가들이 투쟁으로 물리쳤다는 의미이기도 하다.

초창기 노동자의 요구는 각종 생존권 요구, 노조 설립 및 민주노조 쟁취, 노동법 개정 등이었다. 이를 쟁취하는 과정에서 부산 지역 노동자들은 부산노련을 거쳐 마침내 내셔널센터 민주노총 부양지부를 건설하는 목표를 달성했다. 노동자들은 고용안정과 임금인상, 근로조건 개선 등을 주되게 요구했지만, 식사 개선이나 두발 자유화, 병영식 노무관리 철폐 등 사내 민주화와 인권 개선 요구도 있었다. 이 요구들은 군사독재정권의 생존권 억압과 노동운동 탄압에 임금과 복지 차원을 넘어선 정치투쟁을 벌인 것으로 해석할 수 있다. 그러나 오랫동안 기업별노조를 유지해 온 전통을 타파하지 못한 채 국가와 자본의 탄압에 밀려 산업별노조 확립, 더 나아가 노동자의 정치세력화라는 목표를 이루지 못했다.

87년 노동자대투쟁은 노동자들로 하여금 연대 조직이 무엇보다 필요하다는 사실을 절감하게 했다. 그 결과, 1989년 9월 30일 부산노련(부산지역노동조합총연합)이 세워졌다. 이후 노동운동은 개별 기업의 생존권 차원을 넘어 연대를 통한 조직운동으로 그 성격이 차츰 변해 갔다. 부산노련을 통해 노동운동의 기본이라 할 수 있는 노동자의 계급의식 구축과 그 위에서의 조직 활성화 가능성이 보였으나, 그에 필요한 역량 강화로 까지 이어지지는 못했다. 무엇보다도 국가와 자본의 탄압이 엄청난 강도로 가해졌기 때문이다. 부산노련은 노조 민주화와 노동자 생존권 보장 및 노동악법 철폐를 기치로 내걸고 격렬하게 저항했다. 비록 큰 성과를 거두지는 못했으나, 노동운동이 이전의 소위 선진 노동운동가의 영향력에서 벗어나 노동조합 중심으로 이루어지기 시작했다는 사실은 매우 의미심장한 변화라 할 수 있다. 노동운동이 '급진변혁'의 추구에서 '온건현실'의 토대로 방향성을 잡기 시작한 것이다. 이러한 경향은 이 시기 김영삼 정부가 도입한 신자유주의 정책으로 고용불안이 닥치면서 더욱 심화되었다.

그러나 1990년대 초반 전노협(전국노동조합협의회)을 중심으로 한 노동운동은 기업별노조라는 기본적 한계에 빠져 있었다. 내부에서 이를 극복하려는 자기성찰과 조직 혁신 노력을 하지 못하거나 하는 데에 실패함에 따라, 노동운동은 단위 기업의 임금인상과 단체협상에 매몰되어 운동의 차원을 그 다음 수준으로 끌어올리지 못했다. 이러한 분위기에서 시민운동이 사회 전반에 걸쳐 영역이 확장하고 영향력을 확대하면서, 시민들의 정치참여가 이전보다 훨씬 더 적극적으로 이루어졌다. 김영삼 정권이 들어서면서 정치 민주화가 서서히 이루어졌고, 정부도 권위주의 정권기에 했던 것처럼 법 위에 군림하며 초법적으로 노동 세력을 탄압하는 방식을 취하지는 않았다. 그러자 자본의 불만이 갈수록 커졌고, 자본이 정부로부터 서서히 독립하기 시작했다. 이렇게 자본이 독자 노선을 걸으면서, 노동에 미치는 영향력 면에서 자본의 영향력이 정부의 영향력보다 더 커졌다. 이후 신자유주의가 본격적으로 도입되고, 그 안에서 자본이 노동 세력을 직접 탄압하는 상황이 벌어졌다. 자본이 비정규직과 '무노동·무임금', 손해배상 가압류 같은 방식을 적극 활용하여 노동운동을 탄압하자, 파업 발생 건수가 급격히 줄어드는 등 노동 세력이 크게 위축되었다.

이런 흐름에서 1992년 말부터 전노협–부산노련–부양노련의 지도력도 크게 떨어졌다. 이 시기 부산 지역의 노조들 자체가 국가와 자본의 끊임없는 탄압과 투쟁으로 인해 내부 역동성이 상당히 떨어져 있었다. 탄압이 강경해지면서 현장 조합원들의 참여도가 점차 떨어지고, 집행부가 회사를 상대로 교섭을 벌여 문제를 해결하는 비중이 커졌다. 점차 노조의 상층 지도부에 대한 의존도가 커지고, 하부조직은 부실한 채로 방치되었다. 비단 부산 지역만 그런 것이 아니고, 전국적으로 나타난 일종의 고착된 문화였다.

이때 김영삼 정부 때부터 시작되어 1997년 IMF 외환위기로 정점을 찍은 신자유주의가 노동계를 덮쳤다. 그러면서 과거에 노동자와 중산층 시민으로 불분명하게 갈라져 있던 계층이 혼란스럽게 뒤섞여 버렸다. 대체로 노동자로 분류되지 않던 화이트칼라 중산층 시민이 고용불안 등으로 노동자가 되었다. 일부 블루칼라 노동자가 '귀족'이 되고, 화이트칼라 노동자가 비정규직이 되는 상황이 발생하면서 기존의 '노동자' 계급 인식도 크게 흔들리기 시작했다. 그 위에서 1995년 민주노총(전국민주노동조합총연맹)이 건설되었고, 이후 노동자로서의 정체성이 사실상 서로 다른 공공부문이나 대기업 노동자와 중소기업의 노동자, 비정규직 노동자가 같은 지향점을 가진(혹은 가져야 하는) 노동운동 형식이 만들어졌다. 이 형식 안에서 노동자의 단일 정체성은 구축되기 어려웠고, 정치운동으로서 단일한 조직도 갖추지 못했다. 노동운동은 삐걱거릴 수밖에 없었고, 탄탄한 조직을 구축하기도 어려웠다. 임금과 복지 문제에만 대체로 의견 일치를 보았을 뿐이다.

1990년 전노협 건설 후 부산을 포함한 전국 모든 지역에서 가장 집중한 운동은 전노협 사수 투쟁이었다고 하는 평가가 있을 정도로, 전노협은 출범할 때부터 탄압에 노출되었다. 국가는 전노협을 와해시키는 전술로서, 전국의 지노협 가운데 조직력이 약하고, 남성 중심의 대공장이 많지 않으며, 정치적으로 야당인 김영삼이 장악하고 있던 부산 지역을 타격하기 위해 부산노련을 집중적으로 공략했다. 부산노련 와해 작업은 한진중공업과 대우정밀에 집중되었다. 그러던 중 1991년, 부산 영도구에 있던 한진중공업의 노종위원장 박창수가 의문사를 당하는 사건이 발생한다. 공안 당국에 의해 전노협 탈퇴를 강요받던 과정에서 발생한 일이어서 부산 지역 노동자들의 저항이 더 거세게 타올랐다. 이 사건 이후 전노협은 노조 민주화와 노동자 생존권 보장 그리고 노동 악법 철폐를 기치로 체계적이고 조직적인 투쟁에 박차를 가했다. 그러나 그럴수록 국가와 자본의 탄압도 더 강해졌다. 김영삼 정부가 신자유주의 정책을 본격적으로 도입하면서 부산 지역 공장의 폐업 건수가 늘기 시작했고, 노동조합 수, 조합원 수, 노동조합 조직률, 노동쟁의 발생 건수가 급격히 감소했다. 부산 지역의 노동환경은 크게 악화했다. 특히 부산 지역경제에서 큰 비중을 차지하던 신발 제조업체들이 줄줄이 폐업했다. 그로 인해 지역 전체적으로 고용불안이 커졌고, 노동자는 대량 해고 위기에 직면했다.

1994년 공기업의 민영화가 전국적으로 확대되고, 그에 따른 노동의 저항이 거세지는 가운데, 공공기관인 부산지하철 노조가 동맹파업을 일으켰다. 이 파업은 그동안 제조업 중심으로 진행되던 민주노조운동의 범위가 공공부문으로 확장되는 계기가 되었다. 공공부문 노동운동 세력이 커지면서, 전노협을 해산하고 민주노총을 건설해야 한다는 주장에 힘이 실렸다. 1995년 전노협이 발전적으로 해체하면서 그동안 부산 지역 노동운동을 이끌어 온 부산노련도 해체하였다. 그리고 그해 11월 그때까지 전노협에 참여하지 않았던 대기업, 공공부문 사업장이 대거 참여한 민주노총이 탄생한다. 민주노총이 발족한 지 1년 가까이 지난 1996년 12월 26일부터 1997년 2월 말까지 사상 최대 규모의 총파업이 전국적으로 일어났다. 부산 지역에서도 당시 노동운동의 모든 역량을 쏟아붓는 투쟁을 전개했다. 그러나 조직적으로 미비한 채로 싸움에 나섰다가 제대로 싸워보지도 못한 채 무너졌다. 이후로 IMF 외환위기를 맞게 되고, 부산 지역의 노동자는 해고와 실업의 나락에 빠졌다.

민주노총의 건설은 87년 이후 노동자가 자유주의 시민사회로부터 고립되었던 상황을 극복하고, 10년 만에 시민사회의 중간계급과 연대를 형성할 수 있는 토대를 마련했다는 데에 중요한 의의가 있다. 이제 대체적으로 노동운동은 시민운동과 같이 여러 사회운동 부문 가운데 하나로 위치 지워졌고, 그 위에서 노동 진영은 강고한 투쟁을 통해 노동자 단결보다는 시민사회와의 연대 확대로 제도정치권 내에서 정치적 영향력을 강화하는 쪽으로 방향을 틀었다. 전노협의 캐치프레이즈 '노동해방'과 '평등사회'는 민주노총의 '국민과 함께하는 노동운동'으로 바뀌었다.

이렇게 바뀐 운동 방향 안에서 민주노총이 '국민'으로 표현된 자유주의 시민사회와의 연대를 과연 이루어냈는가라는 질문은 여전히 유효하다. 그 책임이 국가/자본에 있든, 자유주의 중산층 시민에게 있든, 노동자에게 있든, 전략의 부재이든 전술의 오류이든, 시민사회와의 연대를 이루어 냈는가? '국민과 함께'는 캐치프레이즈 안에만 존재할 뿐이었다. 부산 지역의 노동운동사 관점에서 볼 때 민주노총의 설립은 부산의 노동운동을 전국적인 단일 대오 안으로 끌어들였고, 그러면서 부산의 노동운동은 지역운동만이 지닐 수 있는 정체성과 조직을 상당히 잃게 되었다고 볼 수 있다.

민주노총이 출범하고 아직 조직을 정비하지 못한 1996년, 국가와 자본은 민주노총을 배제한 채 노동법을 개정하기로 기조를 정했으나, 민주노총은 노개위(노사관계개혁위원회)에 들어가서 협상하기로 결정했다. 그러나 정부 여당은 12월 26일 새벽에 노동관계법 개정안 4개 법을 단독 처리했다. 민주노총은 즉각 총파업에 돌입했지만, 이듬해인 1997년 3월 10일 여·야 합의로 노동관계법 개정안이 통과되었다. 노동법 개악에 반대하는 총파업이 부산 지역에서 예상을 뛰어넘어 강력하게 진행되었다. 하지만 민주노총 지도부가 전국적 전선을 형성하지 못하면서, 기업별 단위 노조 차원의 단협 사수 투쟁으로 급격히 후퇴했다. 초기에는 과거 부산 노련 조직을 기반으로 상당한 조직력을 발휘했으나 투쟁이 길어지면서 노동자들도 지치고, 대공장들도 부분파업이나 수요집회 등으로 전환하면서 총파업의 성과를 내지 못한 채 막을 내렸다. 총파업 결정은 산업 업종별 연맹이 내리고, 지역본부는 그 결정을 집행하는 기구로 두는 민주노총의 구조적 문제에서 비롯된 결과였다. 국가 및 자본을 상대로 싸우는 현실에서 과거 부산노련 조직은 더는 유효하지 않게 되었고, 대기업이나 업종 노동자들은 투쟁에 집중하지 못하는 한계를 드러냈다. 민주노총 부양지부는 과거 지노협 부양노련 조직으로 치열하게 싸웠으나, 민주노총의 구조적 한계와 협상 전술 실패로 성과를 내지 못한 채 끝났다.

이후의 이야기는 우리가 아는 대로다. 무노동·무임금, 유급휴가 삭제, 손해배상 청구 등 자본의 탄압이 전례 없는 규모로 밀려왔고, 노동자는 속수무책으로 희생당하기 시작했다. IMF 외환위기 이후 해고가 만연하고, 비정규직 수가 정규직을 압도하면서 노동 황폐화와 노동자의 희생은 전국적 현상이 되었다. 부산 지역 고유의 노동운동이라는 것은 실질적으로 사라졌다. 그리고 싸움은 이제 전국 단위로 벌어졌다. 과거의 국가 대신 자본이 판의 전면에 나섰고, 그 상대로 민주노총이 전열을 다지고 나섰다. 노동과 지역의 성격이 변한 판에 노동자들이 기댈 곳은 민주노총밖에 없었다. 노조를 조직하지 않고, 총연맹을 중심으로 뭉치지 않고서, 노동자가 최소한의 인간 대접이라도 받고 살 수 있는 길은 없었기 때문이다.

저자 후기

노동운동이 본격적으로 신자유주의 시대 안으로 들어온 지도 벌써 20년이 훌쩍 넘었다. 그 시간 속에서 노동자의 상황은 너무나 변했다. 역사가 항상 그렇듯, 상황은 바뀔 뿐, 약자에게 이롭게 바뀌지는 않는다. 그것은 역사학자로서 내가 파악한 자본주의의 본질이다. 소위 IMF 외환위기 이후 벌어진 상황은 주체인 '노동'과 '노동자' 정체성이 바뀌면서 상황이 크게 바뀌었다. 무엇이 노동이고, 누가 노동자인가? 노동자와 자본가, 노동자와 사용자, 노동과 국가라는 이름은 여럿이지만 결국 하나인 그 이분=分의 시대가 사라져 버렸다. 과거에 '노동자'라고 부르지 않은 중산층 시민이 노동자가 되었다. 정부가 대학교수도 노동조합을 설립할 수 있게 인정하고, 그에 따라 교수조차 노동자가 되었다. 중산층 시민이나 교수나, 너나 할 것 없이 모두 고용불안을 겪고, 누구나 여차하면 실업자가 될 수 있으니, 그들도 어엿한 노동자인 것은 이론의 여지가 없는 사실이다.

역사학자로서 볼 때, 계급이란 사회경제사 차원에서 어떤 존재론적인 실재가 아닌 '담론적 현실'이다. 그것은 자본주의 생산양식에 따라 형성되는 것으로, 어떤 고정된 결과물이 아니다. 자본주의가 진전해 가면서 사회 내의 여러 요소와 끊임없이 관계를 맺으면서 변화하며 나타나는 유동적 결과일 뿐이다. 그러니 노동자의 정체성은 새로운 시대에 새롭게 확인되어야 할 일이다. 그리고 그 위에서 운동을 위한 조직을 다져야 한다. 그런데 노동하던 사람들, 노동운동을 하던 사람들은 그런 역사의 변화에 적절히 대응하지 못했다. 일부는 이데올로기적 당위성만을 붙들고 있었고, 일부는 조직은 도외시한 채 사적 이익 추구에 몰두하면서 진영에 휩쓸려 다니거나 홀로 선지자처럼 외치고 다니거나 무관심한 채 패배감에 젖어 그저 그렇게 그냥 살아갔다. 그사이 해고는 온 사회를 덮쳤고, 가정은 해체되고, 부산역에는 빈 박스처럼 내동댕이쳐진 홈리스들이 가는 길마다 치이고 밟혔다. 꾸역꾸역 살아남은 사람들은 그들을 토사물 보듯 피했다. 노동자는 죽었다. 그리고 자살이 코로나19처럼 번졌다.

무엇을 어떻게 해야 했을까? 이 물음에 대한 대답의 실마리를 찾아보고 싶었다. 내가 30년 넘게 살아온 부산 지역에서 그 시간을 어떻게 헤치며 여기까지 왔는지를 반추하고 싶었다. 돌이켜 보면, 민주노총이 설립된 시점에 신자유주의는 이미 반대하거나 수용하는 차원을 넘어선 엄연한 현실이 되어 있었다. 수용하는 것이 옳고 그르고가 아니고 어떻게 거기에 적응하느냐, 그래서 어떻게 살아남느냐를 고민하고 그 대안을 찾아야 하는 문제였다. 그런데 결과적으로 볼 때, 노동운동 세력은 그 대안을 찾아내지 못했다. 민주노총은 온몸을 던져 '신자유주의'라고 표현된 자본주의의 새로운 변이에 극렬하게 저항했다.

이 책이 다룬 시기를 거칠게 정리하자면, 87년 전후로 노동의 상대는 국가와 자본이었지만 국가의 비중이 컸다. 그러던 것이 90년 초가 되면서 국가보다 자본의 힘이 훨씬 강해지면서 신자유주의라는 괴물이 위력을 발휘하기 시작했다. 민주노총이 세워진 후, 적어도 부양노련이 해체되고 민주노총 부양지역본부로 넘어가는 그 시점에, 노동운동 세력은 신자유주의에 어떻게 적응하고 어떤 대안을 찾아야 하는가 하는 더 근본적이면서 동시에 현실적인 고민을 붙들고 더 치열하게 논쟁하고 싸워서 새로운 프레임을 만들어 냈어야 했다. 그 과정을 거치면서 아래로 아래로 내려가 실제 현장의 목소리에 더 귀기울이고, 그 위에서 조직을 구축했어야 했다. 그리고 그 조직의 힘 위에서, 새롭게 노동자로 편입된 중산층 시민들과의 관계를 새롭게 설정해야 했다. 그런데 민주노총은 그렇게 하지를 못했다. 자유주의 시민 세력과의 사회적 연대를 추구할 뿐, 시시각각으로 밀려드는 신자유주의라는 변종 자본주의에 맞서 싸워 이길 구체적인 정책과 전략을 마련할 수 없었다. 이길 수 없었고, 이기지 못했다. 죽어 간 노동자가 산더미처럼 쌓였다. 본질적으로 자본주의의 문제이긴 하지만, 사실은 이 나라 노동자가 세계에서 가장 극심하게 피해를 본 우리 고유의 문제다.

그 사이 또 자본주의는 자체적으로 진화하고 증식하는 중이다. 디지털 네트워크 정보화 속에서 자본은 미증유의 방식으로 자가증식하면서 그 변이의 성격과 방향을 섣불리 예측할 수 없는 세계 안으로 들어왔다. 그러면서 소위 신자유주의라고 불린 세계화, 민영화, 유연화 전략마저 옛 이야기가 되어 버린 느낌이다. 세계 최대의 소매업체 아마존은 단 하나의 매장도 없다. 마찬가지로 세계 최대의 미디어기업 페이스북은 단 하나의 콘텐츠도 생산하지 않는다. 소위 말하는 '자본 없는 자본주의'라고 부르는 자본의 시대가 온 것이다. 민주노총이 세워지고, IMF 외환위기가 닥쳐 노동자만 해고와 자살로 피해를 받던 시대가 20년 만에 사라졌다. 그 역사 안에서 지금 여기, 노동의 정체성은 무엇인가? 자본과 노동, 사용자와 노동자, 국가와 노동자의 경계가 실질적으로 사라졌지만, 그렇다고 해서 부의 양극화와 사회적 불평등 그리고 노동 소외라는 본질의 문제마저 사라진 것은 아니다. 차라리 정체가 흐려지면서 노동의 문제는 더 심각해졌다.

사회는 이미 심각한 분열 상태이고, 그 중심에 노동의 위기가 서 있다. 신자유주의의 대안을 찾아야 한다면서 자유시장 경제체제에서 다른 체제로 경제를 전환해야 한다는 목소리가 높아지고 있지만, 무엇을 어떻게 해서 그것을 이룰지 구체적이고 실천적인 대안은 없다. '노사정'으로 표현되는 합의제 조정시장 경제체제 혹은 그와 유사한 체제로의 전환을 주장하는 것은 담론일 뿐, 실체가 없다. 유럽이 갔던 길을 가려면 그에 걸맞은 사회체제가 마련되어야 하는데, 국가와 자본은 그럴 의지가 전혀 없다. 그렇다고 투쟁 위주의 노동운동이 해결책이 될 수 있다고 보지도 않는다. 노동이 당위를 주장하는 동안, 자본은 또다시 자가증식을 한다. 그러니 대안을 찾자는 당위의 목소리는 공허할 뿐이다. 공포스러울 정도로 변화한 새로운 사회 안에서 전통적 범주의 노동자는 더는 사회변혁의 주체가 될 수 없는데도, 여전히 '노동해방'을 외치거나 '총파업 사수'를 주장하는 것이 노동운동의 현실이다. 구호로는 아무것도 할 수 없다는 것을 노동 밖에 있는 사람들은 안다. 그러나 그 불편한 진실을 노동 안에 있는 사람들은 애써 보지 않는다.

민주노총 건설 이후 한국의 노동운동은 결국 넓은 사회운동을 구성하는 하나의 부문운동으로 자리 잡았을 뿐이다. 더는 계급운동이 아니다. 그렇다고 해서 시민들의 전폭적인 지지를 받는 것도 아니다. 노동자들은 투쟁하려 하지만 노조를 조직하지 못한다. 민주노총의 연대를 한사코 거부한다. 그 노동자를 탓할 것인가? 아니면, 민주노총을 비난할 것인가? 그 흔한 그람시의 말대로, 낡은 것은 갔지만 새로운 것은 아직 오지 않은 시대의 더욱 벼린 칼날 위에 노동이 서 있다.

나는, 전통적으로 지켜 온 노동운동으로는 너무나 복합적이고 다층적인 현대사회 안에서 작동하는 노동문제를 해결할 수 없다고 본다. 그러면 무엇을 어떻게 해야 노동의 문제를 해결할 수 있을까? 노동운동이 시민운동의 한 부문으로 가면 해결되겠는가? 아무리 노동자의 범주가 넓어지고 뒤섞여 혼란스럽다지만 그 본질은 여전히 유효한데, 이 문제를 소위 시민사회 안에서 해결할 수 있다는 말인가? 아직도 자본은 강고하고, 사회적 타협을 시도할 수 있는 제도와 문화적 여건은 전혀 만들어지지 않았는데도, 노동이 시민사회 안으로 들어가면 노동의 문제를 해결할 수 있다고 본다는 말인가?

무엇을 할 것인가? 지나 온 역사를 곱씹으면서, 이 문제를 고민하는 장을 열고 싶었다. 그러나 이 분야 연구에 천착해 온 전문가도 아니고, 현장에서 고민하면서 살아온 운동가도 아닌, 노동 밖에서 노동 안을 바라보는 역사학자일 뿐인 내가 어떤 해결책이나 담론을 제시할 수는 없다.

그래서 이 지역에서 노동운동을 한 사람들, 최소 내가 이 책을 집필하기 위해 구술 인터뷰한 사람들만이라도 한자리에 모아 당시 상황에서 노동운동의 오류는 무엇이고 무엇이 한계였던가를 평가하고, 그 위에서 '지금 여기'에서 우리가 무엇을 어떻게 할 것인가를 고민하는 자리를 만들고 싶었다. 그래서 그 내용을 녹취해 이 책의 부록으로 넣고 싶었으나, 그렇게 하지 못했다. 코로나19라는 미증유의 재난 탓도 있지만, 더 큰 이유는 서로 다른 방향의 길을 가다가 알게 모르게 웃자란 각자의 상처 때문이다. 지난 과거를 되새김하고 싶지 않다고 하는 그 '슬픈 가족사' 때문이다. 인류의 역사에서 겪어 보지 못한 자본주의의 거대한 변화 앞에서 누구든 처음일 수밖에 없었던 길을 간 그 수많은 노동자와 노동운동가들이 자기가 걸어온 길을 자랑스럽게 여기고, 그 길 위에서 주고받은 상처를 스스로 치유하는 길을 찾기를 바랄 뿐이다.

넷플릭스 드라마 〈오징어 게임〉에 그려진 것과 같은 속수무책으로 처참하게 희생당하는 노동자들이 더는 나오지 않았으면 하는 '낭만적인' 말밖에 할 수 없다. 무기력한 책상물림으로서 내가 다만 할 수 있는 일은, 그 짐승의 시간을 헤쳐 나온 부산 지역의 모든 노동자와 노동운동가가 걸어온 길을 외부자의 시선으로 정리한 한 역사를 내놓는 것뿐이다.

부산 지역에서 노동운동이 걸어온 길을 되짚어 본다. 그 길에 사람이 있다. 환희와 좌절이 지나고 간 그 길에, 어떻게든 살아가야 할 사람이 서 있다.

참고문헌

1차 사료

고무노동자협의회,《고무노동자 투쟁 자료 모음》(부산, 1995).

노동해방열사 조수원 추모사업회,《그 산맥에 우뚝 서라: 노동해방열사 조수원 추모자료집》(부산: 노동해방열사 조수원 추모사업회준비위원회, 1996).

민주노총 부산 · 양산지역본부,《전국민주노동조합총연맹 부산 · 양산지역본부 회의자료》, 1996.

민주노총 부산 · 양산지역본부,《2년 차 정기대의원대회 자료집》, 1997.

민주노총 부산 · 양산지역본부,《98년 정기대의원대회 자료집》, 1998.

민주헌법쟁취국민운동부산본부 노동문제특별대책위원회, 〈잔업 없는 세상에 살고 싶다〉.

부산일보 노동조합,《민주언론의 횃불을 들며: 부일노조 투쟁백서》(부산: 부산일보노동조합, 1989).

부산노동자연합,《주간정보》 1호~55호.

——,《부산노동소식》 61호~64호.

전국노동운동단체협의회,《노동운동》 88년 9월호~95년 1, 2월호.

전국노동조합협의회,《제1권. 기나긴 어둠을 찢어버리고(1987년~1988년)》(서울: 현실문화, 2003).

——,《제2권. 이제는 하나다! 전노협(1989년)》(서울: 현실문화, 2003).

——,《제3권. 전노협 깃발 아래 총진군(1990년)》(서울: 현실문화, 2003).

——,《제4권. 죽음으로 사수한다! 전노협!(1991년)》(서울: 현실문화, 2003).

——,《제5권. 지역과 업종을 넘어(1992년)》(서울: 현실문화, 2003).

——,《제6권. 총단결 총투쟁(1993년)》(서울: 현실문화, 2003).

——,《제7권. 최후의 승리는 우리 것(1994년)》(서울: 현실문화, 2003).

——,《제8권. 노동해방 그날에(1995년)》(서울: 현실문화, 2003).

——,《제9권. 노동운동 연표, 주요 판결, 구속 해고노동자 현황》(서울: 현실문화, 2003).

——,《제10권. 전노협 등 노동운동 관련 단체 발간자료 색인 모음》(서울: 현실문화, 2003).

——,《제11권. 노동운동 관련 신문기사 색인》(서울: 현실문화, 2003).

——,《제12권. 노동운동 성명서 / 투쟁결의문(1)》(서울: 현실문화, 2003).

——,《제13권. 노동운동 성명서 / 투쟁결의문(2)》(서울: 현실문화, 2003).

——,《부록. 색인집》(서울: 현실문화, 2003).

전국노동조합협의회,《한국노동운동탄압백서》(서울: 이웃, 1991).

전국민주금속노동조합 부산양산지부,《확대간부수련회》 1996.

전국민주노동조합총연맹 엮음,《1970~2000. 민주노조 투쟁과 탄압의 역사》(서울: 현장에서 미래를, 2001).

전국병원노동조합연맹 부산지역본부,《제8기 활동 보고. 19961.1.~1996.12.31.》 1997.

한진중공업 노동조합,〈한진중공업과 노동조합(지회)의 약사略史〉(미출간 원고).

연구물

강인순,《한국여성노동자운동사》 2(서울: 한울아카데미, 2001).

구해근,《한국노동계급의 형성》(서울: 창작과비평사, 2002).

고호석,〈부림사건의 실체와 역사적 의미〉,《성찰과 전망》 9권, 2012.

구은정,〈사회운동 참여자들의 구술생애사를 통해 본 운동정체성의 변화: 변혁지향적폭력적 민중운동 대 개량적합리적 시민운동 이분법에 대한 재해석을 중심으로〉,《경제와사회》, 2008. 6.

권형철 정리,《한국변형운동논쟁사》(서울: 일송정, 1990).

김동춘,〈레닌주의와 80년대 한국의 변혁운동－레닌주의의 한국적 수용과정의 비판적 검토〉,《역사비평》 11호, 1990.

김성원,《한국노총 부산 지역본부 활동에 관한 연구: 1987년 이후》, 부경대학교 경영대학원 석사학위 청구논문, 2009.

김민아,《1987년 민주화 전후 시기 사회 변동에 대한 한국 진보적 개신교 사회운동의 대응 방안 연구》, 서울대학교 대학원 종교학과 박사학위 청구논문, 2019.

김석준,〈부산 지역 경제구조와 노동운동〉,《사회과학논총》 9권 1호, 1990.

——,《부산 지역 계급구조와 변동》(서울: 한울아카데미, 1993).

——,《부산 지역 현실과 지역운동》(부산: 부산대학교출판부, 1999).

김선미,〈1970년대 후반 부산 지역 학생운동과 부마항쟁: 부산대 시위를 중심으로〉,《한국민족문화》67집, 2018.

김세균,〈1987년 이후의 한국 노동운동〉,《한국정치연구》제11호, 2002.

김영기,〈1980년대 부산 지역 도서원운동의 전개 과정〉,《성찰과 전망》4권, 2009.

김영수,〈민주노조운동의 지역적 연대와 분화의 모순성: 민주노총 지역본부의 사례를 중심으로〉,《마르크스주의 연구》10(3), 2013.

김원 외 편,《민주노조, 노학연대 그리고 변혁. 1980년대 노동운동의 역사》(서울: 한국학중앙연구원출판부, 2017).

김영곤,《한국노동사와 미래 Ⅰ》(서울: 선인, 2005).

――,《1:9:90 사회의 일과 행복》(서울: 선인, 2019).

김영수 · 김원 · 유경순 · 정경원,《전노협 1990~1995》(서울: 한내, 2013).

김영수,〈전국노동조합협의회의 선거투쟁과 정치세력화: 투쟁노선의 분화를 중심으로〉,《기억과전망》2011 여름호, 통권 24호, 2011.

김진숙,《소금꽃나무》(서울: 후마니타스, 2007).

김창우,《전노협 청산과 한국노동운동: 전노협은 왜 청산되었는가》(서울: 후마니타스, 2007).

――,《애도하지 마라 조직하라》(서울: 회화나무, 2020).

김한수,《노동야학, 해방의 밤을 꿈꾸다》(서울: 따비, 2018).

남화숙 지음, 남관숙 · 남화숙 옮김,《배 만들기, 나라 만들기. 박정희 시대의 민주노조운동과 대한조선공사》(서울: 후마니타스, 2013).

노중기,〈코포라티즘과 한국의 사회적 합의: 비판과 전망〉,《진보평론》13집, 2002.

――,〈87년 노동자대투쟁의 역사적 의의와 현재적 의미〉,《경제와 사회》96집, 2012.

――,〈1987년 민주항쟁 30년. 민주노조운동의 평가와 전망〉,《산업노동연구》24권 1호, 2018.

민주화운동기념사업회 연구소 편,《한국민주화운동사 연표》(서울: 민주화운동기념사업회, 2006).

박민나,《가시 철망 위의 넝쿨 장미》(서울: 지식의날개, 2004).

박영미,〈80년대 후반~90년대 중반 부산 지역 여성노동자운동(부산여성노동자회를 중심으로)〉,《여성연구논집》29집, 2018.

박현귀,《80년대 변혁운동가들의 정체성 변화과정: 운동권 출신의 여성모임을 중심으로》, 서울대학교 인류학 석사학위 청구논문, 1996.

백승욱, 〈투쟁을 해야 할 때 제대로 투쟁하는 노동자 조직을 세우기 위하여: 계급적 관점에 선 민주노총 역사에 대한 비판. 김창우, 《애도하지 마라 조직하라》, 회화나무, 2020. 서평〉, 《마르크스주의 연구》 17권 3호, 2020.

변영철, 〈전투적 대중투쟁과 연대로 끝내 전노협 부산노련을 사수하다!〉, 《노동운동》 1991년 11 · 12호, 1991.

부산민주운동사 편찬위원회, 《부산민주운동사》 1권 및 2권(부산:부마민주항쟁기념재단, 2021).

부산민주항쟁기념사업회 부설 민주주의사회연구소 편, 《87년, 부산의 6월은 왜 그토록 뜨거웠을까》(서울: 도서출판 선인, 2017).

안승천, 《한국 노동자 운동, 투쟁의 기록》(서울: 박종철출판사, 2002).

오하나, 〈1980년대 한국의 노동운동과 학생 출신 노동자〉, 서울대학교 사회학과 석사학위 청구논문, 2006.

유경순, 《1980년대, 변혁의 시간 전환의 기록 1. 학출 활동가와 변혁운동》(서울: 봄날의 박씨, 2015).

―― 편저, 《1980년대, 변혁의 시간 전환의 기록 2. 학출 활동가의 삶 이야기》(서울: 봄날의박씨, 2015).

윤석범, 〈한진중공업 정리해고 철회 투쟁, 그 의미와 성과, 그리고 과제〉, 《정세와노동》, 71호, 2011.

윤지형, 《다시, 닫힌 교문을 열며. 전교조 27년 그리고 그 후를 위하여》(서울: 양철북, 2016).

이강로, 〈한국에서 진보적 노동운동의 성장과 민주주의 공고화의 진행: 1990-1999〉, 《한국정치학회보》 33(3), 1999.

이광일, 《좌파는 어떻게 좌파가 됐나》(서울: 메이데이, 2008).

이범연, 《위장취업자에서 늙은 노동자로 어언 30년. '내부자' 눈으로 본 대기업 정규직 노조 & 노동자》(서울: 레디앙, 2017).

고故 이상록선생 추모모임 엮음, 《사랑공화국에서 미륵공화국으로》(서울: 백산서당, 2009).

이성홍, 〈70~80년대 부산 지역 노동야학 운동사 개관〉, 《성찰과 전망》 4권, 2009.

이옥지, 《한국여성노동자운동사》 1(서울: 한울아카데미, 2001).

이희종, 《부산 지역 노동조합운동의 지역사회 개입전략 연구-민주노총 부산 지역본부를 중심으로》, 부산대학교 대학원 NGO 협동과정 석사학위 청구논문, 2009.

이진경 · 김진국 · 김학원 · 노회찬 외,《선진노동자의 이름으로》(서울: 소나무, 1991).

인천기독교민중교육 연구소 엮음,《'87 노동자대투쟁. 7.8월 인천지역 사례》(서울: 풀빛, 1988).

임영일,〈최근의 노동자계급론의 경향과 문제점: 이데올로기 투쟁의 관점에서〉,《경제와 사회》 10집, 1991.

──,〈노동체제전환과 산별노조〉,《경제와사회》 2000년 겨울호, 2000.

──,《한국의 노동운동과 계급정치(1987~1995)-변화를 위한 투쟁, 협상을 위한 투쟁》, 부산대학교 사회학과 박사학위논문, 1997.

──,〈한국 노동체제의 전환과 노사관계〉,《경제와사회》 1997 여름호, 1997.

장귀연,〈노동운동에서 1987년의 유산과 새로운 도전들〉,《경제와사회》 2017년 겨울 호, 2017.

장명국,《동지여, 새벽이 오고 있습니다》(서울: 석탑, 1990).

장숙경,《한국 개신교의 산업선교와 정교 유착》, 성균관대학교 사학과 박사학위청구논 문, 2008.

정승안,〈부마민주항쟁시기의 한국경제와 지역사회의 여건〉,《사회사상과 문화》 21집 2 호, 2018.

정병기,〈민주노총의 노동자 정치세력화 활동 및 평가: 노동조합 및 정치세력화에 대한 인식과 민주노동당과의 관계를 중심으로〉,《산업노동연구》 22권 1호, 2016.

정영태,〈계급정치의 등장과 한계: 노동조합과 정당을 중심으로〉,《한국정치학회보》 25(2), 1992.

──,〈사민주의적 노동자운동의 전개와 정당의 관계〉,《이론》 5호(여름), 1993.

정윤식,〈사회복지 실천으로 피어오르는 시다의 꿈〉,《성찰과 전망》 11권, 2013.

조효래,〈민주화와 노동정치〉,《경제와 사회》 26집, 1995.

──,〈창원과 울산의 지역노동운동〉,《지역사회학》 3호, 2002.

──,〈87년 이후 '민주노조운동'의 정체성〉,《창작과비평》 2002 겨울호, 2002.

조희연,〈정치노선 정립에 기초가 되었던 논쟁〉,《80년대 사회운동논쟁》(서울: 한길사, 1989.

주경미,〈80년대 부산 지역 여성노동운동에 나타난 지식인 활동가의 여성문제인식 및 평가에 관한 연구〉,《여성연구논집》 5집, 1994.

주대환 엮음,《노동자 정치세력화 반성과 전망》(서울: 불휘, 2006).

주무현,〈노동운동과 정치 운동의 맥락적 의존성: 부마민주항쟁 사례연구〉,《사회과학연구》21집, 2003.

지역사회문제 자료연구실,《80년대 부산 지역 노동운동》(부산: 도서출판 친구, 1989).

차성환,〈부마항쟁과 노동자 정치사회화〉,《21세기정치학회보》18집 3호, 2008.

차성환 외,《1970년대 민중운동 연구》(서울: 민주화운동기념사업회, 2005).

최영기 외,《1987년 이후 한국의 노동운동》(서울: 한국노동연구원, 2001).

한국기독교사회문제연구원 편,《부산 지역 실태와 노동운동》(서울: 민중사, 1986).

구술자

강한규 : 1957년생. 부산지하철노동조합 위원장, 민주노총 부산(양산)지역본부 본부장, 민주노총 부산 지역본부 부설 노동상담소 소장, 부산교통공사 감사

김영희 : 1963년생. 전노협 부양노련 교육부장, 영남노동운동연구소 부소장, (현) 부산지방노동위원회 공익위원

김창우 : 1956년생. 부노협, 부산노련, 전국노운협, 부산 지역일반노조 활동. 전노협과 민주노총에 관한 석박사 학위 취득. (현) 비정규직 노동운동사 연구 및 집필

문영만 : 1965년생. 대우정밀노조 쟁의차장, 전노협 부양노련 의장, 민주노총 부산 지역본부 본부장, (현) 부경대학교 경제사회연구소 전임연구교수

민경서 : 1960년생. 동국제강 노조결성 투쟁, 제파PD그룹 사건 구속, (현) 재단법인 시민방송 이사장 퇴임

박성호 : 1962년생. 민주노총 부산 지역본부 쟁의국장, 금속노조 한진중공업 지회장, 한진중공업 지회 열사정신계승 사업회 회장, (현) 금속노조 부산양산지부 감사위원장

박주미 : 1958년생. 태화고무 등 신발공장노동자, 가톨릭노동청년회, 가톨릭노동상담소, (현) 부산지방노동위원회 공익위원

변영철 : 1962년생, 전노협 부산노련 조직국장, 조선노협 조직쟁의부장, (현) 법무법인 민심 대표 변호사

설동일 : 1956년생, 노동단체협의회 사무국장 및 공동대표, 노동자를위한연대 사무처장, 부마민주항쟁기념재단 상임이사

송영수 : 1960년생. 부산국본 노동자위원, 민주노총 부산본부 정책부장, 부산 지역일반노조위원장, (현) 부산 지역일반노조 교육위원

안하원 : 1959년생. 부산민주노총 지도자문위원, 기독교노동상담소 소장, (현) 새날교회 담임 목사, 부산동구쪽방상담소 소장, 부산환경운동연합 상임대표

양은진 : 1961년생. 부산국본 기관지 편집위원, 부산노동자료연구실 발행《지역과 노동》편집장, 현 세무법인 인성 대표 세무사

이숙희 : 1962년생. YMCA 야학, 부산화학 노동자, 부산노동자교육협회, 부산민주공원 (현) 도시농업공동체 팜파크 이사

이원정 : 1965년생. 백천야학 교사 자원봉사, '광장도서원' 대표, (현) 더불어민주당 乙지
　　　로위원회 총괄팀장
이정식 : 1959년생. 한진중공업 열사추모사업회운영위원, (현) 한진중공업 근무
이창우 : 1962년생. 사랑방노동자학교 운영진, 민주노총부산본부 교육선전국장, 민주노
　　　동당, 진보신당, 정의당 활동, (현) 부산 이동플랫폼노동자지원센터 정책팀장
전광언 : 1950년생. 양산 금성알프스전자 노동자, 우리교회 및 믿음교회 집사, (현) 노인
　　　일자리 근무
정윤식 : 1959년생. 동양고무 노동운동, 진보정당추진위원회 부산지부 부위원장, 부산외
　　　국인노동자인권을위한모임 편집실장, (현) 이주민통번역협동조합 '링크' 감사
정의헌 : 1954년생. 민주노총부산 지역본부 본부장, 부산 지역일반노조 공동위원장, 전
　　　국민주노총 수석부위원장, (현) 전국아파트경비노동자사업단 공동대표
조근자 : 1961년생. 동양고무 노동자, (현) 부산동부고용센터 직업상담원
조현호 : 1962년생. 대우정밀 노조 부위원장, (현) 기계금속가공업 종사
현정길 : 1963년생. 동국제강 현장 활동, 노동자복지연구소, 민주노총부산본부 사무처
　　　장, (현) 부산시이동및플랫폼노동자지원센터장
황민선 : 1959년생. 만덕직업훈련소 야간 선반 2기생, 대륙공업사 선반공 취직 후 활동,
　　　'실임'에서 정세분석 및 조직업무 수행, (현) 감정평가사

부산지역 노동운동사

2022년　5월　1일 초판 1쇄 발행
2023년　12월 15일　　2쇄 발행

지은이 ㅣ 이광수
펴낸이 ㅣ 노경인 · 김주영

펴낸곳 ㅣ 도서출판 앨피
출판등록 ㅣ 2004년 11월 23일 제2011-000087호
전화 ㅣ 02-336-2776　팩스 ㅣ 0505-115-0525
전자우편 ㅣ lpbook12@naver.com
블로그 ㅣ blog.naver.com/lpbook12

ISBN 979-11-90901-86-4　93300